부산대학교 사회과학연구원 연구 총서4

이민의 사회학

Sociology of Immigration

김현숙·김희재

박영사

머리말

　세계화의 충격이 아시아로 넘어오고 있다. 그야말로 아시아의 재발견이다. 19세기 아시아가 유럽에서 발견된 이래로 아시아는 유럽 제국의 침략 대상이었으나, 이제 아시아는 유럽이 협력해야 하는 중요한 지역으로 부상하고 있다. 이러한 상황에서 아시아 역시 아시아의 '아시아화'를 위해 전력투구를 하고 있다. 아시아의 '아시아화'는 유럽화와 달라야 한다. 지금도 아시아는 유럽을 닮기 위해 많은 노력을 하고 있는 것이 분명하지만 유럽의 유럽화 과정에는 많은 희생이 목도되었기 때문에, 아시아는 유럽을 넘어서서 좀 더 대안적인 사회를 만들어 나가야 한다.

　아시아가 재발견된 이래로 아시아에서 자본과 노동의 이동이 그 어느 때보다 활발하게 진행되고 있다. 아시아의 중심 국가 중 하나인 우리나라에도 문화적·인종적으로 다른 이민자들의 유입이 활발하게 진행되고 있다. 우리나라에 들어오는 이민자들은 국내 노동자가 기피하는 저임금 노동시장을 채우기도 하며, 고도로 발달된 전문 직종에도 어느덧 기술과 언어능력을 무기로 하나 둘 자리를 채워나가고 있다. 또한 문화적·언어적으로 도저히 불가능하게 보여서 허락되지 않을 것 같았던 인륜지대사인 결혼마저도 하나 둘 빗장을 열고 있다. 그리고 이 인종적·문화적 혼합 현상은 앞으로 우리 사회에 커다란 변화를 가져 올 것이다. 게다가 우리 사회에서 뭔가를 배우고자 하는 외국인들도 크게 늘지 않았는가? 우리의 근현대적 경험 때문에 그리고 지금도 여전히 그러한 현상이 주요하지만, 우리의 인재를 끊임없이 외국으로, 특히 미국으로 보내야만 했던 경험을 생각해 볼 때 놀랄 만한 현상이 아닐 수 없다.

　아시아의 아시아화라는 현상 속에서 그 중심에 서 있는 우리나라가 다민족, 다인종 사회로서 모범적인 모습을 보이기 위해 우리는 무엇을 해야 하는가? 이 책은 그러한 사회를 준비하기 위한 초석이 되고자 한다. 아직 인구의 3%만이 이민자인 나라에서 이민사회의 제반 문제를 다루기는 어렵다. 많은 부분, 그동안 우리나라에서 이민사회를 준비하기 위해 부단한 노력을 해 왔던 연구자들의 연구 성과를 그대로 원용한 경우가 많으며, 서구의 사례를 우리 사회의 현상과 비교하지 못한 채 그대로 기술한 경우가 대부분이다. 그럼에도 불구하고 서둘러 이 책을 발간하는 것은 세계가 급변하고 있기 때문이기도 하지만, 학교 현장에서 다민족, 다문화 사회에 대비해야 한다는 조급함 때문 이기도 하다.

이 책은 총 17장으로 구성되어 있다. 1장에서 3장까지는 이민사회의 형성 과정을 다루었다. 1장에서는 국제 이민의 발생에 관한 이론적 논의로 그동 안의 연구 성과를 정리하면서, 최근의 중요한 현상으로 대두하고 있는 초국가 주의도 다루었다. 특히 초국가주의에 주목하는 이유는 국가적 차원에서 문화 변용 현상을 담고 있기 때문이다. 2장과 3장은 국제 이민의 흐름과 한국 이민 의 흐름을 다루었다. 국제이민의 흐름에서 19세기부터 현재까지의 전반적인 국제 이민의 흐름을 지역별로 나누어서 다루었다. 여전히 전 세계 이민자의 대다수는 아메리칸 드림을 꿈꾸며 미국으로 향하고 있지만, 확실히 과거에 비 해 이민의 흐름은 지역적으로 분산되고 있으며, 지역주의의 강화에 따라 이민 의 흐름 역시 역내로 향하는 경향이 목도되고 있다. 한국의 이민 흐름은 1990 년대 이후에 본격적으로 나타나고 있으며, 아직은 노동을 목적으로 우리나라 에 들어오는 이민자가 절대 다수를 차지하고 있다. 하지만 이민 노동력의 숙 련화 현상이 나타나면서 우리나라에서도 이민 노동력의 정주화 경향이 점차 강화될 것으로 보인다. 이민자 중 결혼이민자는 우리사회가 주목하는 집단으 로, 제한된 이민정책 속에서도 다문화주의를 이끌고 있다.

4장에서 10장까지는 우리사회에 거주하는 이민자 집단의 적응문제들을 다룬다. 4장에서는 이민자의 적응에 관한 이론적 논의를 다루고 있는데, 주요 하게 이민자의 문화적응 문제 그리고 그에 따른 대응 과제들을 선행연구들을 중심으로 정리하였다. 이민자의 문화적응 문제는 이민자 개인이 새롭고 낯선 사회에 적응하는 과정을 다룬다는 점에서도 중요하지만, 결국 이민사회의 입장에서는 이들이 잘 적응하는 것이 이민사회의 성공여부를 가르는 기준이기 때문에 무엇보다 중요하다. 5장에서는 외국인 노동자의 적응문제, 6장에서는 결혼이민자의 적응문제, 7장에서는 다문화가정 자녀의 적응문제, 8장에서는 유학생의 적응문제, 9장에서는 재외동포의 적응문제, 10장에서는 북한이탈주민의 적응문제를 다루었다. 각 이민자 집단은 우리사회와 다양한 방식으로 결합하고 있고, 이들의 문화적 특성과 우리사회에 적응하는 방식이 다르기 때문에, 이들이 적응하는 과정에서 발생하는 문제는 모두 다르다고 할 수 있다. 이민자 집단은 동질적인 집단이 아니기 때문이며, 그렇기 때문에 체류자격별로, 계층별로, 연령별로 세심한 관심과 지원이 필요하다.

　11장에서 14장까지는 이민사회에서 일반적으로 발생하는 문제들을 다루었다. 4장에서 10장까지가 이민자 개인이 이민사회에 적응하는 과정에서 부딪치는 문제라면, 11장에서 14장까지는 이민자와 선주민 간에서 발생하는 문제들을 다루었다. 11장과 12장에서는 이민자 편견에 대한 일반적인 논의에서 시작하여 우리 사회의 편견과 차별의 문제를 다루었다. 13장에서는 이민자의 공간적 분리 현상을 다루었다. 이민자와 선주민 간의 분리 현상이 깊어진다는 것은 서로를 이해할 수 있는 기회가 그만큼 부족해진다는 것이고, 이를 통해 편견과 차별이 강화될 수 있다. 14장에서는 제노포비아 현상을 다루었다. 우리사회에서도 온라인을 중심으로 제노포비아 현상이 나타나고 있는데, 제노포비아 현상의 대부분이 그 사회의 정치적·경제적 모순 때문에 발생했다는 점을 볼 때 잘못된 해결방식이다.

　마지막으로 15장에서 17장까지는 이민자의 통합 문제를 다루었다. 이민자의 통합 문제를 다루기 위해 15장에서는 이민자 통합 모델 중 동화주의 모델과 다문화주의 모델을 다루면서 그 장단점을 살펴보았다. 동화주의 모델은 이민자들이 자신의 문화적 정체성을 버리고 이민사회의 문화에 흡수되는 것을 말하는데, 이것은 어디까지나 이론 속에서만 가능하지 현실에서 결코 실현된 적이 없다. 다문화주의 모델은 자신의 문화적 정체성을 인정받으며 이민사회에 통합되는 것을 말하는데, 이것 역시 현실에서 실현되기가 쉽지 않았다. 그러나 대부분의 이민국가들은 이 두 가지의 양 끝을 왔다 갔다 하는데, 보다 많은 사람들이 존엄성을 지키며 좋은 삶을 살기 위해서는 서로를 이해하는 부단한 노력이 있어야 한다. 16장에서는 우리보다 먼저 다민족, 다문화사회를 경험하고 있는 미국, 캐나다, 영국, 프랑스, 독일의 이민정책을 살펴보았다. 17장에서는 우리 사회가 다민족, 다문화사회를 건설하기 위한 실천전략이 무엇인지를 살펴보았다.

　언제부터 우리 사회는 서서히 아시아를 주도하고 있다. 지정학적 위치 때문에 많은 어려움이 있지만, 괄목할 만한 경제성장으로 아시아뿐만 아니라 전 세계로 우리의 기술과 자본이 뻗어 나가고 있으며, 또한 그러한 이유로 우리 사회에 우리와 문화적·인종적으로 다른 이민자들이 들어오고 있다. 변화된 사회는 어느 한 사회만 잘 사는 사회가 아니라 함께 잘 사는 사회가 되어야 한다. 그러기 위해서는 우리의 기술과 자본으로 우리보다 못 사는 사회의 삶의 질을 개선할 수 있도록 해야 하며, 우리 사회가 가진 문제를 우리 스스로 해결할 수 있도록 해야 한다. 또한 함께 잘 살기 위해서는 이민자들도 선주민들도 함께 노력해야 하며, 그 시작은 서로가 서로에 대해서 배우는 과정에서 출발해야 한다. 이 책으로 우리는 이민사회를 대비하기 위한 배움의 첫 걸음을 내딛고자 한다.

2014년 8월

김현숙, 김희재

차 례

part 1 이민 사회의 형성

chapter 1 국제 이민의 발생

1. 국제 이민의 개념적 정의와 유형 ··· 3
    (1) 국제 이민의 개념적 정의   3
    (2) 국제 이민의 유형   4

2. 국제 이민 발생에 관한 이론 ·· 7
    (1) 경제적-행위적 접근   8
    (2) 역사-구조적 접근   10
    (3) 사회관계망이론   12
    (4) 이민 체계 중심 접근: 거시와 미시구조의 통합론   13
    (5) 초국가적 접근: 이민과 적응의 통합   15

chpater 2 국제 이민의 흐름

1. 19세기 이전 국제 이민의 흐름 ·· 20
    (1) 유럽인의 신대륙으로의 이동   20
    (2) 아프리카인의 아메리카 대륙으로의 이동   21
    (3) 아시아인들의 국제 이동   23

2. 19세기 이후 국제 이민의 흐름 ·· 24
    (1) 유럽인들의 신대륙으로의 이동   24
    (2) 세계대전 이후 이민의 양상   27

3. 현 단계 국제 이민의 양상 ·· 31

    (1) 국제 이민의 추이   31

    (2) 아프리카 지역   33

    (3) 아메리카 지역   33

    (4) 아시아 지역   34

    (5) 유럽 지역   34

    (6) 중동 지역   35

    (7) 오세아니아 지역   35

chapter 3   한국 이민의 흐름

1. 1990년대 이전 한국 이민의 흐름 ··· 37

2. 1990년대 이후 한국 이민의 흐름 ··· 38

3. 국내 거주 이민자의 특성 ··· 40

    (1) 인구학적 특성   41

    (2) 사회경제적 특성   44

part 2   이민자의 적응과 갈등

chpater 4   이민자 적응 이론

1. 문화적응의 개념적 정의 ··· 53

2. 문화적응의 과정 ··· 54

3. 문화적응의 결과 ··· 57

4. 문화적응 문제에 대한 대응 ·· 60

    (1) 스트레스 대처 접근   60

    (2) 문화학습 접근   62

    (3) 사회정체성 접근   64

chpater 5 외국인 노동자

1. 외국인 노동자란? ·· 68
    (1) 전문직 외국인 노동자 69
    (2) 비전문 외국인 노동자 69

2. 외국인 노동자의 추이와 유입 배경 ································· 72
    (1) 외국인 노동자의 추이 72
    (2) 외국인 노동자의 유입 배경 74

3. 외국인 노동자의 법적 지위 및 노동 경험 ················· 81
    (1) 법적 지위 82
    (2) 노동경험 84
    (3) 임금 및 임금체불 85
    (4) 노동 환경 86
    (5) 산업재해 87
    (6) 언어적·신체적 폭력 88
    (7) 인권피해 89

chpater 6 결혼이민자

1. 국제결혼의 현황 ·· 91

2. 결혼이민의 배경 ·· 95

3. 결혼이민의 과정 ·· 96

4. 결혼이민자의 적응과 갈등 ··· 98
    (1) 국적 문제 98
    (2) 언어문제 100
    (3) 문화적 차이와 갈등 101
    (4) 빈곤문제 102
    (5) 가정폭력 103

chapter 7 다문화가정의 자녀

1. 다문화가정 자녀의 유형과 현황 ··· 107

(1) 다문화가정 자녀의 유형   107
(2) 다문화가정 자녀의 현황   109

2. 다문화가정 자녀의 적응 문제 ······································· 111

(1) 법적 지위의 문제   111
(2) 학교 적응 문제   112
(3) 정체성 문제   114

3. 다문화가정 자녀의 역량강화를 위한 방안 ······················· 115

(1) 교육권 보장   115
(2) 올바른 정체성의 확립   116
(3) 이중 언어 교육   117
(4) 다문화교육   118

chpater 8   유학생

1. 유학생 추이 ··· 121

(1) 전 세계 유학생 흐름   121
(2) 한국의 유학생 흐름   123
(3) 유학생 이동 흐름의 특성   125

2. 유학에 대한 접근 ··· 126

(1) 푸시-풀 이론   126
(2) 인적자본론   127
(3) 세계체제론   127

3. 한국으로의 유학생 증가 배경 ······································128

(1) 유입국 배경   128
(2) 송출국 배경   132

4. 유학생의 적응 문제 ··· 133

(1) 언어 문제   134
(2) 학업 문제   135
(3) 교우 문제   135
(4) 경제적 어려움   136
(5) 정보부족   136

5. 유학생 지원 방안 ··· 137

chpater 9 재외동포

1. 재외동포란 ·· 141

2. 재외동포의 발생과 현황 ··· 142
    (1) 재외동포의 발생 142
    (2) 재외동포의 현황 143

3. 재외동포정책의 변화 과정과 평가 ··· 145

4. 재외동포의 적응과 갈등 ··· 148
    (1) 재미동포 148
    (2) 재일동포 149
    (3) 재중동포 151

5. 재외동포정책의 과제 ··· 152
    (1) 차세대 재외동포 정책   152
    (2) 현지화 맞춤형 지원정책   154
    (3) 네트워크 활용도 제고   154
    (4) 상시 소통체계 구축   155
    (5) 제3의 한민족운동 촉진   155

chpater 10 북한이탈주민

1. 북한이탈주민의 정의와 현황 ··158
    (1) 북한이탈주민이란 158
    (2) 북한이탈주민 현황   159

2. 재외탈북자의 규모 ·· 161

3. 북한이탈주민의 남한 사회 정착과정 ·· 162

4. 북한이탈주민의 생활 실태 ·· 163
    (1) 경제적 불안정 163
    (2) 사회, 문화적 소외   164
    (3) 심리적 부적응 165

5. 북한이탈주민의 정착방안 ··166

part 3 이민 사회의 갈등과 충돌의 원인들

chpater 11 편 견

1. 편견의 의미와 차원 ·· 173
    (1) 편견의 의미 173
    (2) 편견의 구성요소   173

2. 편견의 원인 ·· 175
    (1) 권위주의 성격   175
    (2) 범주화   175
    (3) 사회학습   176
    (4) 현실적 집단갈등   177

3. 한국사회 이민자 편견의 양상과 특징 ······································ 178
    (1) 피부색에 따른 편견   178
    (2) 국적에 따른 편견   178
    (3) 문화에 따른 편견   180

4. 편견을 넘어서 ·· 180

chpater 12 차 별

1. 이민자 차별의 개념 ··· 185

2. 한국사회의 이민자 차별의 양상 ··· 187
    (1) 국적 취득에서의 포함과 배제   187
    (2) 정치참여에서의 포함과 배제   190
    (3) 노동시장에서의 차별   191
    (4) 그 밖에 사회문화적 권리에서 포함과 배제   195

3. 이민자 차별의 원인 ··· 197
    (1) 제도적 요인   197
    (2) 심리적 요인   200

chpater 13 분 리

1. 이민자 밀집지역이란? ·· 205

2. 이민자 밀집지역에 대한 설명 ·· 206
    (1) 생태학적 접근   206
    (2) 지리적 동화론   207
    (3) 초국가적 공간론   207
    (4) 사회자본론   208

3. 국내 이민자 밀집지역의 형성 ·· 209

4. 국내 이민자 밀집지역의 발달 ·· 211
    (1) 이민자의 지역적 분포 양상   211
    (2) 이민자 밀집지역의 유형과 특성   213

chpater 14 제노포비아

1. 제노포비아란? ··· 218
    (1) 제노포비아의 의미   218
    (2) 제노포비아와 인종주의의 차이   219

2. 제노포비아의 발생 원인 ·· 220
    (1) 사회심리적 요인   220
    (2) 인구학적 요인   221
    (3) 사회경제적 요인   221
    (4) 정치적 요인   222

3. 제노포비아의 양상들 ·· 222

4. 제노포비아에 대한 대응 ·· 226
    (1) 영국   226
    (2) 프랑스   228
    (3) 독일   229

part 4   이민자 통합의 문제

chpater 15   이민자 통합 이론

1. 동화주의 모델 ··· 235

   (1) 동화의 정의   235
   (2) 동화의 단계   235
   (3) 동화주의 모델   239
   (4) 동화주의 모델 비판   240

2. 다문화주의 모델 ·· 241

   (1) 다문화주의의 정의   241
   (2) 다문화주의의 등장 배경   243
   (3) 다문화주의 모델 비판   246

chpater 16   해외 국가들의 이민 정책

1. 미국 ·· 255

   (1) 이민정책의 기본 방향   258
   (2) 이민정책의 대상   258
   (3) 이민정책 추진체계   258
   (4) 주요 이민자 통합 정책   259

2. 캐나다 ·· 262

   (1) 이민정책의 기본방향   265
   (2) 이민정책의 대상   265
   (3) 이민정책 추진체계   266
   (4) 주요 이민자 통합 정책   267

3. 독일 ·· 269

   (1) 이민정책의 기본방향   272
   (2) 이민정책의 정책대상   272
   (3) 이민정책의 추진체계   273
   (4) 주요 이민자 프로그램   273

4. 프랑스 ·· 274

    (1) 이민정책의 기본방향　278
    (2) 이민정책의 대상　279
    (3) 이민정책 추진체계　279
    (4) 주요 사회통합 프로그램　280

5. 영국 ··· 282
    (1) 이민정책의 기본 방향　286
    (2) 이민정책의 대상　287
    (3) 이민정책의 추진체계　288
    (4) 주요 사회통합 프로그램　288

chpater 17　한국의 이민 정책

1. 이민정책의 개관 ··· 292
    (1) 이민정책의 기본방향　295
    (2) 이민정책의 대상　296
    (3) 이민정책의 추진체계　297
    (4) 주요 정책 수단　299

2. 이민정책의 과제 ··· 303
    (1) 법적 개선　303
    (2) 지원 체계의 재정비 및 재구축　309

참고문헌 ··· 313

이민 사회의 형성

part

1

chapter 1   국제 이민의 발생
chapter 2   국제 이민의 흐름
chapter 3   한국 이민의 흐름

국제 이민의 발생

1. 국제 이민(International Migration)의 개념적 정의와 유형

(1) 국제 이민의 개념적 정의

이주(移住) 또는 이민(移民)은 사람들이 자신의 거주지를 다른 지역으로 옮겨가는 현상으로, 전자가 거주지의 변동을 강조한다면, 후자는 사람의 이동을 강조한다. 이주 혹은 이민에 대해 호프만-노오트니(Hoffmann-Nowotny, 1970)는 모든 사람들의 장소 변경이라고 하였으며, 알브레이트와 그의 동료들 (Albrecht et al., 1972)은 자신의 소속을 바꾸는 것으로, 신체적으로 한 장소에서 다른 장소로 이동하는 것으로 보이나 실제로는 한 집단의 소속에서 다른 집단의 소속을 바꾸는 것이라고 하였다. 또한 카스텔(Castles, 1993)은 이주자 혹은 이민자를 자신이 태어난 지역 밖에서 장기간 동안 사는 사람들이라고 하였다. 즉, 이주 혹은 이민(migration)은 사람의 이동을 말하며, 이 과정에서 거주지의 이전, 생활 중심축의 변화 등 삶과 관련된 전 영역에 걸쳐 변화가 일어나는 문제이다. 여기서는 사람의 이동 현상을 중심으로 그에 따른 변화와 과제를 살펴보는 것을 목적으로 하기에 이주보다는 이민이라는 용어를 사용하고자 한다.

이러한 정의로 볼 때 국제 이민은 인간의 이동 현상의 하나로, 이동의 범위가 국가적 차원으로 확대된 것을 말한다. UN(2002)은 이민을 12개월 이상의 기간 동안 의도적으로 다른 국가에 체류하는 국제적 거주의 이동으로 정

의하였으며, 일시적으로 취업을 목적으로 하여 외국으로 거주를 이동한 노동
자도 이민자의 범주에 포함시키고 있다.

국제 이민은 개인 혹은 가족이 한 국가에서 다른 한 국가로 거주지를 이
전하는 것으로, 시간적으로 일시적이냐 장기적이냐에 따라, 이민의 원인이 강
제적이냐 자발적이냐에 따라 국제 이민의 유형이 다르며, 또한 이주한 목적국
에서의 사회적 관계가 달라진다. 과거의 국제 이민이 태어난 모국의 경제, 종
교 혹은 정치적 속박하에서 다른 나라로 향한 단방향성, 일회성 이동이었다면,
1970년대 중반 이후 국제 이민의 양상은 과거보다 훨씬 급속하게 일어나고 있
으며, 이동의 방향도 유럽, 북미 중심에서 점차 전 세계적으로 확대되고 있다.
또한 국제 이민은 세계경제의 지구적 통합과 밀접한 관계를 가지면서 점차 이
민의 양상도 이민자들의 필요에 의해 사회적 연결망 현상, 가족재결합, 현지국
지향성의 강화, 현지 정착, 민족공동체 형성, 그리고 수용국 내 법적 지위 확
보의 순서를 밟아가는 경향이 있다(Castles & Miller, 1996; 전형권, 2008).

(2) 국제 이민의 유형

피터 스토커(peter Stalker, 2002)는 이민자들이 이동하게 되는 경위와 방식
을 크게 정착민(settler), 계약노동자(contract worker), 전문직 종사자(professional),
미등록 노동자(undocumented worker), 난민과 망명 신청자(refugee and asylum
seeker) 등 다섯 가지로 분류하였다. 그러나 스토커의 분류 방식은 각 범주와
개념들이 모호하고, 또한 서로 중첩되고 있다. 전형권(2008)은 국제 이민을 노
동 이민, 전문직 이민, 여성 이민, 도피 이민, 투자 이민, 가족 이민 등 6가지
로 분류하였다. 전형권의 분류는 스토커의 분류보다 범주와 개념이 보다 명확
하지만, 전문직 이민이 노동 이민 범주 중 하나이기 때문에 여기서는 전문직
이민을 노동 이민에 포함하여 살펴본다.

1) 노동 이민

노동 이민은 취업을 목적으로 다른 나라로 이민 간 경우로, ILO에서는
노동 이민자를 Migrant Worker라 부르며, 자신의 생활 근거지를 벗어나 다른

국가로 이민하여 취업한 노동자 모두를 통칭하는 개념으로 사용하고 있다. 노동 이민은 숙련도에 따라 숙련 이민노동자와 미숙련 이민노동자로 구분할 수 있는데, 숙련 이민노동자는 대개 전문직 이민자로 불리며, 대체로 IT 산업, 금융직, 회계업무 등에 종사한다. 현재 전문직 이민자는 과거에 비해 더욱 복잡해져서 과거 주변국에서 중심국으로 일방 통행식 두뇌유출과 달리 다변화된 경로를 밟고 있다. 미숙련 이민 노동자는 대체로 제조업, 농업 등 주로 기술이 필요하지 않은 분야에 종사한다. 또한 노동 이민은 체류자격의 합법성 여부에 따라 합법 이민노동자와 불법 이민노동자로 구분되며, 최근으로 올수록 불법 이민노동자에 대한 통제가 강화되고 있다.

2) 여성 이민

세계화에 따른 자본과 노동의 자유로운 이동의 확산에 따라 여성의 국제 이민이 크게 증가하였다. 그러나 여성의 이민은 남성의 이민과 달리, 저임금·저기술 일자리, 엔터테이너, 그리고 배우자 등으로 특징지어진다(Sassen, 1998; Hochschild, 1997).

여성들의 이민이 이러한 분야로 한정되는 것은 첫째, 여성들이 남성보다 국내와 국제 노동시장에서 제한된 교육 및 훈련기회를 가지며(Tyner, 1996), 대부분의 선진국에서는 취업 비자를 일부 전문직에만 허용하기 때문에(Piper, 1999), 숙련 기술을 가지지 못한 여성들이 합법적으로 취업하는 방법이 제한되기 때문이다. 둘째, 제3세계 여성들의 성적 서비스를 관광지에서뿐만 아니라 집에서도 받기를 원하는 서구 남성들의 수요가 증가했기 때문이다(Enloe, 1989). 이러한 맥락에서 파이퍼(Piper, 1999)는 성별 정치경제와 글로벌화된 가부장체계가 여성의 이민 형태를 결정하며, 특히 상업화된 결혼이나 여성의 인신매매는 바로 그러한 체계 안에서 발생하고 있는 것으로 보고 있다. 셋째, 선진국 여성의 지위변화로 인해 발생한 "돌봄의 소진(care drain)"에 대응하는 양상이라는 것이다(Troung, 1995; Hochschild, 1997; 김민정 외, 2006). 서구 선진국 여성의 가사노동은 이제 제3세계 여성들의 노동으로 대체되고 있다.

3) 난민, 피난 등 도피 이민

노동 이민 이외에 전 세계적으로 급증하는 이민 집단 중 하나가 난민 등 도피 이민 집단이다. 「난민지위에 관한 협약」 제1조 A항 2호에 의하면, 난민이란 "인종, 종교, 국적, 특정 사회집단에의 소속 또는 정치적 이유로 박해를 받게 될 것이라는 충분한 근거가 있는 박해의 공포(well-founded fear of being persecuted)로 인하여 혹은 개인적인 사정 이외의 이유로 인하여 국적국의 보호를 받는 것을 원하지 아니하는 자, 또는 종전의 상주국 밖에 있는 무국적자로서 상주국으로 돌아갈 수 없거나, 또는 그러한 공포로 인하여 혹은 개인적인 사정 이외의 이유로 인하여 상주국으로 돌아가는 것을 원하지 않는 사람들"(21세기 정치학대사전)을 의미한다.

이민자, 특히 경제적 이민자가 자신과 가족의 미래 가능성을 개선하기 위해 이민을 선택한 사람들이라면, 난민은 생명을 유지하고 자유를 보전하기 위해 이민을 해야만 하는 사람들이다. 이들은 자국으로부터의 보호를 구할 수 없으며, 또한 종종 자국 정부가 이들에 대한 박해를 위협하는 존재이기도 하다. 타국에서 이들을 받아주지 않고, 자국 내에 있는 경우에도 돕지 않는다면, 이들에게 사형선고를 내리는 것이나 다름없다.

오늘날 난민은 정치적 난민 이외에도, 생태계 파괴와 빈곤 등 과거보다

표 1-1 각 대륙별 난민 유형과 규모(2011.6)

	난민	비호신청자	귀환민	자국내실향민	무국적자	기타	합계
아프리카	2,408,676	329,608	1,022,836	6,230,071	21,119	164,113	10,176,423
아시아	5,715,818	72,410	2,093,152	4,376,376	2,853,245	1,001,715	16,112,716
유럽	1,587,387	302,791	4,813	419,303	588,689	89,751	2,992,734
중남미 (카리브해 연안 포함)	373,867	71,373	58	3,672,054	17	-	4,117,369
북미	430,123	57,310	-	-	-	-	487,433
오세아니아	33,815	3,986	-	-	-	-	37,801
합계	10,549,686	837,478	3,120,859	14,697,804	3,463,070	1,255,579	33,924,476

자료: UNHCR 글로벌 동향보고서(2011년 6월 발행)

훨씬 다양한 이유로 발생하고 있으며, 유엔난민기구(UNHCR)에 따르면, 2011
년 6월 현재 난민은 3천 4백만 명에 이르고, 대륙별로 아시아(1천 6백만 명),
아프리카(1천만 명)에 가장 많다.

4) 투자형 이민(investment immigration)

사업 및 유학 등을 목적으로 자발적으로 이민하는 형태로서, 개인이 가
진 자본과 기술적 노하우를 해외에 투자하여 시장을 개척하거나, 자신의 미래
가능성과 잠재력을 키우기 위해 시간과 노력 그리고 비용을 투자하여 해외로
이주하는 경우이다. 과거의 이민이 생계형 이민이었다면, 현재의 이민은 모국
의 자산의 일부나 전부를 정리해서 새로운 터전에서 삶을 꾸려나가는 투자형
이민으로 변화하고 있다.

미국의 경우 미국 내에서 사업장에 특정 금액을 투자한 다음 최소 10명
의 풀타임 고용창출을 통하여 영주권을 얻을 수 있도록 하는 투자이민(EB-5)
프로그램이 시행되고 있다. 그러나 캐나다는 투자이민 프로그램이 실제 경제
활성화 기여도가 낮아 2014년 폐지하였다.

5) 가족 이민

가족 단위로 영구히 해외로 이민하는 형태로, 대부분 가족의 재결합을
보장하는 국가들에서 가족 이민이 많다. 이러한 국가들에는 미국, 캐나다, 호
주 등이 있으며, 매년 50만 명에서 100만 명으로 추정되는 사람들이 이들 국
가로 이주하고 있다.

2. 국제 이민 발생에 관한 이론

국제 이민의 기원과 지속을 설명하는 이론에는 경제적-행위적 접근(economic
-behavior theories)과 역사-구조적 접근(historical-structural approach), 사회적·
관계적 접근(Social Network theories) 등이 있다. 또한 세계화의 진전과 함께
1990년대부터 새롭게 대두되고 있는 국제 이민 연구의 한 조류가 "초국가주

의"(trans-nationalism)인데, 초국가주의는 이민자들에 의해 송출국과 수용국을 동시에 연관시키는 "사회적 장"(social field)에 관심을 가진다.

(1) 경제적-행위적 접근(Economic-behavior theories)

경제적-행위적 접근에는 국제 이민의 기원과 연속성을 경제적, 개인적 관점에서 설명한다. 대표적으로 신고전경제학(neoclassical economics)의 균형이론(equilibrium theory), 비용-편익분석(cost-benefit analysis)에 바탕을 둔 인적자본론, 신이주경제학(new economics of migration) 등이 있다.

1) 균형 이론(Equilibrium theory)

균형 이론은 신고전경제학의 거시이론으로, 국가 간 이동은 지역별로 차이가 나는 노동시장의 수요와 공급에 의해 발생된다고 본다. 임금의 국가 간 차이는 저임금 국가에서 고임금 국가로의 국가 간 이동을 발생시키는데, 그 결과, 자본이 부족한 국가에서는 노동 공급이 줄어 임금이 상승하게 되고, 자본이 풍부한 국가에서는 노동 공급이 증가하여 임금이 감소하게 되며, 장기적으로 국가 간 이동의 금전적, 심리적 비용을 의미하는 국제적 임금 격차를 균형 상태로 만든다는 것이다. 이와 같은 균형이론의 관점은 자본이 풍부한 국가에서 자본이 부족한 국가로 이동하는 현상이나, 높은 수익률을 얻기 위해 경영자, 기술자, 고숙련 노동자가 인력 자본의 형태로 이동하는 현상을 설명하는 데 적합하다.

2) 인적자본론(Human Capital theory)

인적자본론은 분석단위뿐만 아니라 분석수준을 개인에 두는 일종의 미시적 관점으로, 이민을 인적자본투자 현상으로 개념화하고 사람들은 자신의 인적자본(교육, 경험, 훈련, 언어능력 등)을 투자하여 고용이 가능하고 비용-편익(cost-benefit)의 계산에 의해 가장 큰 순이익이 기대되는 지역으로 이주한다는 것을 가정한다. 이 같은 비용-편익분석에 따라 합리적 개인 행위자가 국제 이동의 비용과 편익을 계산한 결과, 순이익이 기대되는 경우 이동하는 것으로 파악한다. 즉 해외취업을 희망하는 사람이 타국으로 가는 이동결과 기대되는 편익과 이동비용을 계산하여 특정 기간에 순이익이 가장 큰 나라로 이동하는 것이다. 따라서 국가 간의 인구 이동량은 비용과 편익의 계산에서 일어나는 개인 이동의 총합이다(Todaro & Maruszko, 1987; 전형권, 2008).

3) 신이주경제학(New economics of migration theory)

신고전주의 경제학에서 개인은 자신의 효용을 극대화하며, 복리를 최대화하기 위해 이동한다. 이민 시장(migration market)에서 합리적 존재인 개인은 이민에 관한 정보와 다양한 이민 목적지에 대한 고려를 통해 자신의 거주지에 계속 거주할 것인지 또는 더 좋은 환경을 가진 다른 곳을 향해 이민할 것인지 여부를 결정할 수 있다(김용찬, 2006).

하지만 국제 이민은 균형점을 찾아가려는 개인의 합리적 선택이 아니더라도 가구들이 소득의 원천을 다원화하기 위한 수단으로도 일어난다. 즉, 사람들은 가구의 기대소득을 최대화하기 위해서, 그리고 자국 내 시장에서의 위험을 최소화하고 불안정을 이완시키기 위해서 이민하며(위험회피모형), 또한 가구는 절대적 수입 증가를 위해서뿐만 아니라 다른 가구보다 상대적으로 수입을 더 많이 증가시키기 위해서 가족 구성원 중 일부를 해외로 내보내기도 한다(상대적 박탈 모형). 따라서 국제 이민, 특히 저개발국에서의 이출은 개인이 아니라 관련된 사람들의 단위, 전형적으로 가구(또는 가족) 단위로 결정되며, 국제 이민은 국가 간 임금차이가 없어지더라도 중단되지는 않는다. 다른 국가로의 이민은 자국 내의 다른 지역시장이 부재하거나 불안전 또는 불균형 상태에 있다면 계속해서 발생할 수 있기 때문이다(석현호, 2000).

4) 한계

이민에 대한 신고전경제학의 접근은 첫째, 국제 이민을 개인이나 가족의 합리적 의사 결정의 결과로 파악하기 때문에 개인과 가족의 의사 결정 범위를 넘어서는 경제 구조적 요인과 이민자가 속한 국가와 이민 목적국 간의 역사적 특수성, 문화적 경로 등을 따라 이민 행위가 어떻게 영향을 받는지 충분히 고려하지 못한다.

둘째, 국제 이민에 영향을 미치는 국가의 역할을 간과하는 경향이 있는데, 국제 이민은 현실적으로 각국 정부의 출입국 제한과 같은 이동 장벽에 영향을 받는다(전형권, 2008).

(2) 역사-구조적 접근(Historical-structural approach)

1970년대 이후 신고전경제학에 대한 대안으로 역사-구조적 접근이 등장하였다. 역사-구조적 접근은 국제 이민이 행위자의 합리적 선택에 의해서 발생하기보다는 행위자의 손이 닿지 않는 어떤 보이지 않는 힘에 의해서 일어난다는 것이다. 즉, 중심부의 자본 투자에 의해 유발된 세계 자본주의의 불균등 발전 때문에 발생한다고 본다(Castles, 1975). 이와 같이 세계 자본주의 발전 과정의 결과로 국제 이민을 설명하는 이론에는 상대적 과잉인구론, 세계체제론, 노동시장분절론 등이 있다.

1) 상대적 과잉인구론(Relative overpopulation theory)

마르크스에 따르면, 상대적 과잉인구란 산업의 기술적·조직적 변화에 의해 실업상태에 처한 노동자 및 여성, 청소년, 자영농 등 임금노동자를 말한다. 아직 고용되지 않은 '잠재적' 상태에 있는 이들 인구집단은 자본에 의해 노동자의 임금인상요구에 대항하고 노동자를 통제하는 메커니즘으로 활용된다. 즉, 자본의 축적 과정에서 필연적으로 발생하는 상대적 과잉인구는 대부분 중심부로 흘러들어가며, 이동은 정치적·법적 취약성으로 인해 더욱 값싼 노동력 제공자로 전락하면서, 동시에 유입국의 노동시장에 저임금효과와 계급투쟁의 효과를 희석시켜 현지 노동의 힘을 약화시키게 된다.

2) 세계체제론(World-system theory)

세계체제론은 자본주의 불균등 발전을 국제 이민의 원천으로 파악한다(Wallerstein, 1974; Castles, 1989; Sassen, 1989). 즉, 자본주의 경제의 주변국 시장 침투가 국제 이민을 일으키는 근본적 원인이라는 것이다.

중심국의 자본가들은 더 높은 이윤과 더 많은 부의 축적을 위하여 농지,

원자재 그리고 노동 및 소비시장을 찾아 주변국으로 침투해 들어가며, 이때 주변부 국가의 저임금 노동력은 상대적으로 풍부한 고용기회와 고소득을 찾아서 중심국 국가로 이동하게 된다는 것이다. 즉, 국제 이민은 저발전 사회의 지역 간 불평등 발전에 대한 반응이면서 자본주의 중심부와 주변부를 연결하는 중요한 지배 고리 중 하나이다.

3) 노동시장 분절론(Segmented labor market theory)

노동시장 분절론은 국제 이민이 발전된 국가들의 경제구조의 본질적 특성인 이민 노동력의 영구적 수요 때문에 일어난다고 본다. 1970년대 초반 이 이론을 주창한 에드너 보나치츠(A. Bonacich, 1972)에 따르면, 자본주의 노동시장은 자본집약적인 1차 부문과 노동집약적인 2차 부문으로 분절되며, 이에 따라 노동자도 고임금 노동자와 저임금 노동자로 분절되고 자본가는 이 같은 분절구조를 이용한다고 한다. 즉 자본가는 가능한 한 저임금 노동자를 고용해서 이윤을 극대화하려는 반면 고임금 노동자들은 저임금 노동자들을 노동시장에서 완전히 배제시키거나 또는 저임금 노동 분야에 국한시킴으로써 자신들의 기득권을 유지하려고 한다. 이 경우 저임금 노동자는 대부분 이민자와 소수민족 출신자들로 구성되는데, 이들은 자본가들에 의해 고임금 노동자를 통제하기 위해 쓰이기 때문에 고임금 노동자들로부터 차별을 받게 되며 이로 인해 인종 또는 민족 간의 갈등이 발생한다는 것이다.

4) 한계

역사−구조적 접근법은 후기 자본주의의 구조적 문제와 세계자본주의 체계 내에서의 선진국과 후진국의 차이에 대한 현실을 고려하면서 국제이민의 발생 원인을 규명하고자 하였다.

역사−구조적 접근은 첫째, 국제 이민이 발생하기 위한 자본주의 발전과 상대적 과잉 인구, 이중노동시장과 같은 경제 구조에 지나치게 의존한 반면, 개별 국제 이민자의 이민 동기를 지극히 일반화시키며, 이들의 이동 과정을 간과하였다. 둘째, 주로 대규모 이민 또는 노동력 이민을 분석하는 데 초점을 두기 때문에, 최근 증가하고 있는 개인과 소규모 집단의 국제 이민을 포함한 국제 이민의 복잡성을 제대로 드러내지 못한다. 셋째, 국가를 자본의 대리자로 규정하고 국가의 역할을 자본주의 체제의 확산을 위해 자본과 상품의 흐름을 보호하거나 산업예비군을 확보하기 위해 이민 노동자를 충원하는 등의 활동에 국한한다. 즉, 국제 이민의 시작과 지속 과정에서 중요한 영향을 미치는 국가와 이민자의 능동적 역할을 경시하는 경향이 있다(김용찬, 2006).

(3) 사회관계망이론(Social network theory)

위에서 살펴본 국제 이민의 발생 원인들은 일정한 이민의 흐름이 확립되면서 형성된 것으로 이민의 사회적 조건들과는 상당히 다를 수 있다. 매시 등(Massey, et al., 1993)은 이민이 일어난 후 어떻게 해서 이민이 계속해서 발생하는지 즉, 이민의 영속화 조건을 탐색하였다.

1) 사회 자본론(Social capital theory)

사회 자본론은 이민자의 사회적 연결망과 조직의 발전 및 사회제도의 참여가 자원획득에 중요한 요소가 된다는 가정에서 출발한다. 어느 국가든 이민자들이 일정한 수를 넘어서면 이민 연결망, 즉 이민자, 선(先)이민자, 그리고 송출국 및 유입국의 비이민자를 연결하는 친족, 친구, 동향인 등의 대인관계가 형성된다. 이러한 이민 연결망이 형성되면, 그것은 이민 비용과 위험을 감소시켜 순이익을 증대시켜 주기 때문에 이들 간의 이민 가능성을 높여준다. 이로써 처음에는 개인 단위로 이루어졌던 이민이 점차 연쇄이민(chain migration) 현상을 낳고, 먼저 이민을 감행한 개인들이 집단 전체의 후속 이민을 구성하는 새로운 구조를 쌓아가게 되는 것이다. 이러한 연쇄이민을 가능하게 하는 이민 연결망의 형성은 정부의 통제 밖에서 이루어지기 때문에 정부는 그 흐름을 통제하기 어렵게 된다(설동훈, 1999). 따라서 일정 국가들 간의 이민 연결망의 형성은 이들 간의 이민을 영속화시키는 메커니즘으로 작용한다. 여기서 사회적 연결망은 사람들이 국제노동력 이동에 대한 접근통로를 확보하기 위한 사회적 자본(social capital)의 한 형태를 취한다.

2) 누적 원인론(Cumulative causation theory)

국제 이민이 일단 발생하면 사회제도나 사회적 연결망의 형태를 통하지 않더라도, 이민에 의해 변화된 사회적 맥락이 이민의 원인이 되어 차후의 추가적 이동이 이루어지는 등 이민이 영속화될 가능성이 높다. 미르달(G. Myrdal, 1957)이 누적 원인으로 개념화한 이 이론에 따라 매시 등(Massey, et al., 1993)은 이러한 누적 효과에 의해 국제 이민이 영속화되는 사회적 맥락을 소개하고 있다. 첫째, 이민자가 있는 가구의 소득이 높아지게 되면 다른 가구들에게 상대적 박탈감을 느끼게 하여 이들로부터 이민자가 나오게 만든다. 둘째, 일정 지역에 이민자가 많아질수록 사회적으로 해외 취업에 대한 긍정적인 시각이 확산되어 지역의 문화－가치가 이민의 가능성을 높이는 방향으로 변하게 된다. 셋째, 고급 인력의 이민은 송출지에서 인적 자원을 고갈시켜 생산성을 떨어뜨리고 유입지에서는 인적 자원을 축적시켜 경제성장을 보강하기 때문에 지속적인 이민을 일으킨다. 넷째, 국제 이민자들은 특정 직업에 종사하는 경향이 있고, 선(先)주민들은 이러한 직업을 꺼리기 때문에 이 부분에 이민 직업이라는 낙인이 찍혀 이 노동시장에서 이민이 연쇄적으로 일어난다.

3) 한계

사회 관계적 접근은 이민이 지속적으로 발생하는 이유를 설명하는 데 기여하였다. 하지만 이들 요소는 이민의 근본요인이라기보다는 이민을 촉진하고 지속시키는 매개적 변수로서 작용한다(석현호, 2000). 우선, 사회적 자본론은 이민의 발생과 지속에 관한 긍정적 측면만을 염두에 두고 있는데, 이민을 억제하는 부정적 요소로 작용할 수도 있다. 둘째, 누적 원인론은 단일한 이론이라기보다는 여러 요인들의 복합체이다. 따라서 이론적 완결성을 갖추기 위해서는 보다 객관적 통계가 뒷받침된 조사가 요구된다(전형권, 2008).

(4) 이민 체계 중심 접근: 거시와 미시구조의 통합론

이민 체계란 "사람들의 흐름과 역흐름(counter－flow)에 의해 연결된 장소들의 세트(Fawcett & Arnold, 1992)"로, 크리츠(Kritz)와 즐로트닉(Zlotnik)은 이민 체계가 매년 상대적으로 많은 이민자들을 교환하는 국가들의 그룹에 의해 형성된다고 하였다. 즉, 국제 이민의 흐름은 시간이 지남에 따라 일정한 안정성과 구조적 성격을 가지게 되는데, 이민 체계 이론은 이러한 국제 이민 체계를 찾아내고 그것의 운영 메커니즘을 해명한다.

크리츠와 즐로트닉은 두 나라가 정치, 경제, 사회, 인구학적 환경을 배경 요인으로 하여 노동력을 송출하고 받아들이는 관계를 맺음으로써 하나의 이민 체계를 형성한다고 보았다. 이민 체계는 특정한 국가 간에 비교적 높은 밀도의 재화, 자본 및 인적 교류가 일어나기 때문에 형성되며, 일반적으로 하나의 중심국과 여러 송출국들로 구성되어 있다. 이 이론이 제안하고 있는 주요 명제는 이민 체계 내에서의 이민은 물리적 관계보다는 정치적·경제적 관계에 의해 일어나며, 따라서 정치적·경제적 조건의 변화에 따라 이민 체계도 변한다는 것이다(전형권, 2008).

카슬과 밀러(Castles & Miller, 1996)는 크리츠와 즐로트닉의 이민체계론을 더욱 확장하여 이민의 거시구조와 미시구조를 동시에 연구할 것을 주장하였다. 전자는 세계시장의 정치경제, 국제관계 그리고 이민을 통제하는 송출국과 수용국 정부에 의해 확립된 법, 관행 등의 대규모 구조적 요인을 말하고, 후자는 이민자들의 사회적 연결망, 관행, 신념 등의 미시적 요소를 포함한다. 이

표 1-2 국제 노동력 이민의 주요 요인

요인	송출국과 수용국 간 차이 요인			송출국과 수용국 간 관계 요인		
	격차요인	송출국 요인	수용국 요인	미시적 관계	거시적 관계	중범위 관계
주요 지표	국제이주의 송출국과 수용국 간 임금, 고용 기회, 경제발전, 생활수준 등의 격차	이주하는 개인/집단/지역의 경제/사회적 위험 대처, 실업 및 일시고용 대처, 부유입	노동력 부족, 노동시장분절에 따른 저숙련 노동 부족, 고령화 대처	양국 거주 개인 또는 집단 간 관계의 역할: 가족이나 친구 또는 지역사회 연계	양 국가 간 사회경제적 관계: 식민지/모국 관계, 무역 및 투자, 정치적·문화적 유대	기업의 초국적 활동, 정책적 관계(양 국가 간 제도적 합의), 중개업자의 역할
이론	균형이론 배출-흡입이론	신이주경제학	노동시장 분절론	사회자본론	이민체계론	—

출처: 최병두. 2012. 동아시아 국제노동이주: 전개과정과 일반적 특성. p.369.

들이 가장 중요한 미시 구조적 요소로 파악하고 있는 것은 이민자들이 이민과 목적국에서의 적응을 위해 발전시킨 비공식적 사회연결망이다. 가족 관계와 종족 공동체의 유대를 통해 자발적으로 형성된 이민 네트워크를 통해 연쇄 이민이 일어나며, 일단 이주가 시작되어 그 통로가 확립되면 이는 이민 경로가 되어 후속 이민을 더욱 촉진시킨다(전형권, 2008). 또한 두 수준은 '중범위 구조(meso-structures)라 일컫는 충원업체, 브로커, 계약자, 국가관료 인신매매업자 등 많은 중간 기제의 제도화와 연계되어 있다(최영진, 2010).

(5) 초국가적 접근: 이민과 적응의 통합

전통적으로 이민에 관한 연구들은 이민을 송출국과 수용국으로 사람과 문화가 이동하는 현상임을 전제로 한다. 따라서 대부분의 이민 연구들은 이민자를 배출한 송출국보다는 이민을 수용한 국가의 입장에서 이민자의 정착 국가에 대한 동화, 갈등, 조화 등을 주요 주제로 삼았다. 그러나 1980년대 말 무렵부터 초국가적 시각(transnational perspective)에서 수행된 이민 연구들은 이민자가 국민국가의 영토를 벗어나 모국과의 다양한 관계를 유지하고 있는 점을 강조하기 시작했다(김경학, 2007:62).

초국가주의 개념을 처음으로 이론화한 바쉬, 쉴러, 블랑(Basch, Schiller, Blac, 1994)은 초국가주의를 '한 국가에서 활동하는 초국적 행위자들의 일상생활 활동과 이들의 사회, 경제, 정치적 관계 등을 통해 형성되는 사회적 장'(Basch et al., 1994)으로 정의하였다. 아파두라이(Appadurai, 1996)는 초국가주의를 이민자를 중심으로 이동하는 많은 것들(사람, 아이디어, 물건 등)의 상호 연결성에 의해 창조되는 일종의 관계적 공간(이영민 등, 2012)으로 정의하며, 이 관계적 공간에서는 이들에 의해 기존의 전 지구적 질서가 해체 또는 탈구되어 새로운 경관(Scape)—즉, 에스노 스케이프(ethno scape), 미디어 스케이프(media scape), 테크노 스케이프(techno scape), 이데오 스케이프(ideo scape), 파이낸 스케이프(finan scape)—들을 만들어내며, 이러한 과정이 초국가적 이민과 정착 과정에 중요한 영향을 미친다고 하였다. 하지만 도시사회학자인 마이클 스미스(M. P. Smith, 2005)는 『초국가적 도시주의(Transnational Urbanism)』에서 초국적 이민자들의 초국가적 실천이 마치 전 지구적으로 모든 곳에서 발생하는 것 같지만, 실제로는 이들의 이동과 활동 및 실천은 이러한 흐름들이 접합되는 아주 특정한 지리 공간 즉, 결절지를 중심으로 형성된다고 하였다. 또한 초국가주의는 다른 국가들 사이에 사는 사람들을 묶어내는 연계(linkage)와 초국가적 연계를 지속시키는 동시성(simultaneity)을 그 특징으로 한다고 하였다. 초국가적 이민자들은 국경을 넘어 장거리 이주를 통해 사회, 문화, 경제, 정치적 관계들을 네트워크로 연결하고(Vertovec, 1999), 초국적 정체성을 형성하는 데 기여하는 경계를 가로지르는 아이디어와 연대의 감정과 같은 비물질적인 흐름(Clifford, 1994)에 동시적으로 관여(engagement)함으로써, 여기 저기 다른 공간으로 분산된 사람들 사이를 좁히고, 사회 제도를 변화시키고 새로운 삶의 기회를 출현시키는 역할을 한다고 하였다.

초국가주의에서 초국가적 이민자들은 흔히 국경을 넘나들며 가족, 경제, 사회, 종교, 정치적 측면에서 다중적 관계를 발전시키고 있다. 그리고 초국가적 이민자들은 모국과 수용국 양측에 다중적으로 개입되어 그 관계를 유지한다. 하지만 이처럼 두 개의 국가 혹은 그 이상의 국가를 넘는 행위, 구조에 대해 분석하기 때문에 분석단위가 '국민국가'로 전제되는 경우가 많다. 월경하는 집단은 커뮤니티 집단인 데 비해 분석 단위는 국민국가의 단위에서 접근함으로써 행위의 주체를 정확하게 파악하지 못하는 문제가 있다. 둘째, 초국가주의가 포착하는 대부분의 행위들은 모국 – 정착국 사이의 이민자들의 경제 활동인데, 기존의 초국가주의 연구는 대부분이 성공적인 이민자 기업가 집단에 국한되어 있다. 그리고 이들이 형성하는 사회 자본은 이미 월경을 넘어 구조화된 것을 전제로 한다. 따라서 초국가적 연결망이 형성됨으로써 이민자들의 경제가 성공하는 것을 촉진하는 것으로 유도하는 경향이 있다(Schiller et al., 2009). 셋째, 이민 과정에서 발생하는 특정한 지리적인 목적지의 통과, 최근의 이민의 여성화하고 부르는 현상, 밀입국 조직의 대형화, 이민 과정에서 이민 희생자의 증가, 이민의 방위대책으로서 귀화율의 증가 등은 국민 국가와 밀접한 관계를 갖지만, 초국가주의 시각은 이런 국가와의 상호작용의 측면을 간과하고 있다(Massey et al., 2002). 넷째, 이민의 초국가적 현상이 역사적으로 진행되어 왔지만 초국가주의자들은 마치 최근에 발생한 역사적 현상으로 보고 있다(Waldinger, & Fitzgerald, 2004). 초국가주의자들은 이런 경우를 강조하기 위해 최근의 기술, 교통수단, 다국적 기업을 주도한 자본주의, 세계화의 재편을 초국가주의의 중요한 요인으로 들고 있다(Portes, 2001).

SUMMARY

■ ■ ■ 오늘날 국제 이민 현상을 이해하기 위해 국제 이민의 개념적 정의, 유형 등을 살펴보고, 국제 이민의 발생 현상을 설명하는 이론들을 고찰하였다.

■ ■ ■ 국제 이민 발생 이론은 1990년대 이전에는 주로 국제 이민 발생 원인을 규명하는 데 관심을 가졌다면, 1990년대 이후에는 사회적 관계망, 초국가주의 등 주로 이민자들이 송출국, 수용국과 다양한 관계를 유지하고 있음을 강조한다.

■ ■ ■ 국제 이민을 설명하는 이론은 크게 경제-행위자 이론, 역사-구조 이론, 사회관계망 이론, 거시와 미시를 통합을 시도한 이주체계이론, 모국과 이주국을 연결하는 초국가주의 등이 있다.

■ ■ ■ 국제 이민을 설명하는 이론은 궁극적으로 국가 간 이동이 발생하는 이유를 설명하려는 공통의 목적을 가지고 있으나 각각의 개념이나 가정 등은 크게 다르다. 경제-행위자 접근 이론은 국가 간의 임금이나 고용조건의 차이와 이주 비용에 초점을 두며, 이주 결정은 개인 혹은 가족의 합리적 선택의 결과로 보았다. 역사-구조적 접근 방식은 국제 이민이 현대산업사회에 내재된 노동수요에 의해 발생한 것이며, 또한 16세기부터 발전되고 확장해 온 세계시장의 구조적 변화가 국가 간 이동을 초래하는 주요 요인이라고 지적한다.

■ ■ ■ 최근 들어 국제 이민을 설명하는 이론들은 국제 이민의 원인 규명보다는 이민이 지속되는 원인, 그리고 이민 이후의 정치적, 경제적, 사회적 변화에 주목하고 있다. 사회관계적 접근 방식은 국제 이민의 발생 원인을 규명하기보다는 이민이 지속되는 원인을 탐색한다. 국제이민체계이론은 국제 이민의 흐름이 시간이 지남에 따라 일정한 안정성과 구조적 성격을 가지게 되는 국제 이민 체계를 찾아내고 그것의 운영 메커니즘을 해명한다. 또한 초국가주의는 이민자가 국민국가의 영토를 벗어나 모국과 다양한 관계를 유지하고 있음에 주목하며, 오늘날 국제 이민으로 인해 발생하는 다양한 정치, 경제, 사회문화적 현상을 탐구한다.

Key Terms: 국제이민, 균형이론, 인적자본론, 신이주경제학, 세계체제론,
상대적과잉인구론, 노동시장분절론, 사회자본론, 사회누적론,
이주체계론, 초국가주의

국제 이민의 흐름

1. 19세기 이전 국제 이민의 흐름

(1) 유럽인의 신대륙으로의 이동

15세기와 16세기에 걸쳐 유럽 국가들은 새로운 땅과 바다를 찾아 나섰다. 당시 유럽의 국가들 내에서 수많은 사회문제들 즉, 신분질서의 와해, 자영농의 토지약탈로 도시빈민화, 기근과 질병, 가난과 범죄의 문제 등이 발생하였고, 또한 당시 유일하게 동쪽 문물이 들어올 수 있는 통로였던 지중해를 오스만제국이 폐쇄하면서, 당시 유럽인들이 선호했던 향신료, 비단, 차 등을 들여올 새로운 항로가 필요했다. 이러한 배경에서 유럽 국가들은 앞다투어 해외시장 개척에 나섰고 이 과정에서 1491년 콜럼버스가 아메리카 대륙을 발견하게 된다.

콜럼버스가 아메리카 대륙을 발견한 이후 유럽인들의 신대륙으로의 이동은 더욱 활발히 진행되었다. 1620년 영국의 청교도들이 영국 국교인 영국성공회와의 종교적 갈등을 피해 미국으로 들어갔으며(김남현, 1984). 이후 독일인, 아일랜드인, 네덜란드인, 스웨덴인, 프랑스인, 스위스인들도 상당수 들어갔다(김재민, 1996).

한편 영국이 북아메리카로 진출하기 이전 1534년에 프랑스인 자크 카르티에(Jacques Cartier)는 캐나다 세인트 로렌스(Saint Lawrence)만에 입항하여 이 지역을 프랑스령으로 선언하였다(주문형, 1996; 문영석, 2005). 1660년에서 1713

년까지 캐나다에 프랑스의 식민지 경영이 확립되면서 프랑스계 이민이 급속하게 증가하였다. 프랑스인들은 처음에는 탐색 원정을 목적으로 캐나다에 들어갔지만, 차츰 농부들, 상인들, 관리들, 광부들이 이곳으로 건너갔다(김기홍, 1996). 그렇지만 1670년 이후부터 캐나다에서는 프랑스계 이민자와 영국계 이민자들 간의 모피 무역권을 놓고 대립이 격화되었고, 1759년 9월 18일 에이브라함 평원(Plains of Abraham)에서 프랑스군이 영국군에게 대패하면서 캐나다는 영국의 식민지가 된다.

비슷한 시기에 유럽인들은 호주로도 진출하였는데, 유럽인으로서 최초로 호주 땅을 밟은 사람은 1606년 서부 호주 케이프 요크만(Cape York)에 도착한 네덜란드인 윌렌 젠츠(Willem Jansz)로 알려지고 있다. 이후 1688년 영국인 해적 윌리엄 뎀피어(William Dampier)가 북서안의 킹 사운드(King Sound) 부근에 상륙하였지만, 당시 호주는 유럽인의 관심을 이끌지 못했다. 호주가 주목을 받게 된 것은 1770년 영국의 제임스 쿡(James Cook) 선장이 천문관측을 위해 다시 호주 지역을 탐사하면서부터이다. 당시 미국의 독립(1788)으로 영국은 미국을 대신할 새로운 땅이 필요했고, 이때부터 영국인들의 호주로의 이민이 본격화된다. 하지만 당시 호주에 정착하게 된 영국인은 1788년 1월 26일 아서 필립(Arthur Philip) 선장이 이끌고 온 죄수들이다. 1790년 당시 호주로 들어온 영국인은 죄수들을 포함하여 약 2,000명 정도였고, 1800년에는 5,200명으로 증가하였다. 호주로의 이민 물결은 1851년 에드워드 하그레이브(Edward Hagrave)에 의해 금광이 발견되면서 폭발적으로 증가하였다. 뉴사이스웨일즈와 빅토리아 지방에서 금광이 개발되면서 골드러시(Gold Rush)의 열풍은 급속이 퍼졌다. 금광개발의 여파로 인한 이민 인구는 1850년 40여 만 명에서 1860년 115만 명으로 증가하였다.

(2) 아프리카인의 아메리카 대륙으로의 이동

아프리카인들이 머나먼 대서양을 건너 아메리카 땅으로 이주해 왔다. 그렇지만 아프리카인들이 아메리카 대륙으로 이동하게 된 것은 자발적 의사가 아닌 타인에 의해 강제된 결과이다. 유럽 국가들은 아메리카 발견 이후 이 지역을 개척할 대규모 노동력이 필요했고, 이를 위해 아프리카인들을 노예노동력으로 데려왔다.

　유럽 국가들은 아메리카 대륙 발견 이후 이 지역을 식민지화하였으며,[1] 이 지역에서 광산과 플랜테이션 산업을 시작하였다. 광산과 플랜테이션 산업은 많은 노동력을 필요로 하는 산업으로, 유럽 국가들은 자국의 노동력을 이 지역으로 데려오는 대신 이 지역의 아메리카 인디언을 노동력으로 사용하였다. 하지만 아메리카 인디언들은 노동력으로 활용하기에 매우 부적합했는데, 첫째, 백인에 의해 전파된 천연두, 파상풍 등 전염병에 대한 저항력이 약하여 백인들과 함께 생활하기 어려웠고, 둘째, 고유의 수렵생활에 기초를 둔 관습, 조직에 영향을 받고 있어서 정착생활을 기본으로 하는 노동력으로는 부적합했다. 셋째, 라틴아메리카, 서인도제도의 광산개발, 사탕수수와 담배재배의 대농장 등에서 혹사시키면서 이들의 사망, 도망, 반항 등으로 원주민의 수가 크게 격감하였다. 이러한 상황에서 유럽국가들은 광산 산업에서 플랜테이션 산업으로 그 범위를 넓혀갔고, 부족한 노동력을 메우기 위해 아메리카 지역과 지리적으로 가깝고 이미 정주산업에 종사한 경험이 있는 아프리카인들을 아메리카대륙으로 데려오게 된다. 물론 유럽 국가들이 아프리카 흑인을 노예 노동력으로 데려올 수 있었던 것은 이미 15~16세기에 걸쳐 대서양에서 노예무역이 활발히 일어났기 때문이다.

　이렇게 해서 아프리카 흑인들은 노예 노동력으로 아메리카 대륙의 새로운 구성원이 되었으며(Curtin, 1969; 설동훈, 2000: 79), 아메리카 대륙에서 노예제도는 18세기에 접어들면서 보편화되었고, 19세기 중엽까지 번창하였다. 18세기에 아프리카에서 이동한 노예 수는 대략 600만 명에 달하며, 노예무역은 노예라는 인간의 노동력을 아프리카로부터 남북아메리카의 플랜테이션이나 광산에 대량으로 이동시켰다는 점에서 국제 노동력 이동의 하나로 간주될 수 있다(설동훈, 2000: 79-80). 이후 노예 노동력 이동은 유럽에서의 산업혁명과

---

1) 유럽 국가들의 아메리카 대륙의 발견으로 아메리카 대륙은 크게 4지역으로 분할된다. 17~18세기에 걸쳐 남북아메리카 대륙은 크게 스페인이 주도한 식민지(북아메리카의 서남부 및 중·남아메리카 서부), 포르투갈이 지배하던 식민지(남아메리카 동부), 영국이 주도하는 식민지(북아메리카 동부), 그리고 프랑스가 주도하는 식민지(북아메리카의 중동부)로 나누어지게 된다.

급격한 인구증가의 결과 쇠퇴하기 시작하였다. 이는 산업구조가 농업에서 공업 위주로 재편됨과 더불어 풍부한 노동력 공급원이 유럽에서 만들어졌다는 것을 의미한다.

(3) 아시아인들의 국제 이동

아메리카 대륙에서 노예제도가 폐지(1863년)된 이후 이들을 대체한 사람들은 인도인과 중국인들이었다. 그들은 '쿨리'라는 이름으로 불린 계약 노동자로 국경을 가로질러 장거리를 이동한 최초의 계약 노동자였다(설동훈, 2000: 83). 인도인들은 1834년 대영제국의 노예제도 폐지 이후 세계 곳곳으로 대거 이주하기 시작했고, 중국인들도 1840년 개항 이후 해외로 이동하는 규모가 크게 증가하였다. 인도네시아의 자바인과 태평양의 멜라네시아인, 마이크로네시아인 그리고 일본인과 조선인도 쿨리로 송출되었다. 영국은 인도인 쿨리를 카리브해 지역, 동아프리카 및 유럽의 식민지였던 미얀마, 말라야, 보르네오, 피지 등으로 송출하였다. 중국인 쿨리는 남아메리카, 카리브해 지역, 미국, 말라야, 자바, 시암(현, 태국), 필리핀, 그 밖의 동남아시아 지역에 이를 정도로 매우 광범위하게 진출하였다.

예를 들어 중국인 쿨리는 1848년 캘리포니아 금광발견을 계기로 미국 이민이 급증하였는데, 쿨리를 대규모로 받아들인 지역은 대부분 유럽 자본의 이동에 따라 새로운 노동력 수요가 발생한 주변부 지역이었고, 공급지역은 유럽의 식민지이거나 반식민지였다. 이 당시 쿨리로 해외로 진출한 아시아 이민자 수는 유럽인의 해외이민자 수보다 훨씬 많았다. 쿨리의 대부분은 인력충원업자의 모집에 의해 가족적 유대 없이 개인적으로 이동했으며, 인력충원업자는 소액의 전도금과 이동비용을 자신이 부담했다는 점을 빌미로 고용주에게 이들을 팔아 넘겼다. 즉, 쿨리는 고용주가 부담한 자신의 이동비용과 몸값을 상환하기 위해 계약노동을 해야 했던 부자유 채무 노동자였다.

쿨리 교역은 19세기 후반에서부터 서서히 사라지기 시작하였다. 1882년 미국은 중국인 이민자가 많아지자 「중국인배제법」(The Chinese Exclusion Act)을 제정하였고, 곧이어 캐나다에서도 1885년 중국인 신규입국자에게 인두세(head tax)라는 명목의 부과금을 물리는 방식으로 이들의 입국을 제한하기 시작했다. 또한 1901년 호주는 중국인 쿨리를 제한하고자 「이민제한법」(Immigration Restrict Act)을 통과시켰다. 이후 얼마간 중국인 대신 일본인 쿨리, 조선인 쿨리를 충원하였지만, 1905년 조선은 하와이로 노동력 송출을 중단하였고, 이후 미국에서 쿨리교역은 사라졌다.

2. 19세기 이후 국제 이민의 흐름

(1) 유럽인들의 신대륙으로의 이동

산업혁명으로 공업의 비중이 늘고 의학이 발달함에 따라 유럽에서 인구가 급격하게 증가하였다. 이에 따라 유럽 국가들은 그동안 해외이주를 억제하였던 중상주의적 인구정책을 포기하고 이민을 권장하게 된다. 서유럽 노동자들은 일자리를 찾아 신대륙으로 이동하게 되지만, 신대륙의 국가들은 백인 중심의 국가를 세우고자 이민자를 선별적으로 받아들였기 때문에, 이들이 신대륙에 정착하는 과정은 쉽지 않았다.

1) 호주

1901년 영국으로부터 독립한 호주는 백인 중심의 국가를 세우고자 하였다. 이를 위해 19세기 초기부터 제2차 세계대전 이전까지 영국계 및 아일랜드계 이민자만을 받아들이고, 중국인 등 아시아계 이민의 유입을 통제하였다. 중국인 등 유색인종의 통제를 위해 1901년 「이민제한법」(Immigration Restriction Bill 1901)을 제정하였는데, 유럽에서 통용되는 언어 가운데 하나의 언어로 단어 50개 받아쓰기 시험을 치르도록 하였고, 시험의 결과로 이민의 적격여부가 결정되도록 하였다. 따라서 이 법을 계기로 호주는 백호(white Australia)를 기반으로 한 민족정체성이 형성되는 계기가 되었다. 이 언어시험은 1958년까지 지속되었다(한국법제연구원, 2008).

1914년 제1차 세계대전이 발발하자 호주는 모든 이민에 대해 중단을 선언하고 특히 적국 이민자들(독일, 오스트리아 – 헝가리제국, 터키)에 대한 통제를 강화하였다.

1918년 종전과 함께 호주 개척을 위한 지원이민(assisted migration)이 다시 시작되었고, 이때 히틀러의 박해를 피해 유대인들이 대량으로 유입되었다. 하지만 제2차 세계대전이 다시 발발하자 적국 이민자들(독일, 이탈리아, 일본, 헝가리)에 대한 통제가 다시 시작되었고, 1940년대에 도착한 유대인 이민자들은 억류되었다.

2) 캐나다

캐나다의 경우에도 개척지의 어려움을 견딜 수 있고 황무지를 개척할 많은 노동력이 필요했지만, 아시아인의 이민에 대해서는 금지하였다. 최초의 아시아 이민자인 중국인들에게 인두세(head tax)를 부가하여 입국을 통제하고, 시민권도 부여하지 않았다. 1896년에서 1911년 사이 약 100만 명 이상의 인구가 캐나다 대평원 지역으로 유입되었는데, 대부분이 서유럽계 출신이었으며, 남·동유럽계, 아시아계 출신 이민자들은 차별받았다. 캐나다의 백인 우선적 이민정책은 제1, 2차 세계대전 이후에도 계속 되었다. 제1, 2차 세계대전 동안 연합국의 병참기지 역할을 하면서 캐나다 경제는 폭발적 성장을 하게 되었고, 이에 따라 많은 노동력을 필요로 했다. 당시 일자리를 찾아 약 200만 명의 이민자가 캐나다로 들어왔는데, 이들 중 약 150만 명은 영국계 이민자였고, 나머지 50만 명 정도가 독일, 스칸디나비아, 네덜란드, 폴란드, 우크라이나, 이탈리아, 유태인 출신 이민자들이었다. 캐나다에 문화적·인종적으로 다른 이민자들이 들어옴에 따라 캐나다에서도 반이민정서가 남동유럽계를 대상으로 나타났다. 하지만 이러한 이유로 남유럽계 이민자들이 캐나다로 들어오는 것 자체가 거부되거나, 시민권을 얻을 수 없게 한 것은 아니었다. 캐나다 사회에 이들이 살게 됨에 따라 적대감이나 편견과 차별이 점차 사라지게 되었고, 이들은 영국계와 프랑스계 사이에서 새로운 집단으로 자리 잡아 나갔다(최종렬 외, 2008: 77).

3) 미국

1840년대까지 미국 이민자의 대부분은 영국인이나 서유럽 출신이었으며, 이들의 이민에 대해 그다지 제한을 가하지 않았다. 다만 미국 정부는 1789년 「외국인 및 소요법」(The Alien and Sedition), 1790년 「귀화법」(Naturalization Acts)을 제정하여 미국 안전에 위협이 되는 사람들을 제한하였다. 미국에서 실질적인 이민자에 대한 제한이 나타난 것은 1840년대부터이다. 1846~1857년 사이에 미국으로 유입된 이민자 수는 미국 전체 인구의 0.7~1.6% 사이였으며, 대체로 아일랜드인과 독일인이었다. 이들의 유입으로 인해 미국사회에도 종교적 다양성의 증가, 외부 위협과 외국 급진주의 결합에 대한 위기의식, 그리고 경기침체 등의 문제가 발생하기 시작하였으며, 이러한 요인들로 인해 미국사회에도 이민자에 대한 반감이 형성되기 시작하였다. 그러나 이민자에 대한 반감은 유럽인들보다는 아시아인에게 향하는 경우가 더 많았으며, 실질적인 제한으로 나타났다. 중국인은 1848년 캘리포니아 광산 채굴과 태평양 철도 건설로 대규모로 이주해 들어왔는데, 1871~1880년 동안 미국으로 건너간 중국인 수는 123,201명이었고, 1881~1890년에는 61,711명이 미국으로 건너갔다. 처음에는 중국인에 대한 관용이 유지되었으나, 차후 경쟁이 심해지면서 중국인에 대한 적대감이 증가하였다. 이러한 반감으로 인해 1882년 「중국인배제법」(The Chinese Exclusion Act)이 제정되었고, 이 법은 10년간 중국인의 입국을 정지시켰을 뿐만 아니라 미국 태생 모든 중국인에게 시민권 취득을 금지했으며, 차별적인 인두세를 부담하도록 했다.

1905~1914년 사이에 미국으로 들어오는 이민자는 매년 백만 명이 넘었다. 이 시기에 미국으로 들어온 신규 이민자들은 대부분 동유럽 및 남유럽계 출신이며, 그리스 정교도, 가톨릭교도, 유대교도들이었다. 이들의 유입으로 인해 미국 내 이민자 구성이 바뀌기 시작하였고, 미국에서 태어난 외국인 가운데 신규 이민자의 비율은 1860년 1%에서 1910년 38%로 증가하였다. 영구 이민자에 대한 제한은 제1차 세계대전 전후에 정점에 다다랐지만, 전쟁은 임시 노동력을 필요로 했기 때문에, 1917년 제한적 이민법이 통과되어 멕시코인들의 임시 노동이 허용되었고, 이후 적당한 조건에서 중국인 노동자의 입

국도 허용하게 되었다. 하지만 경제악화로 인해 1921년과 1924년에 국가별 이민 퀘터를 할당하는 「긴급 할당법」을 시행하게 되고, 이는 동유럽과 남유럽 출신 이민자의 수를 급격히 감소시켰으며, 아시아인의 이민을 정지시켰다. 제1차 세계대전과 마찬가지로 제2차 세계대전 동안에도 한편으로 반이민정서가 일어났지만, 다른 한편 부족한 노동력 문제로 이민자의 유입을 막을 수 없었다.

(2) 세계대전 이후 이민의 양상

제2차 세계대전 이후 전후복구와 경제성장을 위한 노동력 수요로 각 국가들은 그동안의 폐쇄적 이민정책을 다소 완화시키게 된다. 신대륙의 이민 국가들은 여전히 서유럽계 이민자를 선호하였지만, 이전과 달리 세계 각처에서 온 다양한 민족들을 받아들이기 시작하였다. 또한 서유럽에서도 전쟁 재건을 위해 많은 노동력을 필요로 했으며, 이때 충당된 노동력은 서유럽의 옛 식민지 국민들이었다.

1) 신대륙

캐나다의 경우 1960년대 경제성장은 숙련노동자의 부족을 가져왔는데, 숙련노동자들의 자발적 이민이 이루어지던 미국과 달리 캐나다는 적극적 숙련노동자 유인정책을 쓸 수밖에 없었다. 1962년 「이민법」 개정은 거대한 이민 물결을 만들었다. 캐나다는 유색인종에게 문호를 개방하게 되었는데, 이는 캐나다를 점점 더 다인종, 다민족 사회로 변모시켰다(문영석, 2003: 91). 현재 캐나다에서 절대 다수를 점하는 인종은 없다. 2006년 인구센서스에 의하면 전체 인구가 무려 200개의 인종으로 구성되어 있으며, 가장 다수의 인종으로 영국인, 프랑스인, 스코틀랜드인, 아일랜드인, 독일인, 이탈리아인, 중국인, 북미 인디언, 우크라이나인 등이다. 2006년 기준으로 약 5,068,100명의 유색 소수민족이 있으며, 이는 캐나다 전체 인구의 16.2%이다.

호주의 경우에도 제1,2차 세계대전 이후 국가안보와 지속적 경제성장을 위해 인구를 증가시켜야 하는 절박한 상황에 놓이게 되었다. 1945년 이민부

(Department of Immigration)를 설립하고, 연간 인구증가 2%를 목표로 설정하였
는데, 이를 위해 매년 7만 명의 이민자가 필요하였다. 1949년부터 비유럽 출
신 난민들을 수용하기 시작하였고, 1957년에는 15년간 정주한 비유럽 이민자
들에게 시민권을 부여하였다. 1958년 「이민제한법」을 「이민법」으로 개정하였
으며, 아시아계 이민을 막았던 구술시험을 폐지하였다. 1966년에는 이민문호
를 대폭 개방하고, 시민권 부여를 위한 체류기간을 5년으로 단축하였다. 이는
비유럽계 이민의 증가에 결정적 계기가 되었다. 외국과 이민협정도 체결하고,
제2차 세계대전 이후에는 이스라엘 다음으로 유대인을 많이 받아들임에 따라
호주는 덜 영국적, 덜 아일랜드적 국가가 되었다.

　　미국의 경우 제1차, 제2차 세계대전 이후, 대대적으로 이민자를 받아들
이기 시작하였다. 주로 경제와 외교정책적 차원에서 이루어졌으며, 쿼터제 범
위 내에서 이민자들을 받아들였다. 1943년 「중국인배제법」의 폐지는 외교정
책적 차원에서 이루어졌으며, 1953년, 1956~1957년, 1958년 「난민법」(Refuge
Acts) 제정으로 독일, 헝가리, 인도네시아 난민을 허용하였다. 이로 인해 미국
으로의 이민이 시작된 이후부터 1960년까지 전체 이민자들의 85%를 차지하
던 유럽인과 캐나다인들의 비율이 17%로 떨어진 반면, 아시아와 남미 출신의
신이민자들이 81%로 급증하였다(정재각, 2010: 260－267).

2) 구대륙

　　제2차 세계대전 이후 구대륙에서도 대규모 국제 이민의 흐름이 나타났
다. 전후 복구사업의 확장으로 노동력 수요가 급증하면서 유럽 국가들은 제2
차 세계대전이 끝난 뒤 옛 식민국가의 국민들을 이민자로 받아들였다(김현숙
외, 2012). 영국 정부는 부족한 노동력 문제를 해소하기 위해 외국인 노동력
확보를 위한 위원회(Foreign Labour Committee)를 설치하고, 동유럽 이민자, 특
히 폴란드인을 적극적으로 유치하였고, 인도와 파키스탄 사람들을 노동자로
받아들였다. 독일은 1945~1949년 사이에 독일의 점령지였던 폴란드, 체코,
헝가리 및 유고 출신 이민자들을 받아들였다(박명선, 2006). 프랑스는 과거의
식민지였던 말리, 세네갈, 모리타니 출신 이민자들을 노동자로 받아들였으며,
인도네시아인들, 남미 수리남인들(1975년 독립), 카리브해 앤틸레스 제도(5개

섬)와 아루바 자치령에서 건너온 사람들, 모로코인들도 일자리를 찾아 네덜란드로 들어갔다. 또한 전후의 경제재건과 부흥에 따라 유럽 주변국(아일랜드, 포루투갈, 남부 이탈리아) 국민들도 서유럽의 산업중심지나 대도시로 대거 들어갔다(송태수, 2009).

그러나 서유럽의 전후복구가 마무리되자 노동시장에서는 새로운 이민자를 흡수할 수 없을 정도로 공급과잉이 나타났고, 또한 1970년대 오일쇼크로 인한 자본주의 위기가 나타나면서 대부분의 서유럽 국가들은 이민 중단을 선언하게 된다. 1980년대에 접어들면서 서유럽 국가들은 저출산으로 인한 노동력 부족으로 다시 이민을 받아들여야 했지만 1980년대 이후 서유럽에서의 이민은 이민자의 출신국 배경과 이들의 법적 지위 면에서 이전과 다른 양상을 띠게 된다(김현숙 외, 2012). 첫째, 1980년대 말 중·동부 유럽 공산주의 국가들의 민주화와 유럽연합 가입의 확대로 인해 동유럽 이민자들이 크게 증가하였다. 특히 2000년 이후 러시아 연방과 우크라이나가 주요한 송출국으로 부각되면서 모로코, 루마니아, 우크라이나 등에서 이탈리아, 스페인으로의 유입이 서유럽 이민의 커다란 부분을 차지하게 되었다. 둘째, 남미인의 유럽으로의 이주는 1995년까지만 해도 그 규모가 미미하였지만, 2000년 이후 연평균 15~20만 명에 이를 정도로 그 비중이 증가하였다. 이들 대다수는 스페인, 이탈리아, 그리고 포르투갈 등으로 유입되었다. 셋째, 1970년대 서유럽 국가들은 신규 이민을 제한하고 가족재결합에 의한 이민을 확대해 왔는데, 이는 서유럽 국가들에서 이민자 증가의 주요한 원인이다.

3) 아시아

1970년대 이전만 하더라도 아시아인들의 주요 이민 목적국은 신대륙이나 구대륙이었다. 그러나 1973년 오일쇼크로 인한 서구 자본주의 경제 침체는 아시아인들의 이동 경로를 아시아 지역 내부로 향하게 하였다. 첫 번째 주요한 목적지는 석유위기 이후 개발 관심이 고조된 중동지역이었다. 1970년대 고유가를 배경으로 한 중동 산유국들은 막대한 오일머니를 바탕으로 사회간접자본을 건설하고, 경제를 근대화하고자 하였다. 이에 많은 노동력이 필요했으며, 중동 지역과 지리적으로 인접하고 일정한 역사적 유대를 갖고 있는 아시아인들이 이 지역으로 들어오게 된다. 중동 지역으로 유입되는 이민의 흐름은 크게 두 가지이다. 첫째, 중동에서 중동으로의 이동으로, 주로 중동 지역 출신자들이 사우디아라비아, 쿠웨이트, 아랍 에미레이트(UAE) 등의 소위 걸프 협력회의기구(GCC) 국가들과 이라크, 리비아 등의 산유국으로 가는 경로를 말한다. 둘째, 비중동에서 중동으로의 이동하는 경우인데, 하나는 아메리카 대륙에서 위의 목적국으로 유입되고, 다른 하나는 아시아국가에서 유입되는 경우이다(이우현, 1995; 설동훈, 1999; IOM, 2003).

1975년에 이 지역으로 유입된 이민자들은 약 5십 5만 9천 명이었는데, 이들은 주로 인도와 파키스탄 출신이었다. 1975년과 1985년 사이 10년 동안 외국인 노동자들의 수가 증가했을 뿐 아니라 외국인 노동자를 송출하는 국가들도 다양해졌다. 1985년에 중동에서 외국인 노동자 수는 3백 50만 명에 육박했는데, 그들 중 2백 20만 명은 남아시아출신 – 인도인, 파키스탄인 방글라데시인들 – 이었고, 1백 30만 명은 북한, 필리핀 그리고 태국 같은 동남아시아 출신이었다. 1989년까지 남아시아 출신의 외국인 노동자의 비율은 25% 이하로 감소했다. 반면, 남동아시아 – 예를 들어 필리핀, 태국 그리고 인도네시아 – 의 노동자들이 해외 노동력을 주도했다. 중동으로 유입된 아시아계 외국인 노동자의 비율은 1986년에 58%의 높은 기록을 차지했고 1989년까지도 50%를 유지했다(이우현, 1995). 1980년대 말에 중동지역의 건설개발계획이 완료되면서, 건설 분야의 외국인 노동자에 대한 수요는 크게 감소하였다.

아시아 지역에서 두 번째 이주 형태는 1990년대 초반에 일어났다. 외국인 노동력은 중동에서 한국, 싱가포르, 대만, 홍콩 등 아시아 신흥공업국으로 옮겨갔다. 이들 지역으로의 이주가 촉진된 것은 정치적 위기와 경제적 변화에서 찾을 수 있다. 정치적으로 동북아시아로의 이주는 걸프전쟁, 아시아 국가의 내분사태, 1989년을 분기점으로 한 사회주의 체제 국가의 해체와 몰락 등으로 동아시아 국가들이 자국 노동력의 해외진출을 적극적으로 권장하는 방향으로 전환시켰기 때문이다. 경제적으로는 극소전자공학과 정보통신기술의 발전에 따라 아시아 신흥공업국들이 비약적인 경제적 성장을 이루었고, 이에 함께 93년 말에 체결된 우루과이라운드(UR)협상과 북미권(NAFTA), 유럽권(EU), 아시아권(APEC) 등 세계경제의 블록화 경향으로 지역 내 노동력 이동이 더욱 자유롭게 되면서 더 많은 국제노동력이동을 자극하고 있다(김현숙, 2004).

　　2000년에 들어서면서 말레이시아와 태국에 각각 100만 명이 넘는 외국인 노동자가 있으며, 싱가포르에 90만 명, 일본에 67만 명, 대만에 34만 명, 한국에 31만 명, 홍콩에 30만 명의 외국인 노동자가 있다. 한국은 과거에 주요 노동력 송출국이었는데, 1990년대 이래로 노동력을 수입하는 국가가 되었다. 말레이시아는 노동을 송출하는 동시에 수입하는 국가이며 인도네시아로부터 노동을 제공받는다. 동아시아와 동남아시아에서 주요 노동력 송출국은 필리핀, 인도네시아, 인도, 방글라데시, 파키스탄 그리고 스리랑카이다. 베트남과 중국도 중요한 노동력 송출국가들이다. 노동력을 송출하는 국가 중 필리핀은 매년 가장 많은 수의 노동자들을 해외로 보낸다. 즉, 아시아 지역 간의 노동력의 이동이 매우 활발하게 이루어지고 있음을 보여준다. 그러나 아시아 지역 간의 이동이 활발하다는 것이 모든 국가 간에 이동이 자유로운 것은 아니다. 즉, 일본, 한국, 대만, 홍콩, 싱가포르 등 대표적인 노동력 수입 국가들은 노동력을 매우 제한적으로 받아들이고 있는 반면에, 노동력을 송출하는 동시에 받아들이는 국가들 간에는 비교적 노동력 이동이 자유롭다(김현숙, 2004).

3. 현 단계 국제 이민의 양상

(1) 국제 이민의 추이

　　2013년 현재 세계 인구는 70억 7천 6백만 명이며, 이 중 약 2억 1천 4백만 명이 국제 이민자로 추정된다. 전 세계 인구의 약 3.1%가 자신의 모국을 떠나 다른 국가로 이동해 살고 있는 것이다. 국제 이민자의 총규모는 2000년 약 150만 명에서 2010년 214만 명으로 증가했으며, 오늘날 전 세계 인구 33명 중 1명이 국제 이민자이다(2000년에는 35명 중 1명이 국제 이민자였다). 국제 이민자의 비중은 지난 10년 동안 2.9%에서 3.1%로 전체 인구 중 단지 0.2%만 증가함으로써 상대적으로 안정적인 흐름을 보이고 있다.

　　그러나 국제 이민자의 비중은 국가마다 상당한 차이가 있다. 2008년 현재

표 2-1 국제 이민자의 비중이 높은 국가들과 낮은 국가들

이민자 비중이 높은 상위 국가들		이민자 비중이 낮은 하위 국가들	
Qatar	87%	Japan	1.7%
United Arab Emirates	70%	Nigeria	0.7%
Jordan	46%	Romania	0.6%
Singapore	41%	India	0.4%
Saudi Arabia	28%	Indonesia	0.1%

출처: United Nations Department of Economic and Social Affairs (UN DESA), Trends in International Migrant Stock: The 2008 Revision, http://esa.un.org/migration/index.asp?panel=1

국제 이민자들의 비중이 가장 높은 국가들에는 카타르(Qatar, 87%), 아랍에미리트(United Arab Emirates, 70%), 요르단(Jordan, 46%), 싱가포르(Singapore, 41%), 그리고 사우디아라비아(Saudi Arabia, 28%) 등이며, 국제 이민자들의 비중이 낮은 국가들에는 남아프리카(South Africa, 3.7%), 슬로바키아(Slovakia, 2.4%), 터키(Turkey, 1.9%), 일본(Japan, 1.7%), 나이지리아(Nigeria, 0.7%), 루마니아(Romania, 0.6%), 인도(India, 0.4%), 그리고 인도네시아(Indonesia, 0.1%) 등이다.

오늘날 국제 이민은 예전보다 훨씬 더 많은 국가들에서, 다양한 연령층에서, 그리고 다양한 목적으로 광범위하게 분산되어 발생하고 있다. 상위 10개의 이민 목적국들은 2000년보다 훨씬 더 비중이 적어졌으며, 국제 이민자 중 여성이 차지하는 비중은 2010년 현재 약 49%로 과거보다 훨씬 높아졌다. 이민노동력의 여성화, 특히 전형적으로 '여성의 일'로 취급되던 돌봄 노동, 즉 아동 및 노인 수발과 가사 서비스 노동에 대한 수요가 증가했기 때문이다 (Parreñas, 2001).

경제위기로 국제 이민자의 규모가 약간 감소했음에도 불구하고 2000년에 1천 320억 달러였던 송금액은 지난 10년 사이에 4천 400억 달러로 증가했고, 이중 3천 250달러는 개발도상국으로 보내진다. 공식적 비공식적 채널을 통한 기록되지 않은 송금 흐름을 포함하면 실제 송금액은 약간 더 많은 것으로 예상된다. 2010년 송금을 가장 많이 받는 국가들에는 인도, 중국, 멕시코, 필리핀, 프랑스 등이며, 송금을 가장 많이 보내는 국가들에는 미국, 사우디아라비아, 스위스, 러시아 등이다.

오늘날 전 세계에 1천 5백 40만 명의 난민들이 있으며, 유엔난민고등판

무관(UN High Commissioner for Refugee)의 자료에 의하면, 2000년 1천 5백 90만 명이던 난민 규모가 2010년 1천 5백 40만 명으로 약 50만 명 정도 감소했다고 한다.

(2) 아프리카 지역

2010년 현재 아프리카 대륙에 체류하고 있는 국제 이민자의 규모는 약 1천 9백 30만 명으로 추정된다. 아프리카 대륙에서 국제 이민자가 가장 많은 지역은 코트디부아르(Cote d'Ivoire, 2백 40만 명), 남아프리카(South Africa, 1백 90만 명), 가나(Ghana, 1백 90만 명) 등이며, 주로 역내 이동(Intra regional migration) 혹은 지역 내 이동(movement within the region)이며, 이러한 유형의 이민이 가장 일반적인 현상이고 가장 많다. 아프리카 대륙에 체류하는 국제 이민자의 규모는 대륙 전체 인구 중 약 1.9%를 차지하며, 이 중 여성이 46.8%이다. 2010년 말 아프리카에 체류하고 있는 난민의 규모는 약 2백 30만 명이며, 그 중에서도 케냐(Kenya)에 40만 3천 명, 차드(Chad)에 34만 8천 명, 수단(Sudan)에 17만 8천 명 정도가 있다.

(3) 아메리카 지역

2010년 미국(Americas)과 카리브해(Caribbean)에 체류하는 국제 이민자들의 규모는 약 5천 7백 50만 명으로 추정된다. 아메리카 대륙에서 국제 이민자가 가장 많은 국가는 미국(United States)으로 약 4천 2백 80만 명이 있으며, 그 다음이 캐나다(Canada, 약 7백 20십 만 명), 아르헨티나(Argentina, 약 1백 40만 명) 등이다. 미국은 국제 이민자가 가장 선호하는 이민 목적국(migrant destination country)이며, 전 세계 국제 이민자의 약 20%가 미국으로 향하고 있다. 국제 이민자들은 아메리카 대륙 인구의 약 6.1%를 차지하고 있으며, 이 중 여성 이민자는 약 50.1%이다. 2010년 말 아메리카와 카리브해 지역에 체류하는 난민은 약 80만 4천 명 정도이며, 이 중 난민이 가장 많은 국가는 미국(United States)으로 약 26만 5천 명의 난민이 있다. 미국 다음으로 베네수엘라(Venezuela)에 약

20만 2천 명, 캐나다(Canada)에 약 16만 6천명의 난민이 있다.

(4) 아시아 지역

2010년 아시아 대륙에 체류하고 있는 국제 이민자는 약 3천 2백 50만 명 정도이다. 아시아 대륙에서 국제 이민자가 가장 많은 국가는 인도(India)로 약 5백 40만 명이 체류하고 있으며, 그 다음이 파키스탄(Pakistan, 약 4백 20만 명), 카자흐스탄(약 3백 10만 명) 등이다. 아시아 대륙에서 국제 이민자의 규모는 아시아 대륙 전체 인구의 약 0.83%를 차지하고 있으며, 이 중 49%가 여성이다.[2] 2010년 말에 아시아와 태평양 지역에 체류하는 난민은 약 4백만 정도이며, 난민은 파키스탄(Pakistan)에 2백 10만 명, 이란(Iran)에 1백만 명, 중국(China)에 약 30만 명이 있다.[3]

(5) 유럽 지역

2010년 유럽 지역에 체류하고 있는 국제 이민자들의 규모는 약 7천 2백 10만 명으로 추정된다. 유럽에서 국제 이민자들이 가장 많은 국가는 러시아연방(Russian Federation)으로 약 1천 2백 30만 명의 국제 이민자가 체류하고 있으며, 그 다음이 독일(Germany)로 약 1천 80만 명이, 영국(United Kingdom)에 약 6백 40만 명이 체류하고 있다. 국제 이민자의 규모는 유럽 전체 인구의 약 8.7%를 차지하고 있으며, 이 중 52.4%가 여성이다. 2010년 말에 유럽에 체류하고 있는 난민의 수는 약 1백 60만 명으로 추정되며, 독일에 59만 4천명, 영국에 23만 8천명, 프랑스에 20만 1천명이 있다.

---

2) United Nations Department of Economic and Social Affairs (UN DESA), Trends in International Migrant Stock: The 2008 Revision, http://esa.un.org/migration/index.asp?panel=1

3) The United Nations High Commissioner for Refugee's UNHCR Global Trends 2010, http://www.unhcr.org/statistics

(6) 중동 지역

2010년 중동 지역에 체류하는 국제 이민자는 약 2천 6백 50만 명이며, 사우디아라비아(Saudi Arabia)에 약 7백 30만 명, 아랍에미리트(United Arab Emirates)에 약 3백 30십만, 요르단에 3백만 정도가 있는 것으로 추정된다. 중동 지역에 체류하고 있는 국제 이민자 규모는 이 지역 인구의 18.9%를 차지하고 있으며, 이 중 37.9%가 여성이다. 2010년 말 중동 지역에 체류하고 있는 난민은 약 1백 80만 1천명으로 추정되며, 시리아에 1백만 명, 요르단에 45만 1천명, 예멘에 19만 명이 있다.

(7) 오세아니아 지역

2010년 오세아니아 지역에서 국제 이민자의 규모는 약 6백만 명으로 추정되며, 오스트레일리아에 4백 70만 명이, 뉴질랜드에 96만 2천 명이 체류한다. 오세아니아에 체류하는 국제 이민자는 이 지역 전체 인구의 약 16.8%이며, 이 중 여성 이민자의 규모는 약 51.2%이다. 2010년 말 오세아니아 지역에는 약 3만 3천 8백 명의 난민이 있는 것으로 나타났으며, 오스트레일리아(Australia)에 2만 1천 8백 명이, 파푸아 뉴기니(Papua New Guinea)에 9천 7백 명, 뉴질랜드(New Zealand)에 2천 3백 명이 있는 것으로 추정된다.

SUMMARY

■ ■ ■ 오늘날 국가 간 이동은 매우 일상적인 현상이 되었다. 노동, 유학, 무역, 결혼 등 다양한 목적으로 자신의 모국을 떠나 낯선 타국으로 자신의 삶의 터전을 바꾸고 있다. 오늘날 국제 이민 현상을 이해하기 위해 그동안 국제 이민이 어떠한 과정을 거쳐서 발생하게 되었는지 그리고 현재의 국제 이민의 양상을 살펴보았다.

■ ■ ■ 19세기 이전 국제 이민은 유럽인들의 신대륙 발견 이후 아프리카, 아시아인들의 아메리카 대륙으로의 이민이 대부분이었다. 하지만 아프리카인들의 아메리카 대륙으로의 이민은 자유로운 의사에 의한 것이라기보다는 노예 노동력이라는 비자발적 이민이다. 이후 아시아인들의 신대륙으로의 이민도 일어났지만 당시 유럽 제국에 의해 강제 차출되어 이주되었다는 점에서 아프리카 노예 노동자와 다를 바 없지만, 계약 관계에 의해서 이주하였다는 점에서 차이가 있다.

■ ■ ■ 19세기 이후 신대륙에서 개발 붐이 일어남에 따라 유럽인들의 신대륙으로의 이민이 대규모로 발생하게 된다. 서유럽으로부터 독립한 신대륙 여러 국가들은 백인 중심의 국가를 세우고자 서유럽인의 신대륙으로의 이민을 환영하였고, 그 외 다른 인종의 유입을 제한하였다. 제1,2차 세계대전을 거치면서, 서유럽의 여러 국가들에서 전쟁복구를 위해 노동력 수요가 발생하였고, 과거 식민지 국가들의 노동력을 받아들이게 된다.

■ ■ ■ 20세기 중반으로 접어들면서 국제 이민의 흐름은 다양화되어 가고 있다. 국제 이민의 목적이 일자리가 아닌 유학, 거주, 결혼 등으로 다양해졌고, 국제 이민의 주체도 남성에서 여성의 비중이 높아지고 있다.

■ ■ ■ 국제 이민의 양상도 선진국만이 아닌 전 세계적 차원에서 발생하고 있다. 국제이주기구(IOM)에 의하면, 전 세계 이민자 수는 지난 1965년 이후 계속 증가하여 2011년 세계인구 70억 중 약 3%인 2억 1,400만 명에 이른다고 한다. 지난 20년과 똑같은 속도로 증가한다면 2050년에는 이민자 수가 4억 500만 명에 이를 것으로 전망하고 있다.

Key Terms: 국제이민, 아프리카 노예노동력, 계약노동력, 신대륙, 구대륙

chapter

3

한국 이민의 흐름

1. 1990년대 이전 한국 이민의 흐름

　인간의 역사는 이동의 역사라 할 만큼 매 시기마다 대규모의 이동이 있어 왔으며, 그러한 이동을 통해 역사를 창조해 왔다. 한국 역시 1948년 국가를 수립하기 이전까지 다양한 주변 민족과 교섭과 통섭을 반복해 왔다.

　근대 사회에 들어 한국 사회에 문화적 배경이 다른 이민자가 출현한 것은 구한말까지 거슬러 올라가지만, 당시 정황으로 볼 때 서양 사람들이 종교적 목적을 제외하고 한국사회에 정착해 산 경우는 매우 드물다. 한국에 우리와 문화적 배경이 다른 이민자가 정착해 살게 된 것은 아무래도 일제 식민지 시기라고 할 수 있다. 일본은 한국을 식민화하면서 자국의 국민들을 한국으로 들여보냈고, 이 과정에서 한국인과의 혼인도 이루어졌다. 일본의 패망으로 한국이 해방되자, 한국 땅에는 일본군이 떠나고 미군이 주둔하게 되었다. 미군은 한미동맹 차원에서 들어온 군인으로 간혹 한국인 여성들과 혼인하기도 하였지만, 이들은 한국에 정착하기보다는 군복무 이후 미국으로 돌아갔다.

　이후 한국이 본격적으로 근대화를 시작하면서 서구 선진국 사람들이 한국에 들어오기 시작하였다. 1960년대 국내로 들어온 외국인의 수는 8,675명이며, 이 가운데 미국인(5,314)이 절대 다수를 차지하는 가운데, 중국인(989), 영국인(468), 독일인(372), 일본인(247)이 그 뒤를 이었다. 이들은 당시 국내에 체류하고 있는 외국인의 85%를 차지하였다. 국내로 들어온 외국인들은 미국인의 경우 주로 상용, 관용, 군 관계 목적으로, 영국인, 독일인, 일

표 3-1 1960~1990년 까지 국내 입국 외국인의 주요 출신국

1960	총계	미국	중국	영국	독일	일본
	8,675	5,314	989	468	372	247
1970	총계	미국	일본	중국	영국	독일
	166,099	48,557	47,671	3,539	2,590	2,008
1980	총계	일본	미국	중국	영국	독일
	827,258	468,462	121,222	102,942	12,414	10,981
1990	총계	일본	미국	중국	독일	영국
	2,349,693	1,267,059	223,856	28,065	3,091	2,699

자료: 출입국·외국인정책본부. 각년도. 출입국통계연보.
주: 관광통과, 사증면제 제외

본인의 경우는 상용의 목적으로, 중국인(대만인)의 경우 방문 거주의 목적으로 들어왔다.

1970년대에 들어서면서 국내로 들어오는 외국인의 수는 166,099명으로 1960년에 비해 약 19배 증가하였다. 이들의 주요 출신국은 1960년과 마찬가지로 미국, 일본, 중국, 영국, 독일이나, 주요 출신국의 비중은 바뀌었다. 1970년에 들어서면서 일본인의 비중이 크게 증가하였다. 이들의 체류 목적은 1960년대와 마찬가지로 상용, 공용, 방문시찰, 군사 등이었다.

1980년에 들어서면서 국내로 들어오는 외국인의 수는 827,258명으로 1960년에 비해서는 무려 95배 증가하였다. 이들의 주요 출신국은 바뀌지 않았으나, 일본인의 수가 크게 증가하여 미국을 앞지르기 시작하였다.

1990년에 들어서면서 외국인의 수는 무려 2,349,693명으로 증가하였다. 1960년에 비해 무려 270배 증가한 수치이다. 이들 중 일본인이 1,428,396명으로 가장 많고, 그 다음이 미국, 중국, 독일, 영국 순이다.

2. 1990년대 이후 한국 이민의 흐름

1990년대 이전까지 국내로 들어오는 외국인들은 서구 선진국 출신으로 상용, 관용, 군용 등의 목적으로 들어 왔는데, 이들 중 대부분은 군용을 제외하고 국내에 사업차 잠깐 체류하는 경우가 대부분이었다. 하지만 1990년대

표 3-2 체류 외국인 연도별 증감추이(단위: 명, %)

연도	총계	등록	단기체류	거소신고	총인구	대비
1992년	171,523	55,434	116,089	0	44,503,200	0.4%
1993년	169,749	66,688	103,061	0	45,001,113	0.4%
1994년	204,991	84,905	120,086	0	45,416,339	0.5%
1995년	269,641	110,028	159,613	0	45,858,029	0.6%
1996년	351,084	148,731	202,353	0	46,226,256	0.8%
1997년	386,972	176,890	210,082	0	46,684,069	0.8%
1998년	308,339	147,914	160,425	0	46,991,171	0.7%
1999년	381,116	168,950	211,151	1,015	47,335,678	0.8%
2000년	491,324	210,249	271,362	9,713	47,732,558	1.0%
2001년	566,835	229,648	322,451	14,736	48,021,543	1.2%
2002년	629,006	252,457	357,340	19,209	48,229,948	1.3%
2003년	678,687	437,954	218,426	22,307	48,386,823	1.4%
2004년	750,873	468,875	259,464	22,534	48,583,805	1.5%
2005년	747,467	485,144	236,958	25,365	48,782,274	1.5%
2006년	910,149	631,219	249,542	29,388	48,991,779	1.9%
2007년	1,066,273	765,746	266,011	34,516	49,268,928	2.2%
2008년	1,158,866	854,007	263,402	41,457	49,540,367	2.3%
2009년	1,168,477	870,636	247,590	50,251	49,773,145	2.3%
2010년	1,261,415	918,917	258,673	83,825	50,515,666	2.5%
2011년	1,395,077	982,461	277,596	135,020	50,734,284	2.7%
2012년	1,445,103	932,983	324,504	187,616	50,948,272	2.8%

자료: 출입국, 외국인정책본부. 각년도. 출입국통계연보.
주: 체류 외국인 = 장단기체류외국인: 등록외국인 + 단기체류외국인 +외국국적동포 거소신고자
주: 국민 = 주민등록인구

이후부터 국내로 들어오는 외국인들은 그 출신 국적이 다양해졌을 뿐만 아니라 체류 목적도 국내에 일하러 오는 경우가 대부분이며, 또한 이들은 점차 장기체류하는 경향을 보였다.

국내에 체류하는 이민자는 1990년에만 하더라도 49,507명으로, 우리나라 전체 인구 중에서도 0.1%에 불과했다. 그러나 10년 뒤 2000년에는 491,324명으로 약 10배 증가했으며, 국내 인구의 1.02%를 차지하게 되었다. 이후 한국에 체류하는 이민자 수도 지속적으로 증가하여, 2007년 1,066,273명으로 100만 명을 넘어섰고, 2012년에는 1,445,103명으로 전체 인구 중의 약 3%를 차

지하게 되었다.

또한 2000년대 초반까지만 하더라도 국내에 체류하는 이민자 중 90일 이하의 단기 체류자가 많았으나, 2003년부터 장기 체류자가 단기 체류자의 비중을 넘어서기 시작하였다. 2012년 현재 장기체류자 비중은 단기 체류자의 약 3배 정도이다. 재외동포의 국내 체류 비중도 높아졌는데, 1999년 재외동포의 국내거소신고가 실시된 이후 1999년 1,015명에 불가하던 거소신고자 수는 2012년 187,616명으로 약 13년 동안 184배 증가하였다.

3. 국내 거주 이민자의 특성

국가의 인구현상은 인구성장과 인구구조를 통해 파악된다. 주어진 두 시점 사이의 인구 수의 변동을 지칭하는 인구 성장은 모든 인구학적 논의에서 가장 기초적인 역할을 수행한다. 반면 인구 구조와 분포는 주어진 인구의 여러 가지 성격을 파악하기 위해 주로 사용된다. 인구성장은 출생, 사망, 인구이동에 의해 결정되며, 이 가운데 출생과 사망을 합쳐 자연적 성장, 인구 이동을 사회적 성장이라고 부른다. 인구 구성은 인구학적 구성과 사회경제적 구성의 두 가지로 나누어진다. 인구학적 구성은 성, 나이 등으로 나눈 것이며, 사회경제적 구성은 교육 정도, 직업, 종교, 수입 등 개인의 주요 사회경제적 배경에 따라 구분한 것이다. 인구학적 구성은 인구현상의 설명과 예측에, 사회경제적 구성은 인구의 질과 사회적 의미를 설명하는 데 주로 사용된다(권태환·김두섭, 2002: 63-64).

이민자의 인구 현상을 파악하는 것은 쉽지 않다. 비교적 이민 인구가 많은 국가들에서조차 이민자의 인구학적 특성을 파악하기가 쉽지 않다. 프랑스와 같은 국가에서는 내국인과 이민자의 인구를 따로 분리하는 것은 차별을 제도화할 가능성이 있다고 하여 금지하였었다. 한국에서도 이민자의 인구학적 특성을 다루기 시작한 것은 비교적 최근의 일이었다. 법무부 외국인출입국정책본부에서 이민자의 출입국 현황을 파악하기 위해 사용되던 것이, 2005년 이후부터 정부의 다문화정책 방침에 따라 정부의 각 기관들이 이민자 인구를 따로 분리하기 시작하였다. 여기서는 법무부와 통계청에서 분류한 자료를 토대로 국내 이민자의 인구 구성을 성, 연령으로 사회경제적 구성을 출신국, 체류지위, 거주지로 나누어 살펴보고자 한다.

(1) 인구학적 특성

1) 성별 특성

2012년 국내 장단기 거주 이민자 중 남성은 797,068명, 여성은 648,035명으로 남성이 전체 이민자의 55.2%를 차지하고 있다. 출신 국적별로 살펴보면, 아시아지역 출신 이민자의 54.7%, 북미 지역 출신 이민자의 58%, 남미 지역 출신 이민자의 55%, 유럽지역 출신 이민자의 56%, 오세아니아지역 출신 이민자의 54%, 아프리카지역 출신 이민자의 70%가 남성으로, 전반적으로 국내 거주 이민자 중에는 남성 이민자의 수가 여성보다 많으며, 특히 아프리카지역 출신 이민자의 경우는 이민자의 대부분이 남성이라고 할 수 있다. 전 세계적으로 국제 이민 흐름이 남성보다는 여성의 비중이 높은 이주의 여성화(feminization of migration) 현상이 나타나고 있다는 점을 감안할 때, 현재 국내 이민 흐름에서 이주의 여성화 현상은 낮은 편이다.

국내 거주 이민자 중 남성이 많은 것은 국내 이민에 대한 수요가 남성

표 3-3 국내 장단기 거주 이민자의 성별 현황(2012.12)(단위: 명, %)

국적명	소계	비율	남	비율	여	비율
총계	1,445,103	100.0%	797,068	55.2%	648,035	44.8%
아시아주계	1,227,239	84.9%	671,018	54.7%	556,221	45.3%
북미주계	153,613	10.6%	89,073	58.0%	64,540	42.0%
남미주계	4,355	0.3%	2,377	54.6%	1,978	45.4%
유럽주계	35,680	2.5%	20,027	56.1%	15,653	43.9%
오세아니아주계	14,498	1.0%	7,807	53.8%	6,691	46.2%
아프리카주계	9,532	0.7%	6,694	70.2%	2,838	29.8%
무국적	180	0.0%	69	38.3%	111	61.7%
국제연합	6	0.0%	3	50.0%	3	50.0%

자료: 출입국 외국인 정책본부. 2012. 2012년 12월 통계월보.

노동력을 필요로 하는 3D 업종에서 발생하기 때문이다. 남성들은 제조업, 선원, 건설업 등에서 한국의 저임금 남성 노동자를 대체하고 있다. 한편 여성에 대한 수요는 대개 서비스 산업에서 발생하는데, 한국의 경우 이 산업 부문에서 여성 노동력에 대한 수요가 상대적으로 낮기 때문이다. 예를 들어 여성의 지리적 이동을 다룬 연구들에서 가사노동은 중산층 여성을 대신하여 점차 노동계급 여성과 유색여성의 노동으로 대체되며, 또한 이 중 누가 가사노동에 투입되느냐에 따라 서로 다른 사회지리적 형식을 취한다고 하였다. 또한 영국에서 가사노동 유형의 지리적 패턴에서 청소일은 주로 지역 노동시장에서 충원되는 반면, 육아 특히 입주 보모는 더 넓은 범위에 포진하고 있는 젊은 노동계급 여성으로 채워졌다고 하였다. 한국사회에서도 점차 가사노동 영역에 이민자들이 투입되는 것으로 알려지고 있는데(이혜경, 2005), 육아와 같은 영역에서 이민자의 투입은 아직 덜 이루어지는 것으로 보인다. 이는 한국 노동시장에서의 성 불평등, 독특한 가족문화 등이 여전히 작용하고 있기 때문이다.

2) 연령별 특성

인구의 연령별 구조를 통해 장래 인구를 예측할 수 있다. 국내에 거주하고 있는 이민자의 연령별 인구 분포를 살펴보면, 25~29세 연령이 16.5%로 가장 많고, 그 다음이 30~34세(13.1%), 20~24세(12.7%), 35~39세(11.0%), 40~44세(10.4%), 45~49세(9.8%), 50~54세(7.9%), 60세 이상(6.5%), 55~60세(6.2%), 15~19세(2.1%), 0~4세(1.6%), 5~9세(1.1%), 10~14세(1.0%) 순으로 나타나고 있다.

20~60세 사이의 연령층이 많고, 20세 미만의 연령층이 적은 독특한 인구 구조이다. 이는 우리나라가 특정 연령층의 이민자만을 받아들인다는 것을 의미한다. 현재 이민자의 인구 구조로 볼 때 향후 이민자의 급속한 인구 증가는 발생하지 않을 것으로 보인다. 특히 현재 이민자 유입이 가장 많이 발생하는 「고용허가제」가 가족재결합권을 보장하지 않기 때문에, 당분간 이민자 인구 증가는 외국인 인력제도의 변화가 없는 한 크게 일어나지 않을 것이다.

한편 이민자의 연령별 인구 구조만으로 볼 때, 60세 이상 연령층 인구가

그림 3-1 국내 거주 이민자의 연령별 인구 구조(2011.12)

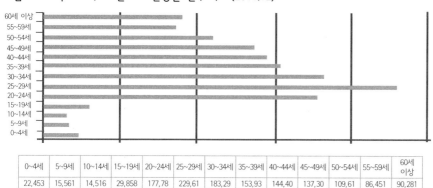

0~4세	5~9세	10~14세	15~19세	20~24세	25~29세	30~34세	35~39세	40~44세	45~49세	50~54세	55~59세	60세 이상
22,453	15,561	14,516	29,858	177,78	229,61	183,29	153,93	144,40	137,30	109,61	86,451	90,281

많아 향후 이민자 인구의 고령화가 진전될 가능성도 있다. 국내 이민자 인구 구성에 있어서 고령화 현상은 우리나라 출산율 저하에 따른 고령화 현상 즉, 자연적인 요인에 의해 발생하기 보다는 우리나라 외국인 정책과 관련된 사회적 요인에 의해 발생된 현상이다. 이민자 유입이 「고용허가제」나 「방문취업제」와 같은 외국인 인력 정책에 의해 이루어졌고, 특히 「고용허가제」와 달리 연령에 크게 제한을 받지 않는 「방문취업제」로 들어오는 해외 동포가 많기 때문에 이민자 인구 구성에 있어서 고령화 현상이 나타나고 있다. 현재의 「고용허가제」 내에서 외국인 노동자가 이후 자국으로 돌아간다는 것을 상정할 때 이민자의 고령화 문제는 재외동포의 문제일 수 있다. 따라서 향후 재외동포의 고령화 문제에 대한 대비가 필요하다.

또한 연령별 인구 구조에서 출신국별로 살펴보면, 15세 이상의 모든 연령층에서 아시아 지역 출신자가 모두 70% 이상이고, 특히 45~49세 연령층의 경우 90% 이상이 아시아 지역 출신자들로 구성되어 있다. 반면 15세 이하 연령층에서 아시아 지역 출신자들은 50%를 약간 상회하거나 이보다 조금 낮은 것으로 나타나고 있다. 즉, 15세 이상 연령층을 이민 1세대로 15세 이하 연령층을 이민 2세대로 볼 때, 이민 1세대는 비교적 아시아 지역을 배경으로 하는 이민자가 많다는 것을 의미하며, 이민 2세대는 이민 1세대보다 다양한 민족 배경을 가진 이민자가 많다고 할 수 있다.

표 3-4 이민자의 연령별 인구 분포 현황(2011.12)

국적	Total	Asia	North America	South America	Europe	Oceania	Africa	Stateless	United Nations
총계	1,395,077 (100.0)	1,181,435	153,945	4,459	32,726	13,709	8,611	183	9
0~4세	22,453 (1.6)	12,032	8,052	97	1,219	724	327	2	0
5~9세	15,561 (1.1)	7,557	6,036	147	1,054	574	191	2	0
10~14세	14,516 (1.0)	7,805	4,889	248	838	633	101	2	0
15~19세	29,858 (2.1)	21,200	6,386	384	831	917	136	4	0
20~24세	177,784 (12.7)	150,303	20,795	685	3,732	1,260	1,006	3	0
25~29세	229,616 (16.5)	195,006	25,194	694	5,169	1,679	1,860	14	0
30~34세	183,296 (13.1)	158,749	16,254	536	4,618	1,757	1,374	6	2
35~39세	153,935 (11.0)	135,515	11,884	383	3,526	1,354	1,237	35	1
40~44세	144,407 (10.4)	128,597	10,616	335	2,609	1,151	1,065	32	2
45~49세	137,306 (9.8)	124,654	8,464	273	2,285	920	687	23	0
50~54세	109,613 (7.9)	96,351	9,618	229	2,153	927	317	17	1
55~59세	86,451 (6.2)	74,606	8,885	171	1,891	709	174	12	3
60세 이상	90,281 (6.5)	69,060	16,872	277	2,801	1,104	136	31	0

자료: 출입국 외국인 정책본부. 2011. 2011년 12월 통계월보

(2) 사회경제적 특성

1) 출신국

국내 거주 이민자의 출신지역별 현황을 살펴보면, 아시아계 출신 이민자가 전체 이민자의 약 85%를 차지하여 가장 많고, 그 다음이 북미주계(11.0%),

표 3-5 국내 체류 외국 이민자 대륙별 현황과 주요 출신국 현황(2011, 12)

주요 대륙	규모	비중(%)	주요 출신국	규모	비중(%)
아시아주계	1,181,435	84.7%	중국	207,384	14.9%
북미주계	153,945	11.0%	한국계중국인	470,570	33.7%
유럽주계	32,726	2.3%	미국	132,133	9.5%
오세아니아주계	13,709	1.0%	베트남	116,219	8.3%
아프리카주계	8,611	0.6%	일본	58,169	4.2%
남미주계	4,459	0.3%	필리핀	47,542	3.4%
무국적	183	0.0%	타이	45,634	3.3%
국제연합	9	0.0%	인도네시아	36,971	2.7%
총계	1,395,077	100.0%	총계	1,395,077	100.0%

자료: 출입국 외국인 정책본부. 2011. 2011년 12월 통계월보.

유럽주계(2.3%), 오세아니아주계(1.0%), 아프리카계(0.6%) 순이다. 또한 주요 출신국 현황을 살펴보면, 한국계 중국인이 33.7%, 중국인이 14.9%, 미국인이 9.5%, 베트남인이 8.3%, 일본인 4.2%, 필리핀인이 3.4%, 타이인이 3.3%, 인도네시아인이 2.7% 순으로 한국계 중국인이 가장 많다. 즉, 국내에 거주하는 이민자의 대다수는 아시아계 출신이고 그 중에도 한국계 중국인과 중국인의 비중이 가장 높다.

한 국가의 이민자 인구 구성에서 특정 국가 출신이 많다고 하는 것은 이들을 받아들인 수용국이나 이민자 모두에게 유리한 조건이 형성되었기 때문이다. 우리나라에서 한국계 중국인(조선족)의 인구 비중이 높은 것은 지리적 근접성, 언어 문제 그리고 「방문취업제」와 같은 해외 동포에게 유리한 정책을 펼쳤기 때문이다.

2) 체류자격

외국인이 타국으로 들어가려고 할 때, 자기 나라 또는 체재 중인 나라에 있는 대사·공사·영사로부터 여권 검사를 받고 서명을 받아야 하는데, 이를 사증 혹은 비자라고 한다. 이 제도는 제1차 세계대전 중에 주로 군사적 목적에서 스파이의 입국을 방지하기 위하여 발달된 것인데, 전후에도 국내의 보안, 노동문제나 이민 제한 등의 견지에서 실시되고 있다(시사상식사전, 2013).

현재 대부분의 국가는 이러한 사증제도를 통해 「이민법」 또는 「출입국관리법」 등을 어길 것으로 예상되는 자들의 입국을 막고 있다(Castles & Miller, 1998).

현재 우리나라에서도 「출입국관리법」에 근거하여 이민자의 입국 및 체류와 관련한 다양한 비자제도를 두고 있다. 우선 이민자의 체류기간에 따라 단기체류(90일 이하), 장기체류(90일 이상), 영주(체류기간 제한 없음)로 구분하고, 체류자격에 따라 외교(A-1), 공무(A-2), 협정(A-3), 사증면제(B-1), 관광통과(B-2), 일시취재(C-1), 단기방문(C-3), 단기취업(C-4), 문화예술(D-1), 유학(D-2), 기술연수(D-3), 일반연수(D-4), 취재(D-5), 종교(D-6), 주재(D-7), 기업투자(D-8), 무역경영(D-9), 구직(D-10), 교수(E-1), 회화지도(E-2), 연구(E-3), 기술지도(E-4), 전문직업(E-5), 예술흥행(E-6), 특정활동(E-7), 비전문취업(E-9), 선원취업(E-10), 방문동거(F-1), 거주(F-2), 동반(F-3), 재외동포(F-4), 영주(F-5) 등을 두고 있다(법무부 출입국·외국인정책본부, 2013).

여기에서는 이민자의 체류자격을 취업, 거주, 학업으로 나누어 살펴보고자 한다. <표 3-6>에 의하면, 국내 거주 이민자 중 가장 비중이 큰 집단은 취업 자격으로 들어온 이민자로 이들은 2012년 533,544명으로 전체 체류 이민자의 36.9%를 차지한다. 취업 자격으로 들어온 이민자들은 다시 비전문 인력과 전문 인력으로 나누어지는데, 비전문 인력은 취업 자격으로 들어온 이민자의 91%를 차지하고 있으며, 비전문 인력 중에서도 「고용허가제」로 들어온 인력(E-9)과 「방문취업제」(H-9)로 들어온 이민자들이 비전문 인력의 97%를 차지하고 있다. 이는 국내 외국인 인력의 활용이 단기순환을 원칙으로 한 「고용허가제」와 「방문취업제」를 통해서 이루어지고 있기 때문이다.

취업 자격으로 국내에 체류하고 있는 이민자 이외에 규모가 큰 집단은 거주 자격으로 국내에 체류하는 경우들이다. 이들은 2012년 495,423명(34.3%)이며, 이들 집단은 가족 초청 등에 의해 방문 동거하는 경우(F-1), 장기 체류를 목적으로 거주하는 경우(F-2), 가족 동반 자격으로 거주하는 경우(F-3), 재외동포 자격으로 거주하는 경우(F-4), 영주권자로 거주하는 경우(F-5), 그리고 2011년 새롭게 신설된 결혼이민자 자격으로 거주하는 경우(F-6) 등 주로 내국인과 결혼, 가족 등의 이유로 국내에 체류하거나, 이민자의 동반 자격으로

표 3-6 체류자격별 이민자 규모(2012.12., 단위: 명, %)

구 분		총체류자	합법체류자	불법체류자
총 계		1,445,103	1,267,249	177,854
취업 / 비전문 인력	산업연수(D-3)	3,854	1,528	2,326
	비전문취업(E-9)	230,237	176,277	53,960
	선원취업(E-10)	10,424	6,424	4,000
	방문취업(H-2)	238,765	233,340	5,425
	합계	1,689,618	1,451,478	238,140
취업 / 전문 인력	단기취업(C-4)	377	197	180
	교 수(E-1)	2,631	2,624	7
	회화지도(E-2)	21,603	21,511	92
	연 구(E-3)	2,820	2,812	8
	기술지도(E-4)	160	157	3
	전문직업(E-5)	694	677	17
	예술흥행(E-6)	4,528	3,151	1,377
	특정활동(E-7)	17,451	15,537	1,914
	합계	1,722,431	1,482,607	239,824
거주	방문동거(F-1)	52,674	48,237	4,437
	거 주(F-2)	63,362	53,025	10,337
	동 반(F-3)	18,795	18,374	421
	재외동포(F-4)	189,508	187,894	1,614
	영 주(F-5)	84,140	84,140	0
	결혼이민(F-6)	86,944	86,609	335
	합계	2,130,910	1,874,277	256,633
학업	유 학(D-2)	64,030	60,718	3,312
	일반연수(D-4)	22,195	16,901	5,294
	합계	2,194,940	1,934,995	259,945

자료: 출입국 외국인 정책본부. 2012. 2012년 12월 통계월보.

거주하는 경우 등으로, 최근으로 올수록 거주 자격으로 체류하는 이민자의 규모는 증가하는 추세이다. 한편 학업이나 연수를 목적으로 체류하는 이민자 집단의 규모도 증가하고 있는데, 국내 대학의 국제경쟁력 강화의 일환으로 외국인 유학생을 대거 유치하였기 때문이다. 이들의 규모는 2012년 86,225명이며, 이 중 유학생(D-2)이 74%를 차지하고 있다.

3) 거주지 분포

2012년 등록한 이민자의 거주지별 특성을 살펴보면, 경기도 288,251명 (30.9%), 서울 247,108명(26.5%), 경남 64,371명(6.9%), 인천 47,305명(5.15), 충남 46,230명(5.0%), 경북 40,067명(4.3%), 부산 35,049명(3.8%), 충북 24,830명 (2.7%), 전남 23,602명(2.5%), 전북 22,030명(2.4%), 대구 21,922명(2.3%), 울산 19,247명(2.1%), 대전 14,571명(1.6%), 광주 14,492명(1.6%), 강원 12,901(1.4%), 제주 8,736명(0.9%), 세종 2,271명(0.2%) 순으로 나타나고 있다. 즉, 국내에 체류하고 있는 이민자의 62.5%는 서울, 경기 등 수도권 지역에 거주하는 것으로 나타나, 이민자의 거주지가 수도권에 집중되고 있음을 알 수 있다.

표 3-7 이민자의 거주지역 분포 현황(2012.12)

시도	강원도	경기도	경상남도	충청남도	경상북도	충청북도	전라남도	전라북도	제주특별자치도
총계	12,901	288,251	64,371	46,230	40,067	24,830	23,602	22,030	8,736
비중	1.4%	30.9%	6.9%	5.0%	4.3%	2.7%	2.5%	2.4%	0.9%
시도	서울특별시	인천광역시	부산광역시	대구광역시	울산광역시	대전광역시	광주광역시	세종특별시	총계
총계	247,108	47,305	35,049	21,922	19,247	14,571	14,492	2,271	932,983
비중	26.5%	5.1%	3.8%	2.3%	2.1%	1.6%	1.6%	0.2%	100.0%

자료: 출입국 외국인 정책본부. 2012. 2012년 12월 통계월보.

SUMMARY

■■■ 세계화로 국제이민이 활발하게 진행되면서, 우리나라도 점차 다민족·다인종 사회로 접어들고 있다. chapter 3에서는 우리나라의 이민 흐름과 특징을 크게 1990년대 이전과 1990년대 이후로 나누어 살펴보았다.

■■■ 1990년대 이전만 하더라도 국내로 들어오거나 국내에 거주하는 이민자들은 주로 한국의 역사적 사건과 관련된 국가들의 국민들로 이들은 대개 군사적, 경제적 목적 및 가족 재결합이 주요한 목적이었다.

■■■ 국내에서 이민자들이 증가하기 시작한 것은 1980년대 말부터인데, 한편으로 80년대 말 중동 개발 붐이 어느 정도 수그러들고, 현실 사회주의권의 몰락과 자본주의 시장경제로의 체제 전환, 세계화 이후 경제의 블록화의 심화, 그리고 극소전자 혁명으로 인한 동북아시아 국가들, 주요하게 한국, 일본, 대만, 싱가포르 경제가 급속하게 성장하면서 과거 식민지 제국이나 중동으로 향하던 아시아 국제 이민자들이 동북아시아로 발길을 돌리게 되었기 때문이다. 다른 한편 우리나라가 86아시안게임, 88올림픽이라는 국제 스포츠 행사를 치르면서 한국이라는 국가가 전 세계에 알려지기 시작했으며, 또한 3D 업종을 중심으로 한 저임금 노동력의 부족 등이 발생하면서 한국 내 저임 노동력에 대한 수요가 발생했기 때문이다. 또한 1990년에 접어들면서 국내 결혼시장에서의 성비불균형, 특히 농촌지역에서 성비불균형이 심각해지면서 결혼 이민자들도 국내에 유입되기 시작하였다. 2000년대 들어서면서 국내로 유입되는 외국 이민자의 유형은 학업, 무역 등으로 더욱 다양해졌다.

■■■ 2012년 현재 국내 거주 이민자의 규모는 우리나라 전체 인구의 약 3%를 차지할 정도로 크게 성장하였다. 국내에 거주하는 이민자의 규모가 증가하고 장기 체류하는 양상이 뚜렷해지면서 이들의 인구 구성도 다양해졌다. 전반적으로 20~50세 사이 연령층의 인구가 많은 가운데, 19세 이하 미성년 인구가 적고, 60세 이상의 고령층 인구가 많다는 특징을 보이고 있다. 둘째, 국내 거주 이민자들은 서울, 경기 등 수도권 지역에 집중하는 현상이 뚜렷하며, 셋째, 아시아 지역 출신자가 전체 외국 이민자의 80% 이상을 차지하는 등의 특징을 보이고 있다.

Key Terms: 노동력 부족, 성비불균형, 수도권 집중, 아시아 출신

이민자의 적응과 갈등

part

2

chapter 4   이민자 적응 이론
chapter 5   외국인 노동자
chapter 6   결혼이민자
chapter 7   다문화가정의 자녀
chapter 8   유학생
chapter 9   재외동포
chapter10   북한이탈주민

이민자 적응 이론

1. 문화적응의 개념적 정의

　　이민자들은 자신이 속해 있던 익숙한 환경을 떠나 새로운 사회에 편입하게 되는데, 이때 새로운 환경이 요구하는 삶의 지식과 기술을 배우고, 변화된 환경에 자신을 맞추어가야 하는데, 이를 문화적응이라 한다.

　　그렇지만 문화적응은 이민자 개인의 일방적인 변화만을 의미하는 것은 아니다. 레드필드 등(Redfield, Linton, & Herskovits, 1936: 149)은 문화적응을 '문화적 근원이 다른 사람들 간의 지속적이고 직접적인 접촉의 결과로 일어나는 변화'라고 하였으며, 베리(Berry, 1997)는 서로 다른 인종 및 문화적 집단의 사람들이 장기간 접촉을 통해 발생하는 모든 변화의 과정이라고 하였다. 즉, 문화적응은 어느 한 개인 혹은 집단에게만 일방적인 변화를 가져오는 것이 아니라 상호작용을 하는 집단 모두에 해당된다.

　　하지만 실제로는 어느 한 집단이 다른 집단에 비하여 더 많은 변화를 겪으며, 또한 새로운 변화를 접촉한 결과 나타나는 변화도 개인과 집단 수준에 따라 다르다. 테어도어 그레이브스(Theodore D. Graves, 1967)는 집단 수준의 문화적 변화를 문화적응이라 하고, 여기에 경제적, 기술적, 사회적, 정치적 변화를 포함시켰다. 개인적 수준에서 일어난 심리적 변화를 심리적 문화적응 (psychological acculturation)이라 하고, 개인의 행동이나 가치, 태도, 정체감 등의 변화가 나타난다고 하였다. 이전에는 문화적응을 집단 수준의 현상으로 사용되었지만 지금은 개인 수준의 현상으로 인식되고 있다.

요컨대 문화적응은 주어진 환경에 맞추어 자신을 변화시키는 일련의 과정인 적응(adaptation)이나 순응(adjustment)과 다르다. 또한 문화적응은 양쪽 문화의 변화를 고려하므로 하나의 문화측면만을 보는 문화 변화(culture change)와 구분되고, 어느 한 문화의 영향으로 흡수되는 일방적 변화인 동화(assimilation)와 구분된다. 또한 개인이 자신이 속한 사회의 언어, 규범, 가치 같은 문화내용을 습득하는 것을 의미하는 사회화(socialization)와도 다르다. 문화적응은 2차적 사회화의 의미로 개인이 태어나고 자란 문화에 적응하는 의미가 아닌, 다른 문화와 접촉함으로써 만나게 되는 두 번째 문화에 반응한다는 점에서도 차이가 있다.

2. 문화적응의 과정

이민자들은 새로운 문화환경을 접하게 될 때 당혹감과 생소함, 무력감으로 감정의 혼란을 맛보게 되는데, 이는 자신이 이해하던 체계나 구조, 방식과 다른 형태의 문화이기 때문이다. 오버그(Oberg, 1960)는 다른 문화적 환경에서 경험하게 되는 이러한 심리적 반응을 "문화충격(Culture shock)"이라 하고, 이를 네 단계로 분류하였다. 첫째, 밀월(honeymoon) 단계로, 새로운 문화와 만나서 황홀, 감탄, 열정을 느끼는 시기이고, 둘째, 위기 단계로, 좌절, 불안, 분노, 부적절함 등을 느끼는 단계이다. 셋째, 회복 단계로, 위기를 해결하고 문화를 배워나가는 시기이고, 넷째, 적응 단계로, 새로운 환경을 즐기고 기능적으로도 유연해지는 단계이다. 즉, 오버그는 이민자들이 유입 초기에 문화적 충격을 경험하지만 새로운 문화적 환경에 대한 관심 등으로 적응 문제가 그리 크지 않은 허니문 단계와 함께 시작하여, 얼마 지나면 이민사회의 적응 문제가 쉽지 않음에 따라 위기, 절망 등을 느끼게 되며, 다시 이러한 과정을 잘 극복하면 통합 및 즐거움의 변이 단계에 이른다고 하였다.

1970년대부터 문화적응에 관한 연구들은 다양한 적응의 양태와 유형에 관심을 갖기 시작하였다. 문화적응은 이문화로 동화되는 것이 아니라 문화 간 접촉 상황에서 문화적 다양성이 구성되는 것이고, 문화충격은 그 과정에서 나

타나는 심리적 반응이라는 주장이다. 애들러(Adler, 1983)는 문화충격을 이제
껏 보통으로 지각되고 이해되고 있는 사회적 접촉의 신호와 기호를 상실함으
로써 발생하는 일종의 불안이라고 했다. 문화충격을 겪고 있는 사람은 억압,
퇴보, 고립 및 거절 등과 같은 몇 개의 방어 기제를 통하여 문화차이에 대한
불안과 신경과민을 나타내게 되는데, 행동주의적 용어로 설명하면 이러한 방
어적 태도는 고독, 분노, 마찰 및 자기 능력에 대한 의문 등이 포함되어 있는,
인간의 밑바닥에 깔려 있는 근본적인 불안감이다. 문화이해에서 낯익은 실마
리가 제거되면 사람은 방향 감각을 잃고 자기가 알고 이해하는 것을 두려워
하여 소외당하게 된다고 하였다. 애들러는 이문화의 이행 기간을 다섯 가지
체험적 요소로 분류하여 각 요소에 있어서의 인지, 감정, 행동적인 면에서 생
기는 현상을 설명하였다. 즉, 문화적응을 자아 인식과 문화 인식이 낮은 단계
에서 높은 단계로 발전하여 가는 과정으로 보고, 이를 접촉, 분열, 통합, 자율,
독립의 5단계로 분류하였다.

　　레빈과 애델만(Levine & Adelman, 1993)은 새로운 문화에 적응하는 과정을
① 밀월 기간, ② 문화 충격, ③ 초기 적응, ④ 좌절, ⑤ 수용과 통합의 다섯
단계로 설명하고 있다. 일반적으로 새로운 문화에 처음 접촉한 사람들은 첫
단계에서는 새로운 문화에 매료되고 흥분되는 행복한 시기를 가지다가 집, 교
통, 직업, 쇼핑, 언어 등 개인적인 문제에 직면하게 되면서 문화충격을 받게
된다. 이 시기에는 새로운 문화와 언어로 인하여 정신적·신체적인 피로감을
느끼나 시간이 경과함에 따라 서서히 적응하기 시작하면서 목표 문화가 가진
언어로 기본적인 감정 표현을 할 수 있게 되고, 사소하고 개인적인 문제들을
해결하게 된다. 그러나 자신의 문화와의 거리로 인하여 느끼는 외로움과 새로
운 언어에 대한 능력 부족으로 다시 좌절감을 느끼게 된다. 이 단계가 지나고
직장, 학교, 사업 등이 안정되면 새로운 문화에 적응이 되고 편안한 마음으로
새로운 문화를 대할 수 있게 된다.

　　액톤과 펠릭스(Acton & Felix, 1995: 22)는 새로운 문화에 동화되어 가는
과정을 다음 네 단계로 설명하고 있다. 첫 번째 단계는 여행자 단계로, 새로
운 문화에 접촉하기 어려운 문화적응 초기 단계이며, 여러 가지 문화충격이
일어나기도 한다. 여행 책에 소개된 형태의 간단한 기능어를 사용한다. 이 시

표 4-1 Adler의 이문화에의 이행 체험 양상

	인지	감정	행동
이문화 접촉	▸도취적 경험을 한다. ▸이문화에 관심을 보인다. ▸선별적으로 지각한다.	▸자극되어 노는 기분이 된다. ▸새로운 것을 발견한 기쁨을 느낀다. ▸차이점보다 공통점에 관심을 보인다.	▸자신의 문화에 따라 행동한다. ▸이문화에 관심을 보인다. ▸자신 있게 행동한다. ▸인상주의적인 행동을 한다.
자기 붕괴	▸이문화의 차이점에 신경이 쓰이게 되고, 강한 인상을 받는다. ▸이문화에 현실을 선별하지 못한다.	▸혼란, 상실, 당황, 고립, 무감동, 고독 등을 느낀다.	▸우울해지고 집에 틀어박힌다. ▸긴장이 늘어난다.
자기 재통합	▸일반화, 평가, 비판적인 태도로 인하여 문화적 차이를 인정하지 않게 된다.	▸분노, 신경과민, 불안을 느낀다.	▸의혹, 적대심, 배타적, 독단적, 거절 경향이 눈에 띈다.
자율	▸문화적 차이와 공통점의 정당성을 인정한다. ▸방어적인 자세가 없어진다. ▸감수성이 나타난다.	▸온화, 공감적이 된다. ▸현지에 사는 사람을 수용하고 비언어적 커뮤니케이션을 하게 된다.	▸자제 능력, 자신감, 자립성이 나타난다. ▸이문화 생활에 낯익은 행동을 한다.
독립	▸문화 차이와 공통점이 바르게 평가되어 독립적으로 되어도 고립되지 않는다.	▸현지에 사는 사람에게 신뢰를 받는다. ▸애정, 유머 등의 감정을 주고 받는다.	▸보다 표현적, 창조적, 자기실현적으로 된다.

출처: Furukawa, Ayako(2006). 재한 일본인의 문화충격에 관한 연구. 연세대학교 교육대학원 석사학위청구논문. 10.

기에는 자기 나라의 문화적 경험을 바탕으로 목표 문화를 이해한다. 두 번째 단계는 생존자 단계로, 언어와 문화를 기능적으로 사용하고 이해하는 단계이며 'pigin[1]' 형태의 언어를 사용한다. 그러나 직업 관련의 언어와 문화 능력은 이 단계에서도 가능하다. 세 번째 단계는 이민자 단계로, 모국어와 비슷한 정도의 목표 언어 사용이 가능하며 일정 기간의 생활 경험을 통하여 목표 문화권에서의 생활 체계가 이루어진 단계이다. 네 번째 단계는 시민권자 단계로, 원어민 수준에 해당할 만큼 언어나 문화에 동화된 단계이며 아주 드물게 실수하는 정도이다. 목표 문화권 사람들의 발음과 몸짓을 유사하게 사용할 수 있다.

---

1) pigin는 접촉하고 있는 두 언어에서 유래된 혼합 언어이며, 상업·정치적 또는 사회적 상황에서 소통을 위하여 사용된다(신성철, 2000).

브라운(Brown, 2000)은 문화충격을 문화이식의 네 단계 중 하나라고 생각하고 문화이식의 단계를 다음과 같이 설명하고 있다. 제1단계에서는 새로운 환경에 대한 흥분의 시기이며 행복감을 느끼는 시기이다. 제2단계에서는 개인이 자기 자신과 안전에 관해 가진 환상 속에 문화차이가 점점 더 침입해 옴을 느끼는 시기이다. 이 단계에서 개인은 제2문화 속에 살고 있는 동포에게 의존하고 지원을 청하며, 그 지역의 관습과 상황에 대하여 불평을 함으로써 자기 위안을 삼고, 자기가 처해 있는 곤란한 처지에서 탈피하려 한다. 제3단계에서는 문화충격이 모르는 사이에 점진적으로 진행되어 처음에는 일시적으로 불안정한 상태였지만 점점 회복되는 단계이다. 이 단계에는 라슨과 스말리(Larson & Smalley, 1972)가 말하는 문화압력(culture stress)이라는 특징이 존재한다. 즉, 문화이식 문제 중 일부가 해결되지만 다른 문제는 얼마 동안 미결 상태로 계속 된다. 그러나 대체로 느리지만 확실한 진전이 이루어져 생각과 느낌의 차이를 받아들이기 시작하고 서서히 제2문화 내의 사람들과 감정 이입을 하게 된다. 제4단계에서는 문화충격에서 완전히 또는 거의 회복되는 시기이다. 그 문화에 완전히 적응하거나 동화하여 새로운 문화를 받아들이고 그 문화 안에서 발달할 자기 자신의 '새' 사람에 대한 자신감을 가지게 된다.

3. 문화적응의 결과

두 문화가 접촉하더라도 어느 한 집단이 새로운 사회에 일방적으로 적응하는 것은 아니다. 문화적응의 과정은 훨씬 더 복잡하며, 개인 혹은 집단의 접촉 결과는 훨씬 더 다양하다. 루이스 워스(Louis Wirth, 1945: 347-372)는 이민자 집단의 동화에 있어서 상황적 변화가 중요함을 주장하는데, 이민자 집단은 주류사회의 편견과 차별에 대응하여 다원주의(pluralism), 동화(assimilation), 분리(separation), 호전성(militancy) 등의 형태를 띠게 된다고 하였다. 첫째, 다원주의는 이민자 집단이 권력을 얻기 시작하면, 일반적으로 집단 차이에 대한 사회적 관용을 얻기 위해 시도하는 것을 말한다. 둘째, 동화는 이민자 집단이 주류사회에 흡수되는 것을 말한다. 셋째, 분리는 이민자 집단이 주류사회에 동화되는 것을 거부하여, 결국 사회의 주류로부터 물러나는 것을 말한다. 넷째, 호전성은 주류사회에 동화를 거부할 때 갈등이 생기면 좀 더 극단적인 대응을 추구하는 것을 말한다.

베리(Berry, 1997)는 이민자 집단의 문화적응 양상을 모국의 문화적 가치와 특성의 유지 여부(cultural maintenance)와 주류 사회와의 관계 유지(contact & participation) 여부에 따라 동화(assimilation), 분리(separation), 통합(integration), 주변화(marginalization)로 구분하였다. 첫째, 동화 유형은 이민자 집단이 자신들의 문화적 정체성 유지에는 소극적이면서 주류문화의 수용에는 적극적인 경우이며, 둘째, 분리 유형은 자신들의 문화적 정체성 유지에 집착하면서 주류 문화의 접촉에는 소극적인 경우이며, 셋째, 통합 유형은 자신들의 문화적 정체성을 유지함과 동시에 주류문화와의 접촉에도 적극적인 경우이며, 넷째, 주변화 유형은 이민자 집단이 자신들의 문화적 정체성 유지와 주류문화의 접촉 모두에 대해 소극적인 유형이다. 베리의 이론은 현실적으로 사람들이 문화적응을 할 때 이 네 가지 전략 중 하나를 선택한다고 보기 어렵다는 점에서 한계가 있다. 첫째, 전반적으로 하나의 특정한 전략을 선택한다 할지라도 상황에 따라 선택전략이 달라질 수 있으며, 둘째, 발달과정에서 전략을 바꾸어 나갈 수도 있다. 셋째, 개인이나 집단이 선호하는 전략을 주류사회에서 반드시 선호하는 것이 아니다.

포르테스(A. Portes, 1995)는 이민자 집단의 적응 양상을 편입양태(modes of incorporation), 중개인 집단(middleman group), 그리고 인종 군락(ethnic enclaves) 등에 따라 달라질 수 있다고 하였다. 이민자들의 장기적인 적응은 개인의 기술만이 아니라 그가 속한 집단의 성격에 의해서도 영향을 받는데, 이들이 사회적 맥락으로 진입하는 과정, 즉 편입양태가 중요한 조건이 된다는 것이다. 또한 이민자들은 인종/민족 집단별로 정부, 사회 및 공동체 등 세 가지 차원의 성격에 따라 서로 다른 형태로 이민 사회에 편입된다. 첫째, 정부 차원에서 이민 수용국가의 정부가 이민자 집단에 대해 어떠한 태도 즉, 수용, 거부 그리고 중립 가운데 어떤 정책을 전개하느냐에 따라 이민자 집단의 적응 양상이 달라질 수 있으며, 둘째, 시민사회와 여론이 어떤 이민자 집단에 대해 어느 정도의 편견을 갖고 있는가에 따라 이민자의 적응 양상이 달라진다고 하였다. 마지막으로 이민자 집단이 얼마나 강한 인종 공동체를 형성하고 있는가에 따라 이민자 집단의 적응 양상이 달라진다고 하였다.

한편 워드, 보크너, 펀햄(Ward, Bochner & Furnham, 2001)은 문화접촉의 결과 나타나는 이민자 집단의 적응 양상을 집단 수준과 개인 수준의 결과로 구분하였다. 우선 집단 수준에서 문화접촉은 학살, 동화, 격리, 통합으로 나타나는데, 첫째, 학살(Genocide)은 접촉하게 된 다른 집단의 구성원들을 모두 죽이는 것으로, 아메리카 인디언의 사례처럼, 밖에서 침입한 이민자가 원래 선주민들을 학살하는 경우가 있고, 반대로 독일의 나찌에 의한 유태인 대학살과 같이, 내부에 있는 사람들이 새로 이주한 사람들을 학살하는 경우도 있다. 둘째, 동화(Assimilation)는 주로 식민지에 침략국의 문화나 가치 등을 강요하는 경우를 말하는데, 최근까지도 많은 국가에서는 이미 존재하는 소수민족에게 주류문화에 동화되도록 하는 정책을 의도적으로 적용해 오고 있다. 그 결과 문화 간 차이가 없어지고 생활방식의 다양성이 줄어들고 많은 고유한 전통들이 사라지는 결과를 낳는다. 동화정책은 그 이면에 주류 문화가 소수문화보다 우월하다는 가치를 내포하고 있다. 셋째, 격리(Segregation)는 의도적으로 집단을 나누는 것을 의미하는데, 서로 다른 지역에서 서로 다른 가치와 행동방식을 가지고 사는 것이다. 격리를 요구하는 쪽이 다수집단일 수도 있고, 소수집단일 수도 있다. 사회가 점점 세계화되고 상호의존적이 되면서 서로 다른 사람들이 만날 수밖에 없는 환경이 되면서, 격리는 사실상 현실적으로 유지되기 어렵다. 넷째, 통합(Integration)은 자기 문화의 핵심적 속성을 그대로 유지하면서 동시에 새로운 문화의 중요한 면도 받아들이는 것을 의미한다.

개인 수준에서 문화접촉은 통과, 국수주의, 주변화, 중재 등으로 나타나는데, 첫째, 통과(Passing)는 소수집단에 속한 사람이 자신의 진짜 정체성을 숨기고 주류집단의 구성원인 척하고 사는 것을 의미한다. 보통 사회적·경제적 수준이 낮다고 여겨지는 사회에서 높다고 여겨지는 사회로 이주했을 때 나타나는 개인의 태도로, 본국의 문화를 거부하고 새로운 문화를 받아들이는 것이다. 그 결과 자신의 민족적 정체감은 상실하게 된다. 둘째, 국수주의(Chauvinism)는 새로운 문화를 거부하고 원래 자신의 문화를 과장하는 방법이다. 셋째, 주변화(Marginalization)는 두 문화가 서로 양립할 수 없다고 느낄 때 나타나는 현상이다. 넷째, 중재(Mediating)는 두 문화를 모두 받아들여서 성공적으로 통합하는 것을 의미한다. 이 방법은 개인적 성장과 집단 간 조화에 도움을 줄 수 있는 바람직한 방법으로 인식된다.

4. 문화적응 문제에 대한 대응

(1) 스트레스 대처 접근

문화적응에 관한 초기 연구들은 주로 이민자의 정신건강 즉, 문화적응의 정서적 측면에 초점을 맞추었다. 리차드 라자러스(R. Lazarus, 1976)에 의하면, 새로운 환경에의 적응에는 두 가지 차원의 과정, 즉 주어진 환경에 자신을 맞추는 과정과 자신의 욕구를 충족시키기 위해서 환경을 변화시키는 과정이 있다. 이는 한 개인이 단순히 주어진 환경에 순응하는 것에서 벗어나 보다 능동적으로 행하는 다양한 활동과 환경과의 상호작용까지도 포함하고 있음을 의미한다. 하지만 이러한 과정에서 이민자들은 새로운 환경과 욕구 충족에서 비롯된 다양한 스트레스원에 과다하게 노출되는데, 이러한 상황에 잘 적응하지 못할 때 문화 부적응 문제가 발생하게 된다.

문화 부적응은 심한 스트레스를 가져와 정신건강상의 문제를 일으키기도 한다(Liebkind et al., 2004). 문화적응 스트레스로 인한 정신건강의 문제는 남성보다는 여성에게 더 자주 나타난다. 여성은 남성보다 자아성취를 위한 교육기회나 사회적 자원의 접촉기회가 상대적으로 제한적이기 때문이다(Zelkowitz et al., 2004). 그 밖에 이민자들이 겪는 스트레스적 생활사건(Lin, Tazuma & Masuda, 1979)은 외향성, 모호함을 견디는 인내, 중심적 가치를 이루는 신념의 성격 등과 같은 인성적 특징(Ward & Kennedy, 1992), 대처방식(Shisana & Celentano, 1987), 향수병(Pruitt, 1978), 그리고 결혼여부(Naidoo, 1985), 출신국과 유입국과의 관계(Furnham, 1985)와 같은 요인 이외에도 성이나 인종, 직장의 유무 등이 영향을 미치는 것으로 알려지고 있다. 하지만 이민자의 개인적 특성을 떠나 이민자 신분 그 자체는 문화적 갈등, 사회적 통합이나 동화와 관련된 문제, 역할 변화, 정체성 위기, 사회경제적 어려움 및 인종 차별과 같은 적응상의 문제에 직면하게 되며, 또한 새로운 언어의 습득, 고립감, 향수병, 어느 쪽에도 속하지 못한 경계인 신분(marginality), 사회적 차별, 경제적 어려움, 역할구조나 역할 정체성의 변화, 문화적 변화로 인한 적응과 관련된 긴장감을 갖게 될 수 있다.

스트레스 대처 접근은 이민 과정에서 경험한 생활사건의 의미, 이러한 변화에 대한 이민자의 인지적 평가, 그리고 변화를 다루는 대처 전략의 선택과 수행 등에 초점을 둔다. 핵심적인 가정은 문화 간 접촉과 변화는 사회정치적, 경제적 맥락에서 발생하며 이민자는 자신의 원래 사회와 정착하게 되는 사회의 특성 모두에게서 영향을 받는다는 점이다. 따라서 문화적 접촉으로 인하여 경험하게 되는 변화는 정서적·행동적·인지적 대처반응에 영향을 주고, 이 과정에서 문화적 접촉으로 인한 스트레스 및 대처방식은 개인과 상황의 특성에 의해 매개되며, 최종적으로 정서적 적응에 영향을 미치게 된다(정진경·양계민, 2004: 116).

문화적응에 대해 스트레스 대처 시각에서 접근하는 연구는 스트레스에 대한 일반적인 이론과 마찬가지로 일차적 대처와 이차적 대처전략을 구분하기 시작하였는데, 일차적 전략은 직접적인 행동을 취하는 것으로, 스트레스를 유발하는 환경의 불리한 특성을 변화시키고자 과제 지향적인 행동을 하는 것이다. 이에 비해 이차적인 전략은 행동적이기보다는 인지적이다. 스트레스를 주는 사건과 상황에 대한 지각과 평가를 변화시키는 것이다. 즉 일차적인 대처는 자신에게 환경을 맞추는 것이고, 이차적인 전략은 환경에 자신을 맞추는 것이다(Lazarus & Folkman, 1984).

문화적 적응과 스트레스에 대한 연구에 관련되는 기타 변인들로는 개인의 성격, 사회적 지지, 대처에 사용할 수 있는 지식과 기술의 소유여부, 문화적응의 방식, 그리고 문화적응을 하게 되는 위치 및 인구학적 변인들이 있을 수 있다(정진경·양계민, 2004: 117-119).

첫째, 성격의 측면을 보면, 권위주의적 성격, 완고한 성격, 자민족 중심주의적 성격은 심리적 적응을 방해하며(Locke & Feinsod, 1982), 반대로 외향성,

민감성 등은 적응을 촉진시키는 것(Gardner, 1962)으로 밝혀져 있다. 또한 통제 소재에 대한 신념에 따라서 심리적 적응이 달라지는데, 외적 통제 신념을 가진 사람들의 경우 심리적, 정서적 혼란이 높고(Lu, 1990), 생활만족수준이 낮으며(Neto, 1995), 불안 수준이 높다(Ward & Kennedy, 1993)고 한다.

둘째, 사회적 지지 역시 스트레스와 대처에 관한 연구에서 중요한 변인이다. 일반적인 연구결과와 마찬가지로 사회적 지지는 심리적 적응(Adelman, 1988) 및 신체적 건강(Schwarzer, Jerusalern & Hahn, 1994)과 정적인 상관이 있으며, 이민자 및 난민의 정신적 증상의 출현과는 부적인 상관이 있다(Lin, Tazuma & Masuda, 1979).

셋째, 특정 문화에 대한 구체적인 지식과 기술 역시 심리적인 적응을 촉진시킨다. 대표적인 변인이 의사소통능력(Gudykunst & Hammer, 1988)인데, 의사소통능력과 심리적 적응이 항상 직선적인 관계는 아니지만, 많은 연구에 언어능력이 심리적 안녕과 적응, 그리고 일반적인 만족에 영향을 미치는 것으로 나타나고 있다.

넷째, 적응을 할 때 그 사회에서 점유하는 위치에 따라서도 그 영향이 달라지는데, 같은 문화적응집단 중에서도 난민의 경우는 다른 이민자에 비해서 더 심각한 심리적 스트레스와 기능장애를 호소하고, 전반적인 생활만족도 떨어진다(Pernice & Brook, 1994). 성별의 측면에서는 여자들이 심리적 증상에서 더 위험하다고 보고되는데(Furnham & Shiekh, 1993), 그 이유는 여성이 직장생활을 덜 하는 등 사회적으로 고립되기 때문이다. 연령의 영향은 다소 일관성이 없는 것으로 보고되는데, 전반적으로 연령과 문화적응 스트레스 간의 관계는 곡선형 관계이다.

(2) 문화학습(cultural learning) 접근

1980년대에 들어서면서 타 문화와의 접촉에 의해 발생하는 문화적응의 문제를 학습경험으로 바라보기 시작했다. 즉 문화적 적응을 위한 개입에서 중요한 것은 치료가 아닌 준비, 오리엔테이션, 문화와 관련한 사회적 기술의 습득이라는 것이다(Furnhan & Bochner, 1982).

문화학습이란 체류자가 새로운 사회에서 살아남기 위하여 문화와 관련된 사회적 지식과 기술을 배우는 과정으로, 문화학습 접근에서는 문화접촉의 행동적 측면을 다루며, 사회 및 실험심리를 그 바탕으로 하고 있다. 예를 들면 옆 사람과의 거리, 신체적 접촉의 의미, 제스처, 태도나 감정의 표현, 다른 사람과 상호작용할 때의 시선, 인사하기, 자기노출, 요구하기, 거절하기, 자기주장하기 등이 여기에 포함된다.

문화학습 접근의 대표적 학자인 아가일(Argyle, 1969)은 주로 사회적 기술과 대인 간 행동방식에 대한 연구를 하였는데, 비교문화적인 상황에서 문제가 발생하는 이유는 이민자들이 일상적인 사회생활에서 다른 사람과 적절히 상호작용하지 못하기 때문이다. 민감한 사람들은 사회적으로 융통성 있게 행동할 수 있도록 준비되어 있고, 다른 사람들의 행동에 대해 어떻게 반응해야 하는지를 잘 알고 있고, 자신의 주변에서 일어나고 있는 일들의 의미를 잘 파악할 수 있으므로 유연하게 대처를 할 수 있다. 따라서 이 시각에서 적응(adaptation)이란 새로운 문화적 상황에 필요한 구체적인 기술을 학습하는 것이라고 보고, 다루는 주제도 새로운 문화에 대한 지식 정도, 언어와 커뮤니케이션의 유능성, 거주기간에 따른 차이, 친구 관계 형성능력에 따른 차이, 이전의 외국경험, 문화적 거리, 문화적 정체감, 문화 간 훈련 등 다양한 부분을 포함하고 있다.

문화학급 접근에서 중점적으로 다루어지는 부분은 의사소통 맥락정도, 상호 간의 에티켓 등이다. 첫째, 의사소통은 저맥락 문화와 고맥락 문화 등 의사소통의 맥락에 따라 다르다. 저맥락 문화에서는 사람들이 직접적으로 정보를 전달하고 언어적 의사소통에 의존을 한다. 반면 고맥락 문화에서는 제한된 정보만을 특별한 방식으로 전달하고, 주로 상황적인 단서에 영향을 받으며, 애매한 방식으로 그리고 간접적으로 정보를 전달한다(Gudykunst & Matsumoto, 1996). 의사소통방식에 대한 적절한 이해 없이 그 문화를 이해하거나 그 문화에 적응하는 일은 거의 불가능하다. 이와 관련하여 자기노출의 정도와 사회적 침투(Gudykunst & Nishida, 1986), 얼굴 표정(Ting-Toomey, 1988), 접촉거리(Argyle, 1982) 등의 주제도 중요하게 다루어지는 영역으로, 이러한 주제들은 문화의 개인주의-집단주의와 관련되어 있다. 둘째, 사람들이 예의라고 생각하는 것이 오해를 유발할 수 있는데, 미국사람들은 직접적으로 지시를 하거나 의사를 표현하는 것을 예의로 생각하지만, 한국사람이나 중국사람은 다른 사람의 체면을 깎지 않도록 돌려서 표현하는 것을 예의로 생각한다(Lin, 1997). 그 이외에 상호 간에 쳐다보는 것의 의미, 신체적 접촉의 의미, 특정한 제스처 등의 비언어적인 측면도 학습의 대상이 된다. 이런 종류의 비언어적 측면이 일견 사소해 보이지만 그에 대한 지식 없이 함부로 제스처를 사용했다가 현지인과 오해나 갈등을 유발할 수도 있다.

문화학습접근은 비교문화경험에서 문화충격을 이해할 수 있는 적절한 이론적 틀을 제공한다는 점에서 효용성을 지니고 있지만, 여러 가지 딜레마를 가지고 있다. 첫째, 문화적응을 어떤 의미에서 보아야 하는가의 문제이다. 대부분의 이민자들은 두 문화의 사회적 관계 속에서 살게 되는데, 현지인들과도 상호작용을 하고 같은 국가 출신자들과도 동시에 상호작용을 해야 한다. 이러한 상황에서 바람직한 문화학습의 방향은 '양 문화에서의 유능성(bicultural competence)'일 것이다. 즉, 두 문화의 언어 및 생활습관 모두에 대해 유능할 수 있도록 문화학습을 촉진시키고, 기술을 배우고, 체계적으로 교육시키는 일이다(LaFromboise, Coleman & Gerton, 1993).

(3) 사회정체성(Social identification) 접근

스트레스 대처 접근이 정서적 측면을 고려하고 학습이론이 행동적 측면을 강조한다면, 타지펠(Tajfel, 1982)에 의해 제기된 집단 역동에 관한 이론인 사회정체감(Social identification) 이론은 인지적 측면을 강조한다.

사회정체성 이론은 다른 집단에 속한 사람들이 서로를 어떻게 조망하는지, 어떻게 편견이 발생하는지, 왜 사람들이 어떤 집단에는 남아 있고 어떤 집단에서는 떠나는지, 집단의 구성원이 어떻게 자아존중감에 영향을 미치고 있는지에 관한 연구를 주로 수행한다. 따라서 사회정체성 이론에서 가정하고 있는 것은 크게 세 가지인데, 첫째, 사람들은 사회적 세계를 내집단과 외집단으로 범주화시키며, 둘째, 사람들은 긍정적 자기 개념을 가지려고 노력하고 내집단 속에서 어떤 자존감을 얻는다는 것이며, 셋째, 사람들의 자기 개념은 다른 집단을 자기의 내집단과 비교하여 어떻게 평가하는가에 달려 있다는 것이다. 따라서 사람들은 내집단과 외집단을 구분짓는 동시에, 외집단에 비해 내집단에 이익을 주는 행동을 한다(Taifel & Turner, 1986). 이 과정은 집단 간 경쟁을 일으키는데, 여기에서 사람들은 스스로의 자존감을 높이는 수단으로 자신이 속한 집단의 지위를 높이고자 노력하게 된다.

사회정체성 이론은 자신이 속해 있는 집단이 호의적이지 않은 상황에서 자아 존중감을 유지시키기 위한 전략을 잘 설명해 주고 있다. 예를 들면 이민자 집단은 주류집단의 편견에 노출되기 쉬운데, 이때 이민자들은 자신의 자아 존중감을 유지하기 위해 다양한 방법을 사용하게 된다(Tajfel & Turner, 1986). 첫째, 낮은 지위의 집단을 떠나 사회적으로 높은 지위라고 인정되는 집단으로 옮겨가는 것이다. 둘째, 자기 집단의 내적 특성을 다시 평가하고 긍정적 특성을 유지하려고 하는 것이다. 셋째, 외부 집단과 경쟁하며 긍정적인 특성을 계발하는 방법이 있다.

사회적 정체성은 다양한 요인에 의해 다르게 나타나는데 첫째, 교육수준 및 사회경제적 지위는 정체성 형성에 영향을 미친다. 교육수준이 높을수록 그리고 사회경제적 지위가 높을수록 현지 문화의 정체성을 빨리 수용하고 동화한다(Suinn, Ahuna & Khoo, 1992). 둘째, 연령과 성별에 따라 다른데, 나이든 사람보다 젊은 사람들이 새로운 문화의 가치를 더 쉽게 받아들이는 경향이 있다(Marin, Sabogal, Martin, Otero-Sabogal & Perez-Sable, 1987). 젊은 사람들이 나이든 사람들보다 언어습득능력이 더 뛰어나고, 또한 나이든 사람들일수록 출신국의 정체성을 고수하려는 경향이 더 강하기 때문에 새로운 문화의 가치 습득에 소극적일 수밖에 없다(Montgomery, 1992). 성별로는 연령에 관계없이 여성보다 남성이 훨씬 더 빨리 동화된다(Ghaffarian, 1987).

그런데 여기서 사람들의 이중적인 측면을 고려할 필요가 있다. 즉, 인지와 행동 간의 불일치이다. 이민자나 난민들은 보통 새로운 행동이나 기술을 배우기 원하지만, 자신의 태도나 가치를 변화시키지 않으려고 한다(Triandis, Kashima, Shimada, & Villareal, 1986). 이런 결과는 이민자들이 새로운 사회 환경에 성공하기 위해서 기술을 획득할 수 있지만 자아개념의 변화는 독립적인 부분일 수 있음을 암시한다(Ward et al., 2001). 이러한 행동과 태도 간의 불일치에 대한 실용적인 방법은 상황에 맞도록 코드 전환을 하는 것이다. 그러나 태도를 변화시키지 않고 행동만 변화시키는 것은 수용국 사람들과 갈등상황에 놓일 수 있는 요인이 된다. 왜냐하면 보통 수용국가의 구성원들은 이민자들의 음식이나 음악, 옷 등 문화적 전통에 대해서는 매우 지지적인 반면, 이민자들의 전통적인 가치에 대해서는 매우 보수적이기 때문이다(Lambert, Moghaddam, Sorin, 1990).

　　사회정체성 이론은 사람들이 사회적 범주화, 비교, 내집단 선호 등을 통하여 긍정적인 사회적 정체성을 추구하려 한다고 주장하는데, 문화적응에 대한 연구의 결과들은 그러한 주장을 일관되게 지지하지는 않는다. 오히려 이민자들은 통합주의적 전략을 선호한다. 즉 현지문화를 지닌 사람들과 좋은 관계를 유지하면서 동시에 자신의 문화적 정체성을 유지하고자 하는 특성을 보인다는 것이다. 그러나 통합은 수용국 구성원들이 인정을 할 때만 가능한 방식이다. 구성원들이 통합에 저항하고 이들을 받아들이지 않을 때, 이민자들은 외집단 고정관념과 편견, 차별 등에 의해 부정적으로 영향을 받을 수 있다. 이러한 고정관념을 없애기 위한 가장 효과적인 방법은 외집단 구성원을 직접 접촉하는 것인데, 사회문화적으로 다양성을 인정하고 받아들이는 환경에서만 외집단 구성원과의 직접적 접촉이 서로에 대한 고정관념과 편견을 없앨 수 있는 기회가 되고, 그렇지 못한 경우는 오히려 고정관념을 더욱 강화하는 결과를 낳기도 한다. 사회정체성 이론은 내집단 선호와 외집단 비하 등의 사회적 비교가 자기 – 고양 편파 동기에서 나온 것이라고 보기 때문에 기본적으로 문화 간 접촉에서 편견이나 차별은 피할 수 없는 것이라고 가정한다. 하지만 그것이 일어나는 과정에 대해서 좀 더 심층적으로 밝힐 수 있다면, 자동적으로 일어나는 과정을 최대한 제어하면서 편견을 감소시키는 프로그램의 개발에 시사도 줄 수 있다.

SUMMARY

■ ■ ■ 이민자들은 자신에게 친숙한 환경을 떠나 새로운 사회에 적응해야 한다. 이러한 과정을 문화적응이라고 하는데, 문화적응 과정에는 다양한 요인이 작용하며, 그에 따라 문화적응의 양상이 다르다.

■ ■ ■ 이민자들의 문화적응과정은 문화충격 형태로 일어나는데, 문화적 차이가 클수록 문화충격이 크다. 또한 이민자 집단의 모국의 문화적 가치와 특성의 유지 여부(cultural maintenance)와 주류 사회와의 관계 유지(contact & participation) 여부에 따라 이민자의 문화적응 양상은 다양하다. 또한 이민자들의 문화 적응은 개인의 기술만이 아니라 그가 속한 집단의 성격에 의해서도 영향을 받는다.

■ ■ ■ 문화적응에 관한 연구는 1950-1960대 초기 연구들은 문화적응 과정에서의 스트레스와 부적응 등에 초점을 두었던 것에 비해 1980년대 이후의 연구들은 접촉과정의 다양한 측면에 관심을 가지고 있다. 초기 연구자들이 전혀 낯선 환경에 적응해야 하는 사람들이 문화차이 때문에 겪는 혼돈의 문제들을 문화차이를 없앰으로써 해결할 수 있다고 믿었던 반면, 후기의 연구들은 자기의 정체성을 유지하고 문화적 다양성을 유지하면서 통합을 이루는 것이 오히려 더 바람직한 적응 상태라고 본다.

Key terms: 문화적응, 문화적응스트레스, 문화학습, 사회정체성

외국인 노동자

chapter

5

1. 외국인 노동자란?

외국인 노동자는 이주 노동자(migrant worker), 이민 노동자(immigrant worker), 초빙 노동자(guest worker), 단기 노동자(temporary worker), 계약 노동자(contact worker), 이방인 노동자(alien worker), 출가 노동자, 외국인 근로자 등 다양한 명칭으로 불리고 있다.

국제노동기구(International Labor Organization: ILO)는 외국인 노동자를 '자신의 생활 근거지를 벗어나 타 지역으로 이주하여 취업한 노동자'로 정의하고 있다. 「이주노동자권리협약」 제1조 제1항에서는 외국인 노동자를 '그 사람이 국적국이 아닌 나라에서 유급활동에 종사할 예정이거나, 이에 종사하고 있거나, 또는 종사하여 온 사람'으로 정의하며, 제2조 제2항에서는 이러한 외국인 노동자에 월경노동자, 계절노동자, 선원, 해상시설노동자, 순회노동자, 특정사업노동자, 특별취업노동자, 자영노동자 등을 포함하고 있다.

한편 국내 「출입국관리법」과 「근로기준법」에서는 외국인 노동자를 외국인 근로자로 표기하고, '국내에서 대한민국의 국적을 가지지 않은 상태에서 직업의 종류에 관계없이 노동의 대가인 임금, 급료 기타 이에 준하는 수입을 목적으로 노동하는 자'로 규정하고 있다. 외국인 노동자의 유형은 매우 다양하나 크게 전문직 외국인 노동자와 비전문직 외국인 노동자로 구분할 수 있다.

(1) 전문직 외국인 노동자

전문직 외국인 노동자에 대해 국제적 수준에서 합의된 정의는 없지만, 대체로 '전문직'으로 분류할 때는 그 기준으로 교육 수준과 직업을 사용한다. 국내 「출입국관리법」에서는 체류자격 중 C계열에 속하는 단기취업(C-4)과 E계열에 속하는 교수(E-1), 회화지도(E-2), 연구(E-3), 기술지도(E-4), 전문직업(E-5), 예술흥행(E-6), 특정활동(E-7)을 전문직 외국인 노동자로 분류하고 있다. 한편 임석회(2011: 1999)는 전문직 외국인 노동자에 단기취업(C-4)을 제외하고, D계열에 속하는 주재(D-7), 기업투자(D-8), 무역경영(D-9)과 E계열에 속하는 전문직 외국인 노동자를 합하여, 기업활동, 연구기술, 외국어강사, 연예/스포츠 관련 등으로 유형화하였다.

(2) 비전문 외국인 노동자

비전문직 외국인 노동자에는 「고용허가제도」에 의해 비전문 취업사증(E-9)을 발급받아 일하는 외국인 노동자, 「외국인선원제도」에 의해 선원취업사증(E-10)을 발급받아 연근해 어업에 종사하는 외국인 선원, 「방문취업제도」에 의해 방문취업사증(H-2)을 발급받아 일하는 재외동포 외국인 노동자 등이 있다.

한편 현재 우리나라에는 합법적인 취업자격을 갖추지 못하거나 체류 기간이 지난 상태로 일하는 그리고 정식으로 입국 절차를 받지 않고 국내에 입국하여 일하는 수많은 미등록 외국인 노동자들도 있는데, 이들은 대체로 비전문 분야에서 일한다.

표 5-1　전문직 외국인 노동자의 유형

구분	비자유형	해당자
기업 활동	주재(D-7)	▸외국의 공공기관 또는 회사 등에서 1년 이상 근무한 사람으로서 대한민국에 있는 그 계열 회사, 지점 등에 필수 전문 인력으로 파견된 사람 ▸공공기관이 설립한 해외 지점에서 1년 이상 근무한 사람으로서 대한민국에 있는 그 본사나 본점에 파견되어 전문적인 지식/기술 또는 기능을 제공하려는 사람
	기업투자(D-8)	▸외국인 투자 기업의 경영/관리 또는 생산/기술 분야에 종사하려는 필수 전문 인력, 산업재산권이나 지적재산권을 보유하는 등 우수한 기술력으로 벤처 기업을 설립한 사람
	무역경영(D-9)	▸대한민국에 회사를 설립하여 사업경영, 무역, 기타 영리 사업을 위한 활동을 하려는 자로서 필수 전문 인력에 해당하는 자
	특정활동(E-7)	▸대한민국 내의 공/사 기관 등과의 계약에 의하여 법무부장관이 지정하는 활동에 종사하고자 하는 자
연구/기술	교수(E-1)	▸「고등교육법」에 의한 자격요건을 갖춘 외국인으로서 전문대학 이상의 교육기관/이에 준하는 기관에서 전문 분야의 교육/연구 지도 활동에 종사하는 자
	연구(E-3)	▸대한민국 내의 공/사 기관으로부터 초청되어 각종 연구소에서 자연과학 분야의 연구/산업상의 고도 기술의 연구개발에 종사하고자 하는 자
	기술지도(E-4)	▸자연과학 분야의 전문 지식/산업상의 특수한 분야에 속하는 기술을 제공하기 위하여 대한민국 내의 공/사 기관로부터 초청되어 종사하고자 하는 자
	전문직업(E-5)	▸대한민국의 법률에 의하여 자격이 인정된 외국의 변호사, 공인회계사, 의사, 기타 국가 공인 자격을 소지한 자로서 법률, 회계, 의료 등의 전문 업무에 종사하고자 하는 자
외국어 강사	회화지도(E-2)	▸법무부 장관이 정하는 자격 요건을 갖춘 외국인으로서 외국어 전문 학원, 초등학교 이상의 교육기관 및 부설 어학연구소, 방송사 및 기업체 부설 어학연수원, 기타 이에 준하는 기관 또는 단체에서 외국어 회화 지도에 종사하고자 하는 자
연예/스포츠	예술흥행(E-6)	▸수익이 따르는 음악, 미술, 문학 등의 예술 활동과 수익을 목적으로 하는 연예, 연주, 연극, 운동 경기, 광고/패션 모델, 기타 이에 준하는 활동을 하고자 하는 자

출처: 임석회(2011). 「전문직 이주자 현황과 지리적 분포의 특성」. p. 199.

표 5-2 비전문 외국인 노동자의 유형

비자유형	해당자
고용허가 (E-9)	▸「외국인 근로자의 고용 등에 관한 법률」의 규정에 의한 국내 취업요건을 갖춘 자(일정 자격 이나 경력 등이 필요한 전문 직종에 종사하는 자는 제외)
선원취업 (E-10)	▸「해운법」 제3조 제1호, 제2호 및 제23조 제1호에 따른 사업을 영위하는 자 또는 「수산업법」 제8조 제1항 및 제43조 제1호에 따른 사업을 영위하는 자와 그 사업체에서 6개월 이상 노무 를 제공하는 것을 조건으로 선원근로계약을 체결한 자로서 「선원법」 제3조 제5호에 따른 부 원에 해당하는 자
방문취업 (H-2)	▸「재외동포의 출입국과 법적 지위에 관한 법률」 제2조 제2호에 따른 외국 국적 동포에 해당 하고, 다음의 어느 하나에 해당하는 만 25세 이상인 자로서 법무부장관이 인정하는 자(재외 동포(F-4)자격에 해당하는 자는 제외) ① 출생 당시에 대한민국 국민이었던 자로서 대한민국 호적에 등재되어 있는 자 및 그 직계 비속 ② 국내에 주소를 둔 대한민국 국민인 8촌 이내의 혈통 또는 4촌 이내의 인척으로부터 초청 을 받은 자 ③ 「국가유공자 등 예우 및 지원에 관한 법률」 제4조에 따른 국가유공자와 그 유족 등에 해 당하거나 「독립유공자 예우에 관한 법률」 제4조에 따른 독립유공자와 그 유족 또는 가족 에 해당하는 자 ④ 대한민국에 특별한 공로가 있거나 대한민국의 국익증진에 기여한 자 ⑤ 유학(D-2) 자격으로 1학기 이상 재학 중인 자의 부모 및 배우자 ⑥ 국내 외국인의 체류질서 유지를 위하여 법무부장관이 정하는 기준/절차에 따라 자진하여 출국한 자 ⑦ ① 내지 ⑥에 해당되지 아니한 자로서 법무부장관이 정하여 고시하는 한국말 시험, 추첨 등의 절차에 의하여 선정된 자

표 5-3 미등록 외국인 노동자의 범주

자격 외 취업자	한국에 체류하는 것은 합법적이지만, 취업하는 것은 불법으로 간주되는 외국인 ▸3개월 단기사증을 받고 한국에 입국한 외국인이 그 기간에 국내에 취업하는 것 ▸외국인 유학생이 취업하는 것 ▸외국인 산업기술연수생이 지정된 사업장을 이탈하여 다른 업체에 취업하는 것
체류기간 초과 취업자	사증에서 규정한 체류기간을 초과하여 국내에서 취업하고 있는 외국인
밀입국 취업자	▸정식으로 입국 절차를 밟지 않고 입국하여 국내에서 취업중인 외국인 ▸취업사증을 받지 않고 국내에서 구직활동을 하는 외국인

2. 외국인 노동자의 추이와 유입 배경

(1) 외국인 노동자의 추이

우리나라에서 외국인 노동자는 1980년대 말을 전후로 증가하기 시작했다. 1987년 당시에 우리나라에 들어온 외국인 노동자는 6,409명에 불과했지만, 1995년에 10만 명을 넘어섰고, 2013년에는 50만 명에 이르렀다. 외국인 노동자가 국내로 들어온 지 약 20년 만에 약 86배 증가한 수치이다. 외국인 노동자의 체류 자격별 규모를 살펴보면, 전문직 외국인 노동자는 1987년

표 5-4　외국인 노동자 추이

연도	전체	전문 전문기술 (E1~E7)	비전문 (E-9)	연수 (E-8)	선원 (E-10)	비전문 산업연수 (D-3)	취업관리 (F-14)	방문취업 (H-2)	미등록
1987	6,409	2,191				0			4,218
1988	7,410	2,400				0			5,010
1989	14,610	2,469				0			12,141
1990	21,235	2,824				0			18,411
1991	45,449	2,954				590			41,905
1992	73,868	3,397				4,949			65,522
1993	66,919	3,747				8,632			54,540
1994	81,824	5,236				28,311			48,277
1995	128,906	8,250				38,800			81,856
1996	210,494	13,471				67,989			129,034
1997	245,399	15,950				81,472			147,977
1998	157,689	11,195				46,991			99,503
2000	285,506	17,000	0	2,063	0	77,448	0	0	188,995
2001	329,555	19,549	0	8,065	0	46,735	0	0	255,206
2002	362,753	21,506	0	12,191	0	39,661	156	0	289,239
2003	395,780	20,089	159,706	20,244	0	50,721	6,964	0	138,056
2004	439,960	20,272	126,421	48,937	34	36,555	19,258	0	188,483
2005	398,215	23,609	52,305	50,703	212	38,290	52,304	0	180,792
2006	510,536	27,221	113,524	54,517	307	44,018	84,055	0	186,894
2007	626,548	31,300	134,012	14,684	2,828	6,299	6,522	228,448	202,455
2008	680,425	35,228	156,429	734	3,641	2,305	11	298,003	184,074
2009	667,097	38,497	158,198	51	4,078	1,170	0	303,005	162,098
2010	660,898	41,108	177,546	0	5,094	1,861	0	282,662	152,161
2011	598,743	44,264	189,190	0	6,629	1,733		299,710	57,217
2012	533,167	46,469	176,277	0	6,424	1,528		233,340	69,129
2013	552,390	45,080	191,637	0	7,685	1,475	0	233,915	72,598

자료: 외국인출입국정책본부. 각년도. 출입국통계연보.

2,191명에서 2013년 45,080명으로 이 기간 동안 약 21배 증가한 반면, 비전문 외국인 노동자는 1987년 4,218명에서 2013년 507,310명으로 약 120배 증가하여, 우리나라에서 외국인 노동자의 증가는 비전문 외국인 노동자에 의해 추동되었다고 할 수 있다.

2013년 현재 전문직 외국인 노동자는 전체 외국인 노동자의 6.2%이고, 비전문직 외국인 노동자는 93.8%이다. 비전문직 외국인 노동자 중에서는 비전문 취업이 37.8%, 선원 취업이 1.5%, 산업연수가 0.2%, 방문취업이 46.1%, 미등록 취업이 14.3%으로 나타나, 비전문 외국인 노동자 중에서는 「방문취업제」로 들어온 재외동포들이 가장 많고, 그 다음이 「고용허가제」로 들어온 아시아 출신 외국인 노동자, 그리고 미등록 외국인 노동자 순이다.

한편 외국인 노동자의 출신지역별 현황을 살펴보면, <표 5-5>에서처럼 2013년 전체 외국인 노동자 558,369명 중 아시아계가 93.5%, 북미계가 3.5%, 남미계가 0.1%, 유럽계가 2.1%, 오세아니계가 0.3%, 아프리카계가 0.5%인 것으로 나타나, 우리나라에 체류하고 있는 외국인 노동자의 대부분이 아시아 지역 출신이라 할 수 있다. 이를 체류 자격별로 살펴보면, 전문직 외국인 노동자의 경우 아시아 지역 출신이 47.3%, 북미 지역 출신이 29.6%, 유럽지역 출신이 16.0% 등으로 나타나, 전문직 외국인 노동 시장에서도 아시아 지역 출신자가 많은 편이나, 북미와 유럽 지역 출신자의 비중도 높은 편이다. 반면, 비전문직 외국인 노동시장의 경우에 아시아 지역 출신자는 전체의 99.7%를 차지하고 있어, 비전문 외국인 노동 시장은 아시아 지역 출신자들로 구성되고 있다고 할 수 있다. 현재 우리나라 외국인 노동자 시장이 전문직보다는 비전문직을 중심으로 하고, 비전문직 노동시장이 「고용허가제」나 「방문취업제」를 통해 형성되며, 이들이 주로 아시아 지역 국가들과의 협정을 통해 들어온다는 점을 감안할 때 당연한 현상이라고 할 수 있다.

표 5-5 외국인 노동자의 체류 자격에 따른 출신 지역 현황(단위: 명, %)

		소계	전문 외국인 노동자 (D7-D9, E1-E8)		비전문 외국인 노동자 (E9, E10, H2)	
총계	M	409,464	45,772	69.0%	363,692	73.9%
	F	148,905	20,588	31.0%	128,317	26.1%
	T	558,369	66,360	100.0%	492,009	100.0%
아시아주계	M	385,088	22,055	48.2%	363,033	74.0%
	F	137,084	9,348	20.4%	127,736	26.0%
	T	522,172	31,403	47.3%	490,769	99.7%
북미주계	M	11,810	11,809	60.1%	1	100.0%
	F	7,836	7,836	39.9%	0	0.0%
	T	19,646	19,645	29.6%	1	0.0%
남미주계	M	480	452	84.8%	28	68.3%
	F	94	81	15.2%	13	31.7%
	T	574	533	1.2%	41	0.0%
유럽주계	M	9,214	8,730	82.5%	484	46.7%
	F	2,408	1,856	17.5%	552	53.3%
	T	11,622	10,586	16.0%	1,036	0.2%
오세아니아주계	M	1,211	1,210	72.9%	1	50.0%
	F	450	449	27.1%	1	50.0%
	T	1,661	1,659	2.5%	2	0.0%
아프리카주계	M	1,631	1,516	59.8%	115	95.8%
	F	1,023	1,018	40.2%	5	4.2%
	T	2,654	2,534	3.8%	120	0.0%

자료: 외국인출입국정책본부. 2013. 출입국통계월보(2013.8).

(2) 외국인 노동자의 유입 배경

1) 전문직 외국인 노동자

전문직의 국제 이동은 1960년대 이전만 하더라도 독일, 영국 등 유럽에서 미국으로 이동하는 것이 대부분이었다. 하지만 1960년대 이후 전문직 노동자는 개발도상국에서 선진국으로 이동해 가기 시작했고, 최근에는 다시 선진국에서 고국으로 역이동하는 현상이 증가하고 있다.

전문직의 국제 이동에 대한 이해는 크게 세 가지로 나타나고 있다. 첫째, 푸쉬-풀(Push-Pull) 이론에 의하면, 비전문직 노동 이동 현상과 마찬가지로,

본국의 두뇌를 밀어내는 힘과 목적국의 끌어당기는 힘이 작용한다고 본다. 이러한 힘에는 정치, 사회, 문화적 상황, 가족 문제, 노동 조건과 환경, 이민에 대한 법적, 행정적 조치 등이 복잡하게 얽혀 있다(문만용, 2006). 그렇지만 전문직의 국제 이동은 전문직 유출이 일어나는 곳에서 경제발전이 지체될 수 있기 때문에 매우 심각한 문제라 할 수 있다.

둘째, 기업국제화론에 의하면, 전문직의 국제 이동은 기업의 국제화에 따라 필연적으로 나타날 수밖에 없는 현상이라는 것이다. 기업국제화는 국내 시장에서 처음 활동하기 시작한 기업이 외국 시장에 진출해 나가는 것(Johanson & Wiedersheim-Paul, 1975), 혹은 변화하는 기업 여건과 환경에 적응하여 기업이 학습 과정(learning process)을 통해 점진적으로 국제 경영 활동을 확대해 나가는 단계적 과정(Johanson & Valne, 1977)이다(임석회, 2011: 204). 1970년대까지 다국적 기업들은 핵심적인 연구 개발 활동을 자신의 모국에서 수행하고, 성숙 단계에 이른 기술만을 현지국에 이전하는 방식이었다. 그러나 1980년대부터 과학을 바탕으로 한 신기술의 등장 및 세계적 범위에서의 학습 필요성이 증대되면서 기술의 글로벌적인 외부 조달의 중요성이 부각되었다. 이에 따라 다국적 기업은 해외 과학 기술 자원의 적극적 활용을 통한 기술의 새로운 원천 발굴이라는 측면에 초점을 두고 적극적으로 연구 개발 활동의 글로벌화를 추진하게 된다. 따라서 이러한 기업의 국제화는 기업 활동 관련 전문 인력뿐만 아니라 연구·기술 관련 전문 인력에 대한 수요를 일으키고, 이에 따라 전문 인력의 국제 이동이 추동된다는 것이다.

셋째, 문화통합론에서는 전문직 분야 중 연예·스포츠 관련 분야와 외국어 분야의 국제 이동을 설명하는데, 이러한 분야에서 국제 이동은 범세계적인 문화교류의 활성화와 통합론의 관점에서 이해될 수 있다. 세계가 하나의 거대한 시장을 형성하고 세계 금융 자본의 위력이 국민국가의 위력을 능가하기 시작하면서 과거 국민국가에 의한 '문화적 경계 짓기'가 불분명해졌다. 이제 문화는 국가 간 경계를 초월하여 외국 문화가 한국 사회에 유입되는 동시에 한국 고유의 문화도 세계 각 지역으로 확산되면서 사회의 다양한 부문에서 문화의 퓨전화가 생성되고 있다(홍석준, 2004). 이에 따라 각 국가에서는 문화교류의 활성화와 통합을 위해 이러한 분야에서의 전문직에 대한 수요가 높아졌고, 이에 따라 국제 이동이 증가했다는 것이다.

　　이러한 배경에서 우리나라에서도 전문 인력을 유치하기 위한 노력을 경주하고 있다. 정부는 2008년 4월에 '글로벌 고급인력 유치방안'을 마련하여 제도개선을 추진하였는데, 동 방안에는 '최고 수준의 글로벌 인재를 통한 성장 실현'을 위해, '필요 인력을 찾기 쉽고 쓰기 쉽게', '비자는 받기 쉽고 출입국은 편리하게', '취업활동은 자유롭게', '체류 환경은 편안하게'라는 네 개의 범주를 설정하고 구체적인 과제를 제시하였다. 동 방안에서 글로벌 고급 인력은 경영, 기술, 교육, 지식서비스 등의 분야에서 특별한 지식, 경험 등을 보유한 자로서 경제발전에 기여하는 외국인 전문 인력으로, 구체적으로 경영자, 연구원, 과학자, 엔지니어, 교수, 금융·의료·디자인·건설·첨단산업(IT, BT, 신소재 등) 관련 전문가 등을 주요 대상으로 하고 있다. 비자체계로 보면 「출입국관리법」 시행령에 나타나 있는 E－1(교수), E－2(회화지도), E－3(연구), E－4(기술지도), E－5(전문직업), E－6(예술흥행)의 일부, E－7(특정활동) 및 D－8(기업투자) 자격에 해당하는 인력을 지칭한다(한국이민학회, 2008).

　　전문직 외국인 노동자에 대한 취업허가정책을 살펴보면, 국민대체성보다는 그 전문직 외국인 노동자가 국익에 얼마나 기여하는지 그리고 개인 자질 검증에 우선순위를 두고 있다. 전문직 외국인 노동자는 업종과 직종에 따라 다소 차이가 있으나 단순기능인력과 달리 일정한 자격증, 학력, 기술수준, 경력 등을 요구하고 있다. 또한 특정 업종 및 직종의 경우 전문 인력의 자격 여부의 결정은 해당 분야를 관할하는 산업통상자원부·미래창조과학부·방송통신위원회 등 관계부처의 추천절차를 거친 후 이루어진다. 전문직 외국인 노동자는 비전문 단순 기능 외국인 노동자와 달리 사증발급 쿼터, 내국인 구인노력을 다한 사용자에게만 외국인 고용을 추천하는 노동시장심사(Labor Market Test) 절차, 체류기간 연장횟수 제한 등과 같은 규제를 두지 않고 있다. 즉, 전문직 외국인 노동자는 비전문 외국인 노동자에 비해 월등히 입국 및 체류상 우대를 받고 있다.

　　그동안 정부가 전문직 외국인 노동자를 유치하기 위해 지원한 제도를 살펴보면 다음과 같다. 우선 IT 카드 제도는 정보통신부가 주관한 제도로, IT분야 첨단 외국 인력의 국내 유치를 제도적으로 지원할 목적으로 도입된 제도이다. 해당 분야는 IT 분야 H/W, S/W 등의 첨단 엔지니어 분야이다. 자격기준은 정보기술 및 전자상거래와 기업정보화 관련 분야에 5년 이상 종사한 경력이 있는 자 또는 동 관련학과의 학사 이상 학력 소지자로서 해당분야에 2년 이상 종사한 경력이 있는 자로 소관부처 장관의 고용추천이 있는 자이다. 출입국상 특혜로는 복수사증을 발급받고, 체류 허가시 1회에 부여하는 체류기간의 상한이 확대되고, 체류자격 외 활동을 허용한다.

골드 카드 제도는 산업통상자원부(구 산업자원부)가 주관하는 해외기술인력 도입제도로, 해외기술인력을 고용하고자 하는 기업에게 산업통상자원부장관의 위임을 받은 한국산업기술재단이 사무총장 명의의 고용추천장을 발급하여 특정활동비자(E-7) 발급을 지원함으로써 출입국상의 특혜를 부여하는 제도이다. 해당분야는 정보기술 분야 및 전자상거래 등 기업정보화(e-business) 분야, 생물산업분야(BT), 나노기술분야(NT), 신소재분야(금속, 세라믹, 화학), 수송기계분야, 디지털가전분야, 환경·에너지분야 등이다. 자격기준은 관련분야에 5년 이상 종사한 경력이 있는 자, 동 관련학과의 학사 이상 학력소지자로서 해당분야에 2년 이상 종사한 경력이 있는 자 등이며, 학사학위 소지자 중 국내에서 학사학위를 취득한 자와 국내에서 석사 이상의 학위 취득자는 실무경험이 없어도 국내 취업을 허용(시행일 2005. 6. 27)하였다. 출입국상 특혜로는 사증발급에 있어 유효기간 3년의 특정활동(E-7) 복수사증을 발급하여 준다. 다만 단기고용계약자는 유효기간 1년의 단기취업(C-4) 복수사증을 발급한다. 체류허가는 1회에 체류기간 3년을 부여하며, 체류자격 외 활동허용 및 근무처 추가를 허가한다(일반적인 경우에는 유효기간 1년의 단수사증발급 및 1회 체류기간 2년을 부여한다).

사이언스 카드 제도는 교육과학기술부(구 과학기술부)가 주관하여 외국 고급과학기술인력에 대한 사증발급 및 체류허가를 부여하는 제도로, 외국인 고급과학기술 인력에게 우리나라의 사증 취득과 국내 체류 관련(자격·활동·기간 등) 허가 과정에서의 편리함을 제공하기 위해 2001년 12월 1일부터 시행되었다. 자격기준에 해당되어 대학 등에 고용 예정인 외국인 과학기술자에 대해서는 국내 입국과 관련하여 취득하는 사증, 체류자격, 체류기간 관련 지원을 하며, 발급되는 사증 및 체류기간은 복수사증 및 체류기간은 3년(고용계약기간 동안)이다.

그 밖에 한국과학기술단체총연합회의 브레인 풀 제도, 중소기업진흥공단의 해외고급기술인력 도입지원사업, 한국과학재단의 APEC 과학기술자교류사업, 경남테크노파크의 해외기술자 초청 기술지도사업 등이 있다.

2) 비전문직 외국인 노동자

우리나라에서 비전문 외국인 노동자가 유입된 배경은 우리나라의 산업구조 및 노동시장의 구조변화와 관련된다. 1980년대 후반 이후 대기업과 중소기업 간의 노동조건 격차가 본격화되면서, 중소기업의 저임금, 저숙련의 인력난이 심화되었다. 무엇보다 경제규모가 커지면서 팽창하는 노동력 수요를 공급이 따라가지 못하는 상황이 전개되었다. 이에 중소제조업의 인력난 심화 대처방안으로 생산직 중심의 비전문 외국인 노동자가 도입되기 시작했다(윤정향, 2009).

그동안 비전문 외국인 노동자는 수차례의 제도 개혁을 통해 연수생 신분에서 노동자 신분 자격을 취득하게 되었다. 정부는 1991년 10월 26일 법무부 훈령 제255호 「외국인 산업기술연수 사증 발급에 관한 업무 지침」을 제정하여, 중국, 베트남, 필리핀, 인도네시아, 방글라데시, 미얀마, 파키스탄, 스리랑카, 네팔, 우즈베키스탄, 태국, 이란, 몽골, 카자흐스탄 등에서 산업기술연수생을 받아들였다. 이 지침에 의해 해외직접/합작투자기업, 해외기술제공기업, 산업설비수출기업, 상공부장관의 추천을 받은 기업이 현지에서 고용한 인력의 기능 향상을 위해 국내 연수를 실시할 목적으로 외국인 인력이 연수생 자격으로 국내에 들어오게 된다.

하지만 「해외투자기업연수생제도」는 국내 기업 중 해외투자기업들이 현지 고용인력의 기능 향상 및 조기에 기술의 해외이전을 목적으로 현지 인력들을 국내에서 교육시키려는 것으로 직접적인 국내 인력수요정책으로 보기 어렵다. 또한 해외진출업체라는 요건을 채울 수 있는 기업은 사실상 대기업으로 한정되었기 때문에, 중소기업들은 외국인 산업기술연수생을 도입할 수 있도록 요구하게 된다. 이에 따라 정부는 중소기업의 인력난을 받아들여 비전문 인력정책을 시작하게 된다. 1992년 9월~1993년 4월까지 인력난이 심한 염색, 도금, 열처리, 주단조, 신발, 유리, 피혁, 전자, 전기 등 10개 3D 제조업의 중소기업들이 상공부장관의 추천을 받아 산업연수생을 채용하게 되는데, 이 것이 우리나라의 「산업연수생제도」의 시작이다. 「산업연수생제도」 명칭에서 드러나듯 외국인 노동자를 우리나라 산업체에서 '연수'시켜 다시 돌려보낸다 는 의미가 내재되어 있는 한시적 노동력 활용정책이다. 따라서 실제 노동자임 에도 불구하고 이들의 법적 지위가 연수생이기 때문에, 산업연수생 자격으로 들어온 외국인 노동자들은 최저임금, 노동시간, 법정휴가, 사회보험 등 기본 적인 노동권을 보장받을 수 없었다. 이러한 상황에서 산업연수생들이 사업장 을 이탈하거나 불법체류, 불법채용하는 현상이 다반사로 일어났다.

　이렇듯 현장에서 「산업연수생제도」를 둘러싼 문제가 심각해지자, 정부는 합법적으로 외국인 노동력을 활용하기 위한 논의를 개시하였다. 하지만 산업 연수생에서 노동자로 법적 지위를 변경하는 논의가 중기협, 산업자원부, 중소 기업청, 법무부의 반대로 번번이 무산되자, 정부는 대신 1998년 「출입국관리 법」과 「출입국관리법시행령」 제24조 5에 의하여 「연수취업제도」를 도입하였 다. 「연수취업제도」는 산업연수생 자격(D-3)을 가지고 1년 동안 연수 장소를 이탈하지 아니하고 연수한 연수생에게 연수업체의 장이 추천하고, 기술자격 검정 등 연수취업 요건을 갖추고, 법무부로부터 연수취업자격(E-8) 허가를 받는 경우 2년간 연수업체에 취업할 수 있게 하는 제도이다. 그러나 「연수취 업제도」는 단순기능직 외국인 노동자의 국내 노동시장으로의 적극적 진입을 추진하는 정책적 결단이라기보다는 산업기술연수생의 연수기간 연장정책에 불과했다.

　2000년에 이르러 김대중 대통령 지시로 외국인 노동자의 지위를 변경하 고자 「고용허가제」 논의가 재개되었으나, 이것 역시 업계의 반대로 무산되었 다. 2002년 11월 다시 이재정 의원 등 33인이 「외국인 근로자의 고용허가 및 인권보장에 관한 법률」을 국회에 제출하였고, 2003년 통과되었다. 「고용허가 제도」는 국내 인력을 구하지 못한 기업이 적정 규모의 외국인 노동자를 합법 적으로 고용할 수 있도록 허가해 주는 제도로, 2004년 8월 17일부터 종전의 산업기술연수제와 병행 실시되다가, 2007년 1월부터 「고용허가제」로 하나로 단일화되었다.

이와 더불어 대표적인 3D 업종인 어업 분야도 외국인 인력의 도입이 본격화되었다. 정부는 선박 무게가 20톤 이상인 어선에는 「선원법」을 적용하여 내항 선원 및 어선원 등에 외국인 선원을 고용할 수 있도록 선원취업(E-10) 자격을 부여하는 「외국인 선원 제도」를 마련하고, 20톤 미만의 선박 등이 많은 연근해 어업 분야에서는 「연근해 어업 외국인 선원 제도」를 마련하여, 이를 노동부에서 관리하도록 하였다.

또한 2007년에는 「재외동포의 출입국과 법적지위에 관한 법률」의 실질적 적용에서 상대적으로 소외받아 온 중국 및 구소련동포 등에 대한 차별 해소 및 포용정책의 일환으로 「방문취업제도」를 도입하였다. 「방문취업제」를 통해 들어온 외국적 동포에게는 복수사증(만 25세 이상의 중국 및 구소련 지역 등 거주동포들에 대해 5년 유효, 1회 최장 3년 체류할 수 있는 사증)을 발급하고, 국내 호적이나 친인척이 없는 무연고동포들에 대해서도 입국문호를 확대하고, 무연고동포에 대해서는 외국인력정책위원회에서 결정한 연간 허용인원 범위 내에서 선발하도록 하였다.

한편, 우리나라에는 비전문 노동시장의 일부를 담당하는 미등록 외국인 노동자들도 다수 있다. 이들은 1986년 아시아경기대회 이후 국내에 관광 목적으로 입국하여 취업, 정착하게 되었는데, 대체로 중국, 필리핀, 방글라데시, 네팔, 파키스탄, 스리랑카 등 아시아 출신이 대부분이며, 특히 보따리 장사로 국내로 들어 온 한국계 중국인이 많았다. 미등록 외국인 노동자의 유입이 증가하

표 5-6　비전문 외국인 노동자 정책의 변화 과정

연도	외국인력정책의 주요 내용
1991. 11	「해외투자기업연수생제」
1993. 12	「산업연수생제」
2000. 4	「연수취업제」 실시 : 연수 2년 + 취업 1년
2002. 4	「연수취업제」 변경 : 연수 1년 + 취업 2년
2002. 11	「취업관리제」 도입
2004. 8	「고용허가제」 실시
2007.1	▶ 외국인 인력정책을 「고용허가제」로 통합 일원화 ▶ 「연근해어업외국인선원제」로 이원화
2007.3	▶ 「방문취업제」 도입

자, 정부는 이들의 유입을 막기 위해 단속을 강화해 왔다. 하지만 정부의 미등록 외국인 노동자에 대한 규제와 통제는 번번이 실패했는데, 한편으로 인력난에 시달리는 국내 노동시장의 상황 때문에 정부가 이들의 취업을 묵인할 수밖에 없었고, 다른 한편으로 이들에 대한 입국 규제가 강화될수록 오히려 다른 방식으로 입국하는 사례가 증가하였기 때문이다.[1] 1997년 한국이 외환위기를 맞이하면서 미등록 외국인 노동자의 수가 감소하였으나[2] 곧이어 다시 증가하게 된다. 한국의 경제위기에도 불구하고 한국의 임금 수준이 본국의 임금 수준보다 여전히 높았고, 게다가 한국에는 여전히 일자리가 있었기 때문이다. 좀처럼 줄어들 것 같지 않았던 미등록 외국인 노동자의 규모도 2003년 「고용허가제」의 시행으로 차츰 감소하기 시작하였다. 외국인 노동자가 한국의 노동시장에서 일할 수 있는 기간이 증가하였고, 또한 성실하게 일한 외국인 노동자에 대한 재취업의 허용과 채용 방식의 다양화 등으로 합법적으로 일할 수 있는 기회가 증가하였기 때문이다.

3. 외국인 노동자의 법적 지위 및 노동 경험

전문직 외국인 노동자들은 전체 외국인 노동자 중 약 5%에 불과하고, 이들은 내국인과 대등하거나 오히려 내국인보다 양호한 노동조건에서 일하는 경우가 많아, 여기서는 외국인 노동자의 다수를 차지하고 있는 비전문 외국인 노동자를 중심으로 이들의 법적 지위 및 노동경험을 살펴보고자 한다.

---

1) 예를 들어 ① 과거 한국에서 불법체류하다가 본국으로 돌아간 후 다시 한국에 일하러 오기를 원하는 외국인들이 다른 사람 명의의 여권으로 다시 입국하거나, ② 한국계 중국인들이 선박을 이용하여 서해안 혹은 남해안으로 몰래 상륙하는 밀입국하거나, ③ 일부 한국계 중국인 여성들은 위장결혼을 통해 입국하기도 하였다.
2) 당시 정부는 1997년 12월 27일에서 1998년 4월 30일까지 미등록 외국인 노동자들의 자진출국기간을 마련하여, 이들이 자진 출국할 경우 법칙금을 면제하는 제도를 시행하게 된다. 이 기간 동안에 미등록 외국인 노동자의 약 36%가 출국하였다.

(1) 법적 지위

1) 근로기준법 등 노동관계법의 적용

「고용허가제」를 통해 국내에 들어온 외국인 노동자는 내국인 노동자와 마찬가지로 「근로기준법」, 「최저임금법」, 「산업안전보건법」 등 노동관계법의 적용을 받고, 사업주의 근로계약위반, 부당 해고 등 위법·부당한 처분에 대해서는 근로조건개선과 및 노동위원회 등을 통해 권리 구제가 가능하다.

그러나 가구 내 고용활동 및 개인간병에 종사하는 외국인 노동자의 경우에는 노동관계법의 작용을 받지 못하고, 또한 농축산업 및 어업에 종사하는 외국인 노동자의 경우에도 근로시간·휴일·휴게에 대하여 「근로기준법」 적용에서 제외되지만, 이는 내·외국인 모두에게 동일하게 적용되는 규정이다. 즉, 「고용허가제」를 통해 들어온 외국인 노동자는 고용기간 동안 적어도 법적으로는내국인 노동자와 동일한 법적 지위를 누린다고 할 수 있다.

2) 근로계약자유의 제한

외국인 노동자의 근로계약과 관련하여 외국인 노동자가 국내 노동자와 달리 적용받는 부분은 근로계약자유와 사업장 변경과 관련된 것들이다. 「고용허가제」는 3년의 취업활동 범위 내에서 당사자 간의 합의에 따라 근로계약을 체결하거나 갱신할 수 있도록 하고 있다(법 제9조 제3항). 즉, 종래 계약의 기간만료시마다 신분의 불안을 느꼈던 외국인 노동자가 장기계약을 통해 비교적 안정적으로 취업활동을 할 수 있게 했다.

하지만 계약의 갱신과 관련하여 외국인 노동자가 갱신거부권을 행사하기는 매우 어렵다. 우선 동법 제25조가 규정하고 있는 사업장 변경신청의 사유에는 사용자가 근로계약이 만료된 후 갱신을 거절하려는 경우만을 규정하고 외국인 노동자의 갱신거절에 대해 언급하고 있지 않기 때문에 외국인 노동자는 근로계약 만료 후 갱신거절을 통하여 사업장 변경을 신청할 수 없다. 따라서 외국인 노동자는 고용계약만료 후 갱신을 거절하게 되면 1개월 이내에 구직신청을 하여야 하고, 3개월의 구직기간 내에 다시 고용이 되어야만 정상적인 취업활동을 할 수 있게 된다. 만일 1개월 이내에 구직신청을 하지 않거나

3개월의 구직기간 동안 고용이 되지 않을 경우에는 출국하도록 되어 있다. 또한 고용계약의 갱신거절로 인하여 사업장을 변경한 경우에는 동법 제18조의 4의 요건을 충족하지 못하여 재입국 취업이 불가능하게 된다.

　　결국 외국인 노동자의 입장에서 고용계약기간 만료 후 계약갱신을 거절할 수 있는 권리는 있으나 계약갱신을 거절할 경우 불안정한 지위에 놓이게 되고 경우에 따라 출국하여야 하는 상황이 될 수 있다. 또한 계약갱신을 거절하고 새로운 사업장에 취업이 되는 경우에도 외국인 노동자에게는 직장을 선택할 수 있는 권리가 인정되지 않기 때문에 종전 사업장보다 새로운 사업장이 더 나을 것이라는 기대를 할 수도 없다. 따라서 현행 제도하에서는 외국인 노동자의 고용계약갱신거절권은 상당히 제한될 수밖에 없다.

3) 사업장 변경의 제한

　　「고용허가제」는 외국인 노동자의 사업장 변경권을 원칙적으로 인정하지 않고, 일정한 요건에 해당하는 경우에만 예외적으로 이를 허용하는 태도를 취하고 있다. 즉, 외국인 노동자는 ① 사용자가 정당한 사유로 근로계약기간 중 근로계약을 해지하려고 하거나 근로계약이 만료된 후 갱신을 거절하려는 경우나 ② 휴업, 폐업, 제19조 제1항에 따른 고용허가의 취소, 제20조 제1항에 따른 고용의 제한, 사용자의 근로조건 위반 또는 부당한 처우 등 외국인 노동자의 책임이 아닌 사유로 인하여 사회통념상 그 사업 또는 사업장에서 근로를 계속할 수 없게 되었다고 인정하여 고용노동부장관이 고시한 경우, 또는 ③ 상해 등으로 외국인 노동자가 해당 사업 또는 사업장에서 계속 근무하기는 부적합하나 다른 사업 또는 사업장에서 근무하는 것은 가능하다고 인정되는 경우에만 사업장 변경을 신청할 수 있으며, 그 횟수도 최초 3년의 취업활동기간에는 3회, 2년 미만의 기간 동안 연장된 경우에는 2회를 각각 초과할 수 없도록 제한하고 있다. 하지만 위의 요건에 해당되지 않는 한 여전히 외국인 노동자의 사업장 변경 신청권은 제한적으로 인정되고 있고, 사업장 변경을 한 경우에는 재입국 취업을 제한받는 등 불이익을 감수하여야만 한다.

(2) 노동경험

비전문 외국인 노동자들(미등록 포함)의 대부분은 앞에서 살펴보았듯이 거의 대부분이 아시아 지역 출신자들로, 이들은 대체로 제조업, 건설업, 어업, 농업 등 내국인이 기피하는 3D 업종에서 일한다. 하지만 외국인 노동자를 고용하는 업체는 최근으로 올수록 크게 증가하고 있다.

「고용허가제」가 도입된 2004년에는 외국인 노동자를 고용하는 업체가 2,936개에 불과하였으나, 이후 큰 폭으로 증가해 2010년의 경우 82,871개의 업체가 1명 이상의 외국인 노동자를 고용하고 있었다. 업종 특성별로 비교해 보면, 제조업이 60% 내외로 대다수를 차지하고, 그 다음이 서비스업, 농축산업 순이다.

「고용허가제」 시행 초기에는 제조업에 종사하는 비중이 높았으나, 외국인을 고용할 수 있는 허가 업종이 확대됨에 따라 서비스업과 농축산업 및 어

표 5-7   연도별 외국인 노동자 활용업체

		2008		2009		2010	
		계	%	계	%	계	%
업종	제조	39,021	61.8	42,306	56.3	47,048	56.8
	건설	2,037	3.2	2,771	3.7	2,654	3.2
	농축산	2,546	4.0	3,012	4.0	3,739	4.5
	서비스	18,487	29.3	25,977	34.6	28,106	33.9
	어업	999	1.6	1,003	1.3	1,250	1.5
	미상	33	0.1	56	0.1	74	0.1
규모	5인 미만	32,193	51.0	41,939	55.8	47,642	57.5
	5~9인	8,834	14.0	10,063	13.4	11,147	13.5
	10~29인	13,219	20.9	14,024	18.7	14,982	18.1
	30~39인	3,603	5.7	3,729	5.0	3,797	4.6
	50~99인	2,360	3.7	2,441	3.2	2,488	3.0
	100~299인	1,199	1.9	1,220	1.6	1,244	1.5
	300인 이상	93	0.1	99	0.1	92	0.1
	미상	1,622	2.6	1,618	2.2	1,479	1.8
전체		63,123	100.0	75,127	100.0	82,871	100.0

자료: 외국인 노동자DB-외국인고용사업장 근로자 DB 연결 패널
출처: 김기우·김상호·오계택. 2011. 「외국인근로자의 고용 및 저임금 실태와 국내법상 지위」. p. 19.

업에서 외국인 노동자를 고용하는 업체들이 증가하였다. 사업장 규모별로 살펴보면 5인 미만 사업장에 근무하는 외국인 노동자가 2008년에는 전체의 51.0%였으나, 2009년에는 55.8%, 2010년에는 57.5%로 최근으로 올수록 5인 미만 사업장에서 외국인 노동자 고용이 더욱 확대되었다고 볼 수 있다. 반면 100인 이상 사업장에 근무하는 외국인 노동자는 2008년 2.0%, 2009년 1.7%, 2010년 1.6%로 최근으로 올수록 그 규모가 줄어들고 있다.

(3) 임금 및 임금체불

비전문 외국인 노동자의 월 평균임금은 대체적으로 최저임금 수준에 맞추어져 있다.

2001년 조사(유길상, 이규용, 2001)에서 제조업 부문에 종사하고 있는 연수취업자의 월평균임금은 남자가 94만원, 여자가 84만원이었고, 미등록 외국인 노동자의 월평균임금은 남자가 87만원, 여자가 78만원이었으며, 해외투자기업연수생의 월평균임금은 남자가 73만원, 여자가 56만원인 것으로 보고된다. 이러한 외국인 노동자의 월평균임금은 2001년 당시 내국인 임금의 69.4%에 달하는 것으로 보고된다. 유길상 외(2003)는 제조업뿐만 아니라 건설업, 음식숙박업까지 확대하여 외국인 노동자와 내국인 노동자 간의 임금 격차를 조사하였는데, 2003년 당시 외국인 노동자의 월평균 임금은 101만원이었으며, 내국인 임금의 71.4%에 이른다고 하였다. 「고용허가제」 3주년을 평가하기 위해서, 유길상 외(2007)는 외국인과 내국인 노동자의 임금 실태를 조사하였는데, 외국인 노동자의 월평균임금은 126만원 수준이며, 내국인 임금의 86.7%에 이른다고 하였다. 외국인 노동자 표본을 포함한 2005 사업체근로실태조사를 이용하여 내국인과 외국인 노동자 임금격차를 분석한 연구(조동훈, 2010)에서도 비슷한 결과가 나타났다. 시간당 임금을 기준으로 내국인 노동자 대비 외국인 노동자의 임금격차는 50% 수준에 이르고, 내국인을 정규직과 비정규직으로 구분했을 경우 비정규직과는 약 30% 수준에 이르렀다고 한다. 이상으로 볼 때 지난 2001에서 2007년 사이에 내국인과 외국인 노동자의 임금격차는 크게 줄어든 것으로 보인다.

하지만 외국인 노동자의 임금격차가 과거에 비해 크게 줄었다 하더라도, 외국인 노동자, 특히 미등록 외국인 노동자의 임금체불 문제는 매우 심각하다. 미등록 외국인 노동자들의 임금체불 문제가 심각한 것은, 이들의 체류 상태가 미등록이기 때문에, 임금에 대해 적극적으로 주장하지 못하는 경우가 많고, 사업주가 이들의 이러한 처지를 악용하는 경우도 적지 않기 때문이다. 게다가 미등록 외국인 노동자들이 주로 취업하고 있는 사업장이 대체로 소규모 영세 사업장이기 때문에 도산의 위험에 처해 있는 경우가 많아 임금을 떼이는 경우도 적지 않다. 이러한 상황은 미등록 외국인 노동자들이 자신의 문제를 해결하기 위해 적극적으로 나서지 못하는 원인이 된다.

(4) 노동 환경

외국인 노동자의 열악한 노동 상황을 대변해 주는 것 중 하나는 이들이 일하는 작업장 환경이다. 남양주 가구단지 외국인 노동자의 실태를 다룬 차옥숭(2013)의 연구는 외국인 노동자들이 얼마나 열악한 노동환경에서 일하고 살아가고 있는지를 보여준다. 차옥숭은 연구를 위해 남양주 가구단지를 방문 했을 때 쓰레기 더미가 거리 곳곳에 쌓여 있었으며, 컨테이너 박스가 공장으로 사용되는 광경에 매우 놀랐다고 하였다. 남양주 가구단지는 성공회 선교사들이 땅을 사서 음성 한센병 환자들을 수용했던 곳으로, 후에 선교사들이 그곳을 떠나면서 그 사람들에게 땅을 나누어주었고, 그 사람들이 수공 기술과 가구 제작 기술로 생계를 꾸리다가, 또한 외부에서 가구를 다루는 사람들이 모여들면서 가구단지가 형성된 곳이다. 각 공장마다 쓰레기가 한 컨테이너씩 쌓이면 처리하게 되는데, 한 두 달간 쓰레기를 처리하지 않게 되면 공장 쓰레기와 생활 쓰레기가 쌓이면서 썩은 냄새가 진동하게 되는데, 이런 곳에서 외국인 노동자가 일과 생활을 하고 있는 것이다. 외국인 노동자는 과거 1970년대 한국사회처럼 열악한 노동환경에 방치되고 있는 것이다.

2009년 부산지역 외국인 노동자 주거환경에 관한 연구(국가인권위원회 부산사무소, 2009)에서도 이들의 열악한 주거환경은 거의 동일하게 나타나고 있다. 이 연구에 의하면, 외국인 노동자의 37.9%가 사내 기숙사에, 23.3%는 사외 기숙사에, 23.3%는 독립 주거인 것으로 나타났으며, 사내 기숙사의 22.5%, 사외 기숙사의 60.9% 그리고 독립 주거의 60.5%가 15년 이상 된 오래된 건축물이고, 특히 사외 기숙사와 독립 주거의 경우 평균 주거 면적이 각각 16.8, 16.4㎡로 2005년 인구주택총조사의 1인당 주거면적 22.8㎡(6.9평)보다 작고, 또한 사외 기숙사의 58.4%, 독립 주거의 47.5%가 방 1개당 2명 이상 함께 거주하는 것으로 나타나고 있다.

(5) 산업재해

산업재해는 노동자가 업무에 관계되는 건설물, 설비, 원재료, 가스, 증기, 분진 등에 의하거나 작업 또는 그 밖의 업무로 인하여 사망 또는 부상하거나 질병에 걸리는 것을 말한다(「산업안전보건법」 제2조 1항). 우리나라에서는 산업안전, 조건에 관한 기준을 확립하고 그 책임의 소재를 명확하게 하여 산업재해를 예방하고 쾌적한 작업환경을 조성함으로써 근로자의 안전과 보전을 유지, 증진하기 위해 「산업안전보건법」을 두고 있다. 이 「산업안전보건법」에 따라 국내에서 일하는 모든 노동자는 산업안전보건교육을 받도록 하고 있다. 외국인 노동자 역시 국내에 고용되는 과정에서 산업안전보건교육을 이수하도록 하고 있지만, 실제 현장에서는 이러한 교육이 제대로 이루어지지 않음으로 인해 외국인 노동자의 산업재해율을 해마다 증가하고 있는 실정이다.

표 5-8 외국인 노동자 업종별 산업재해 현황(단위: 명, %)

구분	2006	2007	2008	2009	2010	2011	2012	계
재해자	3,406	3,967	5,222	5,233	5,599	6,509	6,404	23,427
사망자	94	87	114	98	92	103	106	485

재해자: 부상자 + 사망자
자료: 안전보건공단 보도자료(2013. 7.19)

<표 5-8>에서 나타나듯이, 외국인 재해자 수는 2006년 3,406명(부상자 3,312명, 사망자 94명)에서 2012년 6,404명(부상자 6,298명, 사망자 106명)으로 약 7년 사이에 약 2배 증가하였다. 그러나 위의 수치는 산업재해보상보험에

가입된 경우만을 반영한 것으로 실제는 이보다 더 많다. 산업재해보상보험 사업자에 근무하는 외국인 노동자 중에서도 산업재해보상보험 혜택을 제대로 받지 못하는 사례가 종종 발생하고, 또한 일부 업주가 보험료의 인상을 두려워하여 외국인 노동자에게 보험금 신청을 못하게 하고 개인적 치료를 권하는 사례가 많다. 또한 미등록 외국인 노동자의 경우 매우 크게 다친 경우가 아니면 거의 산업재해보상보험금 신청을 하지 않는 경우를 감안할 때 이 통계 수치보다 더 높을 가능성이 크다.

(6) 언어적·신체적 폭력

최근으로 올수록 내국인 노동자와 외국인 노동자 간의 임금격차가 줄어들었다고 할지라도 직장에서 외국인 노동자의 차별문제가 사라진 것은 아니다. 설동훈(2007)은 국내에서 일하는 저숙련 생산직 외국인 노동자 125명을 대상으로 설문조사를 하였는데, 조사 대상 외국인 노동자의 92.0%가 한국에서 일하면서 한 가지 이상의 고통스러운 경험을 겪었다고 하였다. 외국인 노동자의 고충은 "직장에서의 차별대우"(35.2%), "욕설이나 모욕"(33.6%), "임금체불"(32.0%)이 대표적이며, 임금체불의 경우 등록 외국인 노동자에 비해 미등록 외국인 노동자에게 두 배 이상 더 발생하고 있다고 하였다.

외국인 노동자가 낯선 타국에서 일하며 살아가는 데 있어서 겪는 어려움은 어쩌면 저임금이나 열악한 근로환경만이 전부는 아니다. 직장생활에서 가장 힘든 경험은 직장 내 갈등 문제라 할 수 있다. 문화 간 커뮤니케이션 갈등에 관해 연구한 정현숙(2004)에 의하면, 인터뷰에 응한 대부분의 외국인 노동자들이 내국인 노동자에게 언어적 혹은 물리적 폭력을 당한 경험이 있으며 대개 그 이유는 단순히 한국말을 이해하지 못하였거나 명령에 복종하지 않았기 때문이었다고 한다. 가장 흔히 볼 수 있는 갈등의 양상은 외국인 노동자들이 한국인에게 일방적으로 굴복하는 지배－복종 양상이다. 주로 갈등을 야기하는 한국 문화의 요소로는 서열과 감정중심의 인간관계, 내집단과 외집단의 뚜렷한 구별과 차별의식, 그리고 전체 지향적 사고를 들 수 있다. 이러한 직장 내 상황은 외국인 노동자를 고립시키고 3년에서 6년간의 한국 생활에도

불구하고, 외국인 노동자와 내국인 노동자 간의 관계 개선으로 이어지지 않는
다. 실제 외국인 노동자의 모국인 및 한국인과의 사회적 관계를 살펴보면(이
정환, 2005), 외국인 노동자들은 모국인과 한국인 친구관계에서 모국인 친구수
가 더 많고 모국인 친구와 더 자주 어울리며 또한 한국사회에 적응하는 데 모
국인 친구로부터 도움을 더 받는다고 하였다.

(7) 인권피해

외국인 노동자 중 가장 열악한 상태에 놓여 있는 사람들이 미등록 상태
에 있는 외국인 노동자이다. 이들은 각종 인권피해에 노출될 수밖에 없다.
불안한 체류자격으로 인해 단속에 대한 공포가 늘 떠나지 않기 때문에 큰
피해를 당해도 경찰, 노동부 등 관공서를 찾지 못하게 된다. 몸이 아파도 제
대로 된 치료를 받기 어려우며 큰 병이 발생하여 수술을 받더라도 보험처리
가 되지 않아 막대한 비용을 지불해야 하기에 이중의 고통에 시달리게 된
다. 근처 공장에서 단속이 벌어져 몇 명이 잡혀갔다는 소문이 돌게 되면 몇
주 동안씩 외출을 못하는 등 공포의 나날을 보내기도 한다. 또한 합법신분
이 아니기에 은행 이용을 하지 못해 월급조차 제대로 고향의 가족에게 보내
지 못하게 되며, 한국인에게 폭행을 당해도 경찰이 나타나면 도망을 쳐야
하는 신세가 되는 경우가 많다.

SUMMARY

■ ■ ■ 국내 거주 이민자 집단 중 외국인 노동자는 가장 규모가 크다. 국내에 외국인 노동자가 유입되기 시작한 것은 1980년대 말부터이며, 이후 국내 제조업 산업의 주요 노동력으로 활용되어 국내 경제 성장을 견인해 왔다.

■ ■ ■ 외국인 노동자 집단은 전문직과 비전문직으로 나누어지며, 비전문 외국인 노동자의 대다수는 아시아 저개발국 출신이며, 같은 민족인 중국 조선족이 많다. 1990년대부터 정부는 외국인 노동력을 활용하기 위한 다양한 정책을 전개해 왔지만, 현재 우리나라에서 외국인 인력 정책을 「고용허가제」와 「방문취업제」로 대표된다.

■ ■ ■ 외국인 노동자 관련 문제는 이들을 인간으로 보지 않고 노동력으로만 취급하는 데서 오는 문제로, 제도적으로 현재의 「고용허가제」의 문제라 할 수 있다. 현재 「고용허가제」의 문제는 단기순환인력의 원칙, 국내 노동시장 보완의 원칙, 외국인 정주화 방지의 원칙에 근본적인 원인이 있다. 외국인 노동자들은 단순하고 열악하여 내국인 노동자들이 기피하는 사업현장에서 보완노동력으로 활용되며, 외국인 노동자는 내국인 노동자와 같은 업종에 일을 하면서도 부당한 대우, 차별적인 임금을 받고 있다.

■ ■ ■ 외국인 노동자 인력 정책이 성공적으로 정착하기 위해서 장기적으로 국제적 인권 기준에 맞을 뿐만 아니라 한국 사회의 저출산 및 고령화 등의 사회 환경 변화에 적절히 대응할 수 있는 정책과 법제도 개선이 필요하다. 둘째, 세계노동시장의 형성이라는 세계사적인 변화를 반영하여, 누구나 자신이 일한 만큼 보상받고, 일체의 차별 대우를 받지 않으면서 함께 어우러져 살 수 있도록 해야 한다. 그러한 사회를 이루기 위해서는 근본적으로 모든 사람을 동일한 그물망의 한 부분으로 인식하고, 소통과 연대로 수평적 공존을 모색하는 해결방식, 자율과 자치를 기본으로 삶의 자율성 회복, 편견과 차별 없이 더불어 살고자 하는 삶의 방식 등을 추구하는 것이다.

Key Terms: 외국인 노동자, 전문직, 비전문직, 미등록, 생활실태, 차별

chapter

6

결혼이민자

1. 국제결혼의 현황

국제결혼(international marriage)은 국적이 다른 남녀가 결혼하는 것으로, 국적이 다른 것은 인종이 다른 것이기에 인종 간 결혼(interracial marriage)이라고도 하고 문화가 다른 결혼이기에 문화 간 결혼(intercultural marriage)이라고도 한다.

그동안 다양한 형태의 국제결혼이 있어 왔는데, 국가 간 이주와 관련된 국제결혼의 유형은 크게 세 가지를 들 수 있다(이혜경, 2005:75).

첫째는 사진신부(picture brides) 유형으로, 19세기 말부터 20세기 초 미국으로 이주한 일본인, 중국인, 한국인이 몇 장의 고국 여성 사진 가운데 한 사람을 선택하여 자신의 배우자로 초청하여 결혼하는 형태이다. 이러한 현상은 당시 인종차별적인 미국의 법이 '백인'과 '유색인종' 간의 결혼을 금지하고 있어서, 유럽 이민자를 제외한 멕시코인이나 아시아인들은 미국 내 백인과 혼인할 수 없으므로, 고국에서 여성을 불러와 결혼해야만 했다(Schaeffer-Grabiel, 2003: 177-178). 이러한 형태의 결혼은 국가를 건너간 국제결혼이기는 하나, 같은 인종 간의 결혼이었다. 사진신부 현상은 역사적인 과거의 사건으로만 머물지 않고, 현재까지 해외이민사회에서 주로 남성 이민자들이 고국에서 신붓감을 찾는 현상으로 이어지고 있다(Thai, 2002).

둘째, 전쟁신부(war brides, military brides 또는 GI brides) 유형으로, 제2차 세계대전 이후 일본, 한국, 필리핀 등에 미군이 주둔하게 되면서, 이들 미군과 결혼하여 미국으로 이민 간 여성을 가리킨다. 이 유형은 인종 간 결혼인 국제결혼의 효시이나, 이들은 경제적 또는 정치적 이민자가 아니라 가족재결합을 위해 남편을 '따라가는 자(tied movers)'로 이해된다.

셋째, 우편주문신부(internet order brides) 유형으로, 1970년대 이후 여성의 국가 간 이주를 부추기는 현상으로 중매기관이 상업화되면서 그 규모가 크게 증가한 현상이다. 제3세계 여성들은 경제적인 동기나 이민을 목적으로 한 일종의 위장결혼자로, 상업화된 국제중매기관의 희생자로 또는 국제적 인신매매 조직의 희생자로 평가되기도 한다. 그러나 쉐퍼-그라비엘(Schaeffer-Grabiel, 2003)은 중남미 여성 사례들을 통해 우편주문신부가 단순히 하층계급 출신의 희생자가 아니라 중간계층의 여성들이 그들의 꿈과 희망을 이루기 위한 자발적인 선택임을 밝히고 있다.

한국에서 최근 증가하고 있는 국제결혼 현상은 세 번째 형태와 관련이 있다. 첫 번째와 두 번째 형태의 국제결혼이 우리나라에서도 발생하였지만, 이러한 형태의 국제결혼이 많지 않았고, 특히 두 번째 형태의 국제결혼의 경우 대부분의 결혼생활이 미국 본국에서 이루어졌으므로 이에 대한 관심은 그다지 크지 않았다.

우리나라에서 국제결혼에 대한 관심은 1990년대 농촌 지역 남성의 결혼 문제가 사회적으로 부각되면서부터이다. 세계화 시대에 지역사회의 경쟁력 하락으로 농촌 공동체의 재생산 위기가 드러나기 시작했다. 그리하여 1990년부터 중국 조선족과의 국제결혼이 '농촌 살리기'사업의 일환으로 추진되었다. 처음에는 해외한민족연구소와 전국주부교실중앙회가 결혼주선사업을 시작했는데, 1992년 한중수교 이후에는 지방자치단체가 직접 나서게 되었다. 중국조선족 여성과 농촌 총각과의 결혼생활은 문화적 배경이 비슷하여 문제가 없을 것으로 예상하였지만, 실제 이들의 결혼생활은 순탄치 않았다. 한국 남성과 중국 조선족 여성 간의 결혼생활에서 문화적 차이로 인한 갈등이 나타나고, 또한 중국 조선족 여성의 위장결혼 사례가 발견되면서, 이를 대체할 새로운 대안이 대두되었다. 1990년대 중반에 들어서면서 한국의 국제결혼은 한국어를 잘 못해서 결혼 후 도망갈 가능성이 적은 필리핀, 태국 등 동남아시아 여성들, 그리고 우즈베키스탄, 몽골 등 중앙아시아 지역의 여성들과의 결혼으로

표 6-1 한국의 국제결혼 추이

연도	총 결혼	국제결혼	비중	외국인 아내	외국인 남편
1990	399,312	4,710	1.2%	619	4,091
1991	416,872	5,012	1.2%	663	4,349
1992	419,774	5,534	1.3	2,057	3,477
1993	402,593	6,545	1.6	3,109	3,436
1994	393,121	6,616	1.7	3,072	3,544
1995	398,484	13,494	3.4	10,365	3,129
1996	434,911	15,946	3.7	12,647	3,299
1997	388,591	12,448	3.2	9,266	3,182
1998	375,616	12,188	3.2	8,054	4,134
1999	362,673	10,570	2.9	5,775	4,795
2000	334,030	12,319	3.7	7,304	5,015
2001	320,063	15,234	4.8	10,006	5,228
2002	306,573	15,913	5.2	11,017	4,896
2003	304,932	25,658	8.4	19,214	6,444
2004	310,944	35,447	11.4	25,594	9,853
2005	316,375	43,121	13.6	31,180	11,941
2006	332,752	39,690	11.9	30,208	9,482
2007	345,592	38,491	11.1	29,140	9,351
2008	327,715	36,204	11.0	28,163	8,041
2009	309,759	33,300	10.8	25,142	8,158
2010	326,104	34,235	10.5	26,274	7,961
2011	329,087	29,762	11.1	22,265	7,497
2012	327,073	28,325	11.5	20,637	7,688
2013	322,807	25,963	8.0	18,307	7,656

자료: 통계청. 각년도. 혼인통계.

확대되었다.

한편 1980년대 말부터 국내에 외국인 노동자로 들어온 외국인 남성과 한국인 여성과의 결혼도 이루어지기 시작했다. 외국인 여성과 달리 외국인 남성은 결혼하기 위해 한국으로 들어오기보다는 한국에 장기적으로 체류하면서 직장 등에서 한국인 여성과의 만남이 이루어지고 이에 따라 결혼이 자연스럽게 이루진 경우가 많았다. 이는 과거 미국인이나 일본인과 결혼해 한국을 떠나 살던 한국 여성의 국제결혼 유형과 뚜렷이 구분되며, 앞서 언급한 아시아 여성과 한국인 남성의 결혼과 비슷한 사회구조 및 맥락 속에 위치한다.

<표 6-1>은 1990년부터 2013년까지 한국인과 결혼한 외국인을 성별로 나눈 것이다. <표 6-1>에 의하면, 1990년만 하더라도 우리나라 전체 결혼 건수 중 국제결혼은 불과 1.2% 정도에 그쳤는데, 2013년 8.0%로 20년

만에 약 6배 증가하였다. 또한 1990년대 이전까지 우리나라의 국제결혼은 주로 한국인 여성과 외국인 남성간의 결혼이 대부분이었으나, 1990년대 이후 한국인 남성과 외국인 여성 간의 결혼이 증가하기 시작하면서, 1995년 이후에는 한국인 남성과 외국인 여성 간의 결혼이 한국인 여성과 외국인 남성 간의 결혼 건수를 약 3배 이상 초과하였다. 한편 성별 증가 추이를 살펴보면, 같은 기간 동안 외국인 아내는 1990년 619명에서 2013년 18,307명으로 29배 증가하였고, 외국인 남편은 1990년 4,091명에서 2013년 7,656명으로 약 2배 증가하였다. 즉, 우리나라에서 국제결혼의 증가는 한국인 남성과 외국인 여성의 결혼 증가에 따른 결과이다.

　<표 6-1>은 한국인과 결혼한 결혼이민자의 주요 출신국 추이와 규모를 성별로 살펴본 것이다. 여성결혼이민자의 주요 출신국은 2000년에 중국>필리핀>일본>베트남 순이었으나, 2013년 현재 중국 다음으로 베트남 출신 여성 결혼이민자의 비중이 가장 높다. 여성결혼이민자의 주요 출신국이 이 기간 동안 1.5배에서 2배 증가한 반면, 베트남 여성결혼이민자는 무려 85배가 증가하여, 한-베트남 국제결혼이 2000년대 한국의 국제결혼을 주도하였다고 볼 수 있다.

　남성결혼이민자의 주요 출신국은 2000년에 일본>미국>중국>캐나다 순에서 2013년 미국>중국>일본>캐나다 순으로 약간의 변화가 나타나고 있다. 우리나라에서 국제결혼이 증가하기 전 한국인 여성과 외국인 남성의 결

표 6-2 결혼이민자의 주요 출신국

외국인 아내 출신국	2000	2001	2002	2003	2004	2005	2006	2007	2008	2009	2010	2011	2012
계	6,945	9,684	10,698	18,750	25,105	30,719	29,665	28,580	28,163	25,142	26,274	22,265	20,637
필리핀	1,174	502	838	928	947	980	1,117	1,497	1,857	1,643	1,906	2,072	2,216
베트남	77	134	474	1,402	2,461	5,822	10,128	6,610	8,282	7,249	9,623	7,636	6,586
중국	3,566	6,977	7,023	13,347	18,489	20,582	14,566	14,484	13,203	11,364	9,623	7,549	7,036
일본	819	701	690	844	809	883	1,045	1,206	1,162	1,140	1,193	1,124	1,309
외국인 남편 출신국	2000	2001	2002	2003	2004	2005	2006	2007	2008	2009	2010	2011	2012
계	4,660	4,839	4,504	6,025	9,535	11,637	9,094	8,980	8,041	8,158	7,961	7,497	7,688
중국	210	222	263	1,190	3,618	5,037	2,589	2,486	2,101	2,617	2,293	1,869	1,997
일본	2,630	2,664	2,032	2,250	3,118	3,423	3,412	3,349	2,743	2,422	2,090	1,709	1,582
캐나다	150	164	172	219	227	283	307	374	371	332	403	448	505
미국	1,084	1,113	1,204	1,222	1,332	1,392	1,443	1,334	1,347	1,312	1,516	1,632	1,593

자료: 통계청. 각년도. 혼인통계

혼이 주로 일본, 미국인이었다는 점을 감안하면, 2000년대 초반에만 하더라도 이러한 흐름이 크게 바뀌지 않았다고 할 수 있다. 하지만 2000년대 중반 이후 중국인 남성과의 결혼이 증가하기 시작하였고, 2013년 현재 중국인 남성의 비중은 일본, 미국과 비슷하다. 그럼에도 불구하고 중국 출신 남성결혼이민자의 규모가 해외동포정책의 변화에 따라 비중이 달라지고 있기 때문에, 이들의 결혼이 한국의 시민권 획득을 목적으로 이루어지고 있다고 볼 수 있다.

2. 결혼이민의 배경

왜 민족적·문화적으로 배경이 다른 외국인이 한국인과 결혼하려고 하는가? 한국에서 국제결혼의 방식은 성별에 따라 차이가 있는데, 여성의 경우 대개 국제결혼 주선자(친척 등 가족, 친구, 중개업자, 종교단체)에 의해 한국인 남성과 만나고, 남성의 경우 한국에 일하러 와서 한국인 여성과 만나는 경우가 많다. 전자가 전통적인 중매결혼에 가깝다면, 후자는 연애결혼에 가깝다.

하지만 두 경우 모두 국제결혼을 선택하게 된 배경에는 세계화와 국가의 불균등한 발전, 남녀의 자유로운 만남의 증가, 타국의 시민권 획득 등 다양한 요인이 작용한다. 여성결혼이민자를 중심으로 이들의 결혼이민을 선택한 배경을 살펴보면 다음과 같다. 여성들이 국제결혼을 선택하는 배경에는 송출국의 가부장제 그리고 수용국의 이민정책이 영향을 미친다. 즉, 송출국의 가부장 관계는 여성들이 남성을 대신하여 가족의 생계유지를 위해 이민을 선택하며, 수용국의 출입국정책은 여성보다는 남성 노동력을 선호하고 특히 외국인 노동력의 유입을 엄격히 통제할수록 여성들은 국제결혼을 선택할 가능성이 훨씬 더 커진다. 타이너(Tyner, 1994)는 여성들이 선진국 이민과정에서 남성과 다른 경로를 거치는 이유로 교육과 훈련기회에서 배제되어 왔기 때문이라고 하였으며, 파이퍼(Piper, 1999)는 선진국에서 취업비자를 일부 전문직에게만 허용하기 때문에, 고도의 숙련기술을 가지지 못한 여성들이 합법적으로 취업할 수 있는 길은 연예인이나 배우자밖에 없다고 하였다. 또한 엔로(Enloe, 1989)는 여성들이 엔터테이너나 배우자로 이주하는 것은 제3세계 여성들의 성적 서비스를 관광지에서 뿐만 아니라 집에서도 받기를 원하는 선진국 남성들의 수요에 기반한다고 하였다.

이처럼 이민을 원하는 여성들은 여성이라는 이유로 안정적이고 제도화된 이민 경로로 들어가기 어렵기 때문에, 상대적으로 거래비용이 적게 드는 통로 즉, 초기의 거래비용 모두를 남성이 지불하는 국제결혼이나 또는 유흥업 분야로 이주하는 경향이 높다. 특히 일본, 한국, 대만 등 동아시아 국가처럼 외국인 노동자에 대한 규제가 심하고 비자취득이 까다로운 나라로 이주하기 위해서 여성들은 상대적으로 경제적 법적 안전망이 허용되는 결혼을 선택하는 경우가 많다. 따라서 이들에게 때로는 위장결혼과 진짜 결혼의 구분이 명확하지 않은 경우도 발생한다(김현미, 2006: 15).

그렇지만 여성들의 국제결혼 선택이 단순히 경제적 동기에 의해서만 이루어지는 것은 아니다. 예들 들어, 필리핀 여성들의 국제결혼에 관한 연구들(김민정, 2003; 윤형숙, 2005)에서 스페인과 미국의 식민지배를 통해 필리핀 여성들은 우월한 백인 남성과의 결혼을 선호하게 되었다고 한다. 이러한 여성의 선호는 성별분업 체계와도 관련되는 것으로 국제결혼은 여성의 사회적 상승이동을 위한 유일한 기회로 여겨진다(김은실·김정선, 2007). 즉, 여성의 결혼에서 경제적 동기가 중요하게 작용한다는 것이다. 하지만 개인 간의 친밀한 애정이 근대 결혼의 이상이지만 현실에서 경제적 동기와 애정에 대한 동기가 이분법적으로 분리되지 않는다(박혜경, 1993; 이재경, 2009). 비비아나 젤라이저(Viviana Zelizer, 2010)의 지적대로 인간 사회에서 친밀성과 경제는 분리되어 있지 않으며, 인간의 친밀한 관계는 화폐로 표현되기도 한다. 즉, 결혼이민에는 경제적 동기뿐만 아니라 애정에 대한 기대와 친밀한 감정이 있다(이재경, 2009; Constable, 2005).

3. 결혼이민의 과정

아시아 여성들이 한국인 남성과 국제결혼하는 경우는 크게 세 가지 채널을 통해서였다. 첫째는 통일교라는 특정 종교단체를 통해서이고, 둘째는 상업적 목적을 가진 사설중개업자를 통해서이다. 셋째는 한국인과 먼저 결혼한 친척이나 친구를 통해서이다. 그러나 이 세 가지 형태의 결혼경로는 현실에서 뚜렷하게 구분되지 않는다. 현재 가장 흔하게 발생하는 국제결혼중개업체를 통한 결혼이민 과정을 살펴보면 다음과 같다.

국제결혼 중개는 외국인 여성의 본국과 한국에서 동시에 이루어진다. 결혼중개업자들은 대개 현지에 있는 중개업자들과 계약을 맺고 결혼을 성사시키고 있다. 현지 중개업자들은 한국인 남성과 결혼할 여성들을 모집하는 책임을 맡고, 여성들의 학력, 가족 배경, 혼인여부와 자녀출산 여부 등 기본적인 상황을 관리하게 된다. 한편 국제결혼중개업자들은 한국에서도 외국인 여성과 결혼할 한국인 남성을 모집하게 되는데, 보다 많은 한국 남성들을 모집하기 위하여 현수막 게시, 지면광고, 인터넷홈페이지 광고 등 온라인부터 오프라인까지 다양한 매체를 활용하게 된다. 그 과정에서 중개업자들은 성차별적, 인종차별적인 광고(예: 베트남 처녀와 결혼하세요. 초혼, 재혼, 장애인 환영, 연령제한 없이 누구나 가능, 만남에서 결혼까지 7일. 베트남 절대 도망가지 않습니다. 신부보증제 등)를 서슴지 않고 사용하는 경우가 많다.

이렇게 각각 따로 모집된 국제결혼 희망자는 외국인 여성의 본국에서 맞선 형식으로 이루어진다. 맞선 과정은 대개 한 명의 한국인 남성이 수 백 명의 여성들 중 한 명을 선택하는 구조로 되어 있고, 여성을 선택한 후 다음날 오후에 결혼식을 하고 바로 합방을 하는 것이 일련의 과정이다. 혼인신고 전 호텔에서 함께 잠을 자는 것은 성매매에 해당하지만 암묵적으로 합방이 필수적인 코스로 들어가 있다. 중개업자들은 이것을 한국의 신혼여행과 같은 개념이라고 하지만 혼인신고 전 합방을 함으로써 당사자들이 결혼 결정을 번복할수 없도록 하는 강압적인 역할을 한다.

이와 같이 속전속결로 이루어지는 국제결혼 과정은 우선 자율적인 배우자 결정권을 침해한다고 볼 수 있다. 결혼 배우자의 선택 과정은 충분히 심사숙고한 이후에 이루어져야 하지만 현재 국제결혼중개시스템은 이러한 과정을 무시하고 있다. 둘째, 상대 배우자의 정보가 국제결혼중개업체에 의해 제공되는 정보가 대부분이라서 정보가 매우 부정확할 뿐만 아니라 때때로 허위인 경우가 많다. 2005년 보건복지부 국제결혼 이주여성 실태조사에 의하면, 국제결혼중개업체를 통해 결혼한 경우 이들 중 44%가 중개업체로부터 제공받은 배우자에 대한 사전 정보가 사실과 달랐다고 응답하였다. 또한 통역서비스의 미비로 인해 결혼당사자들이 결혼과정에서 전문적인 통역자의 조력을 충분히 받지 못하는 경우도 많다. 이는 남녀 모두에게 심각한 정보의 부족을 야기하며, 상대배우자에 대한 불충분한 정보는 이들의 결혼생활에 심각한 문제를 일으키기도 한다.

셋째, 현재의 결혼중개과정은 조직적인 연결망에 의해 여성을 모집, 기숙, 관리, 통제하고 이동시킨다는 점에서 국제법에서 정의하고 있는 인신매매적 속성을 지닌다. 맞선을 준비하는 기간뿐만 아니라 결혼 후 입국까지 여성들은 중개업자가 운영하는 숙소에서 생활하면서 외출이 제한되며, 이 기간 동안 사용한 생활비는 빚으로 계산된다. 이러한 부채 예속의 상황은 여성이 중간에 맞선을 포기하거나 경쟁률이 높은 맞선 과정에서 거부권을 행사할 수 없게 하며, 이로 인해 결혼상대자가 싫더라도 어쩔 수 없이 결혼에 이르게 하는 경우도 발생한다. 또한 한국남성과 결혼한 여성들이 한국으로 출국을 포기하거나 한국으로 입국 후 2~6개월 이내에 집을 나오면 지참금뿐 아니라 추가로 중개업체에 변상해야 하며, 그 결과 여성들은 폭력적인 상황에 처하더라도 자신을 보호할 수 없게 된다.

4. 결혼이민자의 적응과 갈등

(1) 국적 문제

국적 문제는 결혼이민자들이 한국사회에서 살아가면서 자신들의 정체성을 확인하는 과정이며, 동시에 정치적 권리와 사회 수급권 등 구체적인 권리에 접근하기 위해 최우선적으로 해결되어야 할 과제이다.

국내 법적으로 외국인 노동자와 달리 한국인과 결혼한 결혼이민자의 경우 '간이귀화'에 의해 국적을 취득할 수 있다. 1997년 「국적법」 개정 이전에는 대한민국 국민과의 혼인만으로 국적을 취득할 수 있었으나, 국적 취득을

표 6-3 결혼이민자의 국적 취득 현황(단위: 명, %)

연도	2008	2009	2010	2011	2012
체류자	122,552	125,087	141,654	148,681	148,498
귀화자	14,609(11.9)	22,525(18.0)	39,666(28.0)	49,938(33.6)	68,404(46.1)

자료: 출입국·외국인정책본부. 각년도. 외국인통계월보.

목적으로 한 위장결혼 사례가 증가하면서 「국적법」 개정이 이루어졌다. 개정된 「국적법」 제6조 제2항에 의하면, ① 배우자와 혼인한 상태로 대한민국에 2년 이상 계속하여 주소가 있는 자, ② 배우자와 혼인한 후 3년이 지나고 혼인한 상태로 대한민국에 1년 이상 계속하여 주소가 있는 자, ③ 제1호나 제2호의 기간을 채우지 못하였으나, 그 배우자와 혼인한 상태로 대한민국에 주소를 두고 있던 중 그 배우자의 사망이나 실종 또는 그 밖에 자신에게 책임이 없는 사유로 정상적인 혼인 생활을 할 수 없었던 자로서 제1호나 제2호의 잔여기간을 채웠고 법무부장관이 상당(相當)하다고 인정하는 자, ④ 제1호나 제2호의 요건을 충족하지 못하였으나, 그 배우자와의 혼인에 따라 출생한 미성년의 자(子)를 양육하고 있거나 양육하여야 할 자로서 제1호나 제2호의 기간을 채웠고 법무부장관이 상당하다고 인정하는 자에게 국적 취득의 기회를 부여하고 있다.

하지만 이러한 국적취득조건은 급격히 확대되고 있는 결혼이민자의 현실에 맞지 않다(홍성필, 2007). 전반적으로 현행 국적취득절차는 여전히 경제적 능력 요건과 배우자의 신원 보증 요건, 이혼시의 한국인 배우자의 귀책책임 확인 등 결혼이민자들이 극복하기 어려운 현실적인 문제들이 존재한다.

한편 우리나라 「국적법」에서는 한국 국적을 취득하기 위해 외국적 포기를 강제해 왔는데(「국적법」 제10조), 2010년 5월 「국적법」 개정을 통해 결혼이민자에 대한 복수국적을 허용하였다. 하지만 개정 「국적법」 제10조 제2항에서 복수국적을 허용한 대상을 '혼인상태가 유지되고 있는 사람'만을 대상으로 하고 있어 혼인상태가 해소된 경우 복수국적을 허용하는 근거조항을 두지 않고 있다. 기존의 간이귀화 요건에서는 결혼이민자 본인의 귀책사유가 아닌 혼인관계 파탄 혹은 배우자 사망의 경우에 「국적법」상의 간이귀화에서 요구하는 나머지 잔여기간을 충족하게 되면 대한민국 국적취득이 가능하도록 한 것과 맞지 않다. 또한 결혼이민자에게 복수국적을 허용한 취지에 비추어 본다면, 결혼이민자의 귀책사유가 없는 혼인관계 해소 및 배우자 사망 등의 경우에 대한민국 국적을 취득하기 위하여 결혼이민자의 출신국 국적을 포기할 수밖에 없도록 규정한 것은 합리적 근거를 찾아볼 수 없는 차별에 해당한다(김재련, 2012).

(2) 언어문제

대부분의 결혼이민자들은 언어 문제를 해결하지 못한 채 결혼하는 경우가 많다. 국제결혼이 상대 배우자의 언어 문제를 어느 정도 해결하면서 이루어져야 하지만, 현재 한국의 국제결혼이 자유로운 연애보다는 친인척 혹은 결혼중개업체에 의한 중매방식에 의해 이루어지고 있기 때문에 결혼생활에서 언어 문제는 그대로 노출된다. 언어 문제는 이주한 배우자에게 언어 장벽으로 나타나고 이는 결혼생활 전반에 영향을 미치게 된다.

언어 장벽으로 인한 의사소통의 어려움은 부부 간 상호이해와 친밀한 관계 형성을 어렵게 하고 경우에 따라서 부부 갈등 및 폭력의 배경으로 작용하게 된다. 또한 개별 가정에 전적으로 자녀양육의 책임을 지우는 한국의 교육현실을 감안할 때 자녀양육과정에서 언어문제는 끊임없이 부딪치게 된다. 그리고 한국사회에 살아가기 위해서 국민기초생활보장제도, 국민건강보험 등 제반 사회제도를 잘 활용해야 하는데, 한국어 실력이 미비할 경우 이런 사회제도를 이용하는 데도 어려움이 따르게 된다.

따라서 생존 차원에서 한국어 교육은 매우 중요하며 정부와 지방자치단체는 한국어 교육 프로그램에 대한 지원이 이루어져야 한다. 또한 배우자와 동거가족에 대해서도 배우자의 모국어를 배울 수 있도록 하고 이를 권장할 필요가 있다. 부부 간의 평등한 관계를 감안할 때, 어느 일방에게만 상대방의 언어를 배우도록 하는 것은 바람직하지 않으며 타민족 문화에 대한 존중 차원에서도 기본적인 의사소통 정도는 가능하도록 할 필요가 있다(홍성필, 2007).

(3) 문화적 차이와 갈등

국제결혼 부부는 서로 다른 언어적·문화적 배경을 가지고 있다. 그런데 문화는 한 사회 집단이 한 환경 속에서 오랫동안 습득해 온 것으로, 새로운 환경에 맞닥뜨린다 하더라도 쉽게 변하지 않는다. 따라서 국제결혼 부부의 결혼생활에는 이미 문화적 차이로 인한 갈등이 내재되어 있다고 할 수 있다.

국제결혼 부부의 결혼생활에 나타나는 문화적 갈등은 생활전반에 걸쳐 나타나고 있다. 한·중 간 국제결혼(홍기혜, 2000; 최해금, 2005)에서 남녀평등사상의 교육을 받아 온 조선족 여성과 가정에서 남성의 가부장적 실천을 당연시하던 한국 남성은 서로 다른 역할 기대 때문에 갈등한다. 한·일 간 국제결혼(김석란, 2008)에서 일본인 여성은 시댁과의 거리가 멀건 가깝건 간에 정기적으로 시부모님께 전화를 한다거나, 직접 방문을 한다거나 해서 안부 인사를 해야 한다는 것을 이해하기 어렵다고 한다. 또한 일본인 여성은 이미 성인인 남편과 자신을 아이 취급하며 시부모로부터 간섭을 받고 있다고 느낀다. 즉, 결혼과 동시에 경제적, 정신적 독립을 의미하는 일본인 여성들의 가족에 대한 개념이 갈등의 요인이 되고 있다. 몽골여성결혼이민자들의 한국생활의 경험을 다룬 연구(반즈락츠 난딩쩨쩨그, 2010)에서 몽골여성결혼이민자들은 한국 내 가정생활에서 남편과 부인의 역할 분담이 몽골사회와 너무 달라 적지 않게 놀랐다고 한다. 몽골사회는 남녀가 가사노동을 평등하게 나누어서 할 뿐만 아니라 여자도 직장생활을 자유롭게 하는 반면, 한국 내 대부분의 가정에서 가사노동은 부인이 담당하고, 직장생활은 남편이 담당하는 한국의 가족문화에 대해 불만을 토로한다.

결혼이민자들은 한국으로 이주 후 음식과 언어에서부터 가사노동분담 및 여성의 경제활동을 둘러싼 문화적 전제와 평가, 가족 내 역할 기대 등 광범위한 영역에 걸쳐 전혀 다른 한국 문화의 단면을 경험하고 있다. 문제는 이러한 문화적 경험들이 "한국인"들과 폭넓게 교류하고 서로를 이해하고자 하는 욕구로 이어지는 것이 아니라, 부부 및 가족 간 갈등으로 이어진다는 점이다. 결혼이민자들은 지금 나의 곁에 살고 있는 우리의 일부이다. 결혼이민자들이 한국 문화에 대한 관심과 노력만큼이나 이들의 출신국 문화에 대한 관심이 필요하며, 문화적 다양성을 자연적 질서로 받아들이고, 그 자체에 중요한 가치를 부여하는 사회 전반의 노력이 필요하다.

(4) 빈곤문제

한국 내 국제결혼가족의 대다수가 빈곤문제를 안고 있다(김현미, 2006; 설동훈 외, 2005; 이혜경, 2001).

보건복지부 다문화가정 실태조사에 의하면 2005년에는 다문화가정의 52.9%가 최저 생계비 이하의 소득수준이라고 하였고, 2009년과 2012년 '전국 다문화가족 실태 조사'에서는 다문화가정의 월평균 소득이 200만원 미만이 가구가 각각 59.7%, 41.9%인 것으로 나타났다. 다문화가정의 빈곤 문제는 농촌으로 갈수록 더욱 심각한데, 전남과 광주 인근 지역을 중심으로 한 조사에서, 전체 다문화가정의 80%가 차상위 계층에 속한다고 한다.

다문화가정의 빈곤문제와 관련하여 정부는 2007년에 한국인과 결혼하여 미성년 자녀를 둔 경우에 기초생활수급권자로 포함시키거나(「국민기초생활보장법」 제5조의 2), 「한부모가족지원법」에 의한 보호대상자로 되도록 하였다(「한부모가족지원법」 제5조 2). 하지만 정부의 이러한 노력에도 불구하고 다문화가정의 빈곤 문제는 계속해서 심화되는 실정이며, 또한 다문화가정의 자녀가 성장함에 따라 자녀에게도 빈곤문제가 되풀이되는 조짐이 나타나고 있다. 즉, 다문화가정의 빈곤 문제는 어느 한쪽의 대책만으로는 해결이 어려운 총체적인 해결을 요구한다.

최근 다문화가정의 빈곤 문제를 해결하기 위한 방안으로 결혼이민자의 노동시장 참여를 활성화시키는 정책이 모색되고 있다. 결혼이민자, 특히 여성 결혼이민자의 노동시장의 참여는 한편으로 이들의 노동권 확보라는 차원에서 적극 환영할 만하며, 또한 이들의 노동시장 참여를 통해 가족의 생계에 도움이 될 것으로 여겨진다. 하지만 결혼이민자의 노동시장 참여가 제대로 이루어지기 위해선 이들의 인적, 사회적, 경제적 자본이 제대로 활용될 수 있는 환경이 조성되어야 한다. 경제발전의 정도가 다르기 때문에 결혼이민자의 자본이 한국의 노동시장에 그대로 적용되기 어려운 문제가 있다. 둘째, 여성결혼이민자들의 경우 남성과 달리 자녀의 출산과 양육이라는 문제가 놓여 있기 때문에 이들이 노동시장에 진입할 수 있는 기회는 매우 한정적이다. 따라서 여성결혼이민자들이 사회에 나가 마음 편히 일할 수 있도록 가사노동, 자녀양육, 부모부양의 문제에 대해 공적 사적 영역에서 함께 분담할 수 있는 환경을 갖추어야 한다.

(5) 가정폭력

2007년 남편의 폭력에 의해 사망한 베트남 출신의 후안마이(HuynhMai) 사건과 2010년에 정신 병력을 갖고 있는 남편의 폭력으로 인해 사망한 베트남 출신의 탓티황옥(Thach Thi Hoang Ngoc)의 사건은 가정폭력의 문제가 더 이상 개인의 문제가 아닌 사회적 문제이자 외교적인 문제로 인식하는 계기를 제공하였다.

위의 사건에서 나타나듯 다문화가정, 특히 여성결혼이민자의 가정폭력 문제는 그동안 시민단체에서 끊임없이 제기되었던 문제이다. 2005년 보건복지부 조사에 의하면, 가정폭력을 경험하는 여성결혼이민자가 전체의 30%이며, 이들이 경험하는 가정폭력에는 언어폭력 31%, 협박 18.4%, 물건던짐 23.7%, 세게 밀기 13.9%, 손발로 구타 13.5% 등 그 양상도 매우 다양하였다. 최근 조사된 2010년 전국가정폭력실태조사에서는 다문화가정의 가정폭력이 오히려 증가한 것으로 나타났는데, 여성결혼이민자의 40.9%가 지난 1년간 남편으로부터 폭력을 당한 것으로 조사되었다. 가정폭력의 유형은 신체적 폭력 13.4%, 정서적 폭력 21.5%, 경제적 폭력 15.3%, 성학대 5.2%, 방임 22.9%로 나타났는데, 방

2007년 7월 10일 방송된 MBC PD수첩의 "어느 베트남 신부의 죽음"은 문제 있는 남편에게 시집와 인권을 박탈당한 사례를 보여주고 있다. 이날 소개된 20세 베트남 여성 후안마이는 46세 건설 일용직 남성과 결혼해 한국에 들어온 지 한 달 만에 반지하 신혼방에서 사체로 발견되었다. 이주여성은 26살이나 차이가 나는 남성과 결혼하여 전화도 없는 집에서 감금되어 살던 중 남편의 폭행으로 늑골이 18조각으로 부러진 채로, 죽은 지 10일 만에 주민신고에 의해서 발견되었다. 당시 남편은 이미 잠적한 상태였고, 베트남 가족과의 전화통화 결과 베트남 가족들은 아직 그녀가 죽은 사실조차 모르고 잘 살고 있다고 믿고 있었다.

임과 정서적 폭력이 가장 컸으며, 신체적 폭력 중에서 중한 폭력은 내국인 가정 여성보다 1.6% 더 높고, 경제적 폭력은 2배가량 높다고 한다.

그럼에도 불구하고 여성결혼이민자의 대다수는 이러한 가정폭력에 잘 대응하지 못한다고 한다. 한 조사에 의하면, 가정폭력에 대한 대응방식에 있어서도 경찰에 신고하는 경우는 8% 정도에 그치고, 대체로 그냥 참고 산다고 응답하는 경우가 많다고 한다. 신고를 하지 않는 이유로 결혼생활을 유지하기 위해서(20%), 신고하는 방법을 몰라서(14%), 신고해도 경찰이 문제를 해결해 주지 못할 것 같아서(13%), 체류자격이 불안정해서(10%) 등이다.

이처럼 다문화가정에서의 가정폭력은 매우 빈번하며, 이 같은 가정폭력은 일련의 사망사건으로 이어지기도 한다. 다문화가정의 가정폭력 문제는 한국의 가부장제와 국제결혼과정, 그리고 결혼이민자의 사회적 상황과 결합되어 나타나는 현상이다. 우선 한국의 가부장적 결혼문화에서 남성은 여성의 보호자로 여기기 때문에, 가정폭력은 우발적이고 일회적인 학대, 분노, 감정의 표출이 아닌, 남편이 부인을 통제하기 위한 방식으로 편재해 있다. 게다가 국제결혼 부부의 경우 결혼과정에서 돈을 매개로 혼인이 성립되기 때문에 부부의 관계가 더 불평등해질 수 있다. 둘째, 국제결혼 부부의 경우 언어, 문화적 차이로 인해 결혼생활에서 발생하는 문제를 해결하는 과정에서 갈등이 발생할 가능성이 더 크다. 언어장벽으로 인해 대화의 부족은 물론이고 상호 소통과 이해의 충분한 자원을 마련하기 어렵기 때문에, 쉽게 갈등이 누적되어 감정의 폭발로 이어질 수 있다. 셋째, 다문화가정은 이질적인 문화와 민족의 차이에 더해 경제적으로도 취약하기 때문에 가족의 불안정성을 증폭시키는 주요한 요인이 되고 있다. 넷째, 서로에 대한 성역할 기대의 차이는 결혼생활의 긴장과 갈등을 유발하는 요인이 되고 있다.

이상과 같이 다문화가정의 가정폭력이 한국의 가부장적 결혼문화와 국제결혼의 특수성 그리고 결혼이민자의 불리한 사회적 위치와 관련되어 있기 때문에 그것을 해소하는 과정 역시 이와 같은 원인들을 해소하는 차원에서 이루어져야 할 것이다. 그러기 위해선 우선 한국의 가부장적 결혼문화가 남녀평등한 결혼문화로 정착될 수 있는 환경을 만들기 위해 노력해야 할 것이다. 둘째, 다문화가정의 가정폭력 문제에 있어서 남성중심적인 국제결혼과정 그리고 배우자 및 한국생활에 대해 제대로 된 이해 없이 이루어지고 있는 만큼 국제결혼이 신중하게 이루어질 수 있도록 결혼중개 과정을 개선할 필요가 있다. 셋째, 결혼생활 과정에서 가정폭력을 배태하는 법제도의 개선이 이루어져야 한다. 1997년 「국적법」으로 개정 이후에도 결혼이민자의 국적문제가 많이 개선되었지만, 여전히 결혼이민자가 한국국적을 취득하기 전까지는 외국인의 신분으로 불안한 신분상태에 처해 있다. 많은 논란이 있지만, 부부의 평등한 결혼관계를 위해선 결혼이민자의 경우 혼인과 동시에 국적 취득을 할 수 있도록 하는 방안이 마련될 필요가 있다. 또한 우리나라 「가정폭력방지법」은 내국인 여성과 마찬가지로 여성결혼이민자에게도 적용되고 있다. 하지만 현재의 「가정폭력방지 및 피해자보호법」은 '가정과 보호'를 가장 중요한 목적으로 두고 있기 때문에 적극적인 경찰의 체포 등 사법적인 개입보다는 계도와 중재 위주의 접근방법을 채택하고 있다. 예를 들어 가정폭력이 형사사건화되었을 경우, 임시조치에 있어 피해자 또는 가족구성원의 주거지로부터 퇴거 등 격리하는 조치가 있으나(8조 2항, 29조), 현실적으로 가정폭력이 발생한 경우 대개 피해자가 이주하여 가해자로부터 벗어나는 형태를 취하고 있다. 이러한 현실을 감안할 때 가정폭력 피해자가 피해 현장을 벗어나서도 안전하게 생활할 수 있는 방안이 마련되어야 할 것이다.

현재 동법에 따라 여성부는 2006년 11월부터 폭력 피해를 당한 이주여성 긴급지원을 위해 '이주여성긴급지원센터 1577-1366' 서비스를 시작하였다. 이 지원센터는 가정폭력, 성폭력, 성매매 등의 피해를 당한 사람들에게, 피해자의 필요에 따라 경찰, 병원, 보호시설 등 유관기관에 연계해 주고 있다. 하지만 내국인 쉼터에서 여성결혼이민자를 지원하기 때문에, 의사소통의 어려움으로 이들의 욕구를 정확하게 파악하기 어렵고, 또한 쉼터 내에서 외국인과 내국인 간의 오해와 갈등이 일어나고 있다(이미정, 2009). 향후에는 기존의 내국인 피해자 지원체계와 어떻게 역할을 분담하고 협력을 추구할 것인지에 대한 논의가 필요하다.

SUMMARY

■ ■ ■ 한국사회에서 국제결혼은 1990년대 이전까지만 하더라도 한국인 여성과 외국인 남성, 특히 미군과의 결혼이 대부분이었고, 이들의 결혼에 대한 인식도 좋지 못했다. 1990년대에 접어들면서 농촌 총각의 결혼이 사회 문제로 대두되면서 한국인 남성과 외국인 여성 간의 결혼이 증가하기 시작하였고, 중국 조선족 여성을 비롯하여 아시아 전역으로 확대되고 있다.

■ ■ ■ 결혼이민자들은 한국사회에 정주를 목적으로 유입된 이민자라는 점에서 다른 체류 목적을 가지고 한국사회에 거주하는 있는 이민자들과 다르다. 이들은 결혼을 통해 한국사회의 구성원이 되었으며, 또한 이들이 형성한 가족은 한국사회에 새로운 가족구조와 문화를 만들어내고 있다. 무엇보다 이들로 인해 아직 공식적으로 이민국가임을 선언하지 않은 한국사회를 이민국가로 향하게 하고 있다는 점에서 이들의 존재와 역할이 주목된다.

■ ■ ■ 결혼이민자들이 한국사회의 구성원으로 자리매김하기 위해서 첫째, 변화된 현실에 맞게 국적취득절차를 간소화하여야 하며, 둘째, 내국인과 동등한 사회권을 보장받을 수 있도록 해야 한다. 셋째, 이들이 한국사회에 잘 정착할 수 있도록 언어적 지원을 아끼지 않아야 하며, 넷째, 자신의 문화적 자산이 한국 사회와 잘 조화를 이룰 수 있도록 해야 하며, 그러기 위해선 선주민들이 타 문화에 대한 감수성을 기를 수 있도록 문화적 다양성의 토양을 갖추는 것이 필요하다.

Key Terms: 국제결혼, 국제결혼중개업, 적응과 갈등

chapter

7

다문화가정의 자녀

1. 다문화가정 자녀의 유형과 현황

(1) 다문화가정 자녀의 유형

다문화가정 혹은 다문화가족이란 「다문화가족지원법」 제2조 제1항에 의하면, 「재한외국인처우기본법」 제2조 제3호의 결혼이민자와 「국적법」 제2조부터 제4조의 규정에 따라 대한민국 국적을 취득한 자로 이루어진 가정을 의미한다. 즉, 「다문화가족지원법」에 의한 다문화가정은 국제결혼가정과 귀화를 통해 대한민국의 국적을 취득한 자로 이루어진 가정을 의미한다. 그러나 실제 우리나라에는 다양한 이민자들이 존재하고 이들이 가정을 꾸리고 있다는 점을 고려할 때 현재 「다문화가족지원법」에서 규정하고 있는 다문화가정의 범위는 너무 협소하다.

따라서 위의 법 규정으로 볼 때 우리나라에서 다문화가정 자녀란 국제결혼가정의 자녀,[1] 그리고 귀화한 외국인이 이룬 가정의 자녀를 의미한다. 그러나 현재 우리사회의 다문화가정에는 국제결혼가정, 귀화한 외국인 가정 이외에도 외국인 노동자 가정, 북한이탈주민가정 등 이민자의 체류 지위에 따라 다양한 다문화가정이 있다. 여기서는 국제결혼가정과 외국인 노동자 가정의 자녀들을 중심으로 이들의 적응 실태를 살펴보고자 한다.

---

1) 그동안 다문화가정의 자녀를 혼혈아, 코메니칸, 아메리시안, 아이오코, 코시안 등으로 불러왔다.

표 7-1 다문화가정 자녀의 범주

국제 결혼 가정 자녀	국내 출생 자녀	▸ 한국인과 결혼한 외국인 배우자 사이에서 출생한 자녀 ▸「국적법」제2조 1항에 따라 국내 출생과 동시에 한국 국민이 되므로「헌법」제31조 에 따른 교육권 보장
	중도 입국 자녀	▸ 결혼이민자가 한국인과 재혼한 이후에 본국에서 데려온 자녀. 국제결혼가정자녀 중 외국인 부모의 본국에서 성장하다가 청소년기에 입국한 자녀 ▸ 국내 입국시 외국 국적이나 특별귀화를 통해 한국 국적으로 전환 가능 ▸ 대부분이 중국인, 조선족(약 90% 이상) ▸ 비교적 연령대가 높은 10대 중, 후반(중, 고등학교)에 입국
외국인 노동자 가정 자녀		▸ 외국인 사이에서 출생한 자녀 ▸「헌법」제6조 제2항 및「UN 아동의 권리에 관한 협약」(91 비준)에 따라 한국 아동 과 동일하게 교육권을 가짐 ▸ 미등록 외국인 노동자 가정의 자녀의 경우에도「초·중등교육법」시행령 제19조 및 제75조에 따라 거주사실 확인만으로 초, 중학교 입학이 가능

출처: 교육과학기술부. 2012.「다문화학생 교육 선진화 방안」.

먼저 국제결혼가정의 자녀는 한국인과 외국인의 결혼으로 이루어진 가정에서 태어난 자녀로, 이들은「국적법」제2조 제1항에 따라 출생과 동시에 한국 국민이 된다. 또한 최근 국제결혼 부부의 재혼이 증가하면서 중도입국 청소년²⁾도 증가하고 있는데, 이들 역시 인지 혹은 귀화를 통해 국적을 취득하는 국제결혼가정의 자녀들이다. 좁은 의미로 다문화가정 자녀를 말할 때 주로 이들을 지칭하게 된다.

둘째, 원칙적으로 우리나라에서는 외국인 노동자의 가족동반이 금지되어 있기 때문에 국내에서 가정을 꾸리기가 어렵지만, 현실에서 외국인 노동자들은 다양한 방식으로 가정을 형성하고 있다. 외국인 노동자 가정의 자녀는 국내에서 태어난 경우도 있고, 부모가 한국으로 먼저 입국한 후 이후 자녀들이 뒤따라 온 경우도 있다. 외국인 노동자 가정의 자녀들은 체류자격이 불법이기

---

2) 공식적인 맥락에서 중도입국 자녀는 한국인과 결혼한 외국인 배우자의 자녀로, 출신국에서 출생하여
성장하다 입국한 자녀이다. 중도입국 자녀는 다른 다문화가정의 자녀와 달리 한국사회에서 훨씬 포
용적 태도를 보이는데, 첫째, 이들은 한국인과의 혼인 관계로 연결된 집단이기 때문이다. 둘째, 그렇
기 때문에 한국사회에서 다문화가정의 자녀를 바라보는 관점이 가족관계 중심, 한국 국적 취득가능
성 등에 영향을 받고 있음을 의미한다. 셋째, 이러한 가족관계 중심의 다문화가정 자녀 구별짓기는
교육기회 제공의 차별 등으로 연결될 수 있다.

때문에 법적으로 아무런 권리를 누릴 수 없으나, 「헌법」 제6조 제2항 및 「UN 아동권리협약」에 의해 부모의 체류자격과 상관없이 내국인 가정의 자녀와 동일한 교육 기본권을 가질 수 있다.

(2) 다문화가정 자녀의 현황

세계화의 추세에 따라 국내로 들어오는 이민자들이 증가하면서 이들이 한국인과 결혼하여 낳은 자녀들이나 이민자 부모들과 함께 한국에 입국하는 청소년들이 지속적으로 증가하였다. 하지만 현재 정부에서는 공식적으로 국제결혼가정의 자녀들에 대해서만 집계를 하고 있어서, 현실적으로 이들의 규모를 파악하는 것이 쉽지 않다. 국제결혼가정의 자녀를 중심으로 다문화가정 자녀 현황을 살펴보면 <표 7-2>와 같다. <표 7-2>에 의하면 국제결혼가정의 자녀 수는 2007년 44,258명이었는데, 2013년 191,328명으로 지난 7년 사이에 4.3배 증가하였다. 2013년 국제결혼가정 자녀들의 부모의 출신국 현황을 살펴보면, 베트남이 49,458명으로 가장 많고, 그 다음이 한국계 중국(42,294명), 중국(37,084명), 필리핀(18,020명), 일본(17,806명), 캄보디아(5,961명) 순이다. 또한 2013년 국제결혼가정 자녀들의 연령별 현황을 살펴보면, 만 6세 이하가 61%, 만 7~12세가 23.6%, 만 13~15세가 9.6%, 만 16~18세가 5.8% 등으로, 만 6세 이하의 미취학 자녀들이 가장 많은 것으로 나타나고 있다.

한편 교육부에서는 초·중·고등학교에 재학중인 다문화가정 학생을 집계하고 있는데, 이 자료에 의하면, 다문화가정 학생 수는 2001년 14,258명에서

표 7-2 다문화가정 자녀의 연령별, 국적별 현황(단위 : 명, %)

	2007	2008	2009	2010	2011	2012	2013
연도별	44,258	58,007	107,689	121,935	151,154	168,583	191,328
	전체	베트남	중국(한국계)	중국	필리핀	일본	캄보디아
국적별	191,328	49,458	42,294	37,084	18,020	17,806	5,961
	전체	만 6세 이하		만 7~12세		만 13~15세	만 16~18세
연령별	191,328 (100.0%)	116,696 (61.0%)		45,156 (23.6%)		18,395 (9.6%)	11,081 (5.8%)

자료: 여성가족부. 2013. 다문화가족 관련 연도별 통계.

표 7-3 다문화가정 학생 현황

	2007	2008	2009	2010	2011	2012	2013
국제결혼가정 자녀 수	44,258	58,007	107,689	121,935	151,154	168,583	191,328
국제결혼가정 학생 수	13,445	18,778	24,745	30,040	38,676	44,328	50,736
외국인근로자가정 학생 수	1,209	1,402	1,270	1,748	2,139	2,626	5,044
다문화가정 학생 수(A)	14,654	20,180	26,015	31,788	38,678	46,954	55,780
전체 학생 수(B)	7,734,531	7,617,796	7,447,159	7,236,248	6,986,853	6,732,071	6,529,196
다문화학생 비율(A/B*100)	0.19%	0.26%	0.35%	0.44%	0.55%	0.70%	0.86%

주: 다문화가정 학생: 국제결혼가정 자녀 + 중도입국 자녀 + 외국인근로자가정 자녀

2013년 50,736명으로, 이 기간 동안 약 3.6배 증가하였다. 다문화가정 학생들은 2007년에만 하더라도 우리나라 전체 학생의 0.2%에 불과하였으나, 2013년에는 0.9%를 차지할 정도로 크게 증가하였고, 내국인 가정의 출산율 감소를 볼 때 향후 다문화가정 학생의 비중은 점차 더 커질 것으로 예상된다.

한편 다문화가정 학생 중 국제결혼가정의 자녀가 전체의 95%를 차지하고 있어서, 현재 우리나라 교육 현장에서 다문화가정 학생의 대다수는 국제결혼가정의 자녀들이라 할 수 있다. 하지만 많은 외국인 노동자 가정의 자녀들이 학교 교육을 받지 않거나, 중퇴하는 사례가 많기 때문에, 외국인 노동자 가정의 학생 수는 이보다 더 많을 가능성이 크다. 2013년 초·중·고등학교에 재학중인 국제결혼가정 자녀들은 전체 국제결혼가정 자녀의 27% 정도이다.

학급별 다문화가정 학생수를 살펴보면 <표 7-4>와 같다. 2013년 초등학생이 전체 다문화가정 학생의 70%를 차지하고, 중학교 20.3%, 고등학교 9.0%인 것으로 조사되고 있다. 전반적으로 2012년에 비해 초등학교 학생 비중이 줄고, 중·고등학교 학생 비중이 늘었다. 체류 지위별로 다문화가정 학생의 비중을 살펴보면, 2012년에 비해 대부분 증가하고 있지만, 특히 외국인 노동자 가정의 학생수가 크게 증가했다.

표 7-4 학급별 다문화가정 학생수

구분	2012년				2013년			
	초	중	고	계	초	중	고	계
한국출생	29,303	8,196	2,541	40,040	32,831	9,174	3,809	45,814
중도입국	2,676	986	626	4,288	3,065	1,144	713	4,922
외국인 노동자 자녀	1,813	465	348	2,626	3,534	976	534	5,044
계	33,792	9,647	3,515	46,954	39,430	11,294	50,056	55,780

출처: 교육부. 2013. 「다문화학생 교육자원 강화」 보도자료.

2. 다문화가정 자녀의 적응 문제

한국사회는 다양한 유형의 다문화가정이 존재하며, 이러한 다양성으로 인해 다문화가정 자녀들 역시 한국사회 적응과정이 다르다. 국제결혼가정의 자녀라 하더라도 이들이 한국에서 출생했는지, 외국에서 출생하여 성장하다가 한국에 들어왔는지에 따라 다르며, 외국인 노동자 가정의 자녀도 부모의 체류상태, 즉, 합법적으로 체류하는지, 불법적으로 체류하는지에 따라 이들이 한국사회에서 살아가는 과정이 다르다. 예를 들어 부모의 신분이 불법 체류자인 경우 무국적자로 살아갈 가능성이 크며, 그렇기 때문에 교육, 의료 등 기본적인 생활에 필요한 여러 가지 권리를 누리는 데 제약이 따른다. 이러한 차이가 있지만 그럼에도 불구하고 대부분의 다문화가정 자녀들은 대개 물질적·경제적 어려움과 함께 언어, 문화적 차이로 인해 학교생활을 하는 데 있어 어려움을 겪고 있다.

(1) 법적 지위의 문제

다문화가정을 이룬 배경이 다양하기 때문에 다문화가정 자녀의 법적 지위 역시 상이하다. 국제결혼가정 자녀들의 경우 한국 출생 혹은 입양으로 국적을 취득하기 때문에 내국인 가정의 자녀들과 법적으로는 같은 권리와 의무가 있다. 반면 외국인 노동자 가정의 자녀들의 경우 이들이 한국에서 태어나고 자라더라도 한국 국적을 취득할 수 없다. 따라서 이들의 한국에서의 법적 지위는 무국적 상태의 불법 체류자로, 국내에서 어떠한 권리도 보장받을 수 없었다. 이러한 상황에서 지난 2003년 유엔아동권리위원회는 1998년 한국 정부가 제출한 아동권리이행보고서에 대한 의견으로 외국인 노동자, 특히 미등록 외국인 노동자 가정의 자녀들이 다른 청소년과 동등한 교육 및 의료서비스 접근권을 가질 수 있도록 권고하였다. 이에 따라 우리 정부는 지난 2008년부터 외국인 노동자 가정의 자녀도 국내에서 최소한의 교육과 의료적 지원을 받도록 하고 있다.

(2) 학교 적응 문제

대부분의 다문화가정 자녀들이 내국인 가정의 자녀들과 동등하게 학교 교육을 받을 수 있는 권리가 부여되었다고 하나, 이들이 한국의 학교 현장에 적응하기란 쉽지 않다. 다문화가정 자녀들이 한국의 학교교육 과정에서 겪는 공통적인 어려움은 첫째, 학업수행의 어려움이다. 다문화가정 자녀들은 한국어 능력의 부족으로 인해 교과과정을 수행하는 데 어려움을 겪고 있으며, 또한 부모의 문화적 배경이 다름으로 인하여 지식뿐 아니라 정서적 측면 등 학교생활에 대한 준비도가 현저히 떨어진다고 한다(조영달, 2006). 그리고 이로 인한 학습결손은 학년이 올라갈수록 점점 골이 깊어지고 폭이 넓어져서 청소년 스스로 혹은 각 가정의 도움으로 해결하기가 점점 어렵게 될 뿐만 아니라 또래의 학업효율에도 영향을 미치게 된다.

둘째, 또래 집단의 따돌림 문제이다. 또래 집단의 따돌림은 외모, 피부색깔, 눈동자 등 신체적인 차이에 기인한 경우가 많은데, 2005년 보건복지부 조사에 의하면, 외모를 이유로 또래 친구들에게 집단 따돌림을 경험한 경우가 전체의 17.6%에 이르렀다. 외형적 차이가 차별의 아무런 근거가 되지 않음에도 불구하고, 청소년들 사이에 이러한 행위가 나타나는 것은 우리 사회의 민족적·인종적 차이에 따른 차별의식을 이들이 내면화하고 있음을 의미한다. 그러나 정서적으로 민감한 시기에 이러한 차별과 그로 인한 소외를 겪게 될

표 7-5 국제결혼가정 자녀의 진학률(2012)

구분(1)	국제결혼가정 자녀 전체	외국 성장 자녀	국내 성장 자녀
초등학교	97.9	97.5	98
중학교	92.3	76.3	95.1
고등학교	85.1	63.1	91.3
고등교육기관	49.3	28.9	64.8

자료: 보건복지부. 2012. 전국다문화가족실태조사.

경우, 다문화가정 청소년들은 심리적 위축과 자신감 상실 등으로 인해 정서적 발달에 좋지 않은 결과를 초래하게 된다.

셋째, 다문화가정 자녀들은 학교생활 과정에서 다른 학생들과 문화적 충돌을 겪게 되는데, 이러한 문화적 충돌은 가정과 부모에 대한 자신감과 존경심의 결여 등 정서적·심리적 장애(이재분, 2008), 학업뿐만 아니라 다른 생활 전반에 부정적인 영향을 미칠 수 있다.

이러한 학교생활 부적응 문제는 실제 다문화가정 청소년의 진학률에도 영향을 미치고 있다. 2012년 전국다문화가족실태조사에 의하면, 국제결혼가정 자녀의 진학률은 초등학교 97.9%, 중학교 92.3%, 고등학교 85.1%로 학년이 높아질수록 진학률이 떨어지고 있다. 특히 중도입국 청소년의 진학률은 국내에서 성장한 국제결혼가정의 자녀들보다 학년이 높아질수록 크게 낮은 실정이다.

2012년 전국다문화가족실태조사에서 국제결혼가정 자녀의 학업 중단 이유를 살펴보면, 친구나 선생님과의 관계 때문이라는 응답이 23.8%로 가장 높고 (도시지역 27.1%, 농촌지역 10.7%), 그 다음이 가정 형편이 어려워서가 18.6%, 학교 공부가 어려워서 9.7%인 것으로 나타나, 국제결혼가정 자녀들이 정서적·경제적 문제로 학교생활을 하는 데 어려움을 겪는 것으로 보인다. 또한 국제결혼가정 자녀의 학교폭력 피해율은 8.7%로 우리나라 전체 학교폭력(8.5%)보다 약간 더 높은 것으로 나타나고 있다. 하지만 성별로 살펴보면, 남자 청소년(9.9%)이 여자 청소년(7.6%)보다 피해율이 높고, 국내 성장 청소년(8.7%)보다 중도입국 청소년(10.4%)이 더 높고 연령이 낮을수록 피해율이 더 높은데, 특히 15세를 기점으로 이전과 이후의 피해율의 차이가 2배 이상 나타나고 있어, 초등학교와 중학교 단계에서 학교 폭력 방지를 위한 노력이 필요하다.

(3) 정체성 문제

정체성은 자신이 누구인가와 밀접한 관련이 있기 때문에 앞으로의 삶에 중요한 역할을 한다. 정체성의 사전적 의미를 살펴보면, '의미가 변하지 않는 존재의 본질을 깨닫는 성질 또는 그 성질을 가진 독립적인 존재'이며, 궁극적으로 '그/그녀다움의 특징 및 의식'을 일컫는다. 다문화가정 자녀들도 청소년기에 접어들면서 이러한 정체성의 문제에 부딪히게 된다. 그런데 다문화가정 청소년은 내국인 가정의 청소년과 비교하여 정체성을 형성하는 데 있어서 더 어려움을 겪게 된다. 내국인 가정의 청소년들이 주로 진로와 관련된 문제로 자신의 정체성을 고민한다면, 다문화가정 청소년의 경우 이러한 문제뿐만 아니라, 소속감의 문제도 더해진다.

다문화가족 아동청소년의 발달과정 추적을 위한 종단연구(양계민, 김승경, 박주희, 2011)에 의하면, 다문화가족 학생(1,502명, 국제결혼가정 자녀) 중, 1,193명(73.4%)이 자신을 한국 사람이라고 인식하고 있는 반면, 중도입국청소년을 대상으로 한 정체성 연구(양계민, 조혜영, 2011)에서 중도입국 청소년 중 자신을 한국인으로 인식하는 경우는 33.7%에 불과했다.

이와 같이 다문화가정 청소년들은 정체성의 혼란을 겪고 있으며, 이러한 혼란은 대체로 피부색 등 인종 및 민족적 요소 등으로 자신 스스로 내국인 청소년과 다름을 느끼거나 혹은 다른 청소년들로부터 그러한 대우를 받았기 때문으로 여겨진다. 문제는 이러한 다름에 의해 혹은 다르다는 이유로 이들이 사회적으로 위축받고, 또한 자기를 표현하는 데 있어서도 꺼리는 등 자존감의 상실로 이어질 수 있다는 점이다. 그리고 이 다름에 의해 자기 자신을 부정적으로 바라볼 뿐만 아니라, 반사회적인 성향으로 이어질 가능성도 있다는 것이다. 유엔인종차별철폐위원회는 2007년 8월 한국 정부가 다민족적 성격을 인정하고, 한국이 실제와는 다른 단일민족국가라는 이미지를 극복해야 한다고 권고한 바 있다. 순혈주의를 강조하는 한국 사회에서 다문화가정의 청소년들은 여전히 이질적인 이방인 집단으로 취급받게 된다. 문화적으로 다문화가정 자녀들을 수용하지 못한다면 이들은 지속적으로 정체성의 혼란과 그로 인한 사회 부적응을 경험할 수밖에 없다.

3. 다문화가정 자녀의 역량강화를 위한 방안

(1) 교육권 보장

다문화가정 자녀들이 한국사회의 구성원으로 건강하게 성장하기 위해서는 이들에게 적절한 교육을 받을 수 있는 권리와 기회가 주어져야 할 뿐만 아니라 교육과정에서도 차별받지 않도록 적절한 교육 환경을 갖추는 것이 필요하다.

교육의 권리라는 차원에서 볼 때 그동안 한국 정부는 "속인주의" 원칙 때문에 한국에서 태어나더라도 부모가 외국인인 경우에는 교육권, 의료권 등의 기본적인 권리를 부여하지 않았다. 하지만 2008년 「초중등교육법 시행령」 개정을 통해 외국인 노동자, 특히 미등록 외국인 노동자 가정의 자녀라 할지라도 외국인임을 증명할 수 있는 서류, 혹은 임대차 계약서 등을 통해 거주사실을 확인할 수 있다면 중학교에 입학할 수 있도록 하였다.

그러나 현실적으로 미등록 외국인 노동자 가정의 자녀들은 교육권을 보장받기가 쉽지 않다. 부모의 신분이 불안정하므로 그 자녀들 역시 부모의 단속을 피해 교육 받아야 한다. 현실적으로 한국에서 일하는 외국인 노동자들이 본국의 가족을 불러오는 경우가 많으며, 국내에 입국한 미혼의 외국인 노동자들이 국내 체류기간 동안에 결혼하여 자녀를 출산하는 경우가 발생하는 것을 감안할 때, 이들이 건전하게 성장하기 위해서는 외국인 노동자 가정의 자녀들의 교육권이 보장되어야 한다. 둘째, 우리나라가 「유엔아동권리협약」에 비준한 만큼 미등록 외국인 노동자 가정의 자녀도 교육받을 수 있도록 하고 있지만, 현실에서 중·고등학교로 올라갈수록 입학 허용을 잘 하지 않는 문제가 있어, 입학 거부에 따른 규제가 필요하다. 셋째, 명시적으로 입학이 허용되었다고 하더라도 본의 아니게 방치되거나 별다른 교육 지원이 없는 경우에 교육권은 이름뿐인 권리에 불과할 수 있다. 따라서 학교 적응에 어려움을 겪는 다문화가정 자녀들이 학교생활에 적응할 수 있도록 다문화가정에서뿐만 아니라 학교 구성원 모두의 노력이 필요하다. 다문화가정 자녀들이 교육 기회를 제대로 얻을 수 있는 방안, 학교 교육과정에서 소외되지 않도록 지원하는 방안, 내국인 가정의 학생들에게도 다양성 수용을 위한 교육이 이루어져야 할 것이고, 친구들 간, 교사와 학생 간에 원활한 의사소통이 이루어질 수 있도록 배려와 지원을 아끼지 않아야 한다.

(2) 올바른 정체성의 확립

정체성은 한 개인이 자기가 누구이며 어디에 있었으며 어디로 향해 가고 있는가에 대한 것으로, 과거, 현재, 미래에 대한 연속성을 인식하며, 자신의 능력, 사회적 역할을 융합하여 하나의 자아를 찾으려는 자아통합의 과정이라 할 수 있다.

정체성에 대한 고민은 청소년기에 시작되는데, 급격한 신체적 변화와 성숙, 아동기와 성인기의 과도기, 진로에 대한 선택과 결정, 인지발달 등이 이루어짐에 따라 자신을 탐색할 뿐만 아니라 미래에 대해서도 사고할 수 있기 때문이다. 하지만 청소년들에게 있어서 정체성 확립은 매우 혼란스럽고 어려운 과정이다. 특히 가정과 학교에서 이중, 삼중의 언어와 문화를 접하는 다문화가정 청소년들의 경우 자아정체성을 확립하는 것이 내국인 가정의 청소년들보다 더 어려울 수 있다.

다문화가정 청소년에게 있어서 두 가지의 정체성이 중요하다. 하나는 개인의 정체성이고 다른 하나는 문화적·민족적 정체성인데, 이 두 가지 정체성은 조화를 이루면서 확립되어야 한다. 일반적으로 본국에 대한 정체감과 주류 문화 정체감을 동시에 가지고 있는 것이 개인의 주관적 안녕감에 더 긍정적이라고 한다.

다문화가정 자녀들은 두 문화 간의 교량 역할을 할 수 있는 잠재력을 갖춘 집단이다. 이들의 이중 언어 및 이중문화적 자원을 적극적으로 발휘할 수 있도록 여건을 조성함으로써 이들을 국가의 인적자원으로 활용하며 향후 국가 간 교류를 이끌어갈 수 있는 에이전트로 성장할 수 있도록 해야 할 것이다. 또한 문화적 언어적 혼종성은 무언가 다른 기존에 없던 것들을 만들어 냄으로써 창조성을 생산해내는 통로라고 인식되고 있다(Bhabha, 1990; Lowe, 1991). 또한 다양성의 공존이 발달을 위한 하나의 맥락이 되며 교실에서 학습을 촉진시킬 수 있는 역할을 하고 있음도 제시되고 있다(Guiterrez et al., 1999).

(3) 이중 언어 교육

전문가들에 의하면, 가정에서 엄마가 아이를 키우면서 사소한 것을 가지고도 무궁무진하게 이야기를 들려줄 수 있어야 아이의 언어능력이 발달한다고 한다. 어릴 때부터 획득하는 모어의 축이 만들어지지 않으면 말이라고 하는 언어 구사 시스템 자체를 확립할 수 없기 때문이다. 이중언어 환경에 노출된 아이들은 일시적으로 미발달 이중언어 현상을 보이기도 하는데, 이는 두 언어 중 어느 쪽도 연령에 기대되는 언어를 구사하지 못하고 어중간한 수준으로 두 언어를 구사하는 상태를 말한다. 특별한 언어장애요소가 없는데도, 언어 습득기의 아이가 새로운 언어 환경에 적응하면서 두 언어를 제대로 말하지 못하는 사례가 있다는 것이다. 즉, 새로운 언어 환경에 왔더라도 제1언어를 제대로 익히면서 제2언어를 접해야지, 현지어 습득을 서두르다가는 역효과가 날 수도 있다는 의미이다.

결국 모어가 비록 현지어가 아니라 하더라도, 이를 제대로 익힌 자녀라면 한국어 습득에 문제가 될 것이 없다는 것이다. 학교생활 초기에는 다른 아이들에 비해서 한국어 능력이 떨어지는 것이 당연하지만, 이를 따라가는 것은 시간문제이다. 즉, 양질의 모국어는 자녀의 학습능력을 촉진시킬 뿐만 아니라 어릴 때 엄마의 모어를 유창하게 구사하는 아이들은 오히려 제2언어, 제3언어 습득이 쉬워진다. 둘째, 한 가지 언어만을 구사하는 사람에 비해 두 가지 이상의 언어를 구사하는 사람은 대체로 사고의 유연성을 발휘하고, 언어에 대한 이해와 분석력이 뛰어나며, 상대가 처한 대화 상황에 민감하게 대처할 뿐만 아니라 언어에 의한 인종편견이 없다는 것이다. 셋째, 한국에서 태어난 다문화가정의 자녀들이 다양한 외국의 언어를 유창하게 말할 경우 이들의 능력을 충분히 활용할 가치가 있다. 넷째, 언어는 문화를 전달하는 중요한 수단으로, 아이들이 다양한 언어를 배운다는 것은 다양한 문화를 접하게 되고, 그 가운데에서 여러 문화에 대해 열린 시각을 갖게 된다는 것을 의미한다. 즉 균형 있는 세계관을 정립하는 데에 제2언어가 기여할 수 있다.

(4) 다문화교육

다문화가정의 자녀들이 증가하면서, 일선 교육 현장에서도 다문화교육에 대한 필요성이 증가하고 있다. 그럼에도 불구하고 우리사회는 아직도 다문화 사회에 대비한 교육적 준비가 부족하다. 다문화가정 자녀의 상당수가 한국어 능력 부족, 한국문화 부적응과 인종적·문화적 편견에 따른 정체성 혼란을 경험하는 등 교육적인 면에서 고통을 받고 있다. 따라서 이들의 인권과 학습권을 보호하고, 이들의 민족, 문화, 역사를 존중하고 이해하는 다문화적 교육환경이 조성되어야 한다.

우리보다 먼저 다문화사회를 이룬 국가들에서도 인종적·문화적으로 이질적인 사회를 통합하기 위해 끊임없는 노력을 기울여 왔고, 그러한 노력의 일환 중 하나가 다문화교육이다. 다문화교육은 1960년대 미국의 사회적 불평등에서 비롯된 시민운동의 산물로, 다원적인 사회에서 자신의 문화적 정체성을 가지고, 타문화와 인종에 대한 개방적이고 이해적인 태도를 가지게 함으로써 서로의 문화를 공유하고자 하는 노력이다.

다문화교육에 대해 학자들마다 다양한 방식으로 정의되나, 대체로 다문화교육은 사람들이 다양한 민족, 문화, 사회계급 등에 관계없이 동등한 교육기회를 제공함으로써 다문화적 역량을 강화하여 궁극적으로 사회구성원들의 생활의 질을 높이도록 하는 것(안병환, 2009)이라는 면에서 이의가 없다.

우리사회에서 다문화교육이 이루어지기 위한 과제를 살펴보면, 우선, 다문화교육의 목표를 명확히 하는 것이 필요하다. 다문화교육은 다양한 문화, 민족, 성 그리고 사회계층과 학생들이 동등한 교육기회를 얻고, 긍정적 문화교류의 태도, 인식, 행동을 발달시키도록 해야 하며, 또한 내국인 가정의 학생들과 다문화가정 학생 모두의 정체성을 확립시키고 상호문화의 이해와 존중을 통한 공존교육이 되어야 한다. 둘째, 다문화교육이 특정교과, 특정교사가 별도로 맡아서 하는 것이 아닌, 모든 교과에서 모든 교사가 해야 것으로, 또한 수업에만 국한된 것이 아닌 교실 안팎의 모든 시간, 활동, 관계에 다문화교육이 스며들어 있도록 교육과정을 수립해야 한다. 뿐만 아니라 다양한 자료와 영상매체 등을 활용한 교수방법으로 다문화에 대한 이해를 증진시키고, 단계적으로 기초에서 심화교육으로 발전시켜야 한다. 셋째, 다문화교육은 다문화가정 학생들만을 대상으로 하는 것이 아닌, 내국인 가정의 학생들, 학생들을 가르치는 교사와 학부모 등에게도 이루어져야 한다. 다문화는 다문화가정 자녀만이 아닌 모든 학생이 다양한 문화적 배경을 가졌음을 주목해야 한다. 외국의 문화만이 아니라 우리사회 내부의 소수문화, 지역문화, 계층문화 등이 모두 다문화적 상황을 구성하는 요인임을 알아야 한다. 넷째, 다문화교육은 교육소외계층인 다문화가정 자녀를 위한 지원을 통해 교육의 격차를 해소하고 자아정체감의 확립을 도우며, 내국인 가정의 학생들에게는 다문화이해교육을 통해 사회통합에 기여하도록 해야 한다.

SUMMARY

■ ■ ■ 국내에 거주하는 이민자들이 증가하면서, 이들 가정의 자녀들 역시 증가하고 있다. 이민자의 체류 지위의 다양화에 따라 다문화가정 자녀들 역시 체류 유형이 다양하며, 그에 따라 상이한 적응문제가 있다.

■ ■ ■ 우리나라에는 대개 국제결혼가정에서 태어난 자녀를 다문화가정 자녀라고 말하는데, 이 이외에도 외국인노동자가정, 북한이탈주민가정의 자녀 등이 존재한다.

■ ■ ■ 다문화가정 자녀들은 부모의 체류자격, 출신 배경 등이 다양하기 때문에, 한국사회에서 적응하는 과정이 다르다. 그럼에도 불구하고 대부분의 다문화가정 자녀들은 대개 물질적 경제적 어려움과 함께 언어, 문화적 차이로 인해 학업수행을 하는 데 있어 어려움을 겪고 있다. 또한 다문화가정 자녀들은 대체로 피부색 등 인종 및 민족적 요소 등으로 인해 내국인 가정의 자녀들과 다르기 때문에 정체성의 혼란을 겪고 있다.

■ ■ ■ 다문화가정의 자녀들이 한국사회의 구성원으로 건강하게 성장하기 위해서는 이들에게 적절한 교육을 받을 수 있는 권리와 기회가 주어져야 할 뿐만 아니라 교육과정에서도 차별받지 않도록 적절한 교육 환경을 갖추는 것이 필요하다. 또한 다문화가정의 자녀들이 올바른 정체성을 가질 수 있도록 여건을 조성해야 한다. 구체적으로 이들의 인적·문화적 자원을 적극적으로 활용할 수 있도록 해야 하며, 그러기 위해서는 학교 교육에서 이중언어교육, 다문화교육이 실천될 수 있어야 한다.

Key Terms: 다문화가정 자녀, 정체성, 이중언어교육, 다문화교육

유학생

1. 유학생 추이

(1) 전 세계 유학생 흐름

유학(oversea study)은 '외국의 교육기관·연구기관 또는 연수기관에서 6개월 이상의 기간에 걸쳐 수학하거나 학문·기술을 연구 또는 연수하는 것'을 말한다.

지난 1960년대 이후 유학을 목적으로 자국을 떠나는 유학생 수는 꾸준히 증가해 왔다.[1] 전 세계적으로 1975년 80만 명에 불과하던 유학생 수는 1980년에 접어들면서 100만 명을 넘어서기 시작하였고, 2000년에 210만 명, 2005년에 300만 명, 2010명에 410만 명으로, 최근으로 올수록 유학생 규모가 크게 증가하였을 뿐만 아니라 그 속도 역시 빠르게 증가하고 있다.

전 세계 유학생의 이동 패턴을 파악하기 위해 학생의 출발지와 목적지 국가로 나누어 살펴보면 다음과 같다. 먼저 유학생의 주요 목적국을 살펴보면, 기타를 제외하고, 미국이 16.6%로 가장 많고, 그 다음이 영국(13.0%), 호주(6.6%), 독일(6.4%), 프랑스(6.3%), 캐나다(4.7%) 순이다. 즉, 유학생의 83%는 G20국가로 향하고 있으며, 그 중 77%가 OECD 국가에 등록되어 있다. 이 규

---

[1] 전 세계 유학생 통계는 UNESCO가 각 국가의 고등교육(3차 부문)기관에 등록된 외국인 학생에 대한 조사 결과를 보고 받아 정리한 것이 대표적이다. 하지만 각국의 외국인 유학생 통계는 자발적 보고에 바탕을 두고 있기 때문에, 세계 유학생 동향을 정확히 파악한다는 것은 기본적으로 불가능하다 (Hahn, 2004; 146-148).

그림 8-1 유학생의 추이 (1975-2010)(단위: 백 만명)

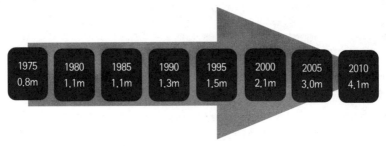

자료: OECD and UNESCO Institute for Statistics
Data on foreign enrolment worldwide comes from both the OECD and UNESCO Institute for Statistics(UIS). UIS provided the data on all countries for 1975-95 and most of the non-OECD countries for 2000, 2005 and 2010. The OECD provides the data on OECD countries and the other non-OECD economics in 2000 and 2010. Both sources use similar definitions, thus making their combination possible. Missing data were imputed with the closest data reports to ensure that breaks in data coverage do not result in breaks in time series.

모는 2010년에 해외에서 공부하는 OECD 국가의 학생들의 3배에 달한다.

다른 한편 유학생의 주요 출신국을 살펴보면, 아시아 지역 출신이 52%로 가장 많고, 그 다음이 유럽(22.7%), 아프리카(11.8%), 라틴아메리카와 카라비안 (6.2%) 순이다. 국가별로 살펴보면, 중국, 인도, 한국 출신이 전체 유학생의 다수를 차지한다.

그림 8-2 OECD에 보고된 유학생의 주요 목적국

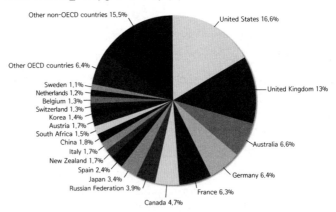

자료: OECD and UNESCO Institute for Statistics

그림 8-3 유학생의 주요 출신국

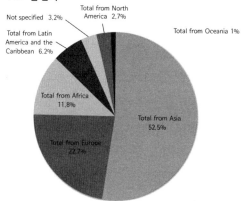

자료: OECD and UNESCO Institute for Statistics

(2) 한국의 유학생 흐름

우리나라에서 수학중인 유학생 규모를 살펴보면, 1970년 321명에 지나지 않던 유학생 수가 2000년부터 급속하게 증가하기 시작하여 2012년 86,878명으로, 지난 40여 년 사이에 무려 270배 증가하였다. 2001년 교육인적자원부(현 교육부)는 'Study Korea Project'를 통하여 과거 외국으로 '보내는 유학'에서 외국인 학생들을 '받아들이는 유학'으로 정책을 전환하였고, 또한 이에 따라 국내 대학들이 앞다투어 외국인 학생의 유치에 매진하였기 때문이다.

한국에서 수학하고 있는 외국인 유학생들의 주요 출신국을 살펴보면, 기타를 제외하고 중국(63.8%) > 일본(4.7%) > 몽골(4.4%) > 미국(3.1%) > 베트남(2.8%) > 대만(1.7%) 순이다. 2000년에만 하더라도 일본(30.6%), 중국(27.7%), 미국(11.1%), 대만(4.8%) 순이었고, 일본과 중국 유학생 수의 차이가 그리 크지 않았으나, 2004년 이후 중국 유학생들이 한국으로 대거 진출하면서 주요 출신국 간의 비중이 크게 벌어졌다. 국내로 들어오는 중국인 학생들이 많은 이유(임석준, 2010)는 한국과 중국의 지리적 근접성, 역사-문화적 교류, 한류의 영향, 정부의 유학생 유치정책, 국내 대학들의 적극적인 유치활동, 그리고 중국 고등교육 시장의 수급 문제 등이 맞물린 결과이다.

표 8-1 유학생 추이(단위: 명)

구분	계	학위과정	어학연수 및 기타연수
1970	321	321	-
1975	559	559	-
1980	1,015	1,015	-
1985	910	910	-
1990	2,237	2,237	-
1995	1,983	1,983	-
2000	3,963	3,963	-
2001	4,682	4,682	-
2002	5,759	5,759	-
2003	12,314	7,962	4,352
2004	16,832	11,121	5,711
2005	22,526	15,577	6,949
2006	32,557	22,624	9,933
2007	49,270	32,056	17,214
2008	63,952	40,585	23,367
2009	75,850	50,591	25,259
2010	83,842	60,000	23,842
2011	89,537	63,653	25,884
2012	86,878	60,589	26,289

주: 2003년 이전 학위과정에는 전문대학, 대학, 대학원에 재학중인 외국인 유학생(한국 국적 재외동 포 제외, 외국 국적 재외동포 포함)만 포함됨. 2004년 이후부터 전문대학, 대학, 대학원, 원격 대학, 각종 대학에 재학중인 외국인 휴학생(한국국적 및 외국국적 재외동포 포함)이 포함됨.
출처: 교육부(1980~2012), 임석준. 2010. "외국인 노동자인가 유학생인가?" 「21세기 정치학회보」 20(3). p. 68.

표 8-2 주요 국적별 유학생 현황(2012년)(단위 : 명)

국가	유학생 수	비율(%)	지역	어학연수	정규과정	합계
중국	55,427	63.8	아시아	14,740	56,143	77,639
일본	4,093	4.7	아프리카	264	996	1,320
미국	2,665	3.1	오세아니아	56	202	323
베트남	2,447	2.8	북미	596	2,071	3,790
대만	1,510	1.7	남미	211	372	687
몽골	3,797	4.4	유럽	772	805	3,119
기타	16,939	19.5	합계	16,639	60,589	86,878
계	86,878	100				

자료: 출입국·외국인정책본부. 2012. 2012년 12월 출입국통계.

(3) 유학생 이동 흐름의 특성

현재 국제적으로 행해지고 있는 학술 차원의 인구이동은 학생과 교수, 그리고 교직원의 물리적 이동과 함께 최근에 급부상하고 있는 가상 공간상의 이동까지 매우 폭넓게 진행되고 있다. 고등교육이 국경 없는 교육 체계로 급속히 전환되면서 많은 국가에서는 고등교육의 국제화에 발 벗고 나섰기 때문이다. 이러한 고등교육의 국제화는 사람(학생과 교직원), 프로그램(교육과정), 기관(대학, 교육센터 등) 등의 유형을 취하지만, 이 가운데 가장 오랜 역사와 전통을 지닌 보편적 형태는 학생들의 이동, 즉 유학생의 국제적 이주 흐름이라고 할 수 있다(Wheeler, 1925; 안영진, 2009 재인용).

유학은 특정 국가의 학생들이 외국 대학으로의 이동 또는 출신 국가의 대학에서 외국인의 초빙 또는 자매 대학으로의 물리적 이동과 결부되어 있으며, 학위나 연수 과정의 일부 또는 전부를 이수하는 기간에 행해지는 학업 관련 해외 체류의 실현을 의미한다. 기본적으로 학업을 받는 과정 동안 기간의 장단과 상관없이 '외국' 학생의 지위를 가진 모든 학생들은 유학생으로 간주될 수 있다(Hahn, 2004: 146).

특히 대학생들은 그 어떤 인구 집단보다 기동적이며, 또한 이들의 국제적 이동과 이주를 통한 출발지 국가와 목적지 국가에 미치는 영향이 크고 다양하기 때문에 이들의 이동 형태는 여타 집단보다 전략적 중요성을 지닌다(Williams, Baláž, & Wallace, 2004: 217-221). 또한 유학은 체류 목적에서 비취업인 교육 및 훈련을 전제로 하며, 체류 기간도 관광 목적의 일시적 체류보다는 길지만 노동이나 결혼 목적의 장기간 또는 영구적 체류보다는 짧은 중·단기적 특성이 뚜렷하다. 게다가 외국 대학에서의 학업 프로그램 틀 안에서 이루어지는 유학은 출발지 국가에서의 유학 결정 및 그 배경과 함께 목적 국가에서의 적응 및 정착 과정의 구체적 내용들, 즉 교육, 주거, 의료 조건, 노동시장 등을 모두 포함한 공간적·제도적·사회적 차원에서도 다른 이주 유형과 구별된다.

오늘날 유학 흐름의 주된 방향(안영진, 2009: 238-239)은 첫째, 남에서 북으로 또는 개발도상국에서 선진 공업국으로 이루어진 전통적인 흐름이 여전히 지속되는 가운데 최근 들어 선진국 간에 행해지는 '부가가치형' 유학도 점점 뚜렷해지고 있다. 이는 현대 유학이 엘리트 위주 또는 국가 지원 유학에서 '대중형' 유학으로 빠르게 바뀌어 가고 있음을 의미한다. 둘째, 해외 유학은 과거의 다소 경직적인 유형에서 벗어나 교육단계 및 종류, 체류 또는 체재의 기간, 수학의 형태, 유학의 목적 등으로 다양화해지고 있다. 셋째, 유학생의 개인적 속성, 예를 들어 연령과 성별, 기혼, 미혼, 단신, 가족 동반 등에 따라 그 양상이 다양해지고 있다. 따라서 목적국 국가에서의 유학생의 적응 양상도 유학의 다양한 구성 요소의 조합에 따라 대단히 차별적이며, 이에 대한 대학과 국가의 정책적·제도적 대응도 복잡해지고 있다.

2. 유학에 대한 접근

(1) 푸시-풀 이론

푸시–풀(Push–Pull) 이론에서 유학생의 국제이동은 낙후한 교육시설과 교육품질, 연구시설부족, 진학압력, 정치환경 등으로 인해 외국학위가 갖는 경쟁력이 크기 때문이며(Push factor), 또한 장학금, 좋은 교육품질과 시설, 풍부한 진학의 기회와 교육자원, 좋은 정치적·경제적 환경, 외국생활 체험, 외국인에 대한 취업정책 등이 주어지기 때문이다(Pull factor)(Altbach, 1998).

하지만 특별히 아시아 학생들이 유학 대상국으로 미국을 선택하는 경우가 많은데, 이에 대해 커밍스(Cummings & So, 1985)는 ① 자국의 정치적 불안감, ② 높은 생활수준, ③ 해외 유학의 제도화, ④ 유학대상국의 언어와의 친근감, ⑤ 급속한 경제성장, ⑥ 자연과학을 중시하며 인문과학을 소원하는 자국의 편견, ⑦ 양국의 경제교류의 양, ⑧ 이민자들의 수, ⑨ 유학 대상국의 해외 학생 흡수력, ⑩ 외국문화와 친숙해짐으로써 생기는 이익, ⑪ 외국어 실력, ⑫ 대학의 지명도 등을 꼽았다.

(2) 인적자본론

인적자본은 인간이 교육과 훈련을 통하여 몸속에 축적시킨 지식, 기술, 창의력 등이 미래에 소득을 발생시키는 자본이 된다는 것으로(Schults, 1971), 인적자본투자의 형식은 신체건강투자, 정규교육투자, 직장교육투자, 인적이동 및 배치투자 등이 있다. 인적자본이론에 따르면, 물질적인 자본투자와 교육투자가 모두 생산성 투자이며, 그 중에서 교육투자가 가장 핵심적이라고 하였다.

하지만 교육투자는 비용과 수익 그리고 위험을 수반하게 된다. 여기서 비용은 학생이 교육받는 과정 중에 학생 본인이 지불하는 전체비용으로, 직접비용, 기회비용, 거래비용 등이 있다. 직접비용은 학비, 기숙사비, 생활비, 학용품, 교통비 등을 화폐로 계량화할 수 있는 지출을 말한다. 기회비용은 교육을 받기 위해 취직을 못하기 때문에 포기하는 수입과 교육 말고 다른 영역에서 투자하고 받을 수 있는 수입을 포함한다. 거래비용은 정보수집과 자문할 때 지출하는 비용을 말한다(양정선·김순미, 2003: 224). 인적자본이론은 이러한 비용과 수익 그리고 위험의 관계에 의해서 유학결정이 이루어진다는 것이다. 따라서 다른 국가, 다른 대학교와 다른 전공을 선택하면 비용이 달라지며, 미래에 받을 수익이 달라질 수 있다. 또한 다른 선택에 따라서 투자 위험도 달라질 수 있다.

(3) 세계체제론

세계체제론은 전 세계 국가들이 각각의 경제구조, 정치구조, 문화구조 등에 따라 위계된 구조를 가지고 있다는 것으로, 왈러스타인(I. Wallestein)은 경제발전수준에 따라 세계체제를 중심국가(the core), 반주변국가(periphery), 주변국가(semi-periphery)로 나누었다(Wallestein, 2004).

미국 고등교육 비교교육학자 필립 알트박(Philip G. Altbach)은 전 세계의 고등교육현상을 세계적 관점에서 접근하였다. 그에 의하면, 세계경제가 세계체제로 나누어지는 것과 유사하게 세계교육체제도 중심과 주변의 두 부분으로 나뉘며, 피라미드구조를 형성한다고 하였다. 중심대학과 주변대학의 지리적 위치를 본다면 중심대학은 대부분이 중심국가에 있지만, 주변대학은 대체로 개발도상국에 위치해 있다고 하였다(Altbach, 1998). 또한 이러한 중심, 주변구조는 한 나라 내에서도 존재한다. 이렇게 본다면 모든 학술체제는 피라미드 구조를 띤 세계 고등교육체제를 구성한다. 또한 알트박은 지식이 중심에서부터 주변까지 이동하는 것을 주시한다. 선진국 대학들이 지식체계 중심에 있고, 저개발국가는 지식의 소비자이다. 이에 따라 선진국은 지식의 창조를 통제할 뿐만 아니라 지식의 전파매체와 그 방식 또한 통제한다.

이처럼 "세계체제구조가 정치경제체제에 있을 뿐만 아니라 세계교육체제에도 있다. 이것은 교육의 불평등을 반영한다. 저개발국과 선진국 사이에는 의존하고 통제하는 관계 외에도 교류와 합작이 있다. 저개발국가는 세계적으로 주요한 고등교육의 소비시장이며, 선진국에 있는 대학들이 해외교육서비스의 공급자로서 역할을 담당한다. 각국의 경제능력과 국제적 지위가 "중심, 반주변, 주변"에 근거하여 중심국가에 거주하는 외국학생에게 더 풍부한 지원과 교육자원을 제공할 수 있다. 그리하여 반주변과 주변지역에 있는 학생들은 보다 이점이 있는 고등교육을 받기 위해 중심국가로 이동하게 되는 것이다.

3. 한국으로의 유학생 증가 배경

(1) 유입국 배경

1) 고등교육 국제화를 통한 대학체제 개선 및 경쟁력 강화

오늘날 세계경제는 이전에 경험해 보지 못했던 새로운 변화에 직면해 있다. 정보통신기술의 발달이 지구촌 사람들의 시간과 공간의 개념을 좁혀 상호의존성을 높이고, 지식이 경제발전의 핵심적인 역할을 하는 시대로 변화하고 있다. 이러한 세계 환경의 변화는 고등교육의 패러다임에 많은 변화를 불러일으켰다. 학력 중시의 소수를 위한 교육에서 실용적 가치를 중시하는 평생교육으로, 자국에 국한된 교육에서 글로벌한 교육으로, 독립적인 지식생산 및 분배시스템에서 상호작용과 협력이 요구되는 분배적 지식생산시스템으로, 국가 통제에서 시장 영향력의 확대로, 교수자 중심에서 학습자 중심으로 근본적인 패러다임이 변화하고 있다(Gibbons, 1998; Park, Byun & Kim, 2011).

세계 각국은 이러한 세계화의 영향에 대응하기 위해서 고등교육의 국제화를 적극적으로 추진하고 있다. 고등교육의 국제화란 고등교육의 목적, 기능, 전달방식에 국제적(international), 간문화적(intercultural), 세계적(global) 측면을 통합시키는 과정으로(Knight, 2004), 활동(Activity), 역량(Competency), 가치(ethos), 과정(process) 등 4가지 접근을 통해 추진될 수 있다. 우선 활동 접근은 구체적인 활동 프로그램을 통해 고등교육의 국제적 요소를 기술할 때 가장 일반적으로 알려져 있는 접근방법이다. 예를 들어 교육과정의 교류 및 협력, 학생 및 교수의 이동 등이다. 역량 접근은 학생, 교수, 직원들의 지식, 기술, 관심, 가치, 태도의 측면에서 국제적 태도와 역량을 갖추도록 돕는 것과 관련되어 있다. 가치 접근은 국제적·다문화적 가치와 정책의 발전을 장려하고 격려하는 문화와 풍토를 창출하는 것을 의미한다. 마지막으로 과정 접근은 국제적, 다문화적 요소를 학문 프로그램뿐만 아니라 기관의 정책과 절차에 내재화하는 것을 강조한다. 이는 조직 차원에서 고등교육의 국제적 유지가 가능하게 만드는 요소로 기능할 수 있다.

하지만 현재 우리나라 고등교육의 국제화 수준은 현격히 낮은 실정이다. 스위스 국제경제경영대학원(International Management Development: IMD)에서 국가경쟁력을 평가하는 항목 중에 '대학교육이 경쟁사회의 요구를 부합하는 정도'를 평가하는데 우리나라의 대학교육은 2005년 47위, 2006년 41위, 그리고 2007년 43위, 2012년 42위에 그치고 있다. 또한 매년 타임즈(The TIMES)지에서 주관하는 대학 랭킹에서도 우리나라 대학은 서울대가 유일하게 100위권에 들고 있다. 이는 우리나라의 경제규모에 비해 상대적으로 대학의 교육경쟁력이 떨어지고 있다는 사실을 말한다. 이에 우리 정부는 고등교육의 국제화에 대응하기 위해 2004년 "Study Korea Project"를 수립하고, 2004년에서 2010년까지 외국인 유학생 5만 명 유치를 목표로 하였다. 하지만 2007년에 목표를 조기에 달성하자, 2008년에 다시 2012년까지 외국인 유학생 10만 명을 유치하는 것으로 수정하였다. 또한 각 대학에서도 예를 들어 서울대의 "국제화

7대 사업(2006)", 고려대의 "5-5-10 프로젝트(2007)" 등과 같이 국제화의 흐름에 맞춘 다양한 전략을 수립, 시행하였다. 또한 최근에는 "교육과 연구의 국제화"가 부각되면서 각 대학들은 해외 유명 석학의 초빙과 해외 외국인 유학생의 유치, 영어강좌의 확대, 그리고 다국적 캠퍼스의 조성, 해외 분교와 글로벌 캠퍼스의 설립 등을 추진하고 있다. 국내 외국인 유학생의 대학교육 부문의 낮은 국제경쟁력에도 불구하고 개별대학과 정부의 노력에 의해 2004년 이후 큰 폭으로 증가하였으며, 특히 중국 등 아시아 국가로부터의 유학생 유입이 크게 증가하였다.

2) 급격한 국내 입학자원 감소에 따른 대학 미충원 현상 해소

우리나라 고등교육 기관은 그동안 외형적 성장을 거듭해 왔다. 2012년 현재 우리나라 전체 대학 수는 전문대학 142개교, 4년제 대학 189개교로 총 331개가 있으며(교육부, 2012), 이는 1970년대에 비교하면 2배가 넘게 증가한 수치이다. 그런데 고등교육 기관이 이렇듯 양적인 성장을 해 왔지만, 이와 반대로 그동안 우리나라 출산율은 지속적으로 감소해 왔다. 1970년 4.53명이던 출산율이 1990년대 1.59명으로 크게 떨어졌으며, 2005년 1.08명으로 초저출산율에 접어들었다가 최근 어느 정도 회복하여 2012년 현재 1.30명으로 집계되었지만, 여전히 낮은 출산율을 보이고 있다. 이런 출산율의 감소는 학령[2]인구의 지속적인 감소로 이어져 2000년 1,138만 명이던 학령인구가 2030년에는 616만 명으로 감소할 것으로 예견된다(통계청, 2010). <표 8-3>에서 나타나듯이 고졸 예정자 대비 대학입학정원 추이는 2003년을 기점으로 고졸예정자보다 대학입학정원이 많아지게 된다.

표 8-3 고졸 예정자 대비 대학입학정원 추이

연도	1995	2000	2003	2005	2012
대학입학정원	505,833	657,728	662,678	662,678	547,285
고졸예정자	671,614	764,712	632,822	613,921	631,197

자료: 교육부. 2013. 대학구조개혁토론회.

---

2) 6~12세

이렇듯 학령기 인구감소 및 대학의 미충원문제는 특정 지역의 일부 대학만의 문제가 아니라 대부분의 비수도권대학에서 공통적으로 나타나는 문제로 확산되었다. 이에 따라 그동안 '선발'에만 치중해오던 대학들이 '학생유치'를 위한 경쟁으로 뛰어들게 되었다. 학생유치를 위한 대학의 노력은 국내뿐만 아니라 국외로까지 이어지고 있다. 특히 외국인 유학생 유치를 위한 지방대의 노력은 소위 말하는 '지방대 존폐 위기'라는 존재론적 위기와 맞물리면서 매우 활발하게 진행되고 있다. 서열화된 한국의 대학구조에서 지방대는 외국인 유학생을 유치하기 위해 서울지역보다 낮은 대학등록금과 입학자격 기준 완화, 각종 장학금 혜택을 내걸고 있다(이민경, 2012).

3) 유학생 유치를 통한 유학수지 적자개선

2012년 국외에서 유학하고 있는 한국인 유학생 수는 239,213명으로 한국으로 유학 오는 외국인 유학생 수 86,878명의 2.7배에 달한다. 국내에 들어오는 학생들보다 국외로 나가는 학생 수가 많은 불균형을 보이고 있다. 한국은행이 유학, 연수 적자 현황을 분석한 결과에 의하면, 외국인 유학생 한 사람이 1년간 우리나라에 와서 사용한 금액은 2006년 2천 860만 달러, 2007년 4천 490만 달러, 2008년 5천 440만 달러, 2010년 3천 740만 달러, 2011년 1억 2천 830만 달러 등 2011년을 제외하고 1억 달러에 훨씬 못 미친다고 한다. 반면, 우리 국민이 유학이나 연수로 지출한 연평균 금액은 2006년 45억 달러, 2007년 50억 달러, 2008년 44억 달러, 2009년 39억 달러, 2010년 44억 달러, 2011년 43억 달러로 2008년에서 2009년 외환 위기를 겪었던 시기를 제외하고 연평균 금액이 40억 달러가 넘는 것으로 나타나고 있다. 이처럼 유학 수지의 적자 현상이 갈수록 심화되고 있기 때문에, 정부 및 대학은 유학생 유치를 통해 이러한 적자폭을 줄이고 다른 한편으로 재정적 이익을 창출하고 있다.

4) 우수한 해외인재 유치를 통한 국가 경쟁력 제고

경제발전이 가속화될수록 인적자원 중 우수한 능력을 가진 소수 고급 인력의 확보에 대한 국가적 관심이 높아가고 있다. 예를 들어 미국, 독일 등은 고급인력에 대한 비자발급을 완화하였고, 아일랜드, 싱가포르, 대만 등은 적극적인 개방화를 통한 국제적 인재 확충과 이를 통해 경제성장을 도모하고 있다.

이런 인재확보의 중요성이 강조되면서 국내에서도 우수한 외국인 유학생 확보가 우수한 인재확보의 밑거름이라는 인식이 강화되고 있다. 특히 국내에서 이공계기피현상으로 연구 인력을 구하기 어려워지면서, 외국인 유학생 유치를 통해 인재를 확보하고자 하는 노력들 더욱 가속화되고 있다.

(2) 송출국 배경

유학이라는 이민 현상은 다양한 거시적 배경 즉, 출발지의 밀어내는 요인과 목적지의 당기는 요인이 상호작용한 결과로 볼 수 있다. 국내 유학생 중 다수를 차지하는 중국 유학생을 중심으로 한국 유학결정요인을 살펴보면, 우선 중국 고등교육 시장의 대중화(임석준, 2010)가 한국으로의 유학결정에 영향을 미쳤다고 한다. 개혁개방 이후 중국에서는 수많은 중산층이 탄생한 것은 물론, 1가구 1자녀 정책으로 소위 '소황제' 자녀에 대한 교육투자가 크게 증가하였다. 그러나 고등교육의 수요에 비해서 대학 인프라가 턱없이 부족하기 때문에, 가까운 한국으로 눈을 돌렸을 가능성이 크다는 것이다. 이러한 배경 이외에 하정희(2008)는 중국 유학생의 한국 유학 동기가 미래에 대한 뚜렷한 목표 의식, 가족 및 가까운 사람들의 영향, 한국문화에 대한 관심과 동경 등이 작용하고 있음을 밝히고 있다. 미래에 대한 목표 의식은 대개 중국에 진출한 한국 기업들이 많아지면서 한국 회사에 다니기 위해 한국 유학을 결심한 경우이다. 그리고 이러한 유학 결심 과정에는 가족 및 친지 등이 이미 한국에 공부하러 혹은 일하러 가는 등 한국 유학과 관련된 정보가 있었기 때문이다. 또한 최근 중국에서 각종 TV나 매체의 영향으로 소위 '한류' 분위기가 확산된 것도 이들이 한국행을 결심하게 된 배경으로 작용하고 있음을 보여준다.

비슷한 맥락에서 박소진(2013)은 중국 유학생의 한국 유학 동기에는 중국 중산층 가족의 자녀교육에 대한 열망이 작용하고 있음을 보여준다. 한국 유학은 손쉽게 대학 진학과 학위취득이 가능한 하나의 기회로 인식되고 있으며, 나아가 한류의 영향, 한국 관련 네트워크 등의 증가를 배경으로 한국어 습득 및 한국 관련 관심이 중국 유학생의 한국 선택의 주요한 동기가 되고 있다는 것이다. 특히 한국어에 대한 관심은 졸업 후 취업이나 진로에 있어서 한국어가 하나의 자원으로서 가치를 가질 것이라는 기대를 수반한다고 하였다.

4. 유학생의 적응 문제

대학생들은 청소년기의 의존성을 벗어버려야 하고 대학생활을 끝내는 대로 성인으로서의 역할을 담당해야 한다. 또한 그들은 대학이라는 낯선 환경에서 고교시절과는 다른 생활을 시작한다는 점과 청소년 후기에 해당되는 발달상의 과업을 성취해야 한다. 대학 입학과 더불어 대학생이 되면 이전의 견해와 가치관에 도전을 받게 되고, 학업적 성취와 새로운 대인관계 형성과 같은 대학생활이 요구하는 과제에 적응해 나가야 한다. 따라서 대학생활에 대한 적응은 매우 다차원적인 현상으로 다양한 종류의 요구들이 뒤따르는 문제이다 (손교교, 2012).

한편 유학생은 뚜렷한 목표를 갖고 자발적으로 새로운 문화에 들어온 사람들로 비교적 단기간 머물고 본국으로 돌아갈 계획을 갖는다는 점에서 다른 이민자들과는 성격을 달리한다. 그러나 유학생은 정해진 기간 내에 적응하고 목표를 달성해야 하며 유학기간이 자아중심성이 강한 청년기에 해당하기 때문에 새로운 환경에 적응하는 과정은 더 어려울 수 있다.

유학생들은 일반 대학생들이 겪는 새로운 환경, 발달상의 적응 문제뿐만 아니라 자신의 고국을 떠나 새로운 환경에 적응해야 하는 과제들이 있다. 외국인 유학생들이 적응에서 겪게 되는 문제들로는 향수병, 음식문제, 언어문제, 의료문제, 재정문제, 장래직업계획, 교우관계, 일상의 문제들, 종교문제, 폭력문제, 차별문제, 교육체제차이, 집을 구하는 일, 새집에 적응하는 일 등이 있다.

국내 유학생 중 다수를 차지하는 중국 유학생을 중심으로 이들이 한국사회에 적응과정에서 겪는 어려움을 살펴보면, 공통적으로 신뢰할 수 있는 사람이 없다는 것, 한국인 친구가 없는 것, 고향에 대한 향수, 고독감, 생활비 부족, 한국어와 영어 능력 문제, 정서적 지지가 없는 것 등이 지적되고 있다. 또한 적응 초기를 벗어나 유학생활 중기와 후기로 갈수록 한국어 능력, 사회로부터의 격리, 음식습관, 고독, 예절, 의사소통 문제, 정보의 부족, 기후문제에서는 호전을 보이지만 다른 영역에서는 변함없이 어려움을 겪고 있다고 한다. 즉, 이들은 문화적인 분야, 학업분야의 문제에는 호전을 보인 반면에 대인관계와 관련된 문제나 경제적인 문제 등에는 계속적으로 어려움을 겪는다는 것이다. 특히 이 가운데에서 가장 정도가 심한 어려움은 대인관계 형성인 것으로 나타났다(엄혜경, 2003; 허춘영·김광일·이장한, 1999).

(1) 언어 문제

사회교류에 있어서 언어는 생각이나 느낌을 나타내거나 전달하는 도구이자 상호작용을 가능하게 하는 중요한 수단이다. 언어를 포함한 의사소통은 단순한 의사전달 기능뿐만 아니라 그 사회가 요구하는 문화수행방식을 내포하기 때문에 새로운 사회의 적응을 측정할 수 있는 가장 대표적인 변수이다(박미숙, 2010).

유학생들이 새로운 환경에 적응하기 위해 다양한 요소들이 필요하지만 그 중 가장 중요한 변수가 언어 능력이다. 필셀(Philipsel, 1977)은 유학생들이 처음 6개월 동안 가장 많이 겪는 것이 문화적 충격이며, 이 문화적 충격 가운데 가장 중요한 요소로 언어 충격을 언급하였다. 다양한 사회적 관계들의 실마리가 언어에서 출발하기 때문이다. 언어 능력은 대인관계뿐만 아니라 학업에도 영향을 미치게 되는데, 토론에 참여하지 못하거나, 질문에 답하지 못하는 문제가 발생하여(Heikinheimo & Shute, 1986) 학업성취를 떨어뜨리게 된다.

한편 유학의 목적이 유학 대상국의 언어 성취가 아닌 경우에 언어로 인한 스트레스는 덜 할 수 있다. 예를 들어 재미 중국인 유학생들은 영어에 대한 애착과 미국문화에 대한 긍정적 태도가 높아 미국문화에 적응하고자 하는 경향이 높지만, 재한 중국인 유학생들은 한국에서 영어로 소통하고 영어로 공부하는 것이 가능하기 때문에 한국어를 배우고 한국문화를 이해하려는 노력이 상대적으로 적고 언어로 인한 스트레스가 낮을 수 있다.

(2) 학업 문제

대학생의 적응과 관련하여, 가장 중요한 적응 문제 중 하나가 학업적응이다. 학업적응은 구체적으로 수업 참여, 필기, 시험 및 과제 제출 등과 관련된 활동을 말하며(Baker & Siryk, 1984), 대학의 학업적 요구에 얼마나 성공적으로 적응하는가는 긍정적인 자기 평가, 긍정적인 자기 개념, 자기 효능감 등으로 이어질 수 있다. 특히 학위 취득이 가장 우선적인 목적인 유학생에게 학업에 잘 적응한다는 것은 유학에 대한 성공적인 목적 달성에 기여한다는 점에서 특히 중요하다. 옌과 이노세(Yen & Inose, 2003)는 유학생들에게는 언어구사력 또는 유창성이 학업문제와 매우 높게 관련되어 있다고 하였다. 한국에 유학 온 학생들을 대상으로 한 연구(권양이, 2008)에서도 말하기와 쓰기가 학업성취 및 학업 관련 문제 전반에 가장 큰 영향을 미친다고 한다.

(3) 교우 문제

대학생활에서 학업문제 이외에도 또 다른 적응 문제가 자신이 소속된 대학이나 학생에 대한 전반적인 애착이나 호감, 유대감 등을 갖는 대인관계 적응 문제이다. 대학생활에서의 대인관계 적응은 대학에서 안정적이고 지지적인 도움을 줄 수 있는 친구나 부모가 있는지, 새로운 사회적 관계를 관리하는 능력을 가지고 있는지, 교수와 친구들과 원활한 의사소통이 가능한지에 대한 내용이 포함된다. 필모어(Fillmore, 1991)는 유학생들이 일상생활 중에 가장 크게 지각하는 문제가 대인관계이며, 만약 유학생이 대인관계에서 부적응을 경험하게 된다면 이는 일상생활 전반에 영향을 미쳐 문화적응뿐만 아니라 학업전반 그리고 개인의 심리적 부적응의 원인으로 지목된다고 하였다.

중국유학생을 대상으로 한 연구(허춘영·김광일·이장한, 1999)에서 이들이 대인관계에서 어려움을 느끼는 이유로 첫째, 사회주의 국가와 다른 위계질서나 상하관계, 남존여비, 예의 존중을 중요시하는 한국문화, 둘째, 자기네와는 다른 한국인의 생활태도, 셋째, 타국에 와서 행동을 조심하는 중국인 특유의 행동양식 등이 작용하고 있음을 밝히고 있다.

이와 같은 어려움으로 인해 유학생들은 유학생활 동안 자국의 유학생들과만 대인관계를 유지하는 경우가 많은데, 대학생활에서 이와 같은 패턴을 지속하는 것은 대인관계의 폭이 좁아지고 사회 적응력이 떨어져 궁극적으로는 유학생 자신의 긴장감과 불안, 우울 및 자기 비하적인 대인관계 영역에서의 부적응을 야기할 수도 있다.

(4) 경제적 어려움

한국에서 수학중인 유학생들이 부딪치는 가장 어려운 문제는 역시 경제적 문제이다. 유학생활비용에는 학비, 기숙사비, 생활비, 학용품비, 교통비 등 많은 비용이 드는데, 한국으로 유학 온 대다수의 유학생이 저개발국가 출신이라는 점에서 한국에서의 유학생활은 경제적 부담이 크다. 따라서 대부분의 유학생들이 부모의 경제적 부담을 경감시키기 위해 아르바이트를 하는 경우가 많다. 이명재(2006)는 한국에 있는 한족 유학생, 조선족 유학생의 대다수가 외국어레슨, 음식점 서빙, 공장 노동 등 아르바이트를 하고 있다고 하였다.

(5) 정보부족

유학생들이 유학생활에 잘 해나가기 위해선 다양한 정보가 필요하다. 유학생들이 유학생활을 위해 필요한 정보는 크게 학업수행에 필요한 정보와 일상생활을 영위하기 위한 정보로 나누어질 수 있다. 유학생의 정보추구행태를 연구한 양순우(2009)에 의하면, 유학생들이 가장 필요로 하는 정보는 학업 관련 정보이며(58.5%), 그 다음이 자기계발 관련 정보, 경제 관련 정보, 사회, 문화생활 관련 정보, 건강 관련 정보 순이라고 한다.

학업 관련 정보 요구는 주로 도서관 이용에 관한 정보 요구가 가장 많고, 그 뒤를 이어 진로 상담, 외국인 능력 향상, 논문 작성, 수강 신청, 수업 이해 등에 관한 요구들이다. 일상생활에 관한 정보 요구에서는 아르바이트 관련 정보 요구가 가장 많고, 그 다음이 각종 뉴스, 식생활정보, 타문화 예절, 이해 정보와 주거문제 정보, 건강생활 정보 등이다. 그렇지만 유학생의 대다수는 필요한 정보를 구집하지 못하는 경우가 많은데, 정보를 얻는 방법을 모르거나 언어적 문제 즉, 영어 지원이 되지 않아 정보를 얻지 못하는 경우가 많기 때문이다.

5. 유학생 지원 방안

인재의 중요성은 아무리 강조해도 지나치지 않다. 특히 저출산으로 인한 학령인구의 감소라는 현재의 교육 현실을 볼 때 다양한 인종적, 민족적 배경의 유학생 유치는 대학과 국가의 경쟁력 강화 그리고 나아가 국가 간 네트워크 활성화를 기대해 볼 수 있다.

그동안 정부와 대학은 이러한 배경에서 유학생 유치에 매진해 왔다. 그러나 선진국의 유능한 인재 유치에 따른 시너지 효과를 국내에서도 동일하게 보기 위해서는 우선 정부와 대학이 유학생이 한국을 선택할 수 있도록 글로벌한 시스템을 갖추어야 한다. 특히 대학은 학생들이 직접적으로 수학하고 생활하는 곳으로 유학생의 욕구에 맞게 적절한 시스템을 구축하는 것이 필요하다.

둘째, 국내 대학에서 체류하고 있는 유학생들 중 선진국에서 온 유학생들과 아시아 등 개발도상국가에서 온 유학생들 간에 한국 유학 경험의 차이가 크다. 미국이나 일본, 유럽 등 선진국에서 온 학생들은 유학생활 중 어려움이 많지 않다고 했지만, 개발도상국가와 저개발국가 출신의 학생들은 안 좋은 경험을 많이 하고 있는 것으로 나타났다. 한국 학생들과 친해지는 것에서부터 한계를 느끼고, 학비나 생활비 등이 비싸 경제적인 고통도 받고 있었으며, 국가나 인종에 대한 비하 경험도 있다. 아시아 지역 등 개발도상국가에서 온 학생들이 유학생의 대부분을 차지하고 있다는 사실을 상기해 볼 때 이런 점은 반드시 개선해 나가야 할 부분이다.

셋째, 유학생들이 부딪치는 가장 어려운 문제가 경제적 문제이다. 이를 해소하기 위해, 다양한 장학금 제도의 마련과 시행이 필요하다. 현재 각 대학에서는 다양한 장학금 제도를 운영하고 있지만, 선진국과 비교할 때 턱없이 낮다. 또한 다양한 형태의 생활 자금 지원 정책과 제도가 검토되어야 한다.

그리고 여러 가지 법과 제도에 의해 유학생의 취업이 금지되어 있지만, 유학생의 아르바이트 허용이 검토될 필요가 있다.

넷째, 유학생들이 공통적으로 어려움을 호소하는 부분은 언어적 문제, 교우 관계 등이나 이러한 문제가 결국 한국 유학생활 과정에서 필요한 여러 가지 도움을 얻기 위함이라고 본다면, 유학생들이 겪는 어려움 중 가장 큰 부분은 유학생활에 필요한 정보는 얻지 못해 겪는 문제들일 것이다. 부정확한 정보를 제공받거나, 언어적 문제로 학생들이 필요로 하는 정보를 제대로 전달받을 수 없는 문제, 그리고 유학생의 독특한 상황에 대한 이해를 전제로 하는 문제해결법의 부재 등은 유학생들에게 타지에서 온 문화적 충격과 함께 이중고를 느끼게 한다. 하지만 이러한 문제들은 대부분 예상 가능하고, 조금 더 세심히 살펴보면 해결할 수 있다는 점에서 대학 측의 국제적 마인드의 부족에서 발생하는 문제이다.

SUMMARY

■■■ 타국에서 공부하는 유학은 여전히 선진국으로 향하는 전통적인 흐름을 유지하고 있지만, 최근 들어 선진국분만 아니라 그 속도는 과거에 비해 비약적으로 증가하였다.

■■■ 유학(oversea study)은 '외국의 교육기관·연구기관 또는 연수기관에서 6개월 이상의 기간에 걸쳐 수학하거나 학문·기술을 연구 또는 연수하는 것'을 의미하는데, 지난 1960년대 이후 유학을 목적으로 자국을 떠나는 유학생 수는 꾸준히 증가해 왔으며, 2010년 현재 410만 명에 이르고 있다. 유학생의 주요 목적국은 미국이며, 유학생의 주요 출신국은 중국, 인도, 한국 출신이 전체 유학생의 다수를 차지한다.

■■■ 우리나라에서 수학 중인 유학생 규모는 1970년 321명에 지나지 않았으나, 2000년부터 급속하게 증가하기 시작하여 2012년 86,878명으로, 지난 40여 년 사이에 무려 270배 증가하였다. 한국에서 수학하고 있는 외국인 유학생들의 주요 출신국은 중국이 약 63.8%를 차지하고 있다.

■■■ 유학 이동에 대한 이론적 접근은 푸시-풀 이론, 인적자본이론, 세계체제론 등으로 설명되고 있다. 푸시-풀 이론과 인적자본론은 경제적 관점에서 가장 생산성 높은 교육 투자의 결과로 유학 이동을 설명한다. 반면, 세계체제론은 전 세계 국가들이 각각의 경제구조, 정치구조, 문화구조 등에 따라 위계된 구조를 가지고 있는 것처럼, 전 세계의 고등교육 역시 중심과 주변의 두 부분으로 나뉘며, 유학은 주변에서 중심으로의 이동 현상이라는 것이다.

■■■ 최근 한국으로 들어오는 유학생 증가에는 고등교육 국제화를 통한 대학체제 개선 및 경쟁력 강화, 급격한 국내 입학인구 감소에 따른 대학 미충원 현상, 유학수지 적자 개선을 위한 정부의 유학생 유치 전략, 우수한 해외 인재 유치를 통한 국가 경쟁력 제고라는 배경이 작용하였다.

■■■ 유학생은 일반 대학생들이 겪는 새로운 환경, 발달상의 적응 문제분만 아니라 향수병, 음식문제, 언어문제, 의료문제, 재정문제, 장래직업계획, 교우관계, 일상

의 문제들, 종교문제, 폭력문제, 차별문제, 교육체제차이, 집을 구하는 일, 새집에 적
응하는 일 등 다양한 적응문제를 겪고 있다.

■ ■ ■ 국내에서 수학하는 유학생이 많아진다는 것은 대학과 국가의 경쟁력 강화
그리고 나아가 국가 간 네트워크 활성화를 기대해 볼 수 있다. 그러나 유학생 유치
가 성공하기 위해서는 유학생이 한국을 선택할 수 있도록 글로벌한 시스템을 갖추
어야 하며, 특히 아시아 지역 출신 유학생에 대한 인식 개선이 필요하며, 경제적 어
려움을 해소하기 위한 다양한 장학금 제도의 마련과 시행이 필요하다.

Key terms: 유학생, 고등교육의 국제화, 대학의 미충원 현상, 적응 문제

재외동포

1. 재외동포란

　　재외동포는 일반적으로 해외에 거주하고 있는 자국 출신자와 그 후손들로, 재외한인, 해외한인, 재외동포, 해외교포, 재중 조선족, CIS(독립국가연합) 고려인, 재일동포, 그리고 한인 디아스포라 등으로 불러 왔다. 「재외동포 출입국과 법적 지위에 관한 법률」(이하 재외동포법)에서는 재외동포를 "대한민국의 국민으로서 외국의 영주권을 취득한 자 또는 영주할 목적으로 외국에 거주하고 있는 자(이하 '재외국민'), 대한민국의 국적을 보유하였던 자(대한민국정부 수립 이전에 국외로 이주한 동포를 포함) 또는 그 직계비속으로서 외국국적을 취득한 자 중 대통령령으로 정하는 자(이하 외국국적동포)로 정의하고 있다.

　　한편 국내에 체류하고자 하는 재외동포는 체류기간 동안 각종 편의를 제공받기 위해 거소신고를 해야 한다. 거소신고제도는 재외동포에게 국내체류

재외국민	▶ 외국의 영주권을 취득한 자라 함은 거주국으로부터 영주권 또는 이에 준하는 거주목적의 장기체류자격을 취득한 자를 말함(재외동포법시행령 제2조제1항) ▶ 영주할 목적으로 외국에 거주한 자라 함은 해외이주법 제2조의 규정에 의한 해외이주자로서 거주국으로부터 영주권을 취득하지 아니한 자를 말함(재외동포법시행령 제2조제2항)
외국적동포	▶ 대한민국의 국적을 보유하였던 자(대한민국정부 수립 이전에 국외로 이주한 동포를 포함)로서 외국국적을 취득한 자(재외동포법시행령 제3조제1호) ▶ 부모의 일방 또는 조부모의 일방이 대한민국의 국적을 보유하였던 자(대한민국정부수립 이전에 국외로 이주한 동포를 포함)로서 외국국적을 취득한 자(재외동포법시행령 제3조제2호)

에 있어서 특히 주민등록증 또는 외국인등록증에 갈음하는 증표로서의 효력
을 부여하고 있다. 예를 들어 재외동포가 거소신고를 하면 일반 외국인에 비
해 출입국 및 국내 체류에 있어 여러 가지 편의(부동산거래, 금융 및 외국환거래,
의료보험 등)를 제공받고, 또한 단순노무활동 및 사행행위를 제외하고는 국내
에서 모든 취업활동이 허용된다.

2. 재외동포의 발생과 현황

(1) 재외동포의 발생

역사적으로 재외동포는 다음과 같은 네 개의 시기를 통해 형성되어 왔
다. 첫째, 1860년대부터 1910년까지의 시기로, 농민과 노동자들이 빈곤과 압
정을 피해 국경을 넘어 중국, 러시아, 하와이 등으로 이주한 형태이다. 조선
말기 삼정문란, 북부지방의 흉년 등 경제적으로 어려워지고, 중국에서는 청조
말엽 혼란기에 국경경비가 소홀해지고, 또한 러시아에서 연해주 지역 황무지
개간을 위해 조선인들의 이주를 적극 장려하면서 조선인의 간도, 연해주 지역
으로의 대대적인 이동이 시작되었다(국제문제조사연구소, 1996: 13).

둘째, 일제 식민지시기로, 당시 토지와 생산수단을 빼앗긴 농민과 노동자
들이 만주와 일본으로 이주한 형태나, 정치적 난민들과 독립운동가들이 중국,
러시아, 미국 등으로 이주한 형태이다. 그리고 1920년대 이후에는 일본의 경
기호황 추세에 따라 경제적 목적의 일본이민이 확대되는 등 해외진출이 본격
화된다. 일제의 경제적인 수탈과 정치적 압제는 수많은 유랑망명을 낳았으며,
강제징용과 징병제 등은 일본을 위시한 중국, 구소련, 동남아시아, 북미주 등
여러 해외지역에 재외동포가 형성하게 된 원인이 되었다(오석선, 1997: 6). 만
주사변(1931년), 중일전쟁(1937년) 등 일제의 침략전쟁이 본격화되면서 정신대,
징병 등 전쟁 수행의 도구로서 일본 본토, 사할린, 만주지역으로 수백만 명이
강제이주당했으며, 이들 중 상당수가 해방 이후에도 귀국하지 못한 체 현지에
잔류하게 된다(김게르만, 2005: 147). 해외이민자는 1935~1940년 사이에 급증

하여 약 90만 명에 이르렀고, 이들의 주요 이주지역은 일본의 중국 점령지인 만주였다. 해방 후 일본, 중국의 해외동포가 대거 귀국하는 한편 해외로 나가는 이민자들은 극히 드물었다.

셋째, 1945년부터 1962년까지의 시기로, 해방 후 일본, 중국의 재외동포가 대거 귀국하는 한편, 이 시기에 국외로 나간 사람들도 존재하는데, 이들은 한국전쟁 이후 발생한 전쟁고아, 미군과 결혼한 여성, 혼혈아, 학생 등으로 주로 입양, 가족재회, 유학 등의 목적으로 미국 또는 캐나다로 이주했다.

넷째, 1962년 이후에서 현재의 시기로, 해외노동과 해외이민 등을 통해 정착을 목적으로 한 이민이 진행 중에 있다. 중국, 일본, 독립국가연합 지역 동포들을 제외한 대부분의 재외동포가 이 시기에 이주한 사람들이다(김용찬, 2009: 9). 「해외이주법」 제정(1962년)으로 정부는 이민을 장려했고, 미국이 이민문호 확대를 내용으로 하는 「이민법」을 개정(1965년)하면서, 미주지역을 중심으로 해외이민이 폭발적으로 증가하였다. 개정된 「이민법」에 의해 유학생, 간호사와 의사의 신분으로 미국에 건너 간 한국인들은 영주권을 취득하게 되고, 이들이 1965년에서 1970년 사이의 한국인의 이민을 주도하였다(국사편찬위원회, 2005: 5). 88서울올림픽 개최를 계기로 한국의 정치, 경제적 위상이 높아지면서 해외이민자의 수가 1970~1980년대의 절반 정도로 감소하였지만, 해외이민자의 이주지역은 미국, 캐나다, 호주, 뉴질랜드 등 선진국 선호경향이 여전히 나타나고 있다.

(2) 재외동포의 현황

1) 해외 거주 재외동포 현황

2013년 남북한 총인구를 7,000만 명으로 추정할 때 재외동포는 남북한 총인구의 9%를 넘어서고 있다. 재외동포 분포현황을 살펴보면, 아시아 지역이 약 350만 명으로 전체 재외동포의 약 49.4%를 차지하고 있고, 그 다음이 아메리카 지역(32.8%), 유럽 지역(8.8%), 아프리카 지역(0.2%), 중동 지역(0.4%) 순이다.

재외동포가 많은 지역으로는 중국, 미국, 일본 순인데, 이는 전체 재외동포

표 9-1 거주자격별 동포현황(2013년)

		2007	2009	2011	2013	백분율(%)	증감율(%)
총계		7,041,684	6,822,606	7,167,342	7,012,492	100	-2.16
동북아시아	일본	893,740	912,655	904,806	892,704	12.73	-1.34
	중국	2,762,160	2,336,771	2,704,994	2,573,928	36.7	-4.85
	소계	3,655,900	3,249,426	3,609,800	3,466,632	49.44	-3.97
남아시아태평양		384,474	461,127	453,420	485,836	6.93	7.15
북미	미국	2,016,911	2,102,283	2,075,590	2,091,432	29.82	0.76
	캐나다	216,628	223,322	231,492	205,993	2.94	-11.02
	소계	2,233,539	2,325,605	2,408,490	2,297,425	32.76	-0.42
중남미		107,594	107,029	112,980	111,156	1.59	-1.61
유럽		645,249	655,843	656,707	615,847	8.78	-6.22
아프리카		8,485	9,577	11,072	10,548	0.15	-4.73
중동		6,440	13,999	16,302	25,048	0.36	53.65

출처: 재외동포재단:http://wwwkoreannet/morgue/status_2jsp?tCode=status&dCode=0103
검색일: 2013/10/28

의 79.2%에 이르는 규모이다. 2013년 중국에서는 약 257만 명(36.7%)이, 미국에는 209만 명(29.8%)이, 일본에는 89만 명(12.7%)의 재외동포가 거주하고 있다.

한편 최근으로 올수록 전반적으로 재외동포의 규모는 약간 감소하는 경향을 보이고 있는데, 전통적으로 한민족이 이주해 갔던 중국, 일본의 재외동포의 수가 감소하는 경향을 보이는 반면, 남아시아, 태평양 지역이나 중동 지역에 거주하는 재외동포의 수가 차츰 증가하는 경향을 보이고 있다.

2) 국내 거주 재외동포 현황

국내 거주 재외동포(재외국민, 외국적동포)의 현황을 살펴보면, 2007년 365,732명이었던 재외동포의 수가 2012년에는 538,277명으로 불과 6년 사이에 1.5배 증가하였다. 국내에 체류하고 있는 재외동포의 체류자격은 방문취업, 재외동포, 일반연수, 영주, 방문동거 등인데, 이 중 방문취업 자격으로 체류하는 경우가 가장 많고, 그 다음이 재외동포 자격으로 체류하는 경우이다.

그러나 방문취업 자격으로 체류하는 재외동포는 2007년과 2012년 사이에 큰 변화가 없지만, 같은 기간 동안 재외동포 자격으로 체류하는 경우는 무

표 9-3 재외동포의 주요 국적 현황(단위: 명)

주요국적별	합계	중국	미국	캐나다	오스트레일리아	기타
2007	365,732	328,621	24,544	5,596	2,036	4,935
2008	421,155	376,563	27,513	6,694	2,185	8,200
2009	430,104	377,560	31,903	8,019	2,444	10,178
2010	477,028	415,003	35,822	9,502	2,779	13,922
2011	550,931	477,163	40,786	11,351	3,251	18,380
2012	538,277	447,877	44,567	12,988	3,726	29,119

자료: 출입국, 외국인정책본부. 2012. 2012년 12월 출입국통계.

표 9-2 재외동포 현황(단위: 명)

체류자격별	합계	방문취업 (H-2)	재외동포 (F-4)	일반연수 (D-4)	영주 (F-5)	방문동거 (F-1)	기타
2007	365,732	242,920	34,695			16,127	71,990
2008	421,155	299,332	41,732			13,762	66,329
2009	430,104	306,283	50,664			15,911	57,246
2010	477,028	286,586	84,912			15,574	89,956
2011	550,931	303,368	136,702	15,447	36,162	14,781	44,471
2012	538,277	238,765	189,508	200	49,716	13,445	46,643

자료: 출입국, 외국인정책본부. 2012. 2012년 12월 출입국통계.

려 5.5배 증가하였다.

　한편 재외 동포의 주요 국적별 현황을 살펴보면, 중국 국적의 재외동포가 447,877명으로 가장 많고, 그 다음이 미국, 캐나다, 오스트레일리아 순이다. 중국 국적 재외동포는 재외동포 전체 규모에서 83%를 차지하고 있어서, 국내에 체류하고 있는 재외동포의 대부분이 중국 국적이라 할 수 있다.

3. 재외동포정책의 변화 과정과 평가

　그동안 우리나라에서 재외동포에 관한 정책은 거의 전무하다시피 하였다. 박정희 정부에서 재외동포들의 자본 유치를 위해 「관세법」 개정(1963년 7월)이 이루어졌지만, 민족교육과 취업불이익, 지문날인 등 차별문제에 대해선

수수방관했다. 1980년대 초 전두환 정부에 들어서면서 「헌법」(2조2항)에 재외국민보호조항을 만들었지만, 여전히 재외동포의 문제에 대해선 무관심했다.

정부가 재외동포의 문제에 대해서 관심을 갖게 된 것은 김영삼 정부가 들어서면서부터이다. 재외동포사회가 재일동포뿐만 아니라 재미동포로 다변화되었고, 90년대 초에는 중국, 러시아와의 국교수립으로 재중 재CIS동포들이 시야에 들어오게 된 것이다. 이러한 배경에서 김영삼 정부는 비로소 명문화된 재외동포정책을 펼치게 된다(손기만, 2002). 김영삼 정부의 재외동포정책은 이른바 신교민정책으로, 재외동포의 거주국에서의 성공적인 경제적, 사회적 적응을 지원하고 재외동포와 모국과의 정신적 유대를 강화하는 것을 목표로 하였다. 이를 위해 김영삼 정부는 1997년 10월에 재미동포를 중심으로 재외동포사회에서 오랫동안 요구했던 교민청 대신 재외동포재단을 설립한다.

김대중 정부의 재외동포정책도 김영삼 정부와 기본적으로 크게 다르지 않았다. 김대중 정부는 첫째, 재외동포의 거주국 내에서 안정적으로 생활을 영위하고 존경받는 구성원으로 성장할 수 있도록 지원하고, 둘째, 한민족으로서 정체성을 유지하고, 모국과의 유대를 강화하는 지원정책을 전개하였고, 셋째, 국가발전에 재외동포의 역량을 활용하고자 하였다(윤인진, 2005: 33). 이러한 배경에 의해 1999년 「재외동포의 출입국 및 법적 지위에 관한 법률」(이하 재외동포법)이 제정된다.

하지만 1999년에 제정된 「재외동포법」은 자기 선택에 의해 대한민국 국적을 포기한 북미와 유럽의 동포들에게는 국내 출입국 및 체류상의 편의를 제공하면서도 중국과 러시아 및 구소련의 동포에게는 이들과 같은 편의를 제공하지 않았다(조정남, 2002). 이 법은 헌법재판소의 헌법불합치 판정을 받게 되고, 이에 따라 2004년 2월 9일 개정되어 중국 동포와 러시아 및 구소련 동포들도 「재외동포법」의 적용을 받도록 하였다. 하지만 단순노무활동하는 재외동포는 「출입국관리법」에 따라 재외동포자격에서 제외되었다. 따라서 대부분의 중국과 구소련 출신의 동포들은 재외동포 자격을 얻지 못하고 불법체류자로 강제추방의 위험을 감수해야만 하였다. 이러한 상황에서 일부 불법체류 재외동포들은 국적 회복을 위한 소송을 제기하기도 했다(최현, 2010).

노무현 정부에 들어서면서 재외동포정책은 재외동포의 거주국 내 안정적

표 9-4 재외동포정책의 변화과정

시기	내용
1950년대	▸재외동포정책부재
1960년대	▸외화획득용 해외이민정책 중심(1962년 「해외이주법」 제정) ▸북한과 체제경쟁 차원의 재일동포사회(민단)지원
1970년대	▸재일동포자금 국내 유지 정책 ▸북한과 체제경쟁 차원에서 재일동포사회 지원정책 지속
1980년대	▸재일동포 중심에서 재미동포도 지원대상 포함 다변화 ▸북한과 체제경쟁차원 재외동포사회 지원정책 지속
1990년대	▸재외동포재단 설립(1997) ▸「재외동포의 출입국 및 법적 지위에 관한 법률(재외동포법)」 제정(1999)
2000년대	▸「재외동포법」 개정(2003, 2004) ▸「방문취업제」 시행(2007) ▸제한적 이중국적허용(2009)과 참정권 도입(2009) 및 실시(2012)

정착을 의미하는 현지화뿐만 아니라 모국과의 유대강화를 균형 있게 추구하는 것을 목표로 하였다. 참여정부 시기 재외동포정책의 성과는 중국과 독립국가연합 동포들에게 차별적이라고 비판받았던 「재외동포법」을 개정한 것이다. 2003년 12월 동법 및 하위 시행령을 개정하면서 해외 이주 시점에 따른 외국국적동포 간 차별 규정을 폐지하였고, 2004년 2월 「재외동포법」의 제2조인 재외동포의 범위를 수정하여 대한민국 정부 수립 이전에 이주한 자를 포함한다는 내용을 명시적으로 법안에 포함시켰다. 이 법안 개정으로 그동안 배제되어 왔던 중국, 러시아, CIS 지역 등의 재외동포도 「재외동포법」의 적용대상이 되었다. 또한 소외지역 동포들에 대한 배려와 지원이 강화되어서 2007년부터 「방문취업제」가 시행되었고, 이 제도를 통해 중국동포들의 국내 노동시장 진출이 용이하게 되었다(윤인진, 2012: 7).

이명박 정부의 재외동포정책은 첫째, 모국과 거주국과의 관계증진을 위한 동포사회의 전략적 기여 확대, 둘째, 재외동포네트워크의 활성화, 셋째, 모국과의 유대증진을 위한 국내법적, 제도적 기반 강화, 넷째, 한인 정체성 고양을 위한 교육, 문화교류 확대를 기본목표로 하였다(윤인진, 2012: 7). 이를 위해 「방문취업제」를 보완하고(2008), 제한적 이중국적 허용을 추진하고(2009), 「국적법」 개정안을 시행하고(2010), 재외 국민선거제도를 도입(2009) 및 실시(2010)하였다.

이상과 같이 김영삼 정부 이래 재외동포정책은 비교적 일관성을 갖고 추진되어 왔다. 그럼에도 불구하고 현재 재외동포사회에서 세대교체가 가속화되고, 재외동포가 더 이상 재외에 머물러 있지 않고 국내 정치, 경제, 사회, 문화에 실질적으로 영향을 미치는 상황 변화를 감안할 때 보다 근본적이고 미래지향적인 재외동포정책을 정립할 필요가 있다.

4. 재외동포의 적응과 갈등

(1) 재미동포

재미동포사회는 1902년 12월 인천항을 떠나 101명의 한인이 1903년 1월 13일 하와이 호놀룰루에 정착하면서 시작되었다. 2013년 현재 재미동포는 2,091,433명으로 재외동포 중 중국 다음으로 가장 규모가 큰 집단이다.

재미동포들의 미국 생활은 순탄치 않았다. 1790년에 제정된 「귀화법」으로 인해 1950년대까지 재미동포는 미국 시민이 될 수 없었고, 동화될 수 없는 이방인(unassimilable alien)으로 불리면서 노골적인 인종차별과 탄압을 받았다. 그러나 제2차 세계대전 후 미국은 소련과 우주전쟁(space war)을 시작하면서 엔지니어와 과학자들을 대거 모집하기 시작하였고, 이때 아시아 출신 과학자와 엔지니어들에게도 취업의 기회가 주어졌다. 또한 1952년 「멕케렌－월터법」 (McCarren－Walters Act)이 통과되면서 재미동포들도 미국 시민이 될 자격이 부여되었다. 1965년 미국이 「이민법」을 개정하면서 한국인의 미국 이민이 급증했다. 재미동포는 높은 교육열과 열심히 일하는 노력 덕분에 짧은 기간에 급성장하였고, 미국사회에서 모범소수민족으로 칭송받았다. 그럼에도 불구하고 재미동포의 놀라운 성장 이면에는 한편으로 여전히 능력이 있는데도 승진하지 못하는 유리천장(Class Ceiling) 현상이 존재하였고, 다른 한편으로 다른 소수민족과 비교 때문에 흑인과 라틴계와의 마찰의 위험 또한 매우 높았다(장태한, 2004: 188－191).

2000년대에 접어들어 이민 2,3세대들이 동포사회의 주역으로 부상하면서 재미동포사회에도 여러 가지 변화가 나타나기 시작하였다. 우선 경제적으로 자영업, 특히 소규모의 서비스업에 종사하는 비율이 줄어들고 대신 일반노동시장에서 전문직, 관리직, 사무직으로 종사하는 비율이 늘어나고 있다. 또한 활동분야도 경제뿐만 아니라 정치, 언론, 학문 분야로 보다 다양하게 확대되고 있다. 재미동포 부모의 자녀교육에 대한 높은 관심과 투자로 인해 이민 2,3세들은 타인종에 비교해서 높은 교육수준을 갖고 그 결과 직업지위와 소득면에서 우위를 차지하게 되었다. 경제적 신분상승과 함께 지리적 이동도 활발해지며 전통적인 코리안타운에서 대도시 인근의 근교로의 이주가 가속화되고 있다. 문화적으로 주류문화로의 동화가 가속화되어서 이민 2,3세 중에 한국어를 구사하고 한국문화를 이해하는 사람들의 비율이 줄어들고 자신을 코리안－아메리칸으로 인식하는 사람들이 다수를 차지하고 있다(윤인진, 2004: 202).

이러한 상황으로 볼 때 향후 재미동포사회는 미국사회로의 동화가 빨라지는 대신 한국과의 유대와 애착이 줄어드는 방향으로 나아갈 것으로 여겨진다. 따라서 향후 재외동포정책은 이민 1세에서 2,3세 중심으로 방향전환이 불가피하며, 또한 이민 2,3세를 어떠한 방식으로 모국과 연계시키고 활용할 것인가가 중요하다.

(2) 재일동포[1]

일제 식민지시기에 조선 농업기반의 몰락으로 농민들은 일본의 노동시장으로 들어가게 된다. 해방직전까지 일본에는 당시 조선인구의 10%를 웃도는 240만 명에 가까운 조선인이 있었으며, 이들 중 일부가 잔류한 것이 재일동포의 시작이다. 세월이 흘러 재일동포는 3세대와 4세대가 중심이 된 새로운 전기를 맞이하고 있으며, 2013년 현재 재일동포는 892,704명으로 중국, 미국 다음으로 많은 규모이다.

---

1) 일본에 사는 한인은 '재일한국인', 또는 '재일조선인', 또는 이 둘을 합쳐 '재일한국·조선인'이라고 불린다. 보통 친남한 민단계는 '재일한국인'으로, 친북한 총련계는 '재일조선인'으로 알려져 있다. 하지만 '조선'이라는 의미는 북한을 지칭하는 국적의 개념이라기보다는 한반도 출신임을 가리키는 단순한 '표기'이기 때문에 자신을 재일조선인이라고 부르는 사람들을 모두 총련계의 사람이라고 간주할 수 없다. 젊은 세대 중에는 민단과 총련으로 양분되는 기성세대의 이념대립을 거부하고 '일본에 산다'는 의미의 '재일'(在日, 자이니치)이라는 용어로 자신들을 호칭하기도 한다(윤인진, 2004: 149).

재일동포 1세대와 2세대에게 있어서 가장 절실했던 문제는 차별과 싸우면서 일본 속에 생활의 근거를 마련하는 것이었다. 일본은 재일동포에 대한 제도적·구조적 차별을 통해 하층계급으로 종속시키려 하였고, 재일동포의 고유한 민족문화, 언어, 관습을 억제하고 일본 문화에 동화시키려 하였다. 일본인과 동등한 권리를 얻기 위한 조건으로 귀화를 요구하면서 이름을 일본식으로 바꿀 것을 요구하는 등 동화적 귀화를 강요하였다. 하지만 일본인으로 귀화를 하더라도 조선인이라는 사실이 밝혀지면 주위로부터 따돌림을 당하고 불이익을 당하기 때문에 조선인은 민족적 자긍심을 갖지 못하고 열등감과 두려움 속에 살아갔다(윤인진, 2004: 150).

일제 식민지 통치시기에 도항한 재일동포들은 일본에서 단순미숙련노동자로서 근근히 생활하였지만, 1960년대에 들어서면서 직업 구성에 커다란 변화가 나타나기 시작하였다. 단순 노동직, 농업, 폐품 수집업 등의 분야에 종사하던 사람들이 감소하고 영세규모의 공장이나 판매업, 운수업 등의 직업을 가진 사람들이 증가하기 시작했다. 최근에는 좀 더 뚜렷한 변화가 나타나고 있는데, 점차 전문직, 기술직, 관리직에 종사하는 비율이 늘어나는 추세이다. 이민 1세대는 일본사회에서 고립된 생활을 유지해 왔는데, 도시 지역에 집중적으로 거주지를 형성했을 뿐만 아니라 출신지(고향)에 따라 한 곳에 모여 사는 특성을 보였다. 그러나 시간이 지나면서 밀집거주지역들도 점차 분산되는 양상이다(윤인진, 2004: 150).

한편 재일동포 중에서 일본에서 출생한 세대의 비율이 날로 증가하면서 재일동포의 민족정체성에도 변화가 나타나고 있다. 재일동포 1세대, 2세대가 고국으로 돌아간다는 생각에서 일본에서의 차별과 편견을 감수한 것에 반해, 3세대와 4세대는 일본에 산다는 정주의식이 강해지면서, 일본에서의 권리 신장과 차별 철폐를 위해 노력을 기울이고 있다.

재일동포사회의 현안문제는 일본인으로의 귀화하는 사람들이 늘고 국제결혼으로 출생한 자녀들이 일본국적을 취득하면서 재일동포의 수가 감소하고 있다는 것이다. 하지만 더욱 큰 문제는 일본인으로 귀화하면 재일동포로 간주되지 않고 일본문화에 동화하는 것은 민족성을 저버리는 것으로 생각하는 사고이다. 만약 이러한 사고를 유지하게 되면 갈수록 귀화자와 국제결혼의 자녀들은 재외동포사회에서 배제되게 된다. 결국 재일동포사회는 갈수록 일본의 사회문화에 동화되어 가는 3세대와 4세대들과 국제결혼으로 출생한 혼혈자녀들을 한민족으로 끌어안을 수 있는 새로운 민족정체성을 정립해야 하는 과제를 안고 있다(윤인진, 2004: 152).

하지만 일본사회에서 민족정체성을 심어줄 만한 민족교육을 가르칠 수 있는 여건은 매우 열악한 실정이다. 현재 일본에서 조총련(재일본 조선인 총연합회)의 조선학교는 그 규모에서 교과과정의 체계성과 효과면에서, 아직까지도 민족교육의 가장 큰 축으로 자리 잡고 있다. 그러나 조총련의 민족교육은 조선민주주의인민공화국의 해외공민을 표방하는 조국지향적인 교육을 하기 때문에, 일본에서 살아가는 것에 대해 그다지 관심을 보이지 않았다. 2013년 현재 일본의 조선학교 수는 유치원, 초·중·고등학교를 모두 합해 140여 개로 파악되며, 이 중 고등학교는 10개교이다. 학생은 1960년대 3만 5천여 명에 이르렀으나, 최근 1만 2천여 명으로 줄어들었다. 한편 민단(재일본대한민국민단)의 민족교육은 총련에 비교해서 더욱 열악하다. 민단계 한국학교는 2013년 도쿄와 교토, 오사카에 13개 학교가 있고, 학생은 1,900여 명에 불과하다.

(3) 재중동포

중국 조선족 사회는 19세기 중반 이후 가뭄과 지방관아의 수탈을 이기지 못한 함경도 사람들이 연변 지역으로 이주하면서 형성되었다. 이후 1910년 한일합병으로 독립운동을 하기 위해 사람들이 이곳으로 몰려들었고, 또한 일제는 1932년 괴뢰정권인 만주국을 만들어 한반도의 한국인을 이곳으로 대거 이주시켰다. 1945년 연변지역의 조선족 인구는 300만 명에 이르렀고, 이들은 1949년 중화인민공화국의 성립으로 중국의 국적을 취득하게 된다.

1952년 중국 공산당의 소수민족 정책에 의해 재중동포사회는 연변조선족자치주를 부여받았고, 이곳에서 민족문화와 전통을 보존할 수 있었다. 거주 이전의 자유를 제한하는 중국의 호적제도는 조선족 사회의 동질성과 공동체성을 강화하는 결과를 가져왔다. 조선족은 중국 사회주의 혁명과 건설사업에 적극 참여하였고 뛰어난 벼농사 기술과 근면성, 자녀교육에의 높은 관심과 투자로 인해 중국의 소수민족 중 가장 높은 사회경제적 지위를 획득하였다.

그러나 1980년대부터 시작한 중국의 개혁개방정책과 시장경제의 도입, 산업구조조정으로 인해 전통적으로 벼농사를 하던 조선족 사회는 큰 변화를 맞이하게 된다. 특히 1992년 한중수교로 중국과 남한과의 교역이 활발하게 이루어지면서, 중국 조선족 사회는 급속하게 해체되는 길을 걷고 있다. 출산율 저하로 인한 인구의 감소, 경제적 이익을 위해 중국 대도시와 한국 등 국외로 이주하는 사람들이 급격히 증가하였고, 또한 농촌지역의 교사들이 대거 빠져나가면서 민족교육이 위축되고 민족어를 배우고 사용할 수 있는 공간도 축소되었다(홍기혜: 2000).

조선족의 미래는 현재 중국 사회에서 진행되고 있는 산업화, 도시화, 근대화의 흐름에 얼마나 빠르게 적응하느냐에 달려 있다. 이 과정에서 더욱 많은 조선족들이 농촌을 떠나 대도시 또는 해외로 이주할 것이고, 농업으로부터 상업, 서비스업, 생산직에 종사할 것이다. 가치면에서는 전통적이고 집단주의적 사고에서 보다 현대적이고 개인주의적 사고로 바뀔 것이다. 이러한 추세는 농촌경제와 지연·혈연적 동질성에 기초한 현재의 민족공동체의 약화를 가져올 것이다. 결국 조선족 사회의 최대 현안은 지리적 근접성과 동질성에 기초한 농촌지역의 동족공동체가 해체되어 가는 상황에서 이를 대체할 수 있는 도시지역의 새로운 형태의 공동체를 형성해서 민족정체성과 연대를 유지할 수 있느냐 하는 것이다(윤인진, 2004: 46).

5. 재외동포정책의 과제

(1) 차세대 재외동포 정책

최근 재외동포 차세대가 동포사회의 중심으로 떠오르면서, 동포사회의 세대교체가 주목을 받고 있다. 1.5세 및 2세의 증가, 동포사회의 주류변화, 차세대의 주류사회 진출 증가, 차세대의 한인으로서의 정체성 약화 등이 재외동포정책을 차세대 중심으로 변경할 것을 요청하고 있다(이진영·박우, 2010: 22). 이

민 1세대가 도전과 노력, 희생을 통해 거주국에서 삶의 기반을 다지고, 1.5
세대 – 2세대로 이어지는 차세대는 거주국의 주류문화권에서 활동하는 것이
일반적인 현상이다. 그 결과 우수한 인적 자원으로 각 거주 국가에서 상당
한 영향력을 가지고 있는 차세대들과의 유기적 네트워크의 필요성이 커지고
있다.

차세대 동포정책의 중요성에 대해 이진영 · 박우(2012: 23 – 24)는 다음과
같이 제시하였다. 우선 공공외교[2] 차원에서 차세대 재외동포들의 역할이 점
증하고 있다는 점이다. 글로벌 시대에 공공외교(public diplomacy)는 중요한
외교수단이며, 공공외교를 통한 한국의 브랜드를 높이는 데 있어서 차세대
재외동포는 사실상 외교의 최전선에 있는 사람들로, 동포들의 외교를 통해
거주국의 여론 변화를 이끌어내는 데 매우 중요하다는 것이다. 즉, 차세대 재
외동포는 이미 존재하고 있는 네트워크로, 국가 브랜드를 선양할 수 있는 역
량과 네트워크를 거주국에 보유한 가장 중요한 요소가 될 수 있다. 둘째, 경
제적 측면에서도 차세대 재외동포는 무시하지 못할 만큼의 역량을 갖추었다
는 점이다. 예를 들어 미국 내 한인의 경제력 규모에 관한 보고서(2012)에 의
하면 미국 내 한인의 경제력은 도미니카 공화국이나 에콰도르의 경제력 규모
에 맞먹는 세계 65위로 평가되며, 지속적으로 성장하고 있다고 한다. 차세대
들은 경제와 무역을 통해 우리상품의 1차 소비자이고, 광고자이고, 마케터의
역할을 하며, 특히 자유무역협정이 활발해지면서, 양국의 가교 역할을 할 수
있기 때문이다. 셋째, 사회, 문화적으로 한국문화에 익숙한 차세대동포의 유
지 및 확대는 매우 중요하다. 재외동포들은 실시간으로 한국의 인터넷 홈페
이지에 접속하거나, 위성으로 한국 방송을 시청 및 청취하는 모습을 보이고
있기 때문에, 한국 문화의 수용자, 전파자로서 차세대 동포의 중요성을 간과
할 수 없다.

---

2) 국가가 그 국가의 가치와 이상, 체제, 문화 그리고 국가적 목표와 정책에 대한 이해를 얻기 위해 타
   국의 국민과 소통하는 과정(외교부 홈페이지)

(2) 현지화 맞춤형 지원정책

재외동포에 대한 정책의 목표는 '현지화'에 두어야 한다. 일단 고국을 떠나 외국에서 살아가고 있는 재외동포에게 가장 절실한 문제는 그 곳 해외에서의 성공적인 생활을 영위하는 것이며, 그곳에서의 일정한 경제적·사회적 성취를 만들어내는 것이라고 볼 수 있다. 예를 들어 재미동포의 경우 모국과의 자유로운 교류를 통한 법적 지위 향상 및 미국 내 지역 사회에서의 영향력 확대가 주된 관심사일 것이다. 재일 동포의 경우 국내 및 일본에서의 법적 지위 향상 및 민족교육 강화가 우선적인 관심이 될 것이다. 재중 동포의 경우 자국 정부로부터 불이익을 초래할 수 있는 복수 국적 등의 요구보다는 지리적으로 근접한 모국에 대한 원활한 출입국 및 모국 내 취업 기회 확대가 주된 요구이다(임채완·김혜련, 2012). 즉, 해외에서 재외동포가 놓여있는 상황이 다르다. 따라서 정부가 재외동포의 법적 지위 향상과 정체성 고양, 안정적 정착 지원을 동포정책의 근간으로 삼는다 하더라도, 구체적인 정책 시행 방향이나 조치에 있어서는 위와 같은 지역별 특성을 고려해야 한다.

(3) 네트워크 활용도 제고

재외동포 네트워크는 오프라인, 온라인 네트워크로 나눌 수 있으며, 정치, 경제, 문화, 교육 등 다양한 분야의 네트워크를 포함하고 있다. 그 중에서도 경제, 문화, 인적 자원 측면에서의 네트워크 활용도가 낮은 것으로 나타나고 있다(임채완·김혜련, 2012). 따라서 정부는 첫째, 재외동포 네트워크 구축에만 주력하는 것이 아니라 구축한 네트워크를 충분히 활용할 수 있도록 지원해야 한다. 둘째, 그동안 활용이 미흡한 경제, 문화, 교육, 인적 네트워크 활용도를 향상시킬 계획을 수립해야 한다. 셋째, 국가별 네트워크가 상호 교류 가능하도록 글로벌 연결망을 강화시킬 필요가 있다.

(4) 상시 소통체계 구축

재외동포정책이 재외동포를 대상으로 추진하는 정책인 만큼 재외동포를 활용하는 차원에서만 접근하는 것이 아니라 재외동포의 의견을 충분히 수렴하여, 한국 국가 이익과 재외동포사회의 이익을 최대한 반영하는 방향으로 정책 수립이 이루어져야 할 것이다.

(5) 제3의 한민족운동 촉진

재외동포정책에서 향후 과제 중 하나는 제3의 한민족 운동을 진작시키는 일이다(조정남, 2002). 제3의 한민족이란 한반도를 떠나 외국에서 생활하고 있는 한민족동포가 새롭게 만들어내야 하는 하나의 독립된 민족공동체라 할 수 있는데, 이를 통해 고국은 물론 체재국 그리고 궁극적으로 자민족 집단의 공동이익을 동시적으로 추구할 수 있다는 점에서 의의가 있다. 예를 들어 남북정상회담 이래 일본과 미국 등 주요 재외동포사회에서 운동경기의 응원이나, 중요한 민족적인 행사에 한반도 깃발을 상징물로 하여 벌어지고 있는 새로운 민족통일 내지 민족공동체 운동이 그 중요한 실험이라고 볼 수 있다.

SUMMARY

■ ■ ■ 과거와는 다른 개방적인 시각에서 민족과 국가를 생각해야 할 때이다. 국가를 뛰어넘어 민족을 생각하고, 국적을 뛰어넘어 민족성을 생각해야 할 때가 되었다. 한민족은 전 세계에서 해외 이주를 가장 많이 한 민족 중 하나이며, 이제 이들은 다시 고국과 새로운 방식으로 관계 맺기를 하고 있다. chapter 9에서는 재외동포의 현황과 재외동포정책의 문제점 등을 진단하고, 향후 재외동포정책이 나아가야 할 방향을 고찰해 보았다.

■ ■ ■ 역사적으로 재외동포는 다음과 같은 네 개의 시기를 통해 형성되어 왔다. 첫째, 1860년대부터 1910년까지 노동자, 농민들이 빈곤과 압정을 피해 국경을 넘어 중국, 러시아, 하와이 등으로 이주하면서 발생하였다. 둘째, 일제 식민지시기에 당시 토지와 생산수단을 빼앗긴 농민과 노동자들이 만주와 일본으로 이주하였으며, 정치적 난민들과 독립운동가들이 중국, 러시아, 미국 등으로 이주해 독립운동을 전개하면서 발생하였다. 셋째, 1945년부터 1962년까지 한국전쟁 이후 발생한 전쟁고아, 미군과 결혼한 여성, 혼혈아, 학생 등으로 주로 입양, 가족재회, 유학 등의 목적으로 미국 또는 캐나다로 이주하면서 발생하였다. 넷째, 1962년부터 현재까지 해외노동과 해외이민 등을 통해 정착을 목적으로 한 이민이 증가하면서 발생하고 있다.

■ ■ ■ 2013년 남북한 총인구를 7,000만 명으로 추정할 때 재외동포는 남북한 총인구의 9%를 넘어서고 있다. 재외동포 분포현황을 살펴보면, 아시아 지역이 약 350만 명으로 전체 재외동포의 약 49.4%를 차지하고 있고, 그 다음이 아메리카 지역(32.8%), 유럽 지역(8.8%), 아프리카 지역(0.2%), 중동 지역(0.4%) 순이다. 한편, 국내 거주 재외동포 수는 2012년 538,277명으로, 이들의 체류자격은 방문취업, 재외동포, 일반연수, 영주, 방문동거 등인데, 이 중 방문취업 자격으로 체류하는 경우가 가장 많고, 그 다음이 재외동포 자격으로 체류하는 경우이다.

■ ■ ■ 그동안 우리나라에서 재외동포에 관한 정책은 거의 전무하다시피 하였다. 정부가 재외동포의 문제에 대해서 관심을 갖게 된 것은 김영삼 정부에 들어서면서 부터이다. 김영삼 정부의 재외동포정책은 이른바 신교민정책으로, 재외동포의 거주국에서의 성공적인 경제적·사회적 적응을 지원하고 재외동포와 모국과의 정신적

유대를 강화하는 것을 목표로 하였다. 이를 위해 1997년 10월에는 재외동포재단을 설립하였다. 김대중 정부의 재외동포정책도 김영삼 정부와 기본적으로 크게 다르지 않았으며, 1999년 「재외동포의 출입국 및 법적 지위에 관한 법률」(이하 재외동포법) 이 제정되었다. 노무현 정부에 들어서면서 재외동포정책은 재외동포의 거주국 내 안정적 정착을 의미하는 현지화뿐만 아니라 모국과의 유대강화를 균형 있게 추구하는 것을 목표로 삼았다. 참여정부는 중국과 독립국가연합 동포들에게 차별적이라고 비판받던 「재외동포법」을 개정하였고, 소외지역 동포들에 대한 배려와 지원이 강화되어서 2007년부터 「방문취업제」를 시행하였다. 이명박 정부는 기존의 재외동포 정책의 연장선에서, 「방문취업제」를 보완하고(2008), 제한적 이중국적 허용을 추진하고(2009), 「국적법」 개정안을 시행하고(2010), 재외 국민선거제도를 도입(2009) 및 실시(2010)하였다.

■■■ 우리나라 정부의 재외동포정책은 비교적 일관성을 갖고 추진되어 왔다. 그럼에도 불구하고 현재 재외동포사회에서 세대교체가 가속화되고, 재외동포가 더 이상 재외에 머물러 있지 않고 국내 정치, 경제, 사회, 문화에 실질적으로 영향을 미치는 상황 변화를 감안할 때 보다 근본적이고 미래지향적인 재외동포정책을 정립할 필요가 있다.

Key Terms: 재외동포, 차세대 재외동포, 현지화, 네트워크

북한이탈주민

1. 북한이탈주민의 정의와 현황

(1) 북한이탈주민이란

「북한이탈주민의 보호 및 정착에 관한 법률」 제2조 제1항에 의하면, 북한이탈주민이란 "북한에 주소, 직계가족, 배우자, 직장 등을 두고 있는 자로서 북한을 벗어난 후 외국의 국적을 취득하지 아니한" 사람을 의미한다. 이 법률이 제정되기 이전에 우리나라에서는 이들을 월남귀순자, 월남귀순용사, 귀순북한동포 등의 명칭으로 불러 왔으며, 현재 언론이나 일반 국민들은 '탈북자'라는 명칭을 일상적으로 사용하고 있다.

한편 통일부는 2005년 1월 북한이탈주민들의 정치적, 이데올로기적 색채가 약화되는 상황에서 북한이탈주민의 남한사회에서의 안정적인 정착이 무엇보다 중요하다는 판단에서 '탈북자'라는 명칭이 주는 부정적 이미지를 버리고 새로운 삶의 터전에서 사는 사람이라는 뜻의 순우리말인 '새터민'이라는 명칭을 사용하기로 결정했다. 하지만 이 명칭은 재외탈북자를 포함하지 못하고, 사용하는 사람들이 생경하게 느껴서 정부와 이와 연관된 기관들에서만 주로 사용되고 있을 뿐 일반 국민뿐만 아니라 북한이탈주민 자신들로부터도 호응을 얻지 못했다. 이에 이명박 정부 출범 이후 북한이탈주민과 사회적 의견을 반영하여 정부는 '새터민'을 더 이상 내부 공식명칭으로 사용하지 않겠다는 입장을 밝혔다(윤인진, 2009).

(2) 북한이탈주민 현황

북한을 이탈한 주민들이 남한사회에 들어오기 시작한 것은 사실상 한국전쟁 직후부터였다. 1980년대 이전까지 남북한은 냉전 이데올로기로 대치 상태였기 때문에, 북한을 이탈하여 남한으로 들어온 북한이탈주민들은 매우 극소수였고, 이들의 대부분은 군인 출신이었다. 북한을 탈출하여 남한으로 입국한 사람들을 남한에서는 '귀순용사'로 불렀으며, 이들은 남한 사회에서 특별한 대우를 받았다.

1990년 이후 유학생, 외교관, 무역종사자, 고위인사들이 귀순자로 입국하기 시작하였다. 1989년 베를린 장벽의 붕괴와 1991년의 구소련의 해체 등의 대외정세의 변화는 외국에 나가 있던 북한 엘리트 계층으로 하여금 북한으로 귀환하지 않고 남한으로 망명하게 되는 요인이 되었다. 1993년까지 이들의 수는 매년 10여 명 정도에 그쳤고, 높은 교육수준과 중상층 배경, 그리고 남한 정부의 관대한 정착지원금으로 남한사회에 빠르게 적응해 나갔다.

1994년 김일성 사망과 1995년의 북한의 대홍수는 더 이상 정치적인 동기보다는 경제적인 동기에 의해 대량 탈북이 발생하는 계기가 되었다. 1990년대 중반부터 북한의 식량난을 피해 중국에서 식량을 구할 목적으로 탈북한 사람들이 늘어가기 시작했고, 이들 중에서 중국, 베트남, 라오스 등 제3국을 거쳐 남한으로 입국하는 사람들이 빠른 속도로 증가하였다. 1995년 41명이었던 입국자의 수는 1996년 56명, 1997년 86명, 1998년 71명, 1999년 148명으로 가파르게 증가하였다. 이 시기에 입국한 사람들은 북한에서 노동자, 농장원, 하급 군인, 학생, 주부, 무직 등 낮은 계층에 속했던 사람들이 대부분이다.

2000년 이후 탈북현상은 브로커의 등장, 가족초청 연쇄이동의 증가 등으로 자체적인 성장 메커니즘을 가지게 되었다. 2000년에는 312명, 2001년 583명, 2002년 1,143명으로 매년 2배 정도 증가하다가 2003년에는 1,282명, 2004년 1,896명, 2005년 1,382명으로 증가세가 둔화되었다. 2006년부터 다시 증가하여 2006년 2,022명, 2007년 2,548명, 2008년 2,805명, 2009년 2,929명으로 증가하다가 다시 2010년부터 차츰 감소하고 있다. 2012년 현재 북한을 이탈하여 남한으로 입국한 수는 1,502명이며(통일부, 2013), 성별로는 남성이

표 10-1 북한이탈주민의 성별 현황(단위: 명)

구분	~01	02	03	04	05	06	07	08	09	10	11	12	합계
합계	1,044	1,143	1,282	1,896	1,382	2,022	2,548	2,805	2,929	2,402	2,706	1,502	23,661
남	565	511	472	624	423	512	571	608	671	589	797	405	6,748
여	479	632	810	1,272	959	1,510	1,977	2,197	2,258	1,813	1,909	1,097	16,913

자료: 통일부. 2013. 북한이탈주민정책.

405명, 여성이 1,097명으로 여성이 남성보다 약 2.7배 많다.

연령별 현황을 살펴보면, 30~39세 연령이 30.7%로 가장 많고, 그 다음이 20~39세(27.4%), 40~49세(16.5%), 10~19세(11.7%), 50~59세(5.1%), 60세 이상(4.6%), 0~9세(4.1%) 순이다. 생산 활동에 종사할 수 있는 연령층 인구가 많지만, 전반적으로 전 연령층에 걸쳐 골고루 분포되고 있다. 이와 같은 현상은 2000년 이후 북한이탈현상이 가족동반형태로 나타나기 때문이다.

북한이탈주민의 북한에서의 직업을 살펴보면, 무직 부양자가 51.4%로 가장 많고, 그 다음이 노동자(37.8%), 봉사(3.7%), 군인(2.6%), 전문직(2.0%), 관리직(1.6%), 예술체육(0.8%) 등으로, 무직이나 단순노무 노동자가 전체의 89.2%를 차지하고 있었다. 이와 같은 현상은 북한이탈주민 중 여성 이민자가 많기 때문이다.

표 10-2 북한이탈주민의 연령별 현황(2012년 6월 기준)(단위: 명, %)

구 분	0~9세	10~19세	20~29세	30~39세	40~49세	50~59세	60세 이상	계
누계(명)	999	2,835	6,621	7,421	3,983	1,237	1,105	24,201
비율(%)	4.1	11.7	27.4	30.7	16.5	5.1	4.6	100.0

자료: 통일부. 2013. 북한이탈주민정책.

표 10-3 재북 직업별 유형(2012년 6월 기준)(단위: 명, %)

분	무직 부양	노동자	관리직	전문직	예술체육	봉사분야	군인	계
누계(명)	12,432	9,160	394	487	197	896	635	24,201
비율(%)	51.4	37.8	1.6	2.0	0.8	3.7	2.6	100

자료: 통일부. 2013. 북한이탈주민정책.

2. 재외탈북자의 규모

재외탈북자 규모가 얼마나 되는지 정확하게 알려진 바가 없다. 불안정한 신분으로 인해 은둔과 도피생활을 반복하기 때문에 정확하게 집계해 내는 것이 사실상 불가능하기 때문이다. 대체로 정부 관계자들은 규모를 축소해서 보고하는 경향이 있으며, 민간단체들은 문제의 심각성을 알리기 위해 확대해서 보고하는 경향이 있다.

그럼에도 불구하고 재중탈북자 규모에 대해서는 비교적 알려진 자료가 많은데 다음과 같다. 1990년대 말 재외탈북자의 규모를 추산하는 과정에서 민간단체 활동가들과 연구자들은 재중탈북자의 규모를 10~40만 명으로 추정하였다(이금순, 2005: 32). 2003년 6월 유엔난민고등판무관(UNHCR)은 중국지역 탈북자 규모를 10만 명으로 추정하였다(조선일보, 2003.6.20). 중국인권연구협회 사무총장인 양쳉밍(Yang Chengming)은 2004년 12월 국가인권위원회가 주관한 북한인권 국제심포지엄에서 중국 내 탈북자 규모가 3만 명 정도일 것으로 추정하였다(양쳉밍, 2004: 77). 중국 군사과학원 왕이성(王宜胜) 역시 중국 내 탈북자는 5만 명 이하이며, 그 중 많은 수가 수차례 월경자이기 때문에 실제로는 3~4만 명 선으로 보는 것이 정확하다(통일연구원, 2008: 275)고 하였다. 미국 국무부도 2005년 2월 16일 발표한 탈북자 실태보고서에서 재중탈북자의 규모가 1998년에서 1999년 절정에 달했으나, 2000년부터는 감소하여 2005년에는 3~5만 명으로 추정된다고 밝혔다(U.S. State Department, 2005). 재중 탈북자 지원단체인 '좋은 벗들'은 2005년 6~7월에 국경접경 지역인 동북 3성 농촌지역을 현장조사하고 탈북자가 3~5만 명에 이를 것으로 추산하였다(김수암, 2006: 4). 그러나 2006년에 동북 3성 서북쪽의 한족마을(약 2만 명)과 선양, 따렌, 칭따오 등 대도시 근교지역(약 3만 명)을 조사하여 탈북자가 10만 명에 이르며 이 중 탈북자가 출산한 어린이들도 5만 명에 이른다고 하였다(평화통연구원, 2008: 275). 한편 북한으로 송환된 탈북자 규모를 통해서도 재외탈북자의 규모를 파악할 수 있는데, 미국의 난민위원회(USCR) 보고에 의하면, 1999년 이후 중국 국경수비대에 체포되어 북한으로 송환된 탈북자 수가 매월 6천 명 정도이며, 이를 연간으로 환산하면 약 6만 명에 이른다고 하였다(윤인진, 2009: 72–73).

이상으로 볼 때 재중탈북자의 규모는 3~5만 명으로 추정된다.

한편 재러 탈북자 규모에 대해서는 실태조사가 이루어지지 않아 더욱 파악하기 어려운데, 제성호(2006)는 러시아 지역 탈북자의 규모를 현지 이탈자와 중국 등지에서 유입된 인원을 포함하여 약 2천여 명으로 추산하고 있다. 또한 중국을 경유하여 태국, 베트남 등의 동남아시아 국가로 유입되는 탈북자도 매년 증가하고 있는데, 윤인진(2009: 74)은 동남아시아로 탈북하여 장기체류하고 있는 탈북자 수를 약 1천 명 정도로 추산하고 있다.

3. 북한이탈주민의 남한 사회 정착과정

우리 정부의 북한이탈주민에 대한 정착지원의 수준과 내용은 남북관계의 변화와 이들 수의 증가에 따라 시기별로 변화해 왔다(윤인진, 2009: 265).

1960~1980년대에는 북한이탈주민을 '귀순용사'로 불렀으며, 1962년 「국가유공자 및 월남귀순자 특별원호법」에 따라 '국가유공자'와 동등하게 대우하였다. 이후 1978년에는 「월남귀순자 특별보상법」을 제정하여 북한이탈주민에게 국가유공자 및 그에 준하는 지위를 부여하고, 정착금 외에도 특별임용제도, 주택무상제공 등의 혜택을 확대하였다.

하지만 1990년대 들어 사회주의권의 붕괴로 체제대결의 필요성이 줄어들면서 북한이탈주민에 대한 지위 및 대우에서 많은 변화가 나타났다. 1993년 「귀순북한동포보호법」을 제정하여 소관부처를 국가보훈처에서 보건사회부로 이전하고, 북한이탈주민의 지위도 귀순용사나 국가유공자가 아닌 생활보호대상자로 지위를 낮추고, 이들에 대한 정착지원금도 축소하였다.

이렇듯 정부의 지원이 크게 축소되자, 남한 사회에 정착하지 못하는 북한이탈주민들이 증가하게 되었다. 이에 정부는 1997년 「북한이탈주민의 보호 및 정착지원에 관한 법률」을 제정하여, 체제적응을 위한 교육과 직업훈련 등 남한사회에 자활할 수 있는 능력을 배양하는 데 초점을 맞추게 된다. 이후 법률과 시행령 등을 개정하여 직업훈련수당지급, 교육지원연령범위확대, 취업보호와 거주지보호기간연장 등의 생활안정과 정착지원을 강화하였고, 2004년에는 다시 시행령을 개정하여 북한이탈주민의 자립, 자활에 더욱 중점을 둔 정착지원제도를 시행하고 있다.

북한이탈주민의 정착지원체계는 초기입국단계, 시설보호단계, 교육단계, 거주지보호단계로 나누어진다. 초기입국단계에서는 보호대상자의 보호신청(재외공관 등)→통보(통일부)→임시보호조치 및 사실관계 조사(통일부, 국정원)→보호결정(통일부, 국정원)의 순서로 진행된다. 시설보호단계에서는 '대성공사'라 불리는 정부합동신문소에서 약 1개월간 신원 및 북한이탈동기를 확인한다. 교육단계에서는 경기도 안성에 위치한 북한이탈주민지원사무소(하나원)에서 12주간의 사회적응교육을 받는다. 이곳에서 북한이탈주민들은 심리상담 등 생활지도, 사회적응교육, 기초직업훈련을 받는다. 또한 하나원은 취직 및 주민등록발급, 정착지원금 지급, 주택알선, 의료·생활보호대상자 편입을 위한 기초자료제공, 학력·자격 인정의 기초자료를 제공한다. 거주지 보호단계에서는 거주지보호담당관에 의해 거주지 보호를 받게 되며 본인이 희망할 경우 직업훈련과 학교교육을 받는다. 직업훈련은 거주지 인근 민간 및 국공립시설을 활용하여 실시되는데, 남한 일반주민과 동일한 프로그램에 의하여 실시되며, 그 비용은 국가에서 지원한다. 또한 본인의 희망과 학업능력, 연령을 고려하여 초등학교부터 대학과정까지 교육비를 지원받아 교육을 받으며, 특히 대학 진학 시 특례입학의 기회를 제공받는다. 거주지보호단계에서는 지원받는 주거 및 정착, 직업훈련 및 취업, 교육, 사회보장 및 의료, 신변보호 등의 지원을 받는다(윤인진, 2009: 266−270).

4. 북한이탈주민의 생활 실태

(1) 경제적 불안정

북한이탈주민이 한국사회에 정착하는 데 있어서 가장 기본이 되고 중요한 과정은 자신의 능력과 적성에 맞는 직업을 갖는 것이다. 북한인권정보센터가 2005년부터 해마다 실시한 북한이탈주민의 경제활동조사보고서에 의하면,

표 10-4　북한이탈주민의 취업률 현황(단위: 명, %)

조사대상		표본수	경활참가율	실업률	고용률
2005.12	1997~2004년 국내 입국 5,177명	341	57.5	27.0	41.9
2006.12	2002년 이후 국내 입국 5,094명	400	49.3	16.8	41.0
2007.12	1997~2006년 국내 입국 8,714명	401	47.9	22.9	36.9
2008.11	1997~2008.5 입국 12,029명	361	49.6	9.5	44.9
2009.12	1997~2009.6 입국 14,858명	377	54.9	8.7	50.1
2010.12	1997~2010.5 입국 14,892명	396	48.0	10.0	43.1

자료: 북한인권정보센터(2006. 12; 2007. 7; 2008. 1; 2008. 12; 2010. 3; 2011. 1).

초기에는 경제활동참가율이 60%에 육박했으나, 점차 떨어져 2010년 50%에도 못 미치는 것으로 나타나고 있다. 고용률은 2005년만 하더라도 42%에 불과했으나, 2009년에 50%에 이르렀다가 2010년 다시 떨어지고 있는 것으로 나타나고 있다. 실업률은 2005년에 30%에 육박하는 것으로 나타났으나, 2010년에는 10%로 떨어졌다. 전반적으로 2000년대 하반기 들어서면서 고용률이 소폭 증가하고, 실업률도 큰 폭으로 개선되고 있다고 할 수 있다.

한편 같은 보고서에서 취업한 북한이탈주민의 고용안정성는 매우 취약한 것으로 나타나고 있다. 취업자의 대부분이 서비스·판매직, 기능·기계조작·조립·단순 노무직에 종사하며, 취업자의 32.1%만이 정규직이고, 나머지는 비정규직인 것으로 나타나, 북한이탈주민의 고용안정성은 매우 낮다고 할 수 있다.

(2) 사회, 문화적 소외

북한이탈주민이 남한에 적응과정에서 경제적 적응문제보다 더 어려운 것이 사회문화적 이질성이다. 서재진(2003)은 북한이탈주민이 남한사회 적응과정에서 겪는 이질감을 크게 세 가지 형태로 나타나는데, 첫째, 남한 사회의 모든 것이 같은 민족이라고 전혀 느낄 수 없을 만큼 낯설고 이상하다고 느낀다고 한다. 둘째, 남한사회의 다양성에 많은 스트레스를 받는다고 한다. 유일체제에서 살아 왔기 때문에, 남한에서 일상적으로 일어나는 여야의 싸움, 집단이기주의, 다양한 사회단체들 간의 의견대립 등은 불안감을 조성하며 특히 대북문제와 같은 사안까지 논란과 정치투쟁을 일삼을 것을 보고 정권교체 시 자신들이 정치적으로 악용되지 않을까 두려움을 갖는다고 한다. 셋째, 지나친 외래어 사용, TV에서 보여지는 전통적인 남녀관계의 파괴, 퇴폐적 문화 등은 북한이탈주민에게 혼란과 충격을 증폭시킨다고 한다. 넷째, 남한의 부익부, 빈익빈 현상에 큰 위화감을 느끼며, 다섯째, 모든 것이 낯설기 때문에 타인과의 접촉을 꺼리며, 4,5년이 지나서야 비로소 남한 주민과 대화를 하거나 술자리를 갖게 된다고 한다.

이러한 사회문화적 이질성으로 인해 북한이탈주민은 사회문화적으로 고립된 경우가 많다. 2003년 통일연구원 조사에 의하면, 북한이탈주민이 어려운 일이 발생했을 때 사회적 지지원으로 가족 및 친족(35.7%), 신변보호담당자(24.2%), 없다(14%), 탈북 동료(11%), 기타(6.8%), 거주지보호담당관(3.4%), 동네이웃(2.3%), 하나원 담당관, 민간단체(각각 1.3%), 취업보호담당관(0.1%) 순으로 나타났다. 또한 2005년 새터민 종합실태조사에서도 같은 항목에 대해 친가족(34.3%), 북한이탈주민 친구 및 동료(18.1%), 사회복지사(9.3%), 종교관계자(8.5%) 순으로 도움을 받는 것으로 나타났다. 이상으로 볼 때, 북한이탈주민의 주요 사회적 지지원은 친가족, 북한이탈주민 친구 및 동료, 그리고 사회복지사 등으로 제한된다. 2005년 새터민 종합실태조사에서도, 북한이탈주민들이 주로 하는 여가활동은 텔레비전, 라디오, 비디오 시청, 신문 읽기, 컴퓨터 이용, 책 읽기, 종교 활동 등 주로 소극적이고 소일형 여가활동이 대부분이었다. 반면 취미 및 그 외 여가활동, 스포츠 및 집 밖의 레저 활동, 학습활동 등 적극적이고 자기개발적인 활동형 여가활동을 하는 경우는 5% 미만에 불과했다.

(3) 심리적 부적응

남북한 간 문화와 사고방식의 차이, 남한 사람들의 북한이탈주민에 대한 편견과 부정적 태도 등으로 인해 북한이탈주민들이 심리적 부적응을 겪는 경우가 많다. 북한이탈주민이 남한 사회에 잘 적응하지 못하는 이유로 남한사회의 편견과 차별(북한이탈주민후원회, 2001)인 경우가 많으며, 또한 북한이탈주민

스스로 자신의 노력 없이 기대가 크거나(37.7%), 삶의 목표의 불확실(22.6%), 생활적응교육이 부족하기 때문(15.1%), 잘못된 직업 선택(11.6%), 기타(6.3%), 안이한 삶(5.6%), 죄책감(1.2%) 등으로 생각하고 있었다.

한편 전우택(2004)은 북한이탈주민이 남한사회에 심리적으로 잘 적응하지 못하는 이유로 첫째, 탈북과 남한에 들어온 행동에 대하여 공적인 가치와 명분을 앞세운다는 점, 둘째, 타인을 의심하고 불신한다는 점, 셋째, 극단적인 흑백논리를 주장하는 경직된 사고방식, 넷째, 법보다는 힘을 가진 사람의 의지가 더 중요하다는 시각, 다섯째, 수동적이고 의존적이라는 점, 여섯째, 공평한 대우를 받는 것에 대해 매우 예민하다는 점, 일곱째, 힘에 대해 매우 예민하다는 점을 들었다. 같은 맥락에서 김영자(1999) 역시 북한이탈주민의 심리적 부적응의 문제에 대해서 지적하고 있다. 첫째, 타인에 대한 경계심이 강하다. 둘째, 사선을 넘는 극한 상황을 경험했기 때문에 그 과정에서 살아야 한다는 강한 삶의 의미와 또한 북에 두고 온 가족에 대한 강한 죄책감 간의 상호 갈등, 셋째, 개인차가 있지만, 성격이 도전적이거나 반대로 무기력함을 보인다는 점, 넷째, 외부의 형식적 내지 대가성 접근을 경험함으로써 그에 대한 의심 내지 배신감, 회의감을 갖고 있다는 점, 다섯째, 자본주의 사회체제에서 자신의 존재에 대한 열등감, 여섯째, 외부 환경에서부터 느끼는 외로움과 고독감에 사로잡혀 있다는 점, 일곱째, 민주시민으로서 지켜야 할 예법을 모른다는 점, 여덟째, 가정생활 및 일상생활의 방법을 모른다는 점 등을 들고 있다.

5. 북한이탈주민의 정착방안

1990년대 이후 남한으로 들어오는 북한이탈주민의 수가 급격히 증가하여, 2013년 약 2만 명에 이르고 있다. 앞에서 살펴보았듯이, 북한이탈주민은 남한사회의 적응과정에서 다양한 문제를 안고 있고 있다.

첫째, 북한이탈주민에 대한 지원 정책이 개선될 필요가 있다. 과거 정부에서는 북한이탈주민에게 남한 사회 정착에 필요한 정착지원금을 일시금으로 지급하는 방식으로 지원하였으나 상당수가 경제마인드 부족 등으로 조기에 정착금을 소진하여 사회안전망에 계속 의존하는 경우가 많았다. 따라서 북한이탈주민들이 자립·자활할 수 있는 방향으로 정착지원정책이 개선되어야 한다.

둘째, 북한이탈주민의 남한사회 정착에 있어서 가장 중요한 문제가 취업이라고 할 수 있는데, 이에 대한 실질적인 지원방안이 마련되어야 한다. 우선 북한에서의 경력, 자격 등을 인정해주지 않기 때문에 남한 주민들에 비해 턱없이 불평등한 차별대우를 받기도 한다. 현재의 정책은 나이가 많고, 학력수준이 낮은 취약계층에게 더 많은 혜택을 주는 방향으로 개선되어야 하며, 북한이탈주민들이 안정적 직장을 가질 수 있도록 직업훈련은 강화하고, 고용을 보장하는 등 제한되어 있는 기회구조를 개선, 확대시켜야 할 것이다. 또한 경쟁에 절대적으로 불리한 탈북자들을 자본주의 노동시장에 맡겨두기보다는 적응에 보다 용이하도록 공공부문에서 학력, 자격, 적성 등을 고려하여 고용하는 방안을 마련할 필요가 있다.

셋째, 전혀 다른 체제에서 살다온 북한이탈주민들이 남한 사회에서 문화적 이질감과 소외감을 느끼는 것은 당연하며, 이를 극복하는 궁극적인 해결책은 정부의 지원 정책이 아닌 남한의 한 성원으로서 남한 사회를 직접 체험하는 것이다. 따라서 남한과 북한은 단순히 자본주의와 사회주의 체제 간의 차이만을 갖는 것이 아니라 50년 이상의 다른 역사를 걸어온 다른 국가나 마찬가지라는 점을 부각하고 이질감을 갖는 것은 당연한 과정임을 사전에 교육할 필요가 있다. 또한 남한 주민들 역시 북한이탈주민들을 남한의 공동체적 구성원으로 적극 수용하는 노력이 필요하다. 남한 주민들이 가진 편견과 차별 의식은 북한이탈주민의 적응에 심각한 방해요소이며 조정될 필요가 있다.

넷째, 북한이탈주민의 적응문제는 단순히 북한이탈주민의 문제가 아니라 남북통일을 위한 기반조성의 의미를 갖는다. 또한 점차 증가하는 북한이탈주민이 사회적 부적응자로 방치한다면 이후 심각한 사회불안요소가 될 수 있다. 따라서 북한이탈주민들의 정착지원을 위해 정부－지방－민간의 긴밀한 협력이 있어야 실질적 정착지원이 가능할 것이다.

SUMMARY

■ ■ ■ 1980년대 현실 사회주의권의 붕괴와 북한의 식량난 가중으로 북한의 통치제제가 급격히 이완되면서 많은 수의 북한 주민이 중국, 러시아 등으로 이탈하였다. 이들 중 많은 수가 국내로 입국하였다. 북한이탈주민들은 다른 이민자와 달리 한민족이라는 민족적 정체성을 공유하지만, 서로 다른 사회체제에 적대적으로 살아왔기 때문에 남한사회에 적응하는 과정이 더욱 힘들 수 있다. chapter 10에서는 북한이탈주민의 규모, 정착과정, 그리고 정착과정에서의 문제점 등을 파악하고, 이들이 남한에 잘 정착하기 위한 과제를 무엇인지에 대해서 살펴보았다.

■ ■ ■ 북한이탈주민은 "북한에 주소, 직계가족, 배우자, 직장 등을 두고 있는 자로서 북한을 벗어난 후 외국의 국적을 취득하지 아니한" 사람을 의미하는데, 그동안 월남귀순자, 월남귀순용사, 귀순북한동포 등의 명칭으로 불러 왔다.

■ ■ ■ 북한을 이탈한 주민들이 남한사회에 들어오기 시작한 것은 사실상 한국전쟁 직후부터였으나, 1980년대 이전까지 남북한은 냉전 이데올로기로 대치 상태였기 때문에, 북한을 이탈하여 남한으로 들어온 북한이탈주민들은 매우 극소수였고, 이들의 대부분은 군인 출신이었다. 1994년 김일성 사망과 1995년의 북한의 대홍수는 더 이상 정치적인 동기보다는 경제적인 동기에 의해 대량 탈북하는 사태가 발생하였다. 2000년 이후 탈북현상은 브로커의 등장, 가족초청 연쇄이동의 증가 등으로 자체적인 성장 메커니즘을 가지게 되었다. 2012년 현재 북한을 이탈하여 남한으로 입국한 입국자 수는 약 1만 6천 명 정도이며, 성별로는 남성보다 여성이 많다.

■ ■ ■ 우리 정부의 북한이탈주민에 대한 정착지원의 수준과 내용은 남북관계의 변화와 북한이탈주민 수의 증가에 따라 시기별로 변화해 왔다. 1960~1980년대에는 북한이탈주민을 '귀순용사'로 불렀으며, 1962년 「국가유공자 및 월남귀순자 특별원호법」에 따라 '국가유공자'와 동등하게 대우하였다. 이후 1978년에는 「월남귀순자 특별보상법」을 제정하여 북한이탈주민에게 국가유공자 및 그에 준하는 지위를 부여하고, 정착금 외에도 특별임용제도, 주택무상제공 등의 혜택을 확대하였다. 하지만 1990년대 들어 사회주의권의 붕괴로 체제대결의 필요성이 줄어들면서 북한이탈주민에 대한

지위 및 대우에서 많은 변화가 나타났다. 1993년 「귀순북한동포보호법」을 제정하여, 북한이탈주민의 지위도 귀순용사나 국가유공자가 아닌 생활보호대상자로 지위를 낮추고, 이들에 대한 정착지원금도 축소하였다. 정부의 지원이 크게 축소되자, 남한사회에 정착하지 못하는 북한이탈주민들이 증가하게 되었고, 정부는 1997년 「북한이탈주민의 보호 및 정착지원에 관한 법률」을 제정하여, 체제적응을 위한 교육과 직업훈련 등 남한사회에 자활할 수 있는 능력을 배양하는데 초점을 맞추게 되었다.

■ ■ ■   북한이탈주민들은 한국사회 정착과정에서 다양한 문제를 안고 있는데, 그 중 가장 큰 문제가 경제적 불안정이다. 북한이탈주민의 경제활동참가율이 2010년 50%에 미치지 못하며, 이들의 고용안정성은 매우 취약한 것으로 나타나고 있다. 북한이탈주민이 남한에 적응과정에서 경제적 적응문제보다 더 어려운 것이 사회문화적 이질성이다. 사회문화적 이질성으로 인해 북한이탈주민은 사회문화적으로 고립된 경우가 많다. 또한 남북한 간 문화와 사고방식의 차이, 남한 사람들의 북한이탈주민에 대한 편견과 부정적 태도 등으로 인해 북한이탈주민들이 심리적 적응을 겪는 경우가 많다.

■ ■ ■   북한이탈주민이 남한사회에 정착하기 위해선, 첫째, 북한이탈주민들이 자립 · 자활할 수 있는 방향으로 정착지원정책이 개선되어야 한다. 둘째, 실질적인 취업지원방안이 마련되어야 한다. 셋째, 북한이탈주민들이 남한 사회에서 문화적 이질감과 소외감을 극복할 수 있도록 남한 주민들이 북한이탈주민들에게 갖는 편견과 차별의식이 조정될 필요가 있다. 넷째, 북한이탈주민들의 정착지원을 위해 정부–지방–민간의 긴밀한 협력이 있어야 한다.

Key Terms: 북한이탈주민, 재외탈북자, 남한정착과정, 생활실태

이민 사회의 갈등과
충돌의 원인들

part

3

chapter 11 편 견
chapter 12 차 별
chapter 13 분 리
chapter 14 제노포비아

chapter

11

편 견

1. 편견의 의미와 차원

(1) 편견의 의미

편견(prejudice)은 어떤 집단에 소속된 사람들에 대해 그 집단 명칭에 의거해 부정적으로 평가하는 것을 말한다. 편견은 느껴지거나 표현될 수 있으며, 전체로서의 어떤 집단을 향할 수도 있고, 그 집단에 소속되어 있다는 이유만으로 어느 한 개인에게 향할 수도 있다(Allport, 1954: 9). 이렇듯 편견은 본질상 부정적이고, 개인이나 집단을 향할 수 있으며, 그릇된 혹은 입증할 수 없는 자료와 완고한 일반화에 근거를 두고 있다(Ponterotto & Pederson, 1993: 11). 그러므로 편견적인 태도는 대개 엄격성, 비합리성, 과잉 일반화, 부당성이라는 특징을 갖는다(Stephan, 1999: 24).

(2) 편견의 구성요소

구체적으로 편견은 인지적, 감정적, 그리고 행동적 차원으로 구분될 (Kramer, 1949: 389-451) 수 있다.

1) 인지적 차원의 편견(cognitive level of prejudice): 고정관념

인지적 차원의 편견은 우리가 일반적으로 일컫는 고정관념을 말한다. 고정관념(stereotype)은 "특정 집단의 모든 성원들은 어떤 동일한 속성을 가지고 있다고 과장되게 일반화시켜 믿는 신념들의 집합'(Alport, 1954; Aronson, Wilson, & Akert, 1999)이다.

예를 들어 '유대인은 간섭을 좋아하고 욕심이 많다', '아일랜드 사람들은 술을 많이 마시며, 잘 싸운다', '폴란드 사람들은 머리가 둔하고 지적이지 못하다', '아프리카 사람들은 음악을 좋아하고 게으르다' 등이다.

이러한 고정관념은 사람들이 대상에 대한 정보처리를 하는 과정, 주의, 기억, 해석 및 판단에 중요한 영향을 미치기 때문에, 인간관계나 접촉에도 중요한 영향을 미치게 된다. 또한 사실여부와는 상관없이 그 자체로서 생명력을 가진 사회적 실체로 존재하여, 사회생활의 전 영역에서 영향력을 행사하게 된다.

2) 감정적 차원의 편견(emotional level of prejudice): 편견

감정적 차원의 편견은 어떤 집단의 사람들에 대한 감정을 지칭한다. 감정적 태도는 두려움/부러움, 불신/신뢰, 역겨움/찬양, 멸시/공감과 같이 부정적일 수도 혹은 긍정적일 수도 있다. 하지만 그 대상이 되는 사람들에 대한 정보처리를 편파적으로 만들며 또한 대상에 대한 행동과 대인관계에 영향을 미친다.

3) 행동 성향적 차원의 편견(action-orientation level of prejudice) : 차별

행동 성향적 차원의 편견은 차별적 행태에 참여하는 긍정적 혹은 부정적 성향이다. 어떤 인종적/민족적 집단의 구성원에 대해 특별한 감정을 품은 사람은 그들에 대해 우호적으로 혹은 적대적으로 행동하는 경향을 가질 수 있다.

예를 들어 공격적 혹은 비공격적 행동을 보일 수 있으며, 도움을 제공하거나 도움을 중지할 수도 있으며, 친근한 사회적 관계에 배제하거나 포함시키기를 원할 수도 있다. 특히 정치적, 경제적, 사회적 분야에서 두 집단의 차별적 혹은 불평등한 지위를 유지 혹은 변화시키려는 욕구를 보일 수 있다. 물론 편견의 이러한 측면은 서로 연관되어 있어 상호 영향을 미친다.

2. 편견의 원인

(1) 권위주의 성격

정신분석학적 관점을 취한 아도르노 등(Adorno et al., 1950)에 의하면, 사람들의 성격은 그 발달과정에서 겪는 여러 가지 사회적 제약 때문에 본능적 욕구가 억압되고 뒤틀려서 표현된다고 한다. 정상적인 경우에는 제약과 충족 간에 적절한 균형이 잡혀지지만 부모가 지나치게 엄격한 규율을 강요하고 기존의 권위에 무조건 아동이 동조하는 것을 강요하는 경우에 아동들은 좌절을 겪는다. 이러한 좌절은 공격적 성향을 촉발하게 되는데, 이때 기성 권위 대신에 안전한 표적을 찾게 되고 그러한 대상으로 약자나 열등한 사람을 삼게 된다. 이러한 대상으로 되기 쉬운 것이 그 사회에서 힘없는 소수 집단의 성원이다(희생양). 이들 집단에 대한 자신들의 적개심, 공격적 행위를 정당화시켜주는 부정적인 편견을 갖고 이를 퍼뜨리며 기성 권위에 대하여는 무조건적으로 순종하는 권위적 성격을 갖추게 된다.

(2) 범주화

1) 집단 범주화

집단 속의 사람들이 다른 집단을 차별하는 이유 혹은 다른 집단 사람들에 대해 자민족중심적인 태도를 보이는 이유는 무엇인가? 사회정체성이론 (Taifel, 1982)에 의하면, 사람들은 다른 집단과 비교하여 자기 집단만의 독특한 긍정적 속성을 설정하게끔 만드는 "긍정적인 사회정체성을 향한 욕구"를 가지고 있기 때문이라고 한다. 즉, 사람들은 우리와 그들로 대상들을 범주화하고, 자신의 자아존중감을 높이기 위해 자신이 속한 집단을 타집단에 비해 높이고자 한다. 따라서 사회정체성이론에 따르면, 직접적인 현실적 갈등이 없이도 내외집단 범주화만으로도 심리적, 사회적 경쟁이 일어나 내집단을 편애하고 외집단을 상대적으로 비하시키는 상황이 발생할 수 있다.

2) 자기범주화

그러나 사람들은 어떻게 해서 심리적으로 하나된 행동을 할 수 있는가? 사람들이 심리적으로 하나의 집단을 형성하게 되는 그러한 집단화 과정의 심리적 기초가 무엇인가? 터너(Turner, 1979)는 사회정체성과 자아정체성을 구분하여, 집단범주화과정이전에 자기범주화과정을 거친다고 하였다. 즉, 사람들은 하나의 개별인간으로서 자아를 정의하는 것으로부터 사회적 정체성의 관점에서 자아를 정의하는 것으로 이동하며, 이때 집단행동이 가능해지고 출현하게 된다. 그리고 이러한 자기범주화과정을 통해 사람들은 다른 사람들을 지각할 때 흔히 그가 속한 범주를 지각하게 되고 이러한 범주들에 의거하여 그에 대한 인상을 형성하고 그에 대한 주요 판단을 하게 된다. 예를 들어 한 무리의 사람 중 여자가 단 한 사람 있을 때 남녀 범주가 다른 차원보다 더 특출해질 것이다. 또한 일반적으로 지각되는 특출한 범주(즉, 성, 인종, 나이 등)가 있어 이러한 범주들은 특정 사회에 상관없이 보편적으로 사용된다. 그리고 특정 상황 요인 외에 한 사회에서 그 특정 역사와 경험에 의해 그 구성원들에게 중요하게 간주되는 범주들이 있고 이러한 범주들이 타인을 지각하는 데 중요하게 사용된다. 예를 들어 한국사회에서는 성, 나이, 출신지역이 미국 사회에서는 인종과 성이 중요한 범주이다(김혜숙, 1999).

(3) 사회학습

편견은 다른 태도와 마찬가지로 사회적 학습 과정을 통해 타인에 대한 편견을 배우고 발달한다. 아동들이 각종 사회집단에 대해서 부정적 태도를 취하는 것은 부모나 가족, 친구, 교사 등으로부터 평소 그러한 태도를 취할 때 보상을 받았기 때문이다. 대부분의 사람들이 소속된 집단의 사회규범을 잘 지키고 타인이나 타 집단에 대해 편견을 표현하는 것은 사회적 학습의 결과이다(Jones & Gerard, 1976).

아동의 사회화 과정에서 부모형제가 차지하는 역할에 못지않게 중요한 역할을 하는 것이 TV, 라디오, 신문 인터넷 등 대중매체들이다. TV에 투영되는 흑인들의 모습을 내용분석한 연구(Greenberg, 1988)에서 "1960년대 후반까지만 해도 대중매체에서 흑인이나 소수인종들은 거의 등장하지 않았다. 이들이 나타나는 경우가 없었던 것은 아니지만, 대체로 이들은 좋지 않은 문제와 관련되어 나타났으며, 그 모습은 종종 부정적인 사회적 통념과 일치한다." 이같은 모습들은 인종차별을 내포할 뿐만 아니라 나쁜 소재들이 뉴스거리로 잘팔리기 때문이다(Husband, 1986).

(4) 현실적 집단갈등

편견의 원인을 설명하는 것 중 하나는 개인 및 집단 간에 일어나는 정치적·경제적 경쟁이다. 이 견해에 따르면 편견적 태도는 상호배타적인 목표에 대한 경쟁이 일어날 때 더욱 심화된다. 예를 들어 미국에서 20세기 초 철도건설 등의 노역에서 아시아계 이민자와 백인 간에는 엄격한 선이 그어져 있어서 경쟁이 배제되었고, 이때 아시아계 이민자들에 대한 평가는 '부지런하고, 온순하고, 준법정신이 강한' 것이었다. 그러나 철도공사가 끝나고 전쟁에 나갔던 병사들이 귀향하여 구직난이 일어나면서 동양인과 미국인 사이에 갈등이 일어나자, 아시아인에 대한 평가는 '뻔뻔스럽고, 교활하며, 우둔한 것'으로 바뀌었다(Aronson, 1988: 357-359). 또한 여러 민족이 모여 사는 남아프리카, 벨기에, 독일 등과 같은 나라들에서 인종 간의 격리정책이 무너지고 생활에서 서로 경쟁하는 기회가 많이 생김으로써 편견이 크게 확산되었다(Olzak & Nagel, 1986).

현실적으로 자원은 유한하지만 욕구는 무한하므로 자원을 획득하기 위한 경쟁은 불가피하다. 따라서 지배적 위치에 있는 집단은 더 많은 자원을 획득하기 위하여 약소 집단을 착취하거나 억압하려고 할 것이다. 이러한 경쟁이 지속되면 집단 성원들은 경쟁관계의 내외집단을 구분하는 범주화과정을 거쳐 내집단인 우리-집단과 외집단인 그들-집단으로 구분하고, 외집단의 구성원 개인들에 대해서 매우 부정적인 시각을 갖게 되는 것이다.

또한 경쟁상황에서 사람들은 상대적 박탈감을 느끼게 되는데, 비교대상이 되는 집단에게 적개심을 표출하게 된다. 그리고 비교집단에 대한 적개심은 개인적인 수준보다는 집단적인 수준에서 느끼는 박탈감의 크기에 의해 영향을 받는다(Walker & Mann, 1987). 이러한 설명은 경쟁을 심하게 느끼는 사람들에게 특히 편견이 심하게 나타나리라는 예측을 가능케 하는데, 실제 많은 연구들에서 경쟁 집단과 그렇지 않은 집단 간의 차이는 크지 않았다. 즉, 집단 갈등이 편견에 영향을 주지 못한다는 것이 아니라 개인에 대한 직접적인 위협보다는 자기 내집단이라는 현실적·상징적 실체에 미치는 위협의 지각이 편견에 영향을 준다고 할 수 있다.

3. 한국사회 이민자 편견의 양상과 특징

(1) 피부색에 따른 편견

우리 사회의 이민자에 대한 태도에서 가장 많이 나타나는 것이 피부색, 즉 인종에 따른 편견이다. 흑인을 백인이나 황인에 비해 낮추어 보거나, 같은 황인이면서도 다른 지역에서 온 황인을 백인보다 낮추어 보는 경향이 있다.

흑인에 대해서는 "껌둥이"라는 용어를 별 거리낌 없이 사용하거나, 피부색이 검은 사람에 대해 신분증을 요구하고, 이들을 두렵고, 더럽고, 불쾌하고, 싫고, 낯선 사람으로 대하는 등 한국 사람들은 흑인을 동등한 사람으로 보기보다는 수준이 낮은, 가까이 하고 싶지 않은 사람으로 본다.

반면 흑인과 황인에 비해 백인에 대해서는 매우 친절하며 존중한다. 즉, 우리사회에서 이민자에 대한 태도는 피부색에 따라 위계화되어 있다.

(2) 국적에 따른 편견

우리나라 사람들은 국민소득이 우리보다 낮은 국가에서 온 이민자들에게 피부색과 무관하게 편견을 드러내는 경향이 있다. 이러한 종류의 편견에 대해 김종일(2012: 102)은 인종 편견이라기보다는 같은 공간 속에서 소득이 낮은 집단을 폄훼하는 문화인종 편견이라 하였다.

예를 들어 우리나라 아이들은 몽골 출신 아이에게 '거지'라는 용어를 사

❖ 나이지리아인인 O씨 등은 2007년 5월 서울 용산구 이태원동에 있는 한 레스토랑에서 음식을 주문하려다 황당한 경험을 했다. 종업원이 "신분증을 보여 달라"고 요구해 O씨가 신분증을 보여주자 "아프리카인은 (손님으로) 받지 않는다"며 나가줄 것을 요구했기 때문이다. O씨가 "우리가 흑인이기 때문이냐"고 따져 묻자 종업원은 "그렇다"고 대답했다.

❖ 케냐인 O씨는 현재 OO대학교에 재학 중으로 그는 힘든 일이 있을 때 소주를 마시고, 떡볶이 집에서 아르바이트를 한 경험이 있을 만큼 한국 문화에 애착을 가지고 있는 청년이었다. "한국 사람은 정이 많고, 또 치안이 잘 돼있어 안전하다"고 말할 만큼 한국 사랑도 넘쳐났다. 하지만 OO씨의 한국 사랑과 달리 그는 단지 흑인이라는 이유만으로 사람들의 불편한 시선을 견뎌야만 했다. 지하철에서 자신의 옆자리에 앉는 걸 기피하는 건 물론이고, 몇몇 사람들은 '깜둥이'와 같은 인종차별적인 발언도 서슴지 않는다고 한다.

❖ 성공회대 교환교수인 인도인 O씨는 2009년 7월 버스를 타고 집에 돌아가던 중 박아무개씨한테서 "더럽다", "냄새가 난다" 등의 모욕적인 언사를 듣고 경찰에 신고했지만, 경찰조사 과정에서 또다시 '봉변'을 당했다. 경찰관은 가해자 박씨에게는 "양복까지 입으신 분이 왜 힘들게 사는 사람한테 그랬어요?"라고 존대를 한 반면, O씨에게는 "어떻게 1982년생이 연구교수냐 정확히 뭘 하는 사람이냐"고 여러 차례 반말투로 묻는 등 하대하는 듯한 태도를 보였다.

❖ 대학원 진학을 위해 스리랑카에서 한국에 온 O씨(22)는 행인에게 길을 묻지 않는다. 도움이 필요할 때면 경찰관이나 지하철 안내데스크를 찾는다. 한국어로 길을 물어도 손사래 치며 지나가는 사람들의 모습에서 적잖은 상처를 받아서다. "처음에는 바빠서 그런다고 생각했는데 나중에는 왜 그랬는지 알겠더라고요. 피부색이 검으니까 무서워하는 거 같았어요."

용하거나, 중국인에 대해 지저분하고, 게으르고, 남을 잘 속인다고 인식한다. 베트남 결혼이민자에게 한국 사람들은 자동차 등의 현대 문물을 예로 들면서, 너희 나라도 자동차가 있냐는 식으로 문화우월주의적 태도를 보인다. 우리나라 사람들은 이민자에게 '돈을 얼마 받고 왔느냐?, 왜 한국에 왔느냐?' 등의 말을 하면서 경제적 이유로 한국에 왔을 것이라고 생각한다.

　　국민소득이 낮은 국가에서 온 이민자에게 가해지는 편견은 일종의 우월의식이다. 우월의식은 어떤 민족이나 사람들이 자기들만이 우월하다고 생각하는 것인데, 우월의식은 종교적인 이유도 있고, 민족적인 이유도 있고, 가족 혈연적인 이유도 있지만, 우리 사회에서는 출신 국가의 국민소득에 따라 이민자를 다르게 대하는 것은 경제적 이유에 따른 우월의식이다.

이러한 우월의식에는 편견과 차별이 내포되어 있기 때문에, 사회 속의 균열을 강화하여 결과적으로 사회의 긴장을 강화하는 방향으로 향하기 쉽다.

(3) 문화에 따른 편견

문화에 따른 편견은 9/11 테러 이후 전 세계적으로 강화되는 양상인데, 나와는 다른 문화를 가진 사람들에 대해 그것을 근거로 그들을 낮추어보거나 부러워하는 태도이다(이종일, 2012). 문화편견은 특정 종교 혹은 풍속, 생활습관에 대한 폄훼로 나타나는데, 종교의 경우 이슬람교에 대한 폄훼가 대표적이다. 예를 들어 명예살인은 과거의 유산에 집착하는 특정 지역에서 일어나는 사건임에도 불구하고, 이를 근거로 이슬람교 전체를 매도하거나, 이들을 데모꾼, 테러리스트, 강간범 등 잠정적인 범죄자로 본다.

4. 편견을 넘어서

어느 사회에서나 외집단에 대한 편견은 존재해 왔다. 그러나 서구 사회에서 이민자에 대한 편견이 서구, 백인, 기독교라는 비교적 분명한 기준이 있는 반면, 한국사회에서 이민자에 대한 편견은 특정한 기준이 없고 일관적이지 않다.

그럼에도 불구하고 한국사회의 이민자에 대한 편견은 인종주의의 모습을 띠고 있다. 인종주의는 특정의 신체적인 외모를 지닌 개인의 유전적 요소와 그 사람의 행위를 연결시키는 사유체계를 말하는데, 한국사회에서 인종주의는 오랜 세월 이어온 단일민족주의, 순혈주의라는 이데올로기에서 비롯된다고 보는 의견이 많다. 단일민족 신화, 순혈주의에 의거해서 민족을 정의하려는 시도는 실증적 근거도 없고, 비과학적이지만(권혁범, 2009), 일본 식민지 시대 부재하는 국가의 공백을 메워주는 신화로서 출현했고, 또한 그동안 한국이 근대사회로 전화하는 시기 반제국주의, 반식민주의, 근대화의 이데올로기로서 많은 기여를 했다. 그렇지만 단일민족주의는 그 논리상 근본적으로 차별과 배제의 메커니즘을 포함하고 있다.

또한 모든 이민자에 대해서가 아닌 유독 한국인보다 검은 피부를 가진 이민자들에 대해서만 인종주의를 드러내는 것은 단순히 한국의 단일민족주의 때문이라고 하기 어렵다. 하상복(2012)에 의하면, 한국의 인종주의는 한국의 단일민족주의에 서구의 인종주의가 결합되면서 더욱 증폭되었다고 한다. 한국의 인종주의는 서구의 인종적 관점으로 19세기 말 서구 제국주의의 위협과 일본 식민 지배과정에서 이에 대한 패배감과 대응방식으로 수용, 확산된 것으로, 해방후 해방군으로 미군이 점령하면서 더욱 증폭되었다. 당시 지식인에게 백인=문명/개화는 조선의 부강과 자주독립에 도달하는 통로였기에, 서구 문명뿐만 아니라 서구 제국의 식민주의와 인종주의를 아무런 비판 없이 그대로 수용하면서 백색가면을 쓴 황색피부의 한국인의 유색인종에 대한 인종차별적 인식이 고착화되었다고 한다.

이민자에 대한 편견이 많다는 것은 그만큼 갈등이 상존해 있다는 것을 의미하며, 이는 향후 다인종, 다민족 사회에 큰 걸림돌임에는 분명하다. 이민자에 대한 편견을 해소하기 위해선 우선 「인종차별금지법」과 같은 인종관계를 고려한 법 제정이 이루어져야 한다. 다민족, 다인종 사회를 이룩한 서구 국가들에서는 이미 오래전에 인종차별금지법이 만들어져 시행되고 있지만, 현재 우리 정부는 UN의 「모든 형태의 인종차별 철폐에 관한 국제협약」 가입을 이유로 소극적이다. 본 협약이 1979년부터 우리나라에서 국내법과 같은 효력을 가지고 있지만, 우리나라에서도 이민자들이 증가된 현실을 감안하여 조속히 법 제정이 이루어져야 한다.

또한 이민자에 대한 편견을 감소시키기 위해선 대중의 인식개선이 무엇보다 필요하다. 그러기 위해서는 일선 학교에서부터 편견 감소를 위한 다문화교육이 이루어져야 한다. 현재 학교 현장에서 다문화사회의 이해를 목적으로 다문화교육이 이루어지고 있지만, 아직까지 다양한 문화를 소개하는 수준에 머물러 있다. 서구의 경우 다문화교육의 초점이 인종, 성별, 빈부에 초점이 맞추어져 있고, 특히 인종문제 즉, 인종갈등 및 편견을 극복하는 방향으로 이루어진다. 한국이 서구와 다른 다문화상황을 맞이하고 있지만, 그럼에도 불구하고 이민자와의 공존을 목표로 상대 문화에 대한 이해와 편견을 넘어서기 위한 교육이 이루어져야 할 것이다.

　마지막으로 이민자에 대한 편견을 줄일 수 있는 방안 중 하나는 선주민과 이주민의 교류를 활성화하는 것이다. 접촉이론에 의하면, 집단 간의 접촉의 수가 많을수록, 접촉의 질이 높을수록 집단 간 편견이 감소하며, 접촉의 양보다는 접촉의 질이 더 효과적이라고 하였다. 따라서 선주민과 이주민의 교류를 활성화하고, 형식적인 교류가 아닌 내용적으로 교류가 이루어질 수 있도록, 즉 서로에게 도움이 될 수 있는 교류의 장을 마련하는 것이 이민자에 대한 편견과 갈등 예방에 도움이 된다.

SUMMARY

■ ■ ■ 한국사회로 들어오는 외국인 노동자, 결혼이민자, 유학생 등이 많아지면서 우리사회도 어느새 다민족, 다문화 사회로 접어들고 있다. 하지만 이러한 급격한 사회변동과는 달리 아직까지 우리 사회에는 이민자에 대한 편견이 만연하다. 우리보다 먼저 다민족 사회를 경험한 국가들에 나타나듯이, 선주민의 이민자에 대한 편견은 수많은 사회적 갈등으로 이어졌다. 한국사회가 다민족, 다문화 사회로 나아가기 위해선 우리와 다른 사람들을 포용하고 수용하는 자세가 필요하다. chapter 11에서는 우리사회의 이민자에 대한 편견의 양상과 원인을 살펴보고, 이에 대한 대응방안을 모색하였다.

■ ■ ■ 편견이란 "공정하지 못하고 한쪽으로 치우친 견해 또는 생각"으로, 어떤 집단에 소속된 사람들에 대해 그 집단 명칭에 의거해 부정적으로 평가하는 것을 지칭한다. 편견은 인지적, 감정적, 그리고 행동적 차원으로 구분되는데, 인지적 차원의 편견은 우리가 일반적으로 일컫는 고정관념이다. 감정적 차원의 편견은 어떤 집단의 사람들에 대한 감정을 지칭한다. 감정적 태도는 두려움/부러움, 불신/신뢰, 역겨움/찬양, 멸시/공감과 같이 부정적일수도 혹은 긍정적일수도 있다. 행동적 차원의 편견은 차별적 행태에 참여하는 긍정적 혹은 부정적 성향이다.

■ ■ ■ 그동안 편견이 왜 발생하는지에 대한 많은 연구들이 이어져 왔는데, 정신분석학적 관점을 취한 아도르노 등(Adorno et al., 1950)은 기성 권위에 대하여는 무조건적인 순종이 권위주의적 성격을 갖게 되고, 이러한 것을 정당화하기 위해 편견을 갖게 된다고 하였다. 타이펠(Taifel, 1982)은 사람들은 우리와 그들로 대상들을 범주화하는 경향이 있고, 심리적, 사회적 경쟁이 일어나 내집단을 편애하고 외집단을 상대적으로 비하시킨다고 하였다. 사회학습이론에서 편견은 다른 태도와 마찬가지로 사회적 학습 과정을 통해 배우고 발달한다. 현실집단갈등이론에서 편견은 개인 및 집단 간에 일어나는 정치경제적 경쟁의 결과로서 발생한다.

■ ■ ■ 어느 사회에서나 외집단에 대한 편견은 존재해 왔다. 그러나 서구 사회에서 이민자에 대한 편견이 서구, 백인, 기독교라는 비교적 분명한 기준이 있는 반면, 한국인의 이민자에 대한 편견은 특정한 기준이 없고 일관적이지 않다. 우리 사회의

이민자에 대한 편견은 다면적인데, 피부색 즉 인종에 따른 편견, 한국보다 국민소득이 낮은 국가에 대한 편견, 문화에 대한 편견 등이 상호교차하여 발생한다. 또한 이민자에 대한 편견은 한국인이 직면한 상황에 따라 상호 모순적으로 충돌하는 이중성을 보인다.

■ ■ ■ 이민자에 대한 편견이 많다는 것은 그만큼 갈등이 상존해 있다는 것을 의미하며, 이는 향후 다인종, 다민족 사회에 큰 걸림돌임에는 분명하다. 이민자에 대한 편견을 해소하기 위해선 우선 「인종차별금지법」과 같은 인종관계를 고려한 법 제정이 이루어져야 한다. 또한 이민자에 대한 편견을 감소시키기 위해서는 대중의 인식 개선이 무엇보다 필요하다. 마지막으로 선주민과 이주민의 교류를 활성화해야 한다.

Key Terms: 편견, 권위주의, 범주화, 사회적 학습, 현실적 집단갈등

차 별

1. 이민자 차별의 개념

차별이란 한 개인이나 집단을 다르게 대우함으로써 심리적·사회적 불이익을 주는 것을 의미하는데, 일반적으로 주류가 비주류에 대해서, 강자가 약자에 대해서, 그리고 다수자가 소수자에 대해서 이러한 행위를 할 때 일컬어지는 용어이다(권선진, 2008).

차별에는 대개 많은 사람들에게 공통된 사회적 의미와 중요성을 띤 특징, 예를 들어 언어, 성, 종교, 정치적 신념, 인종, 민족적 출신배경과 소속, 성적 지향, 장애, 연령 등에 따른 차별이 있으며, 이민자 차별은 인종이나 피부색 또는 출신국가를 이유로 한 차별로, 인종차별의 한 범주로 이해될 수 있다.

또한 차별은 차별의도에 따라 크게 직접차별과 간접차별로 나누어진다(Waddington & Hendricks, 2002). '직접차별'은 일반적으로 차별의도를 포함하고 있는 반면, '간접차별'은 차별의도와 상관없이 외형상 중립적이거나 평등한 기준을 적용하였으나 결과적으로 특정 집단에게 불리한 결과를 야기한다. 그 외에 '정당한 편의제공의 거부'가 있는데 광범위하게 보면 간접차별에 해당되지만 법률에서는 분리하여 언급되는 경우가 많다.

요컨대 차별은 직접적이든 간접적이든 특정 범주에 속했다는 이유로 그 사람에 대해 부당하게 불리하거나 불평등한 처우를 하는 행위를 가리킨다.

표 12-1 차별의 종류

차별 유형	특징
성별에 의한 차별	여성 혹은 남성 등 생물학적 차이를 이유로 한 불이익
혼인 여부에 의한 차별	기혼/미혼 등 법률적인 혼인여부, 결혼 후 별거, 이혼, 사별, 사실혼 관계(동거), 동성애 커플관계, 미래의 혼인 가능성 등 혼인과 관련된 모든 상태로 인한 불이익
임신/출산에 의한 차별	임신에서부터 출산 후 회복기간, 자녀 양육과 모유 수유, 아이를 가질 수 있는 가능성 등 임신/출산과 관련한 전반적인 상태로 인한 불이익
가족 상황에 의한 차별	대가족, 핵가족, 한부모가족, 이성애가족, 동성애가족, 재혼가족, 입양가족 등 가족의 형태나 가족의 구성원, 가족에 대한 돌봄의 책임 등 가족과 관련된 전반적인 조건으로 인한 불이익
용모 등 신체조건에 의한 차별	키, 몸무게, 외모, 체형, 인상, 모반이나 흉터 등의 신체적 특징으로 인한 불이익
종교에 의한 차별	종교가 있거나 없음 또는 기독교, 천주교, 불교, 이슬람교 등 종교의 종류가 다른 것을 이유로 인한 불이익
성적 지향에 의한 차별	이성애, 동성애, 양성애 등 성적인 관계를 원하는 대상이 남성, 여성 또는 두 가지 모두인 것으로 인한 불이익
사상 또는 정치적 의견에 의한 차별	주의, 주장, 진보, 보수, 지지 정당 등에 대한 개인의 생각이나 의사, 견해 등을 이유로 인한 불이익
장애에 의한 차별	신체적, 정신적 기능의 일부 혹은 전부를 상실하여 상당기간 동안 일상생활 또는 사회생활에 많은 불편함을 이유로 인한 불이익
병력에 의한 차별	지금까지 앓은 병의 종류, 그 원인 및 병의 진행 결과와 치료과정 등을 이유로 인한 불이익
나이에 의한 차별	나이가 많거나 적은 것을 이유로 인한 불이익
사회적 신분에 의한 차별	전과자, 귀화인, 공무원 등 사회적으로 상당기간 동안 일정한 평가를 받는 지위를 이유로 인한 불이익
형의 효력이 실효된 전과에 의한 차별	형의 집행이 종료되거나 면제받은 후 일정기간이 경과하여 형의 효력이 없어졌음에도 불구하고 전과를 이유로 인한 불이익
출신지역에 의한 차별	태어난 곳을 이유로 인한 불이익
출신국가, 출신민족에 의한 차별	태어나거나 성장한 나라 또는 민족을 이유로 인한 불이익
인종, 피부색에 의한 차별	피부 색깔이 다름을 이유로 인한 불이익

2. 한국사회의 이민자 차별의 양상

(1) 국적 취득에서의 포함과 배제

이민자가 '국민'이 되기 위해서는 '국적'을 취득해야 하는데, 이민을 허용하지 않는 우리나라에서 국적을 취득하기란 쉽지 않다. 또한 이민자들에게 국적 취득의 자격을 부여한다고 할지라도 모든 이민자들에게 허용하지 않으며, 설혹 국적을 취득했다고 하더라도 한국인으로 받아들여지기가 쉽지 않다.

현행 「국적법」에서 이민자들이 국적을 취득할 수 있는 방법에는 출생과 인지, 귀화, 복적 등의 방법이 있다. '출생'에 의한 국적취득은 출생 당시에 부 또는 모가 대한민국의 국민인 자에 해당된다(「국적법」 제2조, 제3조). '인지'에 의한 국적취득은 대한민국의 국민이 아닌 자로서 대한민국의 국민인 부 또는 모에 의하여 인지된 자로, 국적 취득 당시에 대한민국의 민법에 의하여 미성년이거나 출생한 당시에 그 부 또는 모가 대한민국의 국민이어야 한다. '귀화'에 의한 국적취득에는 일반귀화, 간이귀화, 특별귀화가 있는데, '일반귀화'는 성년으로서 국민과 아무런 친족관계에 있지 아니한 순수 외국인이 국내에 5년 이상 계속하여 대한민국의 주소가 있을 경우에 국적을 취득하는 것을 말한다(「국적법」 제5조). '간이귀화'는 부 또는 모가 대한민국 국민이었던 자 및 배우자, 대한민국에서 출생한 자로서 부 또는 모가 대한민국에서 출생한 자, 대한민국 국민의 양자로서 입양 당시 대한민국의 민법상 성년이었던 자는 3년 이상 거주해야 하며, 배우자가 대한민국의 국민으로 그 배우자와 혼인한 상태로 대한민국에 2년 이상 거주한 경우에 해당된다(「국적법」 제6조). '특별귀화'는 부 또는 모가 대한민국의 국민인 자 및 특별공로자 등 국내 거주기간이 불필요하고 국내에 주소만 있으면 국적취득이 가능하다. '복적'에 의한 국적 취득은 대한민국의 국민이었던 외국인이 법무부장관의 국적회복허가를 받아 대한민국 국적을 취득하는 것(「국적법」 제9조)을 말한다.

한편 현행 「국적법」에서 이민자들의 국적 취득에 있어서 제한을 가하는 요소를 살펴보면 다음과 같다. 우선 "귀화"의 경우 일반적으로 다른 나라가 요구하고 있는 자국어의 능력과 사회풍습에 대한 이해 등 '국민으로서의 기본

표 12-2   국적취득의 방법

항목	내용	해당 법률
출생	출생당시 부/모가 대한민국의 국민인 자	「국적법」 제2조
인지	부/모가 대한민국의 국민이며, 입양 당시 대한민국의 민법상 미성년에 해당하는 자	「국적법」 제3조
일반 귀화	국내에 5년 이상 계속하여 대한민국의 주소가 있을 경우	「국적법」 제5조
간이 귀화	배우자가 대한민국의 국민으로 그 배우자와 혼인한 상태로 대한민국에 2년 이상 거주한 경우	「국적법」 제6조
	부/모가 대한민국의 국민이며, 입양 당시 대한민국의 민법상 성년에 해당하는 자	「국적법」 제6조
복적	대한민국의 국민이었던 외국인은 법무부장관의 국적회복허가를 받아 대한민국 국적을 취득할 수 있다	「국적법」 제9조

소양' 외에도 '자신의 자산(資産)이나 기능(技能)에 의하거나 생계를 같이 하는 가족에 의존하여 생계를 유지할 능력이 있을 것'을 일반요건으로 하고 있어, 기본적으로 이민을 인정하지 않는 나라에서 자산이나 가족의 생계 등 자기책임의 원칙과는 거리가 먼 요건을 규정하고 있다. 그러나 정작 시행령에서는 '자산'이나 '기능' 또는 '가족의 생계유지 능력'에 대한 규정은 전혀 찾아볼 수 없어, 장식적인 조문으로 존재하거나 또는 자의적 판단에 의한 귀화가 가능할 수 있는 소지를 내포하고 있다(박선영, 2013). 게다가 「국적법」 제5조 제3호는 "일반귀화"의 요건으로 '품행이 단정할 것'을 다른 요건들과 병렬적으로 요구하고 있으나, 시행령은 귀화적격심사를 규정하면서 「국적법」 제5조의 여타규정과 간이귀화 요건이 충족된 자에게 '품행단정'의 요건을 보충적으로 적용하도록 규정하고 있다. 또 대한민국에 특별한 공로가 있거나 대한민국 국익에 기여할 것으로 기대되는 자에 대한 특별귀화적격심사에서는 품행단정의 기준을 요구하지 않고 있다. 물론 '품행'과 '단정'의 개념이 대단히 모호하고 애매하다는 점에서 그 자체로 위헌의 소지를 내포하고 있을 뿐만 아니라, 현행법상 대한민국의 국민이 되는 요건은 상당히 자의적·차별적이라는 비판을 면하기 어렵게 되어 있다(박선영, 2013).

   둘째, "복적"의 경우, 현행 「국적법」은 국적 판단 기준의 시점을 '대한민국'으로 하고 있어, 상해 임시정부 이전에 자의든 타의든 '한반도'를 떠나야 했던 수많은 사람들과 그 후손을 「국적법」상의 국적 인정대상에서 제외하고 있다. 즉, 자신의 잘못 없이 또는 생존을 위해서나 나라의 주권을 되찾기 위해 한반도를 떠났다가 제2차 세계대전 후의 국제정세로 인해 귀국하지 못한 사할린 한인이나 중앙아시아를 떠돌고 있는 무적 카리에스키(高麗人), 시베리아 억류 포로 등 우리의 근현대사에서 버려지고 잊혀진 사람들에게 국적을 복원하지 않고 있다(박선영, 2013).

셋째, "이중국적"의 경우도 여전히 자의적, 차별적 국적 부여라는 비판과 함께 지나치게 폐쇄적인 국적부여라는 비판에서 여전히 자유롭지 못하다. 현행 「국적법」은 이중국적 허용 요건에서 출생에 의한 경우와 '우수한 외국인 인재'와 결혼이민자, 해외입양아 외에도 후천적·비자발적으로 외국국적을 취득하게 된 자 등에게 "외국국적불행사서약"만 하면 일정 기간 동안 "외국국적 포기"를 하지 않아도 되도록 규정하고 있다. 하지만 20년 이상 국내 장기 거주 이민자나 2대에 걸친 국내출생자들에 대해서도 국적을 부여하지 않고 있으며, 결혼이민자의 경우에도 혼인기간이 2~3년 이상 계속 지속되는 경우에만 이중국적이 인정될 뿐이다. 이것 역시 이혼을 하거나 혼인관계가 유지되지 않을 경우에는 이중국적이 인정되지 않는다(「국적법」 제6조 제2항)(박선영, 2013).

넷째, "영주제도"[1]의 경우에도 처음에는 재한 화교의 체류 편의를 위해 도입되었다가 최근에는 이민정책차원에서 고액투자가나 첨단 분야 과학자 등 국내 거주 요건 없이 영주자격을 부여하도록 하는 등 새로운 영주자격 유형이 추가되었다. 하지만 최근 정부는 이민자들이 귀화신청을 하기 전에 영주자격 취득과 일정기간의 한국 거주를 조건으로 하는 영주자격전치주의와 엄격한 귀화심사를 시행한다고 밝혀, 영주자격을 사실상 취득할 수 없는 외국인

---

1) 영주제도는 「출입국관리법」에 따라 36개 체류자격 중 하나로 외국인이 가질 수 있는 최상의 법적 지위를 말한다. 영주자격자의 법적지위는 국내에 영구체류가 보장되고, 취업활동에 제한이 없다. 또한 출국기간 1년 이내일 경우에는 재입국허가 의무가 면제되고, 강제퇴거사유도 일반 외국인에 비하여 엄격하여 형법상 내란, 외환죄, 5년 이상의 금고 이상의 형을 선고받은 경우 외에는 원칙적으로 강제퇴거 되지 않는다. 영주자격은 재외공관에서 입국사증의 형태로 부여받거나 국내 체류 중 체류자격 변경의 형태로 부여받을 수 있으나, 실제로는 일반 체류자격으로 체류하다가 영주자격 요건을 충족하는 것이 일반적이기 때문에 체류자격 변경 형태로 취득하는 것이 대부분이다.

노동자와 난민을 배제하며, 영주권 취득과 귀화에 배우자 동의가 필요한 여성 결혼이민자의 지위를 더욱 불안하게 하고 있다.

(2) 정치참여에서의 포함과 배제

우리나라에서 이민자의 정치 활동은 제한되어 왔다. 우리나라 「헌법」 제1조 제2항은 국민주권원리를 선언하고, 제24조는 "모든 국민은 법률이 정하는 바에 의하여 선거권을 가진다"라고 규정하고 있다. 이를 근거로 구(舊)「공직선거 및 선거부정방지법」에서는 "대통령이나 국회의원, 지방의회 의원 및 지방자치단체장에 관한 선거에는 20세 이상의 내국인만이 참여할 수 있으며, 피선거권도 내국인에게만 보장한다"(제15조, 제16조)고 하여, 국가는 참정권을 자국 국민에게만 속하는 권리로 인식하여, 이민자를 배제해 왔다.

그러나 그동안 국민에게만 적용되던 참정권이 2005년 이후 약간의 변화가 나타나기 시작하였다. 2005년 「공직선거법」을 개정하면서, 「출입국관리법」 제10조의 규정에 따라 영주 자격을 취득한 후 3년 이상 한국에 체류한 이민자에 대해서 지방자치 선거권을 부여하였다. 이에 따라서 2006년 5월 통합지방선거에서는 약 5,600명이, 2010년 6월의 통합지방선거에서는 1만 명 이상의 이민자들이 선거권을 가지게 되었다.

그럼에도 불구하고 우리나라에서 이민자들의 정치 참여는 영주 이민자에게만 적용됨으로써 여전히 제한적이라고 할 수 있다. 즉, 조선족을 비롯한 재외동포 방문취업자, 국적 및 영주 취득 이전의 결혼이민자, 「고용허가제」를 이용해서 개발도상국에서 온 외국인 노동자 등에게는 참정권이 주어지지 않는다.

그동안 이민자에게 참정권을 부여하는 문제에 대한 논쟁을 살펴보면, 우선 찬성하는 입장에서는 국민 개념 확장론에 기반하여, 세계화 시대에 이민자의 정주화가 일반적인 현상으로 자리잡아 가고 있는 현실을 감안하여, 이민자들도 한 나라에 뿌리를 내리고 정착하여 살고 있는 사람으로서 참정권을 가질 수 있다고 본다. 그러나 이민자의 참정권 부여에 반대하는 입장에서는 국민 주권론에 기반하여 이민자에게 참정권을 부여하는 것에 반대한다.

표 12-3 해외의 외국인 참정권 부여 상황

국명	선거권	피선거권	요건
스웨덴	○	○	3년 이상의 합법적 거주. 18세 이상
덴마크	○	○	〃
노르웨이	○	○	〃
네덜란드	○	○	5년 이상의 합법적 거주
아일랜드	○	○	6개월 이상의 합법적 거주
스위스	△	△	영국 연방시민 및 아일랜드 시민
독일	△	△	일부 주, 시에서 실시
프랑스	△	×	5년 이상 거주 외국인
호주	△	△	6개월 거주 영국시민은 선거권, 3년 이상은 피선거권
뉴질랜드	△	△	1년 이상 거주 영국, 아일랜드 시민
캐나다	△	△	대부분의 주에서 일정기간 거주자에게 부여
미국	△	×	일부 주, 도시에서 부여
일본	×		

자료: 중앙일보 "시·군·구의원, 단체장 선거권 "국내 거주 외국인에 주자"" 세계한인신문, "일본의 「영주외국인 지방참정권」 한계(2010.3.4)

(3) 노동시장에서의 차별

우리나라에서 이민자의 취업은 이들의 체류자격에 따라 다르게 주어진다. 우리나라 전체의 이민자 중 절반을 차지하는 외국인 노동자는 「고용허가제」를 통해 들어오는데, 즉 한국 정부와 사업주의 고용허가가 있어야만 일할 수 있으며, 이들이 고용되는 업종은 정해져 있다. 재외동포의 경우에는 외국인 노동자와 달리 사업주의 고용허가가 아닌 노동허가의 방식이지만, 그 규모가 정해져 있고, 제한된 업종에서만 자유롭게 취업할 수 있다. 결혼이민자의 경우 국적 취득 이전에도 자녀가 있는 경우 자유롭게 취업할 수 있지만, 실제 이들이 일하는 업종은 외국인 노동자의 고용허가 업종인 경우가 많다.

1) 임금 차별

현재 우리나라에 체류하고 있는 이민자 중 약 절반은 외국인 노동자이다. 이들의 대부분은 내국인이 기피하는 3D(더럽고, 위험하고, 힘든) 업종에서 일하고 있다. 외국인 노동자는 2011년의 경우 약 10조억원의 총생산유발효과를 낼 정도로 우리나라 경제성장에 미치는 효과가 적지 않지만(고용노동부, 2011), 이들의 노동조건은 크게 개선되지 않고 있다. 외국인 노동자가 직장 내에서 겪는 문제는 다양한데, 이들의 생활에 직접적인 영향을 미친다는 점에서 임금차별과 임금체불의 문제는 가장 중요하고 심각하다고 할 수 있다. 내국인과 외국인 간의 임금 격차는 1995년의 경우 외국인 노동자의 임금은 내국인 노동자의 62%에 불과했으나, 최근으로 올수록 그것의 격차는 줄어들고 있는 양상이다. 중소기업중앙회의 중소제조업 임금실태조사에 의하면(2012), 중소제조업 생산직 평균 임금은 192만원이며, 이 중 외국인 노동자는 162만원으로 내국인 노동자의 84%에 이른다고 하였다. 그러나 외국인 노동자의 임금차별 문제는 최근에 생산직에서 그 격차가 줄어들었다고 하나, 업종별 임금 차이가 커서 임금 수준의 개선이 필요하다. 예를 들어 선원 외국인 노동자의 경우 최저임금이 그동안 한국인 선원의 75~80% 수준에서 책정되어 왔으며, 2012년 6월 1일 104만원으로 인상되었지만, 여전히 「최저임금법」상 최저임금을 받는 「고용허가제」로 들어온 외국인 노동자보다 낮은 수준이었다. 2012년 12월 26일 국가인권위가 발표한 "연근해 어선 이민 노동자 인권 개선을 위한 정책 권고"에서는 최저임금을 정하는 데 있어서 노동자의 국적 등을 이유로 차별하는 것은 합리적 이유가 될 수 없다고 권고한 바 있다.

　　한편 외국인 노동자에게 가장 심각한 문제는 임금차별보다는 일하고도 임금을 받지 못하는 임금체불의 문제이며, 이는 현재에도 잘 해소되지 않고 있다. 지난 2003년 구로, 성남, 안산 외국인 노동자의 집에서 접수한 외국인 노동자 상담 유형에 의하면, 2003년 한 해 상담 중 62.1%가 임금체불에 관한 것이라 하였다. 대한법률구조공단에 의하면, 공단에 임금체불 소송을 의뢰한 경우가 2000년 26건에서 2009년 3,204건으로 무려 123배 증가하였다고 한다. 특히 미등록 외국인 노동자의 경우 임금체불 문제는 더욱 심각한데, 심지어 미등록이라는 신분을 이용하여 사업주가 고의로 임금을 체불하는 경우도 있어 문제가 심각하다 할 수 있다. 임금은 노동에 대한 정당한 대가로, 이를 지급하지 않을 경우 노동자 개인의 생활의 어려움을 야기할 뿐만 아니라, 범죄, 부랑화, 체류기간의 연장, 노동행정 비용의 수반, 미등록 노동자의 양산 등의 문제를 야기한다.

2) 직업 이동의 제한

우리나라에서 외국인 노동자들, 특히 「고용허가제」로 국내에 들어와 일하는 외국인 노동자들은 자신이 일할 사업장을 정할 권리와 이를 변경할 권리가 크게 제한되어 있다. 「외국인 근로자의 고용 등에 관한 법률」에 의해 국내 외국인 노동자는 자신이 일할 사업장을 선택해서 일하는 것이 아닌 사업주가 필요한 인력을 선택하는 방식으로 외국인 노동자를 고용하도록 되어 있다. 따라서 「고용허가제」 하에서 외국인 노동자는 직업선택의 자유가 주어지지 않는다.

또한 「고용허가제」 하에서 외국인 노동자들은 사업장을 마음대로 변경할 수 없고, 변경이 필요한 경우에도 변경 횟수를 3회로 제한하고 있다(근로자의 귀책사유가 아닌 경우 사업장 변경 횟수에 산입되지 않는다. 사업주의 계약해지나 갱신거절, 휴업·폐업·고용허가 취소, 계약서와 근로조건의 상이, 부당한 처우 등으로 근로를 계속하기 어려운 경우는 근로자의 귀책사유에 포함되지 않는다). 그러나 이것마저도 자유롭지 않은데, 국가인권위원회에 따르면, "외국인 노동자가 사업장 변경신청을 하려고 관할 고용센터를 방문할 때, 언어 문제로 의사전달이 충분치 않다"며 "사업장 변경신청 사유가 되는 '사용자의 부당한 처우'에 대한 해석이 매우 좁게 이뤄지고 있기" 때문에 실제 외국인 노동자가 사업장을 변경하는 것이 쉽지 않다.

> 인도네시아 국적의 이슬람교도 A(36)씨는 B식품에서 1년간 근무하기로 했다. 그런데 담당 업무가 이슬람교도가 하기 어려운 순대제조 작업이었다. B식품 대표에게 사업장 변경에 동의해 달라고 요청했으나 받아들여지지 않았다. 결국 A씨는 2012년 2월 국가인권위원회에 진정을 제기했고, 국가인권위는 2012년 4월 "외국인 근로자를 사업장에 배치할 때 종교를 고려하지 않는 것은 차별"이라며 시정권고를 내렸다.

3) 경력 미인정

우리 사회에서 이민자들은 자신의 모국에서 취득한 학력, 경력 등을 인정받지 못하는 경우가 많다. 외국인 노동자와 달리 결혼이민자나 북한이탈주민들은 국내에서 장기 혹은 영구 거주를 목적으로 하는데, 이들이 모국에서의 경력이 인정되지 않음으로 인해 노동시장에서 불리하게 작용한다. 예를 들어, 북한이탈주민은 특별한 행정 때문에 일반 국민에 비해 적극적 보호대상이 되기도 하지만 경우에 따라서는 차별적 대우를 받기도 한다. 많은 탈북자들은 정착금과 주거지원금 등 경제적 지원을 받지만, 그 외 대부분의 분야에서 차별적 대우를 받는다. 실제로 통일부 예산의 25%가 탈북자의 정착지원에 쓰이고 있지만, 정작 2만 5천여 명 탈북자들의 80%는 주거와 의료, 취업에서 차별을 받는다고 한다(오마이뉴스, 2012/8/2). 실제로 북한 고위직 출신의 탈북자는 고위직 출신이라는 점 때문에 여권을 발급받지 못한 사례도 있고, 북한에서의 경력이 전혀 인정되지 않는 것도 차별에 해당된다.

4) 노동조합 설립의 제한

노동조합을 결성해 자신의 정당한 노동조건을 확보하는 것은 모든 노동자가 당연히 누려야 할 권리이다. 우리나라 「헌법」에서는 노동자의 노동3권(단결권, 단체교섭권, 단체행동권)을 명시하고 있으며, 노동3권의 주체는 내국인 노동자뿐만 아니라 외국인 노동자[2] 그리고 미등록 외국인 노동자[3] 모두 사용자에게 노동력을 제공하고 그에 따른 보수로 생계를 유지하는 경제적·사회

---

2) 우리 「헌법」에는 외국인이 "기본권의 주체가 될 수 있는지"에 대하여는 직접적인 근거규정을 두고 있지 않으며, 다만 제6조 제2항에서 외국인은 국제법과 조약이 정하는 바에 의하여 그 지위가 보장된다는 규정을 두고 있을 뿐이다. 따라서 외국인 노동자가 노동3권의 주체가 될 수 있는지의 문제는 국제법 및 조약과 노동3권의 성격에 대한 해석에 맡겨져 있다고 할 수 있다. 우선 우리나라가 비준한 국제연합의 「경제적·사회적 및 문화적 권리에 관한 국제규약(사회권 규약, A규약)」 제2조에서 "…권리들이 인종, 피부색, 성, 언어, 종교, 정치적 또는 기타 의견, 민족 또는 사회적 출신, 재산, 출생 또는 기타의 지위 등에 의한 어떠한 종류의 차별도 없이 보장·확보될 것"임을 정하고 있고, 제8조에서는 노동조합 결성 및 가입의 권리를 보장하고 있으며, 우리나라가 비준한 국제연합의 「모든 형태의 인종차별 철폐에 관한 국제협약」 제5조에서도 노동조합결성 및 가입에 있어 인종적 차별은 허용되지 않는다고 규정하고 있다. 또한 ILO권고 제151호에서는 불법 체류 외국인 노동자에 대해서도 노동조합원 자격 및 활동이 보장되어야 한다고 규정하고 있다.
3) 미등록 외국인 노동자로 인정될 수 있는가와 관련하여, 대법원은 「출입국관리법」에 위반하여 취업자격이 없는 외국인이 취업한 경우, 동법의 목적은 취업자격이 없는 외국인의 고용이라는 사실적 행위 자체를 금지하고자 하는 것이지, 이미 취업한 외국인이 제공한 근로에 따른 권리나 이미 형성된 근로관계에 있어서의 근로자로서의 노동관계법령상의 제반 권리까지 제한하는 것이 아니라고 하여 미등록 외국인의 노동자성을 인정한 바 있다(대판 1995.9.1. 94누12067).

적 지위에 있다는 점에서 해당된다.

그럼에도 불구하고 현재 우리나라 정부는 미등록 외국인 노동자의 노동조합 설립을 인정하지 않고 있다. 노동부는 '서울·경기·인천 이주노동자 노동조합'의 설립신고서를 반려하면서, 미등록 외국인 노동자는 그들의 체류자격이 불법이기 때문에, 근로조건의 유지개선을 목적으로 하는 노동3권의 주체가 될 수 없기 때문에 노조가입 자격이 없다고 하였다. 이는 결국 미등록 외국인 노동자의 노조법상 근로자성 자체를 정면 부정하는 것이었다.

위에서도 나타나듯이 노동 3권은 '근로자'가 가지는 「헌법」상의 기본권으로서 「노조법」에 의해 구체화되어 있고, 외국인 노동자도 실질에 있어서 사용자의 지휘, 감독하에서 임금을 목적으로 근로를 제공한다면 근로자임은 명백하며 이는 불법 체류인지, 합법 체류인지를 묻지 않고 노동 3권의 주체가 될 수 있음을 인정해야 한다(권영국, 2010: 8).

(4) 그 밖에 사회문화적 권리에서 포함과 배제

1) 교육권

우리나라에 체류하고 있는 이민자 중 부모의 체류지위로 인해 교육의 사각지대에 놓인 수많은 아이들이 있다. 이들의 대부분은 미등록 외국인 노동자의 자녀들이다. 2012년 현재 우리나라에 거주하는 이민자는 약 142만 5천 747명이고, 이 중 18만 794명(12.7%)가 미등록 외국인 노동자들이이다. 그 중 19살 미만 자녀들이 얼마인지 정확하게 알 수 없으나, 민간단체에서는 약 2만 명 정도로 추정하고 있다.

외국인 노동자에 대한 교육권 논의가 시작된 것이 수년 전이지만 2001년이 되어서야 교육인적자원부(현 교육부)는 '불법 체류 외국인 노동자 자녀의 교육권을 보장'하기 위한 행정지침을 마련했다. 2003년 유엔아동권리위원회는 미등록 외국인 노동자 자녀를 포함한 외국인 노동자 자녀에 대한 복지 및 권리규정이 부재함을 지적하고, 미등록 외국인 노동자를 포함한 외국인 노동자 자녀들의 동등한 공적서비스 접근을 보장할 수 있도록 국내법을 개정하고 「모든 이주노동자와 그 가족의 권리보호에 관한 국제협약」을 비준할 것을 권고하였다(설동훈, 2005: 62).

최근 「초중등교육법」 시행령이 개정되어 출입국에 관한 사실증명 또는 외국인등록사실 증명 없이 임대계약서, 거주사실에 대한 인우보증서 등 거주사실을 확인할 수 있는 서류를 제출하면 부모의 체류 지위와 관계없이 외국인 노동자의 자녀도 입학할 수 있도록 하였다. 하지만 개정 내용이 초등학교에 한정되어 있고, 특히 「출입국관리법」 제84조 제2항에 따른 공무원의 통지의무가 여전히 존재하고 있어 미등록 외국인 노동자의 경우에는 자신의 체류신분이 드러날까 두려워 자녀를 입학시키지 못하고 있는(김종철, 2010) 실정이다.

2) 건강권

'건강권'은 인간으로서 그리고 노동자로서 보호받아야 할 당연한 권리이다. 하지만 우리나라에서 외국인의 건강권은 이들의 체류자격에 따라 다르다. 합법적으로 체류하는 이민자에게는 내국인과 거의 같거나 내국인에 준하는 건강권 보장이 이루어지지만, 미등록 외국인 노동자들은 이러한 법적용에서 제외됨으로써 아무런 건강권 보호 대책이 없는 실정이다.

미등록 외국인 노동자는 이들의 체류자격이 불법이기 때문에 건강보험에 가입을 할 수 없다. 따라서 몸이 아파 병원에 가면 '일반수가'를 적용해야 하는데 이는 보험혜택을 받는 금액의 3배에 가까운 금액이다. 100만원 안팎의 임금을 받는 미등록 외국인 노동자들에게 병원은 너무 높은 문턱이다. 그나마 정부에서 2005년부터 '외국인 근로자 등 의료취약계층 의료서비스 지원 사업'을 하고 있지만 이들의 의료서비스 욕구에 비해 턱없이 부족한 실정이다. 사정이 이러다보니 대부분의 외국인 노동자는 외국인 노동자 의료공제회 등의 몇몇 의사들이 시혜적 차원에서 '베풀어주는' 무료진료소에 의존하는 경우가 많다.

3) 병역의무에서 포함과 배제

1972년 「병역법」 시행령에 따르면, '외관상 명백한 혼혈아 및 부(父)의 가(家)에서 성장하지 아니한 혼혈아'는 심신이 건강한 한국 남성이더라도 제2국민역에 편입되어 병역을 면제받았다. 이는 사회에서 의무를 부과하지 않으니 권리도 요구하지 말라는 배타적 의미를 갖는 것이었다.

　이러한 원칙은 오랫동안 지속되다가 2006년에 이르러 이에 해당하더라도 본인이 원할 때는 입대가 가능하게 하였다. 2007년 12월 31일에는 「병역법」 제3조 제3항에 따른 '병역의무 및 지원은 인종, 피부색 등을 이유로 차별하여서는 아니 된다'라는 항목을 신설하였으며, 2010년 1월 25일에는 「병역법」 제65조(병역처분 변경 등) '제3조 제3항에도 불구하고 인종이나 피부색 등으로 인하여 병역 수행에 심각한 영향을 받을 것으로 인정되는 사람으로서 대통령령으로 정하는 사람은 보충역 편입 또는 제2국민역 편입을 할 수 있다'라는 항목이 삭제되어(2010년 7월 26일) 1992년 1월 1일 이후 출생한 사람은 법의 적용을 받도록 하였다.

　안전행정부에 따르면 2012년 징병검사 대상자 중 다문화가정 출신 만 19세 남자는 1,100여 명이었다고 한다. 이런 추세로 2019년에 다문화가정 출신 징병검사 대상이 3,000여 명, 2028년에는 다문화가정 출신 현역병 수는 1만 2,000여 명을 넘을 것으로 추산하고 있다(주간경향, 2014.6.10).

3. 이민자 차별의 원인

(1) 제도적 요인

　이민자 차별의 근거는 일반적으로 '국적'이라 불리는 시민권에 있다. 소속하는 국가 내에서 시민자격을 의미하는 '국적'은 원칙적으로 국내 문제로 다루어진다. 특정의 개인을 외국인에서 내국인으로 만드는 국적 부여는 국가의 주권행위이며, 대부분의 국가에서 국적을 취득한 이민자에 대해서는 내국인과 동일하거나 이에 준하는 권리를 부여하지만, 그렇지 않은 경우 이민자의 체류자격에 따라 이들의 권리와 의무가 제한된다.

　따라서 내국인이 아닌 경우 이민자의 법적 보호를 위해 별도의 법률을 마련하게 되는데, 현재 우리나라에서 이민자의 법적 보호를 규정한 법률은 2007년에 제정된 「재한외국인처우기본법」이 있다. 하지만 이 법은 이민자의

표 12-4 국내 「헌법」에 나타난 국민의 기본권

인간으로서의 존엄과 가치						
행복추구권	평등권	자유권적 기본권	경제적 기본권	정치적 기본권	청구권적 기본권	사회권적 기본권

출처: 설동훈 2005 외국인 노동자와 인권 p. 48.

실체적인 권리보호 내용이 규정되어 있지 않다. 따라서 현재 우리나라에서 외국인의 법적 지위에 관해서는 「헌법」과 개별법의 태도에 따를 수밖에 없다. 현재 이민자들이 한국에서 누릴 수 있는 권리는 "인간이라면 누구나 누리는 것"과 그의 "체류자격에 따라 규정된 권리"로 구분할 수 있다. 행복추구권, 평등권,4) 자유권적 기본권, 청구권적 기본권은 모든 인간의 권리로 간주할 수 있고, 참정권, 재산권, 사회권적 기본권의 대부분은 이민자의 체류자격에 따라 달리 규정한다(설동훈, 2005).

그렇지만 이민자의 기본권 보장에는 많은 논란이 있다. 우선 이민자의 기본권 주체성을 부인하는 입장을 살펴보면(김수연, 2010: 297), 첫째, 법실증주의적 관점에서는, 기본권의 자연권성을 부인하고 국가권력에 의해서 베풀어지는 "법률 속의 자유"로 파악하여, 기본권을 누릴 수 있는 주체는 법적 생활공동체의 구성원인 국민에 한하기 때문에, 이민자들은 기본권의 주체가 될 수 없다고 본다. 둘째, 스멘트(R. Smend)의 통합주의적 헌법관에서 기본권은 사회공동체가 하나로 통합되어가기 위한 공감대적 가치질서이자 한 민족의 문화질서이며, 일단 통합을 추구하는 특정한 생활공동체 구성원들을 염두에 둔 개념 형식 내지 '법적 형상'으로, 기본권의 권리적 측면보다는 '책임·의무'를 수반하는 정치 기능적 측면이 있기 때문에, 이민자를 기본권 질서에 끌어들여서 이들에게 기본권의 주체로서의 지위를 인정하는 것은 이론상 무리가 있다고 본다. 셋째, 기본권에 관한 「헌법」 제2장의 표제가 '국민의 권리와 의무'라고 되어 있으므로 국민의 권리만을 보장하는 것이지, 이민자의 권리까지 실정 「헌법」상 보장하는 것은 아니라고 한다. 이 견해는 우리 「헌법」상 이민자의 국내법상의 권리는 「헌법」 제6조 제2항에 따라 인정되는 특수한 권리로서 제

---

4) 이민자들도 국적이 다르다는 이유로 차별받지 않아야 한다는 점에서 '평등권'을 누린다. 그렇지만 이민자의 권리를 제약할 수 있다는 「헌법」 규정이 존재하므로, '체류자격'에 따라 권리를 차등하여 부여할 수 있다. 그러한 경우에는 평등권의 침해로 보지 않는다.

2장의 국민의 기본권 보장과는 무관한 것이라고 본다.

이민자의 기본권 주체성을 긍정하는 입장에서는(김수연, 2010: 298-300), 첫째, 천부인권[5]을 근거로, 원칙적으로 이민자를 기본권 향유의 주체로 인정하지만, 거주·이전의 자유, 출입국의 자유, 정치활동의 자유, 망명권, 생존권 등에 대해서는 유보를 두는 입장이다. 둘째, 「헌법」의 규정보다는 권리의 성질에 따라 인정 여부를 결정하려는 성질설(性質說)의 입장에서, 기본권의 성질을 인간의 권리로 볼 수 있는 경우에는 이민자에게도 기본권이 인정된다는 입장이다. 다만 이 견해는 기본권의 법적 성격에 있어 자연권설에 속하면서도 이민자에게 일률적으로 기본권 주체성을 인정하는 것은 아니며, 국민의 권리는 외국인에게 불허된다는 입장을 보이고 있다는 점에서 첫 번째 견해와 차이를 보이고 있다. 이에 의하면, 인간의 존엄과 가치, 행복추구권, 신체의 자유, 종교의 자유, 양심의 자유, 학문과 예술의 자유 등은 모든 자연인에게 귀속되는 '인권'은 이민자에게도 인정된다고 본다. 반면, 집회·결사의 자유, 거주·이전의 자유, 직업선택의 자유 등과 선거권·피선거권·공무담임권·국민표결권 등 정치적 기본권은 국민주권의 원리에 따라 국민의 권리를 의미하므로 이민자에게는 인정되지 않는다고 본다.

셋째, 통합론적 입장에서, 이민자들은 우리 민족의 통합을 해치지 않고 그들을 우리 사회에 동화시키는 데 필요한 범위 내에서 기본권의 주체가 될 수 있다고 한다. 이 견해는 이민자들도 세계시민의 관점에서, 자국민 보호의 수단으로서, 우리 「헌법」 전문의 정신에 비추어서도 이민자의 기본권 주체성을 인정하는 것이 바람직하다는 견해와 세계의 1일 생활권화, 기본권 보장의 국제화, 내국인과 외국인의 법적 지위의 유사화 경향 등을 들어 이민자의 기본권 주체성을 긍정하는 견해가 있다. 그러나 통합론적인 입장에서도 외국인에게 국정에 관한 참정권을 인정하는 것은 우리 사회가 추구하는 통합의 방향에 엉뚱하고 그릇된 영향을 미칠 가능성이 있기 때문에 허용되지 않는다고 한다. 그러나 참정권 이외에 구체적으로 어떤 기본권을 외국인이 향유할 수 있느냐의 문제는 개별적인 경우에 결정할 문제이지 처음부터 이를 획일적으

---

5) 천부인권인 자연권은 국가와 무관한 인간의 생래적 권리이므로 국적에 관계없이 인정된다.

로 정할 수는 없다고 하면서, 그 이유는 외국인에게 기본권 주체성을 인정해 주어야 하는 논거로서의 동화적 통합의 여건은 상황에 따라 달라질 수 있기 때문이라고 한다.

(2) 심리적 요인

설동훈(2009)은 우리사회에서 이민자에 대한 차별이 만연한 이유로 ① 민족주의, ② 인종주의, ③ 위계적 민족성, ④ 제노포비아, ⑤ 직업위계의식 이라는 다섯 가지 요인을 꼽았다. 이러한 요인들은 서로 분리된 것이 아니라 상호 결합하여 작용한다.

1) 민족주의(nationalism)[6]

민족에 대한 사전적 정의에 의하면, 민족이란 "일정한 지역에서 장기간 에 걸쳐 공동생활을 함으로써 언어, 풍습, 정치, 경제 등 각종 문화내용을 공 유하고 집단 귀속감정에 따라 결합된 인간집단의 최대단위로서의 문화공동체 를 가리키는 말"이며, 따라서 민족주의는 '인간의 자연적 특질'이다. 이는 다 분히 원초론적 입장으로, 이 입장과 대립하고 있는 근대론자들에 의하면, 민 족이란 '동질적'인 역사, 문화, 전통, 언어, 혈통 및 이익을 공유한다고 '생각' 하고 그들만의 국가를 열망하거나 유지하려는 정신적 태도를 지닌 집단'을 의 미한다. 따라서 민족주의는 철저히 근대의 산물이며 집단적 상상의 산물이다 (Anderson, 1991: 37 – 46).

한국의 민족주의는 구한말 서구 제국주의의 침략으로 싹트기 시작하지 만, 민족, 민족주의라는 것을 구체적 실체로 인식하게 된 것은 일제 식민시대 에 접어들면서부터이다. 일제 식민시기에 민족주의는 일본 제국에 맞선 저항 의 이데올로기로 그 역할을 했다. 여러 민족 세력에 의해 한민족이 둘로 나누

---

6) 서구에서 발달된 민족주의 이론에는 민족을 원초적인 실체로 보는 원초주의론(primordialism), 민족의 영속성을 강조하는 영속주의론(perennialism), 민족을 근대의 산물로 보는 근대주의론(modernism), 원 초주의론과 근대주의론의 결합을 추구하는 종족–상징주의론(ethno–symbolism) 등이 있다(Hutchinson & Smith, 2000).

어진 분단시대에 접어들면서, 민족주의는 적대적 이념에 기반하여 남한의 민
족주의와 북한의 민족주의로 나누어지면서, 각자 다른 민족주의를 추구해 왔
다. 산업화 시대에 접어들면서 민족주의는 대내적으로 국민들에게 착취와 희
생과 봉사를 강요하는 억압 이데올로기, 대외적 관계에서는 실리적 민족주의
로 발전하게 되었다. 세계화 시대에 접어들면서 민족주의는 한편으로 다양한
이민자들을 수용하기 위해 버려야 할 것으로 여겨지지만, 다른 한편에서는 여
전히 세계화시대에 한국이 살아남기 위해 강한 민족주의로 재무장해야 한다
는 목소리 역시 크다(김현숙, 2013).

　　이상과 같이 근대 한국의 발전 과정에 민족주의는 그 실체 여부와 상관
없이 언제나 영향력을 발휘해 왔었다. 하지만 민족과 민족주의의 기원과 형성
과정이 어떠하든지 간에 민족주의는 우리 의식 또는 내집단 의식의 외연이
확대된 형태로, 같은 민족 또는 국민 집단에 속한다고 믿는 사람들과 그렇지
않은 사람들로 구분하는 태도가 포함되어 있다. 다시 말해 민족주의는 외부
집단에 대해서는 차별과 갈등의 이데올로기가 될 수 있다.

원초론(primordialism) 민족론(종족적 민족론)	근대론(modernism)적 민족론(정치사민적 민족론)
기어츠(Clifford Geertz), 신용하 등	에릭 홉스봄(Eric Hobsbaum), 어네스트 겔러(Ernest Gellner), 베네딕트 앤더슨(Benedict Anderson), 임지현, 윤해동, 신기욱 등
집단적 공통성 즉, 혈연적 문화, 언어적 기원과 동질성을 강조	구성원 간의 평등한 정치적, 시민적 권리 및 동일성을 기초로 발생한 의식
독일, 일본 그리고 대부분의 동유럽 국가들	프랑스, 캐나다, 미국

2) 인종주의(racism)

　　인종(race)이란 용어는 15세기 스페인 기독교인들이 이전시기 동물의 종
자의 의미로 사용하던 라자(Raza)라는 용어를 원용하여, 생물학적으로 자신들
과 다른 열등한 인종을 일컫는 것으로, "유대인" 차별의 근거로 사용되었다
(이종일, 2011: 64)고 한다.

　　인종주의(racism)란 특정의 신체적인 외모를 지닌 개인의 유전적 요소와

그 사람의 행위를 연결시키는 사유체계를 말한다(이종일, 2009: 64). 이 경우 특정의 A인종 집단이 B인종집단보다 우월하다고 생각하면, A집단 중에서 가장 열등한 사람조차도, B집단의 가장 우수한 사람보다 우월하다는 생각을 하게 된다. 이러한 사유체계는 그 후 과학적 인종주의, 문화 인종주의(이종일, 2009), 제도화된 인종주의(이종일, 2012) 등의 용어를 낳게 하였다.

한국에 인종주의가 처음 도입된 것은 역사적으로 서구 문물을 받아들이기 시작했던 개화기라고 볼 수 있다. 개화기 이전에 한국에서 '인종'이라는 단어는 찾아볼 수 없었고, 그 자리에는 화이관(華夷觀)이 들어서 있었다. 중화문명을 받아들인 화(華)와 그렇지 못한 이(夷)의 구별은 피부색의 차이라기보다는 "문화"의 차이에서 비롯된 것이었다.

하지만 개항 당시부터 서양의 제국주의자들은 인종주의를 기반으로 조선을 다루었으며, 조선은 그것으로부터 자유로울 수 없었다. 해방 이후 한국은 인종주의를 내면화하였고 그것을 확대재생산하였다. 이승만 정부는 친미정부로 군사적, 경제적 원조를 받으면서 친미정책을 썼다. 즉, 우리는 백인우월주의를 의식 속에 받아들이면서 유색인종은 약하고 지저분한 피지배자로 자리 매겨졌다.

오늘날 한국의 인종주의는 인종에 출신국가의 "국민소득"이 더 해져 나타나고 있는데, 이를 이종일(2012)은 "지엔피(GNP) 인종주의"라고 명명했다. 지엔피 인종주의는 한국 사람들이 한국에 이주한 외국인 노동자, 여성결혼이민자, 그들의 자녀를 만날 때, 이민자 출신국가의 국민소득이 한국의 국민소득보다 낮은 경우 이들을 폄훼하고, 국민 소득이 높을 경우 이들에게 호의적 태도를 보이는 것을 의미한다.

3) 민족적·인종적 위계

한국 사회에는 민족적·인종적 위계가 있다. 백인에게는 선망의 눈길을 보내는 반면, 피부색이 다른 개도국 이민자들에 대해서는 차별적 시선으로 본다.

같은 아시아인이라 하더라도 한국 국민이 상층이고 중국 동포가 중간이며 '아시아' 출신의 비동포 이민자들이 가장 밑바닥이다. 또한 같은 이민자라 하더라도 "피부색"에 따라 한국인이 대하는 태도가 다르다. 피부색이 검은 외국인 노동자는 인종적 위계구조에서 가장 차별받는 집단이다. 한 아프리카 출신 외국인 노동자는 검은 피부를 경계하는 한국 사람들의 표정이 자신을 움츠러들게 했다고 고백했다.

이러한 민족적/인종적 위계구조는 사회 통제 시스템의 일부다. 내국인 노동자들은 사회적 소속, 정치적 권리와 고용을 자기 고유의 생득권으로 바라보도록 길러지면서 이민자들, 그중에서도 특히 중국 동포들을 자기의 일자리를 빼앗거나 노동 조건을 저하시키는 요인으로 바라보도록 조장된다. 다른 한편 중국 동포들은 동포 또는 인도주의적 구제를 받을 만한(적어도 선한) '이민자'로 회유되고 편입되지만, 언제나 이등 시민이자 관리의 대상이 된다. 비동포 이민자들은 아웃사이더이자 소모품으로 남아 「고용허가제」하에서 통제되거나 '불법'과 '범죄자'로서 낙인찍힌다. 다양한 배경을 가진 이민자들이 이러한 민족적·인종적 위계에서 각기 다른 위치에 놓이게 됨으로써, 그러한 위계가 촉진하는 착취와 인종주의에 맞서 싸우는 데 있어 자신의 집단적 이해를 깨닫는 것은 대단히 어려워진다.

4) 제노포비아

한국사회는 오랫동안 비교적 단일민족사회를 유지해 왔다. 이러한 이유로 인해 한국인들은 타민족에 대한 거리감이 크며, 이민자들을 사회의 구성원으로 받아들이는 데 매우 보수적이다. 또한 한국인들은 이민자들의 대량 유입에 대해 사회의 통합과 조화를 위협하는 존재로 인식하며, 이들을 두려워하거나 싫어하며 무시한다. 이러한 태도는 같은 민족이지만, 우리와 다른 체제에서 살아왔던 중국동포나 북한이탈주민에게도 마찬가지다.

그러나 한국인들이 미국인, 일본인, 중국인을 호칭할 때 쓰는 비하어가 '공포'를 역설적으로 나타낸다면, 생산직 외국인 노동자에 대한 정서는 '무시'이다. 그렇기 때문에, 제노포비아는 상대방의 힘이 자신보다 강한지 또는 약한지를 따지고, 전자일 경우 공포를 후자일 경우 혐오를 동반한다.

SUMMARY

■ ■ ■ 전지구적 차원에서 세계화, 민족적·문화적 다양성의 증가, 다문화주의 확산에도 불구하고, 이민자들은 한국사회 적응과정에서 차별, 폭력, 가난과 같은 다양한 삶의 문제를 겪고 있다. 특히 차별은 이민자들의 삶의 기회를 제한하고, 박탈한다는 점에서 그 자체로 문제적인 사회현상이다.

■ ■ ■ 차별이란 한 개인이나 집단을 다르게 대우함으로써 심리적·사회적 불이익을 주는 것을 의미하는데, 이민자 차별은 인종이나 피부색 또는 출신국가를 이유로 다르게 대하는 것을 의미한다.

■ ■ ■ 우리 사회에서 이민자 차별은 크게 국적 취득에서의 차별, 정치참여에서의 차별, 노동시장에서의 차별, 그 밖에 각종 권리에서의 배제 등으로 구분할 수 있다. 국적취득은 모든 이민자에게 허용하지 않으며, 허용하더라도 국적취득과정이 쉽지 않다. 우리나라에서 이민자의 정치참여는 제한되어 있으며, 노동시장에서 임금차별을 받을 뿐만 아니라, 직업 선택이 제한되어 있다. 그 밖에 여러 가지 사회적 권리가 제한되어 있다.

■ ■ ■ 우리나라에서 이민자 차별이 만연한 이유로, 제도적으로 현재 우리나라에서는 이민자 처우를 보호할 만한 법이 미비하고, 심리적으로 우리나라는 단일민족의식이 강하고, 서구 사회에서 수용된 인종주의도 작용하고 있으며, 민족, 출신국적에 따라 위계화하려는 태도도 존재하기 때문이다.

■ ■ ■ 외국인 차별에 대한 문제를 해결하기 위해 법, 제도적 차원에서 외국인의 권리 확보를 위한 주체의 설정이 매우 중요하다. 가장 포괄적으로는 그동안 한 사람이 하나의 국민국가에 귀속시켜 왔던 시민권 개념을 확장시킬 필요가 있다. 구체적으로는 국민에게만 배타적으로 적용해 왔던 기본권의 영역을 적어도 장기 체류하는 외국인에게 평등하게 적용하는 것이 필요하다. 그러기 위해서는 「재한 외국인 처우 등에 관한 법률」 등에서 외국인이 기본권의 주체임을 분명하게 설정하는 법, 제도적인 개혁이 필요하다. 또한 일상생활에 만연한 외국인 차별을 규제할 수 있는 법안의 마련도 이루어져야 할 것이다.

Key Terms: 국적취득의 제한, 정치참여의 제한, 노동시장 배제, 각종 권리의 제약

chapter

13

분 리

1. 이민자 밀집지역이란?

일반적으로 소수민족집단은 자신들의 필요에 의해서 상호네트워크로 구성된 공동체를 발전시킨다. 이는 그러한 네트워크가 이민자들 사이의 정보교환을 용이하게 하고 이민에 따른 불안정성을 감소시킨다. 이렇게 이민자들의 생활공간, 관련 인프라 등이 공간적으로 집적하여 형성된 지역을 외국인 밀집지역(ethnic places)이라 부른다(Castles & Miller, 2009).

일반적으로 외국인 밀집지역은 다음과 같은 과정을 통해 형성된다(Castles & Miller, 1993: 25). 첫째, 젊은 임시노동자들이 유입되는 단계, 둘째, 체류기간이 늘어나면서 출신 지역별로 상호부조를 위한 네트워크가 형성되는 단계, 셋째, 이민공동체 중심의 조직, 장점, 관련 직업이 등장하고 수용국과의 관계가 밀접해지는 단계, 넷째, 영구적인 정착지로 발전하여 수용국의 정책과 여건에 따라서 시민권을 획득하거나 혹은 정치적인 배제 속에서 영구적인 소수민족으로 남는 단계이다.

이민자 밀집지역은 한편으로 새로 정착한 사람들에게 이민으로 인해 발생한 충격을 완화시키고, 다양한 시설과 편익을 제공함으로써 새로운 장소에 적응할 수 있는 기회를 부여하며(Kramer, 1998), 다른 한편으로 대안적인 경제구도를 부여하며, 문화적 전통적 보존을 촉진한다(Abrahamson, 2005).

2. 이민자 밀집지역에 대한 설명

(1) 생태학적 접근

이민자의 거주지 분리에 대한 학문적 관심은 20세기 초반 시카고학파를 중심으로 한 다양한 도시사회학자들에 의해 다양하게 시도되었다. 특히 도시 토지 이용의 고전이론인 버제스(E. Burgess)의 중심지모형(Concentric Model)은 도시 성장의 유형을 설명하면서 빈곤층과 이민자 집단의 거주지 분리 문제를 간접적으로 다루었다. 즉, 도시 중앙에 위치한 중심상업지역(Central Business District)을 축으로 외부를 향해 동심원의 형태로 몇 단계로 분리된 토지이용의 패턴이 나타나면서 상이한 사회경제적 집단들의 경쟁이 수반되고 이러한 경쟁은 결국 토지 비용에 있어서 편차를 낳게 되어 거주지 분리를 발생시킨다(Burgess, 1924).

같은 맥락에서 파크(R. Park)는 20세기 초반 번성하였던 미국의 거대 도시들에서 나타난 거주지 분리 현상을 급격한 이민 인구의 증가와 연계시킨다. 거대 도시들은 인종, 문화, 제례 등이 제 각기 다른 분리된 사람들의 모자이크이며, 이때 각 개인들은 그들 고유의 문화적 형태들을 보존하고 개인적이고 독특한 삶의 신념을 유지하기 위하여 힘을 쓰게 된다. 분리된 집단들은 모두 고유의 집단적 삶의 보전을 유지시키기 위하여 일종의 도덕적 고립(moral isolation)을 구성원들에게 요구한다. 분리 거주가 그들에게 고유의 삶을 지속시키는 목표를 위한 수단이 되는 한 자신들의 집단 거주지를 만들고 유지하고자 한다(Park, 1926)는 것이다.

거주지 분리는 도시 지역에 만연된 사회경제적 문제들과 매우 강하게 연관되어 있다(Fortuijin et al, 1998). 특히 거주 분리 정도가 매우 심한 미국의 흑인 밀집지역의 예는 현대 서구 자본주의 사회들이 갖고 있는 고질적인 문제점들을 여실히 보여준다(Messey & Denton, 1993). 소수민족 집단의 거주지 분리를 염려하는 입장은 거주지 분리로 인해 의도하지 않는 일련의 연쇄적 부작용들이 발생한다고 본다. 첫째, 공간적 거주지 분리의 심화는 이질적인 사회적 계급들이나 인종 집단들 간의 접촉을 감소시키게 되고 슬럼(Slum)이나

게토(Ghetto)지역을 양산하는 도시개발이 뒤따라서 결국 도시 사회의 분열을 가져온다는 것이다(Fortuijn et al., 1998). 둘째, 거주지 분리는 장기적으로 사회적 소수 집단들이 노동시장에서 고전할 수밖에 없는 근본적인 원인이 될 수 있다(Kain, 1968). 즉, 인구의 교외화(suburbanization) 현상이 가속화되면 필연적으로 일자리의 공간적 확산 현상도 발생하게 되는데 고립된 거주지에 머무르게 되는 사회경제적 소수집단들은 이렇게 확산된 일자리들을 획득하는 데 있어서 불이익을 감수할 수밖에 없다는 것이다.

(2) 지리적 동화론

지리적 동화론은 시카고학파의 도시생태학에 뿌리를 두고 있는 이론으로, 거주지 분리가 이민자집단이 주류사회에 동화되지 않기 때문에 발생한다(Massey, 1985)고 본다. 즉 장기적으로 이민자들이 주류사회에 적응하게 되면 인종, 민족적 주거지 분화는 소멸하고 궁극적으로 소득별 분화만 남게 된다는 것이다.

예를 들어 로간 등(Logan et al., 2004)의 연구에서, 이민 사회에서 자산을 축적하지 못한 젊은 이민자들이 사회경제적 이유로 소수민족 저소득 지역공간을 형성하게 되지만, 이들이 사회경제적으로 안정을 찾게 되면 민족, 문화적 고려보다는 경제적 고려에 의해 저소득 커뮤니티를 떠나 이민 사회의 상류지역으로 이주한다. 또한 사회경제적 자원을 보유하고 있는 이민자의 경우에는 애초의 정착지를 부유한 곳으로 할 수도 있다(Myles & Hou, 2003). 하지만 이에 대한 경험적 연구들은 충분하지 않다. 많은 유럽 국가들에서 나타나듯이, 남반부에서 유럽국가로 이주한 집단들은 지속적으로 밀집지역을 유지하면서 정체성을 강화시키고 있다(Kivisto, 2007).

(3) 초국가적 공간론

동화이론에 대한 비판에서부터 소수이민자집단과의 공존 개념이 등장하였으며, 그들이 형성하는 민족적 네트워크 등에 관한 논의가 이루어지고 있다. 바쉬 등(Basch et al., 1994)은 이민이 자신의 고향사회를 떠나 정주국에 정착하고 동화되는 과정이 아니라 이민 후에도 지속적으로 본국과 다양한 정치, 문화적 상호관계가 유지됨을 언급하며, 이민자들은 어느 한 국가에 귀속되는 것이 아니라 끊임없이 국가의 경계를 넘나들면서 "초국가적 사회"를 형성한다고 보았다.

초국가적 사회공간론(theory of transnational social space)에서는 이러한 이민자들의 국경을 넘나드는 생활로 인해 자본, 사람, 문화, 지식의 흐름에 기초한 새로운 문화와 정체성의 공간이 형성된다고 보았으며, 그렇게 형성된 초국가적 사회공간은 이민자들이 요구하는 사회 자본을 가지게 됨으로써 이민자들의 집적을 야기한다고 하였다.

(4) 사회자본론

사회자본은 기본적으로 인간관계 안에서 상호작용을 통해서 발생하는 것으로, 이민자의 이주 과정과 정착과정에도 중요한 영향을 미친다. 국제노동력 이동의 사회적 연결망은 노동력 송출국과 유입국에서 이민 노동자와 선행 이민 노동자 및 비이민자를 개인적 '회원자격' 및 사회적 '매개자'를 통해 연결시키며, 정착에 대한 정보를 전달한다(설동훈, 1996). 게다가 특정지역에서 발견할 수 있는 사회 자본은 다른 지역에서 발견하기가 쉽지 않다. 또한 한 지역의 사회 자본을 다른 지역으로 이동시키는 것도 매우 어렵다. 사회자본의 이런 특성은 왜 사람들이 특정 국가로, 그리고 특정 지역으로 이주하는지를 설명해 준다. 상대적으로 이민자를 위한 사회자본이 잘 갖추어진 지역에 사람들은 이주하여 정착하게 된다(Faist, 2000). 더불어 베리(Berry, 1997)는 이민자의 적응과 삶의 수준에 영향을 미치는 주요요인으로 사회적 접촉, 지지, 사회적 태도 등 사회적 관계로 대표되는 사회자본의 중요성을 주장하였다. 베리는 이민자가 형성하는 주류사회에서의 사회적 관계가 이들이 새로운 사회에서 주변화 및 고립되는 것을 예방하고 그 사회에 동화가 아닌 통합이 되는 데 있어서 핵심적인 역할을 할 것으로 보았다.

3. 국내 이민자 밀집지역의 형성

　　우리나라에서 이민자 밀집지역이 형성되기 시작한 것은 개항기 이후이
다. 우리나라가 외국과 수호통상조약(修好通商條約)을 체결하게 되면서 각국
공관의 사무직원과 가족들이 국내에 거주하기 시작하였으며, 이후 개항장, 개
시장 등을 중심으로 이민자 집중 거주지가 형성되었다. 이 중 가장 먼저, 가
장 많이 거주한 이민자 집단은 일본인이었으며, 이후 중국 상인들도 서서히
정착하기 시작하였다.

　　일본인은 1894년 청일전쟁, 1904년 러일전쟁 이후 크게 증가하였는데,
당시 한성에서 일본인 거주 지역은 남대문 안팎의 회현동, 남산동, 명동, 을지
로 일대이며, 진고개는 5가 끝까지 일본인들의 거주지가 형성되었다. 일제강
점 이후에 일본인들은 지금의 남대문 일대인 '남촌'을 중심으로 주거지역을
확장하였다. 그 외에도 일본인들은 전국적으로 거주지를 형성하였으며, 부산
의 광복동, 인천 중앙동, 목포 유달동, 군산 신흥동 등 개항장을 중심으로 신
시가지를 조성하며 밀집지역을 형성해 나갔다.

　　한편 19세기 말 무렵부터 중국 산둥성 출신 중국인들도 대규모로 한반도
에 들어왔다. 임오군란 때 한국에 파견된 광둥성 수사제독(水師提督) 우창칭(吳
長慶) 휘하 군대를 따라 40여 명의 중국 상인이 입국하였는데 이들이 한국화
교의 시초가 되었다. 청나라는 동년 '상민수륙무역장정(商民水陸貿易章程)', 즉
통상조약을 조선 조정에 강요하여 화교 유입의 길을 터놓았다. 이에 따라
1883년에는 서울·인천·부산 등 주요도시에 이미 210명의 상인과 111명의
관리가 주재하였고, 1884년에는 서울 30명, 인천 235명 등 화교 수가 급증하
였다. 이어 1884년 인천, 1887년 부산, 1889년 원산에 화상조계지(華商租界地)
가 설치됨에 따라 화교 수는 인천에만도 1,000명을 넘어섰다(두산백과).

　　일제강점기에는 전체적으로 일본인과 중국인은 급격히 증가하였으나 그
외 외국인은 감소하였다. 특히 1940년대 이후 제2차 세계대전이 본격화되면
서 일본은 한반도 내에서의 외국인의 거주 및 활동을 엄격히 통제하였다.

　　해방 이후 국내에 거주하던 일본인들은 대다수 빠져나갔으며, 한국전쟁
을 겪으면서 중국인 거주자들도 대부분 터전을 잃었다. 그에 반해 해방과 함

조선말기 청국인의 진출	일제강점기 일본인의 진출	한국전쟁 미국인의 진출	경제발전 외국출신 서울시민	노동이주자의 코리안 드림
12년(임오군란) 조청간 조약체결로 청국인 서울 상주	1910년 한일병합으로 일본 인의 조선이민사업 본격화 1930년대　충무로 용산을 중심	1950년 한국전쟁으로 미군 기지 형성 1970년대 미군관련 종사자 이태원 중심	1970~1980년대 경제성장기 주재원 및 기업인 진출 반포동 서래마을, 한남동 독일마을, 이촌동 일본인 마 을 중심	1990년대 노동력 수입, 인력부족 계기 로 동남아, 중 국인 중심 노동 력 수입
1900		1960		현재
1870	1930		1990	

출처: 홍석기 외 2010. 글로벌 도시 서울을 위한 사회통합정책 p. 19.

께 들어온 주한미군에 의해 새로운 이민자 밀집지역이 형성되었는데, 주한미
군 주둔지인 용산, 의정부, 동두천, 파주, 평택 등이었다. 그 중 대표적인 미군
주둔지인 서울 용산과 인근의 이태원에는 1960년대 이태원과 한남동에 외국
공관이 들어서고 외인주택이 건설되면서 발전하기 시작하였다. 이 지역은 오
늘날까지도 대표적인 이민자 밀집지역으로 남아있다.

　　1970년대 이후로는 선진국과의 수교가 이루어지면서 주재원들과 가족들
이 이민자 밀집지역을 형성하기 시작하였다. 반포동 서래마을은 한남동에 있
던 '서울프랑스학교'가 1958년 반포 4동으로 이전하면서 생겨난 지역으로 프
랑스인 집단거주지로 발전하였고, 한남동은 1960년대부터 주한외국공관들이
다수 입지한 지역으로 '서울독일학교'를 중심으로 독일인 마을이 형성되었다.
동부이촌동의 일본인 마을은 해방 이후 본국으로 돌아갔던 일본인들이 1965
년 한일국교정상화를 계기로 우리나라에 들어오면서 현지 주재원 중심으로
생성되었다. 이후 1970년대 한강외인아파트가 건설되면서 본격적인 일본인
마을로 발전하였다. 이 시기에는 이민자 밀집지역은 주로 선진국의 현지 주재
원을 중심으로 서울 중심부의 비교적 주거환경이 좋은 곳에 형성되었다.

　　1980년대 한국 경제는 급성장하였고, 1986년 아시안게임, 1988년 서울올
림픽을 성공적으로 개최하면서 우리나라의 국제적 인지도가 상승하였다. 이
에 따라 동남아시아와 서남아시아 등 저개발 국가들에게 한국이 새로운 노동

시장으로 부각되었으며, 이와 더불어 국내에서는 저임금 단순노동 직종을 중심으로 노동력 부족 현상이 심화되었다. 이러한 시대적 상황 속에서 외국인 노동자가 유입되었는데, 이들은 주로 공업단지 주변의 기숙사나 다세대 주택에 자리를 잡아 나가기 시작하였다. 오늘날 대표적인 노동자 밀집지역은 안산시 원곡동이다. 안산시 원곡동은 반월공단과 시화공단에 인접한 지역으로, 공단에서 일하는 노동자들이 모여들어 다국적 이민자 밀집지역을 형성하였으며, 최근에는 구로공단이 디지털단지로 변모하면서 생겨난 기존 공단 근로자들의 거주지에 중국인들이 모여살고 있다. 2000년대에 이르러 노동자 외에도 유학생, 결혼이민자 등 다양한 유형의 이민자들이 유입되고 있는데, 유학생의 경우 주로 대학가 주변을 중심으로 밀집지역이 형성되고 있다.

4. 국내 이민자 밀집지역의 발달

(1) 이민자의 지역적 분포 양상

이민자 밀집지역을 다루기에 앞서 국내 거주 이민자의 규모가 어떠한 변화를 거쳐 왔는지를 살펴보고자 한다. 1995년부터 2012년까지 시군구별 외국인 등록 인구를 살펴보면, 1995년에는 110,028명, 2000년에는 210,249명, 2005년에는 485,144명, 2010년에는 918,917명으로 약 5년마다 두 배 가량의 증가추세를 보이고 있다.

지역별로 살펴보면, 이민자들이 가장 많이 거주하는 지역은 1995년의 경우 서울, 경기로 전체 이민자의 52.5%가 이 두 지역에 거주하는 것으로 나타나고 있다. 2012년 현재 서울과 경기 지역에 거주하는 이민자의 비중은 57.4%로 1995년과 비교할 때 약 4.9% 증가하여, 이 지역에 대한 집중도가 높아졌다고 할 수 있다. 그러나 보다 자세히 살펴보면, 서울에 거주하는 이민자의 비중은 같은 기간 동안 약 7.6% 감소하여, 서울, 경기 지역에 이민자 집중 거주 현상은 경기 지역으로 이민자들의 유입이 확대되었기 때문에 나타난 현상이라 할 수 있다.

서울 경기 지역 이외에 이민자의 거주 분포를 살펴보면, 전반적으로 우

표 13-1 국내 거주 등록 이민자의 지역별 현황(1995~2012)(단위: 명, %)

	1995		2000		2005		2010		2012	
	외국인 계	비율	외국인 계	비율	외국인 계	비율	외국인 계	비율	외국인 계	비율
전국	110,028	100.0%	210,249	100.0%	485,144	100.0%	918,917	100.0%	932,983	100.0%
서울	37,507	34.1%	49,838	23.7%	129,659	26.7%	262,902	28.6%	247,108	26.5%
부산	7,881	7.2%	14,108	6.7%	19,491	4.0%	32,471	3.5%	35,049	3.8%
대구	7,155	6.5%	11,295	5.4%	14,530	3.0%	20,401	2.2%	21,922	2.3%
인천	7,752	7.0%	15,337	7.3%	31,692	6.5%	49,992	5.4%	47,305	5.1%
광주	1,330	1.2%	3,038	1.4%	6,357	1.3%	13,360	1.5%	14,492	1.6%
대전	2,977	2.7%	4,061	1.9%	7,895	1.6%	14,876	1.6%	14,571	1.6%
울산	-	0.0%	3,695	1.8%	7,503	1.5%	16,043	1.7%	19,247	2.1%
경기	20,282	18.4%	51,478	24.5%	155,613	32.1%	285,262	31.0%	288,251	30.9%
강원	1,777	1.6%	3,857	1.8%	8,060	1.7%	13,737	1.5%	12,901	1.4%
충북	2,655	2.4%	6,433	3.1%	12,874	2.7%	24,453	2.7%	24,830	2.7%
충남	3,058	2.8%	8,144	3.9%	19,858	4.1%	42,753	4.7%	48,501	5.2%
전북	2,874	2.6%	6,374	3.0%	10,175	2.1%	20,152	2.2%	22,030	2.4%
전남	1,277	1.2%	3,737	1.8%	9,257	1.9%	21,970	2.4%	23,602	2.5%
경북	5,323	4.8%	14,524	6.9%	23,419	4.8%	36,895	4.0%	40,067	4.3%
경남	7,614	6.9%	13,442	6.4%	26,585	5.5%	57,718	6.3%	64,371	6.9%
제주	566	0.5%	888	0.4%	2,176	0.4%	5,932	0.6%	8,736	0.9%

자료: 출입국, 외국인정책본부. 각년도. 통계연보.

리나라 전역에서 이민자의 규모가 증가하고 있지만, 광역시의 경우 부산, 대구, 인천, 대전 등이 같은 기간 동안 이민자들의 비중이 감소한 반면, 광주, 울산 등에는 이민자의 유입이 증가하고 있다. 그렇지만 부산, 대구 지역에서 이민자의 비중이 크게 떨어졌다고 한다면, 인천의 경우 감소폭이 크지 않다. 도(道)차원에서 살펴보면, 광역시에 비해 이민자 비중이 감소하였기보다는 오히려 증가한 경우가 많다. 즉, 국내에 이민자 집중 현상은 서울, 경기를 중심으로 나타나며, 그리고 도(道)를 중심으로 조금씩 나타나고 있다고 볼 수 있다.

다음으로 이민자들이 거주하는 상위 10개 지역의 변화를 살펴보았다. <표 13-1>에서 나타나고 있듯이, 국내에서 이민자들이 가장 많이 거주하는 지역은 서울, 경기도 지역이다. 1997년에만 하더라도 서울 용산구에 이민자들이 가장 많이 거주하였으나, 대신 2005년 이후에는 경기도 안산시에 이

표 13-2 이민자 거주 상위 10개 지역의 변화

	1997		2001		2005		2009		2012	
	지역명	수(비율)	지역명	수(비율)	지역명	수(비율)	지역명	수(비율)	지역명	수(비율)
1	서울 용산구	7,379 (66)	서울 용산구	9,517 (62)	경기 안산시	1,22 (57)	서울 영등포구	35,949 (63)	안산시 단원구	39,070 (41)
2	경기 안산시	7,166 (64)	경기 안산시	7,962 (52)	경기 화성시	14,032 (44)	경기 안산시	34,147 (6)	서울시 영등포구	35,479 (37)
3	서울 서대문구	4,911 (44)	인천 남동구	5,727 (3)	서울 영등포구	12,941 (41)	서울 구로구	27,646 (4)	서울시 구로구	27,195 (2)
4	인천 남동구	4,63 (41)	서울 강남구	5,39 (35)	경기 시흥시	10,744 (34)	경기 수원시	25,300 (44)	경기 화성시	24,079 (25)
5	서울 강남구	4,552 (41)	서울 서대문구	5,0 (33)	서울 구로구	10,714 (34)	경기 화성시	23,634 (41)	경기 시흥시	23,293 (24)
6	서울 서초구	3,616 (32)	경기 성남시	5,000 (33)	서울 용산구	9,17 (31)	서울 금천구	1,21 (32)	서울 금천구	17,37 (1)
7	경기 성남시	3,606 (32)	경기 시흥시	4,949 (32)	경기 성남시	9,63 (31)	서울 관악구	17,442 (31)	서울 관악구	17,351 (1)
8	경기 부천시	3,261 (29)	경기 부천시	4,663 (31)	인천 남동구	9,26 (29)	경기 성남시	16,309 (29)	경남 김해시	15,662 (16)
9	서울 영등포구	2,24 (25)	경기 화성시	4,205 (2)	경기 수원시	9,032 (2)	경기 시흥시	15,37 (2)	경기 평택시	13,699 (14)
10	서울 중구	2,7 (25)	서울 서초구	4,134 (27)	경기 용인시	,347 (26)	경기 부천시	15,032 (26)	서울 광진구	12,606 (13)

자료: 출입국, 외국인정책본부. 각년도. 통계연보.

민자들이 가장 많이 거주하는 것으로 나타나고 있다. <표 13-1>, <표 13-2>에서 나타나듯이, 이민자의 유입이 전국적으로 확산되는 현상을 보이는 반면, 서울, 경기 지역을 중심으로 이민자들의 집중 거주지가 형성되고 있음을 의미한다.

(2) 이민자 밀집지역의 유형과 특성

이민자 밀집지역의 역사적 형성과정을 볼 때, 이민자 밀집지역은 시기적으로 서로 다른 기원을 가지고 있다. 개항기 조계를 기반으로 한 지역, 미군

표 13-3 외국인 밀집지역의 유형

유형	입지요인 및 특징	사례
공단 배후 노동자 거주지	▶ 대규모 산업단지 주변지역 ▶ 중국, 인도네시아 등 다국적	▶ 안산 원곡동, 남양주 마곡
대도시 저렴주택지	▶ 임대료가 저렴하고 교통이 편리한 지역 ▶ 일용직, 건설업 등	▶ 서울 구로구 가리봉동, 영등포구 대림동
외국관련시설 주변지역	▶ 조계지, 외국군대, 사원 등이 계기가 되어 형성 ▶ 거주지보다는 상업지역으로 형성	▶ 인천의 차이나타운, 부산의 차이나타운, 서울 이태원 및 이슬람 마을
전문인력의 고급 주거지	▶ 학교, 대사관 등을 중심으로 형성	▶ 서울 서초 서래마을, 동부이촌동 일본인 마을

출처: 박세훈. 2010. 한국의 외국인 밀집지역.

주둔을 계기로 형성된 지역, 선진국가의 현지 주재원 공동체, 그리고 90년대 이후의 노동자 밀집지역 등이 있다. 박세훈(2010)은 첫 번째와 두 번째 유형은 그 수가 제한되어 있기 때문에 하나의 범주로 보고, 90년대 이후의 노동자 밀집지역을 특성에 있어서 차이를 보이는 한국계 조선족 밀집지역과 그밖의 노동자 밀집지역으로 구분하여 크게 다음과 같은 네 가지 유형으로 구분하였다.

❶ 공단배후 이민자 밀집지역

첫째, 공단배후 노동자 주거지는 대규모 산업단지 주변에 분포하고, 중국, 태국, 인도네시아, 파키스탄 등 다양한 국적의 노동자가 집거한다. 이러한 형태의 밀집지역은 1990년대 중반 이후 형성되기 시작하였으며, 안산시 원곡동이 그 대표적인 예이다. 현재 남양주의 마곡, 시흥 정왕동, 대구시 달서구 등에도 이러한 형태의 밀집지역이 존재한다.

공단배후 지역을 중심으로 이민자 밀집지역이 형성되지만, 외국인 노동자들이 단일한 하나의 공동체를 형성하는 것은 아니다. 서로 다른 언어로 인한 의사소통의 문제도 있지만, 무엇보다 서로 친분관계를 유지해야 할 필요를 느끼지 못하기 때문이다. 이민자들은 출신 국적별로 공동체를 형성하고, 대체로 체육활동, 문화행사, 종교모임 등을 통하여 친목을 다진다.

❷ 대도시 저렴주택지 이민자 밀집지역

대도시 저렴주택지 이민자 밀집지역은 주로 건설업 및 일용직에 종사하는 중국 동포에 의해 형성되고 있다. 중국 동포들은 한국어 구사능력을 바탕으로 요식업, 건설업, 간병인 등과 같은 서비스업종에 종사할 수 있기 때문에 대도시 중심지역에 거주하는 경우가 많다. 특히 서울의 경우 구로구 가리봉동, 영등포구 대림동은 집값이 저렴하면서도 교통이 편리한 지역에 속한다. 이러한 지역을 중심으로 현재 중국 동포의 주거지와 상업시설이 급속히 확대되고 있다. 대부분의 중국 동포들이 일정기간 거주하다가 중국으로 돌아가야 하기 때문에, 서로 지속적인 사회적 관계를 유지하는 경우는 드물다.

❸ 외국관련시설 주변 이민자 밀집지역

외국관련시설 주변 이민자 밀집지역은 조계를 중심으로 발달한 차이나타운이나, 미군의 주둔에 의해 발달한 이태원과 이슬람 사원을 중심으로 발달한 이슬람계 밀집지역도 이 유형에 속한다. 이 유형은 역사가 매우 오래되고 인구의 증가세도 뚜렷하지 않다. 하지만 차이나타운의 경우 최근 중국 경제의 성장에 따라 국내외 관광객의 유치를 위해 새롭게 주목받고 있으며 일부 자치단체에서는 조성계획이 추진되고 있다.

화교사회는 전통적으로 강력한 내적 연대를 토대로 구성된 것으로 알려진다. 화교사회의 고유한 사회적 연결망인 '꽌시(關係)'는 이러한 내적 연대를 상징적으로 보여주는 개념이다. 그러나 오늘날 화교사회에 영향력을 행사할 만한 리더십을 가진 조직은 존재하지 않는 듯하다. 기존의 조직은 사회적 상황이 변화함에 따라 힘을 잃어가고 있으며, 새로운 여건에 걸맞는 새로운 조직은 아직 구심력을 발휘하지 못하고 있다.

❹ 전문인력 고급주거단지

전문인력의 고급주거단지는 주로 1970~1980년대를 거치면서 대사관 및 학교를 중심으로 자연스럽게 형성되어 발전한 지역이다. 서초동의 서래마을, 동부이촌동의 일본인 마을, 한남동의 독일인 마을 등이 그 대표적인 사례이다. 대부분 서울의 주거지역에 위치하고 있으며 인구변동이 크지 않은 안정된

공동체를 형성하고 있다.

　이상과 같이 우리나라에서도 이민자 밀집지역이 형성되고 있다. 하지만 현재 우리나라의 이민자 밀집지역은 첫째, 이들의 체류자격에 따라 차별화, 양극화가 진행되고 있다. 이민자 밀집지역의 성격과 특성이 다양한 만큼 이에 대해 차별적인 정책 대응이 필요하다. 즉 사회통합과 복지정책이 필요한 곳과 문화자산으로 보호할 필요가 있는 곳, 주거환경정비가 필요한 곳, 행정서비스 제공이 필요한 곳 등 밀집지역의 여건에 부합하는 정책이 마련되어야 한다.

　둘째, 이민자 밀집지역이 한국의 도시에 미치는 가장 큰 영향은 외국인 노동자를 중심으로 한 신빈곤층의 형성이다. 안산시 원곡동과 구로구 가리봉동은 원래 한국인 저소득층의 거주지였으나 외국인의 유입에 따라 외국인 저소득층으로 바뀌었다. 이민자 밀집지역에서 경제적 빈곤은 인종에 대한 사회적 편견 그리고 도시공간상의 고립이 함께 진행된다. 따라서 이민자 밀집지역이 슬럼화되는 것을 방지하고 지역에 대한 개방적이고 긍정적인 이미지를 유도하며, 이주민 공동체와의 신뢰관계를 구축하여 빈곤과 사회문제가 공간적으로 고착되는 것을 방지해야 한다.

　셋째, 이민자 규모의 증가에 따라 이민자와 선주민인 한국인 간의 갈등이 증폭되고 있다. 인종, 민족적 감정이 경제적 이해관계와 맞물릴 경우 갈등이 더욱 크게 불거질 수 있다. 이는 향후 이민자들의 존재가 한국 도시의 통합성에 부정적인 영향을 미칠 수 있음을 의미한다. 따라서 이에 대응하는 상호 신뢰 구축을 위한 노력이 경주되어야 한다.

　넷째, 다문화가 도시의 관광자원이나 도시이미지 개선에 바람직하다고 판단할 경우 이를 적극적으로 판촉하려는 경향이 강하다. 이는 최근의 도시정부의 기업가주의적 변모와 도시 간 경쟁 등이 반영된 결과로 볼 수 있을 것이다. 지방정부의 다문화 '판촉'을 부정적으로 볼 필요가 없지만, 이 역시 이민자 공동체의 이해관계를 반영하고 장기적으로 지역사회의 통합성을 유지하는 방향에 부합하도록 추진되어야 한다.

SUMMARY

■ ■ ■ 이민자들이 증가하면서 이들이 집단적으로 거주하는 지역이 전국 곳곳에 형성되고 있다. 서초구 반포동의 프랑스인 서래마을, 용산구 동부이촌동의 일본인 마을, 구로구 가리봉동 조선족의 옌벤 거리, 용산구 이태원동의 무슬림 거리, 나이지리아 거리, 중국 광희동의 몽골타워, 동대문운동장 근처의 러시아촌, 종로구 창신동의 네팔인 거리, 혜화동의 필리핀 거리, 서대문구 연희동의 차이나타운 등이 있다.

■ ■ ■ 이민자 밀집지역은 생태학적 접근에 의하면, 초기에는 상이한 사회경제적 집단들의 경쟁의 결과, 혹은 자신의 고유의 삶을 지속시키기 위해 형성된다고 하였다. 하지만 지리적 동화론에 의하면, 이민자들은 사회경제적 지위가 상승하면 주류 사회로 떠나는데, 외국인 밀집지역은 궁극적으로 소멸한다고 보았다. 최근 초국적 공간론에서는 이민이 자신의 고향사회를 떠나 정주국에 정착하고 동화되는 과정이 아니라 이민 후에도 지속적으로 본국과 다양한 정치, 문화적 상호관계가 유지됨을 언급하며, 외국인 밀집지역을 초국가적 사회 공간으로 보았다. 사회자본론에 의하면, 외국인 밀집지역이 이민자들을 위한 사회자본이 잘 갖추어져 있기 때문에 이민자들이 이 지역으로 집중 거주하게 된다고 보았다.

■ ■ ■ 우리나라에서 이민자 밀집지역은 사로 다른 역사적 경험 속에서 형성되어 왔다. 개항기 조계를 기반으로 한 지역, 미군 주둔을 계기로 형성된 지역, 선진국가의 현지 주재원 공동체, 그리고 90년대 이후의 노동자 밀집지역 등이 있다.

■ ■ ■ 이민자 밀집지역은 이들이 한국에 적응하면서 자연스럽게 형성된 삶의 터전이다. 한편으로 이들이 한국에서 안정적으로 살 수 있도록 지원하며, 또한 적절히 관리되고 활용된다면 중요한 문화자원 및 관광자원으로 도시의 경쟁력을 높일 수 있다. 다른 한편으로 적절하게 관리하지 못할 경우, 범죄와 실업이 고착화되고, 빈곤이 세대를 거쳐 재생산되는 등 의도하지 않은 사회경제적 부작용이 발생할 수도 있다.

Key Terms: 외국인 밀집지역, 조계지, 미군 주둔지, 수도권, 공장지역

제노포비아

1. 제노포비아란?

(1) 제노포비아의 의미

지금 전 세계는 다문화 사회로 나아가고 있다. 전 지구적 차원에서의 세계화와 인구의 도시 집중 현상 때문에 노동, 유학, 그리고 결혼을 목적으로 이주하는 사람들의 수가 급증하고 있기 때문이다. 우리 사회도 전체 인구의 약 3%에 이르는 150만 명에 이르는 이민자들이 살고 있으며, 2050년에는 결혼이민자와 그들의 후손을 포함한 이민 인구가 전 인구의 5%를 차지할 것이라고 한다. 이러한 통계는 외국인이 더 이상 일시적으로 머무는 관광객이 아니라 우리와 함께 살아갈 이웃이 되어 가고 있음을 말해준다.

그러나 인종적·문화적으로 다른 이민자들과 함께 일상생활을 한다는 것은 쉽지 않은 일이다. 우리보다 먼저 다인종, 다민족 사회를 건설한 서구의 여러 사회의 경험으로 볼 때, 그리고 아직 이민자의 인구가 그리 크지 않은 우리 사회에서도 이들을 혐오하거나 배척하려는 '제노포비아' 현상이 나타났었고, 그것의 확산 현상도 심상치 않다.

제노포비아(Xenophobia)는 그리스어에서 유래된 단어로, 이방인을 의미하는 "xeno"와 싫어한다를 의미하는 "phobia"의 합성어로, 일반적으로 "외국인 혐오증"으로 번역되어 사용되고 있다. 프레딕(Fredick, 2002: 6)에 의하면, 제노포비아는 고대 그리스에서 낯선 사람이나 다른 것에 대한 적대감 또는 반감을 나타내기 위해 만들어졌다고 한다. 낯선 것에 대한 적대감은 일종의 자기보호 의식이기도 하며, 열등의식의 표출이기도 하다(임상래, 2005:17).

(2) 제노포비아와 인종주의의 차이

제노포비아를 연구하는 데 있어서 인종주의(racism)를 빼놓을 수 없다. 제노포비아가 외부인(Outsider)으로 인지되는 개인이나 집단을 두려워하거나 혐오하는 성향을 서술하는 개념이라면, 인종주의는 자연적으로 상이한 신체적 특성을 근거로, 몇몇 집단은 천부적으로 다른 집단에 비해서 월등하다고 생각하는 체계 혹은 이데올로기이다(Marger, 1994: 27).

송태수(2006: 257)는 제노포비아와 인종주의의 차이를 다음과 같이 구분하였다.

첫째, 등장배경에서 인종주의는 전통적인 타인종 배척주의로서, 유럽에서 국민국가의 형성과 함께 등장한, 특히 강압에 의한 노동인력 동원에 의존했던 식민지경영에 그 토대를 둔 제국주의 시대의 유산이다. 반면 제노포비아는 인력공급과 노동력 이동이 대체적으로 자발적으로 이루어지고 있는 현대 세계의 현상이라는 데서 인종주의와는 그 발생배경을 달리하고 있다.

둘째, 개념적 차원에서 인종주의가 현대과학으로도 검증할 수 없는 유색인종에 대한 백인종 우월주의라는 단순한 편견에 토대를 두고 있다. 뿐만 아니라 인종주의는 지역적으로도, 특히 서구 백인사회 또는 국가에 한정되어 있는 현상이라고 할 수 있다. 반면에 제노포비아는 상대적으로 발전된 국가에 이민한 외국인력이 있는 곳은 어디든지, 즉 그 국가가 굳이 백인국가가 아니더라도 발생할 수 있다는 점에서 인종주의와는 구별되고 있는 현상이다. 즉 현대사회에서 제노포비아는 이제 서구 선진국에 국한되지 않고 지구촌 전역으로 확산될 잠재성을 내포하고 있다.

셋째, 제노포비아 현상에서는 인종주의에서 핵심 요인인 인종중심성이 국가중심성으로 변형되어 가는 측면이 있다. 즉 국가의 단일시장으로서의 경계성이 부와 자원의 핵심적 단일 유통분배 메커니즘으로 되면서 국가의 중요성이 커지고 있는 것이다. 제2차 세계대전이 끝나면서 이전의 인종주의는 더 이상 대중적인 이데올로기로 정립되기 어려운 상태에 처한다.

그러나 이렇게 인종중심성이 약화되었다고 하여 제노포비아 현상에 배태되어 있는 우월성 이데올로기가 완전 탈각되었다고는 볼 수는 없다. 오히려 사회경제적 차원에서 전세계적 경쟁시장에서의 국가간 비대칭성 논리에 의해 우월성 이데올로기는 보강된다. 따라서 그 내용에 있어 제노포비아는 인종차별주의보다 더욱 포괄적인 개념으로 이해되어야 하는데, 이는 인종주의나 제노포비아 개념의 내용이 역사적으로 규정되기 때문이기도 하다(송태수, 2006).

2. 제노포비아의 발생 원인

(1) 사회심리적 요인

페인(Pain, 2007)은 제노포비아가 자연발생적으로 생겨나든 혹은 선동에 의해 조직적으로 유발되든 "집단의식의 발현"이라는 속성을 가지고 있다고 말한다. 히점(Hjerm 1998)은 제노포비아가 정체성이 다른 개인 혹은 집단에게 행하는 '명예 훼손적 행위'라고 보았다. 이런 점에서 제노포비아는 '민족주의'와 관계가 깊다 하겠다. 왜냐하면 민족 정체성이라는 것은 다른 집단과의 비교로부터 발생하고, 다른 집단에 대한 부정적인 견해가 제노포비아적 현상에 속하기 때문이다(Herrera, 2011: 3). 한편 김세균(2006: 17) 역시 '우리(동질성)'와 '그들(이질성)'을 구분하는 집단심리가 제노포비아의 발생근거가 되고, 이 '다르다'는 의식이 공동체의 정체성 유지를 위해 타자를 배제하는 것을 정당화하게 된다고 하였다.

특히 우리나라의 경우 단일민족의식이 강한데, 실제 지난 2012년 말 '국민의 정체성'과 관련된 여성가족부의 조사에서도 한국인이 혈통을 중시한다는 것을 입증해 준다. 국민의 '다문화 수용성 조사'에서 혈통을 중시한다는 답변이 스웨덴 30%, 미국 55%, 일본이 72%인 데 비해 한국은 87%인 것으로 나타났다. 또한 다문화 공존에 대해 유럽 18개국 국민의 찬성비율이 74%인 데 비해, 한국은 36%에 그쳤다. 이처럼 우리는 순혈주의를 내세워 소수 민족이나

타자의 문화에 대해 지나치게 배타적인 경향이 있다. 그러나 실제 단일민족 의식은 일제 식민 지배 밑에서 민족의식을 통해 민족 정체성을 세워 긍지감을 갖게 하기 위해 만들어 낸 근대 의식의 소산임을 기억해야 한다(권혁, 2010).

(2) 인구학적 요인

일반적으로 외국인의 대규모 유입이 이루어져 인구 구성비가 급격하게 변화하는 곳에서 제노포비아 현상이 높게 나타난다고 한다. 가용자원이 한정된 상황에서 자원배분에서 유리한 위치를 차지하기 위해 헤게모니를 추구하는 집단이 생기고, 주류집단에 포함되지 못한 나머지 사람들이 주류집단에 대한 대항 집단을 형성하기 때문에, 이 집단들 사이에 갈등이 생겨난다(Hardin, 1995: 142)고 하였다. 즉, 주류집단이 인구 감소로 인하여 정치 경제적으로 자신들의 힘과 지위가 위협받게 되었다고 인지할 경우 제노포비아가 활발해진다(Rubin and Wendt, 2009: 10-11).

그러나 실제 여러 연구들에서 이민자의 규모의 증가와 제노포비아 현상과의 관련성은 크지 않는 것으로 나타나고 있다. 고상수, 김예슬(2012)은 러시아 제노포비아의 실태와 원인을 분석하였는데, 이 연구에서 러시아 제노포비아의 발생 요인으로 불행이론(경제적 요인)이 적합하며, 집단갈등이론(인구적 요인)은 외국인 유입이 크게 줄고 있는 러시아의 상황에서는 크게 설득력이 없었다고 하였다. 또한 푸틴 정부의 정치적 이용이라는 측면에서는 엘리트선동이론(정치적 요인)이 강화요인으로 작용하고 있다고 하였다.

(3) 사회경제적 요인

제노포비아 현상을 유발하는 요인으로서 나라별 경제발전의 상태와 경기의 부침에 따른 노동시장 상태의 변화, 그리고 사회적 안전망인 복지제도 각각은 제노포비아 현상의 발전과 관계가 있다. 루빈(Rubin, 2009)에 의하면, 제노포비아가 활성화되는 곳은 경제적인 불행, 즉 실업과 같은 절대적 불행이나 부의 불평등과 같은 상대적 불행이 만연한다. 즉, 경제적으로 어려운 시기에 직면하게 되면 상당수의 개인들은 경제적 불안감을 느끼게 되면서 심리적 불안정과 동요로 연결되는 경향을 보이게 되고, 이것이 제노포비아적 행동으로 발전하는 경우가 있는 것이다(이슬기, 2008: 8). 특히 임종헌(2006)은 최근 제노포비아를 직접 유발하는 것은 신자유주의 세계화가 심화시키는 실업과 상대적 빈곤 문제와 같은 사회·경제적 요인이 문제라고 하였다.

(4) 정치적 요인

왓츠(Watts, 1996: 98-99)는 외국인에 대한 공포와 외국인에 의한 잠재적 위협이 발생할 경우, 정치적으로 이를 어떻게 대응하느냐에 따라 제노포비아 현상이 강화 혹은 약화될 수 있다고 주장한다. 「인종차별금지법」이나 「이민·피난민법」이 제대로 정착될 경우 법·제도는 제노포비아를 완화할 수 있지만, 극우정당의 출현 같은 경우는 이를 더욱 심화시킬 수도 있다는 것이다.

3. 제노포비아의 양상들

실제 현실에서 제노포비아는 다양한 형태로 표출된다. 솔다토바(Soldatova, 2007)에 따르면, 제노포비아는 두려움, 혐오의 "대상"에 따라 다음과 같은 세 가지 형태로 나타난다고 하였다. 첫째, 인종적·민족적 혐오증(ethnophobia)으로, 이는 다른 인종과 민족 집단에 대한 편견 또는 이 집단에 속해 있는 구성원에 대한 차별에 의해 발생한다. 흑인종차별, 반유대주의(anti-semitism), 중국혐오증(sinophobia) 등을 들 수 있다. 둘째, 특정 종교를 믿는 사람들에 대한 편견과 두려움 등으로 인해 발생하는 종교적 혐오증이 있으며, 이슬람혐오증(Islamphobia)이 이에 속한다. 셋째, 문화, 신체, 나이 등의 특징을 가짐으로 인해 주류와 다른 그룹을 형성하는 사람들과 관계된 광범위한 사회적 혐오증이 있다. 사회적 혐오증에는 피난민, 망명자들에 대한 편견과 차별에 의한 이민자혐오증(migrantphobia), 신체적 장애를 가진 사람들에 대한 편견과 혐오에 의한 장애차별(handicapism)이 있으며 나이에 의한 차별(ageism), 성차별(sexism) 등이 포함된다.

한편 존스(Jones, 2011: 5)는 제노포비아의 실현 형태를 배타적·소유적·악성적 형태로 묘사한다. 배타적 제노포비아(exclusive xenophobia)는 이방인은 근원적으로 다르므로 공동체의 외부에 머물러야 한다는 것이며, 소유적 제노포비아(possessive xenophobia)는 이방인은 근원적으로 다르므로 공동체 외부에 머물러야 하지만, 직업, 교육, 세금, 의료 혜택 등을 누려야 한다고 보며, 악성적 제노포비아(toxic xenophobia)는 이방인은 근원적으로 다르므로 공동체 외부에 머물러야 하며, 공동체적 가치체계와 자유 등을 파괴하려는 존재로 규정한다. 각각의 관점에 따라 제노포비아로 나타나는 행동의 강도가 다르다.

김용신(2012)은 존스가 구분한 제노포비아의 현실화 양상을 내러티브 유형(narrative type)으로 구분하면, 민족과 종족 중심 의식이 이념적으로 상징화된 형태의 민족상징 유형, 이것에 더하여 경제적 요인에 의하여 촉발되면서 사회적으로 구조화되어가는 경제사회 유형, 민족과 종족, 경제와 사회, 이념과 정치 등의 요인이 중첩되어 폭력적으로 나타나는 혼합가중 유형으로 분류하였다.

첫째, 민족상징 유형은 배타적 제노포비아 성향을 띠고 있으며 고전적 의미의 이방인에 대한 편견으로 볼 수 있다. 이것은 특정한 종족, 민족, 인종 등이 타 종족, 민족, 인종 등에 대해 우월감을 느끼든 열등감을 느끼든 '우리는 너희들과 다르다'라는 정서나 의식에 바탕을 둔 사회적 배제 현상으로 나타나며(백지원, 2011: 30), 상징적 민족주의를 바탕으로 한다.

민족주의(nationalism)는 종족이나 시민적 연대감에 기초한 특정 종족문화 혹은 정치집단(국가)에의 소속의식으로 규정된다. 민족주의에 의해 집단정체성이나 국가정체성의 생성과 유지를 위한 범주가 형성되며, 국가 영토와 관련된 물리적 범위와 문화 통합과 연계된 정신적 범위를 모두 포함한다. 민족주의는 시민적 연대보다는 종족적 연대에 의해서 흔히 발현된다. 따라서 이방인의 이주는 일정한 경계 속에서 종족과 문화 정체성의 동질화를 추구하는 민족주의에 대한 위협적 요인으로 간주되어 인정되지 않는다(Shenk, 2010: 104). 이주에 의한 민족 혹은 종족 정체성의 훼손을 인정하지 않는 통합적 동화주의와 연계되어 국민국가라는 현실세계에 구현된다.

민족상징 유형의 제노포비아는 1950~1960년대 영국의 인종갈등, 최근 유럽에서의 무슬림(Muslims)에 대한 이념과 종교적 차원의 차별 정책, 그리고 미국의 뉴욕, 테네시, 캘리포니아 등지에서 이슬람 사원인 모스크를 반대하는 운동 등이 있다. 1950~1960년대 영국의 인종갈등은 주로 문화적 차이에서 야기되었는데, 영국인 고용주들은 유색인종이 자격이 있다하더라도 그들의 능력에 비해 훨씬 낮은 직종에서만 받아들였다. 그 이유는 유색인종이 백인인종보다 일을 잘 할 것이라고 믿지 않았으며, 또한 유색인종을 고용할 경우 백인노동자들이 파업하거나 사직할 지도 모른다는 우려 때문이다. 즉, 백인 노동자들은 유색 노동자와 같이 식사도, 화장실도 쓰지 않으려 하였으며, 같은 공간에서 일하는 것조차 꺼렸다. 이러한 현상들은 '불관용의 불관용(intolerable intolerance)으로 묘사될 수 있다(Jones, 2011: 34-35). 민족, 종족, 이념, 종교 등이 정치적으로 집단 상징화되어 이민자들에 대한 부정적 태도나 정책으로 표상된 것이다.

둘째, 경제사회 유형은 소유적 형태의 제노포비아로 볼 수 있으며, 국가 구성원으로서의 시민에게만 공공의 혜택이 적용되어야 하고 이주에 의해 유입된 이방인에게까지 확장되어서는 안 된다. 예를 들어 유럽연합(EU) 산하 기구인 '인종주의와 제노포비아 감시센터(EUMC)의 2005년 보고서에 의하면, 유럽 여러 나라에서 주거와 취업, 교육 등 각 사회 각 분야에서 명백한 인종차별이 횡행하고 있다고 지적했다. 독일, 스페인, 아일랜드, 오스트리아 등에서 부동산 광고에 '유색인종 제외', '내국인만 입주 가능'이라고 표기할 만큼 유색인종에 대해 원색적인 거부감을 드러내고 있으며, 체코, 벨기에 등에 거주하는 외국인은 내국인보다 훨씬 비싸게 집값을 치러야 한다. 스페인, 이탈리아, 포르투갈 등은 아랍계를 비롯한 유색인종으로부터 3D 업종 노동력을 공급받고 있음에도 이들의 시민권 취득, 취업, 내국인과의 결혼 등은 엄격하게 제한하는 폐쇄적인 제도를 고수하고 있다. 또한 유색인종의 실업률은 내국인보다 훨씬 높으며, 룩셈부르크는 외국인이 취업할 경우 사업주가 나라에 별도의 보증금을 내야 하고, 동일한 노동을 하고도 내국인보다 임금이 적다. 프랑스에서 한 회사는 영업직 사원 257명을 뽑는데 아프리카계 7명을 모두 탈락시켰으며, 독일에서 한 회사는 내국인에게 면접 일정을 통보해주고 터키식 이름을 지닌 지원자에게는 이미 직원을 구했다는 거짓 답변을 했다(임종헌, 2006: 65-66).

셋째, 혼합가중 유형은 악성적 제노포비아 형태를 띠는 것으로, 사회적 폭력, 테러, 작용 반작용에 의한 또 다른 폭력의 사용 등으로 나타나며, 다문화 상황이 공존보다는 분리 쪽으로 전이되어 불필요한 국가사회적 자원의 소모가 발생하는 문화적 갈등과 물리적 충돌의 혼재 양상을 말한다. 혼합가중 유형의 대표적 사례는 2001년 발생한 9/11을 계기로 생성된 미국인들의 테러에 대한 트라우마(trauma) 현상이다. 9/11에 대한 반작용으로 수사적이고 경험적인 형태의 제노포비아가 미국에서 발생한 테러로부터 받은 손실과 고통을 감소시키지는 못해 왔음에도 불구하고, 지난 10여 년간 차별적 배제와 행동은 격화되어 왔으며, 차이에 대한 두려움과 악성적 제노포비아(toxic xenophobia)가 미국을 비롯한 유럽국가 등 서구세계에 퍼져 이슬람포비아 현상으로 현실화되었다(Jones, 2011: 34).

한편, 한국사회에서도 인종적·문화적으로 다른 이민자들이 증가함에 따라 차츰 제노포비아 현상이 증가하고 있다. 예를 들어 지난 2012년 4.11 총선에서 필리핀 출신의 이자스민(35) 씨가 새누리당 비례대표를 통해 국회의원이 되는 사건을 두고 이씨가 필리핀 출신이라는 이유로, SNS를 통해 근거 없는 막말과 위험수위를 넘는 인종차별 발언이 연일 쏟아졌다. 게다가 지난 2012년 중국 동포 오원춘 씨가 경기도 수원에서 20대 여성을 살해하는 사건이 발생한 이후에는 외국인에 대한 공포 및 혐오감이 가히 폭발적으로 증가하였다. 특정인의 범죄에서 외국인 강조된다거나 외국인과 범죄자가 하나로 묶기는 현상이 나타나고 있는 것이다.

한국에서의 제노포비아의 표상화는 2007년 12월 '불법체류자추방운동본부'라는 단체에 의해 행해졌다. 법무부의 출입국외국인정책본부에 의한 불법체류자 단속을 지지하는 반외국인 시위가 국내 처음으로 개최된 것이다. 시위 참가자들은 20~30대 청년들인데 내국인도 실업으로 어려운 판에 합법체류자가 아닌 불법체류자의 노조설립과 인권을 보호해달라는 주장을 비판하며 불법체류자 단속의 필요성을 역설하였다(윤인진 외, 2010: 20).

또한 이민자의 급격한 증가에 따라 주로 경제적 동기에 의해 이방인에 대한 반감을 숨기지 않는 '외국인 노동자대책시민연대', '다문화정책반대', '대

한민국을 사랑하는 국민들의 모임' 등 제노포비아형 인터넷 카페의 조직적인
활동과 최근 이자스민 의원을 둘러싼 인종차별적 성격의 논쟁의 점화 등의
사례가 있다.

　이상에서 한국의 제노포비아는 아직 서구 사회와 같은 과격한 모습으로
까지 나아가지는 않았다. 그럼에도 불국하고 한국의 제노포비아는 제노포비
아의 초기 현상이라 할 수 있는 배타적 성격의 민족상징 유형에서 점차 소유
적 성격의 경제사회 유형, 그리고 이 모든 요인들이 복합적으로 작용하는 혼
합가중 유형으로 변화되어 가고 있다.

4. 제노포비아에 대한 대응

(1) 영국

　영국은 일찍 산업혁명을 이룸으로써 인근 주변 국가들로부터 많은 이민
노동력을 받아들여 왔다. 특히 영연방 국가의 국민들을 노동력으로 받아들이
면서 영국은 이미 오래전에 다인종, 다민족 국가로 진입하였다. 그러나 인종
적·문화적으로 다른 이민자들을 받아들이게 됨에 따라 영국 사회 내에서 인
종갈등의 문제도 지속적으로 일어났는데, 이미 19세기 말부터 영국의 노동조
합은 이민 노동자들이 일자리를 빼앗아가며 임금수준을 인하시킨다는 이유로
이민을 통제할 것을 결의했고, 영국 국민들도 이민자들이 주택과 위락시설에
대한 경쟁을 일으킨다고 불평했다. 특히 흑인사회에 대해서는 항구도시에서
정치적으로 폭동을 일으키고 비행의 온상이 되기 때문에 이들을 통제하고, 본
국으로 송환할 것으로 요구했다(김수행, 2006). 이러한 배경에서 의해 영국정부
는 이민규제법을 제정하기에 이른다.

　이후에도 영국에는 지속적으로 다양한 유형의 이민자들이 유입되면서 영
국 내 인종갈등은 보다 과격한 형태를 띠게 된다. 1958년 노팅엄(Nottingham)
과 런던의 노팅힐(Notting Hill)에서 백인이 흑인을 공격하는 사태가 벌어져 대
규모의 도시폭동이 발생하는 등 영국 국민과 흑인 등 유색인종의 갈등이 표

면화되었다. 또한 1958년 인동폭동을 계기로 영국정부가 '바람직하지 못한 이 민자들(undesirable immigrants)'의 입국을 불허하면서 이미 들어온 이민자들에 대한 본국으로의 송환 요구도 표출되었다. 이에 영국 정부는 흑인과 아시아계 이민자들에 대한 이민 규제를 핵심으로 한 「영연방이민법」(Common Wealth Immigrants Act)(1962년)을 제정하고, 이어 1968년에 이를 개정한다. 이후 1971 년 「영국국적법」과 1981년 「영국국적법」에서도 대부분 아시아 출신 영연방 국민들에 대한 영국 본토에 대한 거주권을 제한하는 등 인종차별적 요소를 강화하는 방향으로 국적법의 제정 및 개정이 이루어졌다.

1989년 구소련과 공산주의 국가들이 붕괴함에 따라 정치적 난민들이 대 거 영국으로 들어왔고, 이에 따라 영국 정부는 난민들의 이민문제가 대두하게 되자, 「난민과 이민법」(Asylum and Immigrants Act)(1996년)을 제정하여, 심한 정치적 박해가 없는 국가의 난민 수용을 금지한 데 이어, 1999년에는 난민과 이민법을 개정하여, 난민에 대한 현금 수당 지급 금지, 런던 이외의 지역으로 의 강제 분산, 수용소 증설 및 국외추방을 강화하는 방향으로 난민에 대한 규 제를 강화하였다. 또한 2001년 미국의 9.11 테러 이후에는 이민심사를 강화하 는 내용이 포함된 반테러리즘 범죄와 보안증(Anti-Terrorism Crime and Security Bill)을 통과시켰다.

이상과 같이 영국 정부는 영국 사회 내 인종갈등 및 제노포비아에 대응 하기 위해 「이민법」(Immigration Act)을 강화하여 이민자의 유입을 억제하는 정책을 전개해 왔다.

그러나 다른 한편 영국정부는 인종차별 억제를 위해 1965년에 「인종차별 금지법」(Race Relations Act)을 제정하고, 1976년에는 인종평등위원회(Commission for Racial Equality)를 설치하여 인종 차별의 문제에 대응하였다. 이러한 대응에 는 유색인종청년에 대한 취업대책 및 사회보장제도의 확대를 통한 노력을 포 함하고 있을 뿐만 아니라, 일정 정도 소수민족에게 경찰관이나 공직사회에의 취업의 문을 개방하는 등 이민자들을 통합하려는 노력도 기울여 왔다.

(2) 프랑스

프랑스는 근대 국가를 형성하는 과정에서 수차례의 전쟁을 치르면서 많은 인구를 잃었다. 이에 따라 프랑스 정부는 18세기 하반기부터 부족한 노동력을 보강하기 위해 이탈리아, 벨기에, 알제리, 스페인 등으로부터 노동력을 받아들였고, 이후 1880년대에는 동남부 유럽인들을 받아들였다. 20세기 들어와서 1905년경부터는 폴란드로부터 농업 노동자와 광산 노동자를 받아들였으며, 제1차 세계대전이 발발하면서 부터는 알제리 출신 이슬람교도들도 받아들였다. 제2차 세계대전 이후에도 전후 복구를 위해 프랑스 정부는 과거 식민지 국가들로부터 이민을 받아들이는 등 적어도 1970년대 이전까지 이민을 확대하는 정책을 추진해 왔다.

프랑스는 근대 국가를 형성할 무렵부터 적어도 1970년대까지 이민을 장려하는 정책을 추구해 왔지만, 프랑스 사회가 인종적·문화적으로 다른 이민자들과 아무런 문제가 없었던 것은 아니다. 이미 1883~1914년 사이에 이민자의 유입을 규제하는 50여 개의 법률이 제정될 정도로 외국인 혐오현상이 만연해 있었다. 특히 현대 사회에 들어와서 마그레브 출신 이슬람이민자들의 프랑스 사회로의 동화에 문제가 발생하고, 또한 당시 오일쇼크로 인한 경기침체가 발생하자 많은 프랑스 사람들은 실업과 빈곤의 원인을 이민자에게로 돌렸다. 당시 이슬람이민자들은 극우정당인 국민전선(FN)의 표적이 되어 더 이상 노동시장에서 착취당하는 존재가 아니라 사회적 불안의 원천, 즉 사회의 문제로 인식되었다.

현재 프랑스 정부는 제노포비아 현상에 대해 영국과 마찬가지로 한편으로는 이민통제를 강화하고 다른 한편으로 '동화'정책을 강화하는 방향으로 전개하고 있다. 이민자 통제의 핵심은 비자발급 심사나 프랑스 국내에서의 거주지 증명, 체제 비용 증명 등과 같은 입국조건들을 보다 강화하는 것이다. 또한 프랑스 정부는 「이민법」을 개정할 때마다 불법 이민자들의 강제 격리기간을 연장했으며, 불법 입국자나 체류자를 제재하는 형벌도 점점 강화시켰다(김세균, 2006). 프랑스의 동화정책은 미테랑 정권의 1984년 「이민법」에서 제도화되는데, 이 법에는 이민자들이 프랑스에 영구적으로 정착할 수 있는 법안이 규정되어 있다. 또한 고용과 체류의 권리를 분리하고, 3년 이상 프랑스에 거주한 모든 외국인이 취득할 수 있는 유효기간 10년의 장기체류증을 신설하였다. 이 체류증은 유효기간이 만료되면 자동갱신되므로 실질적인 영주권 발급과 같은 것이다. 이 법으로 프랑스에 장기체류해 온 10만여 명의 불법 이민자들이 영주권을 취득하게 되었다(조규범, 2012).

(3) 독일

제2차 세계대전 직후부터 1950년대까지 전후 복구사업에 필요한 노동력 부족으로 독일 정부는 구 독일 영토와 동유럽 각지의 독일계 귀환자들과 동유럽의 정치난민들을 중심으로 전후복구사업을 펼쳐나갔다. 그러나 이들 노동력만으로 부족하여 독일 정부는 1950년대 중반 이후 이탈리아 정부와 국가 간 계약(1955년)을 필두로, 스페인과 그리스(1960년), 터키(1961년), 포르투갈(1964년), 튀니지(1965년), 유고슬라비아(1968년) 그리고 한국(간호사: 1969년, 광부: 1970) 등과 국가 간 협정을 통해 "초빙노동자"(Gastarbeiter)라 불리는 외국인 노동력을 본격적으로 받아들이기 시작했다. 이로써 "라인강의 기적"이라 불리던 독일의 경제성장기에 외국인 노동자들의 규모가 이미 350만 명을 넘어서게 되었다(장명학, 2006).

그러나 서독 정부에서 정부 차원의 외국인 노동력 수입은 1973년 오일쇼크와 맞물려 사실상 종결되었고, 이후부터 독일 정부는 외국인 노동력의 유입을 규제하기 시작했다. 우선 미등록 외국인 노동력에 대한 단속을 강화하고, 기존 외국인 노동자의 가족초청도 규제하였다. 1974년에 채택된 외국인에 대한 "체류허가제"는 이민자에 대한 출국을 강요하는 정책을 의미했다. 1983년에는 외국인 노동력의 "귀국촉진정책"을 강력히 추진하였다.

그러나 이러한 정부의 노력에도 불구하고 실제 독일 사회에서 이민자의 감소는 나타나지 않았는데, 외국인 노동력은 산업현장에 필요한 숙련공으로 거듭났으며, 기업경영자들도 효율성의 원칙에 따라 숙련된 인력을 선호하게 되면서 독일의 외국인 노동력 정책은 사실상 유명무실하게 되었다. 게다가 이민자들이 순수 독일인보다 높은 출산력을 보임에 따라, 독일의 인구증가에도 기여하였다. 1980년대 이후부터 독일의 총인구 대비 외국인 비율은 크게 증가하였는데, 1973년 당시 396만 명이었던 이민자 수는 1982년에는 466만여 명으로, 2004년에는 약 7백 30만여 명으로, 2013년에는 독일 전체 인구의 9%를 차지하고 있다.

서독에서 제노포비아가 등장하기 시작한 것은 1970년대 전후인데, 1960년대 후반부터 독일의 극우세력이 결집한 정당인 독일민족민주당(NPD)은 외국인 초빙 노동자의 유입에 반대했다. 이후 오일쇼크와 이로 인한 경기침체로 독일 사회 내에서 제노포비아는 크게 확산되었고, 이러한 경향은 1980년대까지 지속되었다. 특히 베를린 장벽의 붕괴와 통일비용을 적절하게 예상하지 못했던 정부의 실책으로 인한 사회경제적 상황의 악화로 독일 사회의 제노포비아는 극에 달했는데, 상대적으로 실업률이 높았던 동독이 서독보다 매우 컸다(장명학, 2006). 2000년에 들어와서 독일사회의 제노포비아는 1990년대보다 무려 4배 증가하였는데, 독일 연방헌법수호청(Bundesamt fuer Verfassumgsschutz: BfV) 보고에 의하면, 2000년 한해에만 무려 1,600여 건에 달하는 반외국인 범죄행위가 발생했고, 그 중 폭력적인 범죄행위는 1,400여 건에 달한다고 한다.

독일 사회의 제노포비아의 확산은 지속적인 경제침체와 독일 통일 과정에서의 정책 실패 등과 관련이 있었고, 이는 극우파에 의한 외국인테러행위의 구실을 제공해 주었다고 할 수 있다. 이에 대한 독일 정부는 우선 신나치 세력과 극우정당의 활동금지 정책을 취했고, 아울러 외국인 노동이민에 대해서도 보다 엄격한 기준을 적용하였다. 또한 2000년의 「국적취득법」 개정을 통해 기존의 혈통주의를 거주지주의로 대체해 이민자와 그 후손들에 대한 통합 정책을 추진하고 있다.

이상과 같이 제노포비아는 인종주의와 달리 최근 이민자의 증가, 사회적·정치적·경제적 위기위식의 증가에 의해 나타난 현상이다. 우리나라도 이민자 증가에 따라 이들을 향한 적대감이 증가하고 있는 상황으로 볼 때, 우리나라도 유럽 주요 국가들처럼 외국인 및 출입국 관리제도를 개선하고, 「인종차별 금지법」 제정을 검토해야 한다.

제노포비아 현상이 가장 두드러지게 나타난 유럽의 경우, '이민통제'와

'인종차별 억제'(또는 '동화정책')라는 두 가지 정책을 동시에 추진하고 있다. 영국 정부는 이민억제 정책을 집행하면서도 다른 한편으로는 인종차별 억제 정책(1965년 「인종차별금지법」 제정, 1976년 인종평등위원회 설치)을 실시해왔다. 프랑스는 국경강화를 통한 이민통제와 동화정책을 동시에 추진했다. 동화정 책은 1984년 「이민법」을 통해 제도화됐다. 「이민법」에 따르면 3년 이상 프 랑스에 거주한 모든 외국인은 10년 장기체류증을 발급받을 수 있고, 자동 갱 신되기 때문에 실질적인 영주권 발급과도 같다. 독일은 외국인 노동자에 대 한 국적권 부여와 지방정치에서의 참정권 허용 등을 통해 외국인 통합정책을 실시하고 있다. 독일 거주 외국인에게 시민권을 부여하는 「국적법」은 혈통주 의에서 벗어나 속지주의 요소들을 대폭 수용하는 획기적인 정책적 변화를 보 여주고 있다.

SUMMARY

■ ■ ■ 인종적으로 문화적으로 다른 이민자들이 증가하면서 이들을 혐오하거나 배척하려는 '제노포비아' 현상도 확산되고 있다. 제노포비아가 외부인(Outsider)으로 인지되는 개인이나 집단을 두려워하거나 혐오하는 성향을 서술하는 개념이라면, 인종주의는 자연적으로 상이한 신체적 특성을 근거로, 몇몇 집단은 천부적으로 다른 집단에 비해서 월등하다고 생각하는 체계 혹은 이데올로기이다.

■ ■ ■ 제노포비아는 사회심리적으로 '우리(동질성)'와 '그들(이질성)'을 구분하는 집단 심리에 의해 발생하며, 인구학적으로 외국인 인구가 급격하게 증가할 때 발생하며, 또한 각국별 경제발전의 상태와 경기의 부침에 따른 노동시장 상태의 변화, 그리고 사회적 안전망인 복지제도 등이 영향을 미친다. 또한 정치적으로 외국인에 대해 어떻게 대응하느냐에 따라 제노포비아 현상이 강화 혹은 약화될 수 있다.

■ ■ ■ 세계 여러 국가들에서 제노포비아 현상은 배타적 제노포비아, 소유적 제노포비아, 악성적 제노포비아 등의 형태가 있으며, 각각의 형태에 따라 제노포비아로 나타나는 행동의 강도가 다르다. 한국의 제노포비아는 배타적 성격의 민족상징 유형에서 점차 소유적 성격의 경제사회 유형, 그리고 혼합가중 유형으로 변화되어 가고 있다.

■ ■ ■ 세계 여러 국가들에서 제노포비아에 대한 대응 양상을 살펴보면, 영국의 경우 정파적 이해관계에 따라 다소 차이가 있지만 법제도적인 측면에서 한편으로 이민법(Immigration Act)의 강화를 다른 한편으로 「인종차별금지법」(Race Relations Act)의 제정을 통해 소수 인종 차별에 대응하고 있다. 프랑스의 경우 1990년 후반에는 외국인 정책을 엄격히 적용하면서도, 이전과는 달리 좀 더 인간적인 측면으로의 변화를 추구하고 있고, 또 법제도적인 차원에서는 「국적법」 시행을 통해 이민자들을 좀 더 적극적으로 통합하려는 노력을 기울이고 있다. 독일의 경우 제노포비아를 조장하는 신나치 세력과 극우정당들의 활동을 금지하고, 아울러 외국인 노동이민에 대해서도 보다 엄격한 기준을 적용하는 것으로 나타나고 있다. 또한 2000년의 국적취득법 개정을 통해 기존의 혈통주의를 거주지주의로 대체해 이민자와 그 후손들에 대한 통합정책을 추진하고 있다.

Key Terms: 제노포비아, 인종주의

이민자 통합의 문제

part

4

chapter 15 이민자 통합 이론
chapter 16 해외 국가들의 이민 정책
chapter 17 한국의 이민 정책

chapter

15

이민자 통합 이론

1. 동화주의 모델

(1) 동화의 정의

동화(assimilation)의 사전적 정의에 따르면, 동화는 개인 또는 집단이 다른 개인이나 집단의 태도나 감정을 취득하여 경험이나 전통을 공유하기에 이르는 사회과정, 또는 이러한 사회과정에서 생겨나는 사회관계의 균형상태이다(두산백과사전). 교육학에서 동화는 피아제(Piaget)의 이론에서 인지발달을 이루게 하는 기제 중 하나로서 외계의 사물을 기존에 자신이 가지고 있는 이해의 틀에 끌어들여 해석하고 이해하는 과정을 말한다. 사회학에서 동화는 인종관계에서 소수집단이 다수집단의 행동양식이나 종주국의 문화적 가치를 채택하여 궁극적으로 다수집단에 흡수되어 가는 것을 말한다. 즉, 이민자에게 동화란 출신국의 정체성을 버리고 유입국의 사회문화를 받아들여 유입국의 국민과 동질감을 갖게 되는 것이다.

(2) 동화의 단계

동화주의는 1921년 로버트 파크(Robert E. Park)와 어네스트 버제스(Ernest W. Burgess)의 인종관계 순환(race relations cycle) 이론에서 제시된 것으로, 이민자들이 이민사회에 동화되는 과정에는 다음의 4단계가 있다. 첫 번째 단계는 접촉(contact) 단계로 서로 다른 인종이나 민족끼리 동일한 시·공간에서 접촉을 갖게 되는 단계이다. 두 번째 단계는 경쟁(Competition)의 단계로 유한한 자원을 선점하려고 하는 가운데 발생하는 단계이다. 세 번째 단계는 적응(accommodation)의 단계로 접촉과 경쟁의 가운데, 상대와 공존의 방식을 모색하는 단계이다. 이 단계에서는 민족이나 인종이 아닌 개인이 경쟁의 단위가 된다. 적응이 보다 성숙해지면 마지막 단계인 동화의 단계에 이른다.

파크가 동화의 필연성을 강조하면서 동화의 구조적 제약을 간과한 것과 달리, 워너와 스로울(Warner & Srole, 1945: 289)은 사회계층, 피부색, 언어, 종교 등과 같은 제도적 요인들이 이민자와 소수집단의 동화하는 속도와 정도에 영향을 준다고 주장하였다(윤인진, 2004: 29). 그러나 워너와 스로울 역시 이민자 동화의 수준은 세대가 지남에 따라 점진적으로 이루어진다고 보았다. 이민자의 세대가 증가할수록 동화될 가능성이 크다는 것은 많은 학자들에 의해 논증되어 왔는데, 1950년대 유대인 3세대의 동화과정을 연구한 간스(Gans, 1956: 561)에 의하면, 유대교 전통은 이민 2세대에 오면 삶의 안내자 역할을 더 이상 하지 못하고 있으며, 3세대에 오면 그들의 전통적 습관과 감성만 남아 단순히 상징적 유대교(Symbolic Judaism)가 된다고 하였다.

한편 고든(Gordon, 1964: 71)은 파크와 버제스의 동화의 단계를 세분화하여 다음의 7단계 즉, 문화적 동화, 구조적 동화, 혼인적 동화, 정체적 동화, 태도 수용적 동화, 행동 수용적 동화, 시민적 동화로 구분하였다. 문화적(Cultural) 동화는 주류 사회의 문화에 맞도록 문화 태도를 바꾸는 것이며, 혼인적(interracial) 동화는 주류 사회의 구성원과 혼인하는 것이며, 구조적(Structural) 동화는 주류 사회의 제도 속으로 들어가는 것이다. 정체적(identification) 동화는 민족의식을 모국이 아닌 유입국 사회에 두는 것이며, 태도-수용적(attitude reception) 동화는 편견적 태도가 없는 지점에 도달하는 것이며, 행동-수용적(behavior reception) 동화는 차별적 행위가 없는 상태에 도달하는 것이며, 시민적(civic) 동화는 가치와 권력에서 선주민과 갈등이 없는 상태에 이르는 것이다. 이 중 중요한 동화의 단계는 문화적 동화, 혼인적 동화, 구조적 동화이며, 기본적으로 고든은 구조적 동화가 이루어지면 다른 형태의 동화는 자연히 이루어진다고 보았다.

1970년대 들어서면서 동화 연구들은 단일 차원에서 접근되기 시작하였다. 대표적으로 피오레(Piore, 1979), 매씨(Massey, 1981: 72) 등은 이민자들의 동화를 근본적으로 "사회적 상승이동"의 문제로 보았다. 매씨는 사회적 이동모델(Social Mobility Model)을 적용하여, 이민자의 동화과정에서 민족 간의 또는 세대 간의 차이가 존재하는지, 차이가 존재한다면 그 원인이 무엇인가에 관심을 두었다. 이 모델은 이민자들의 세대가 증가할수록 이민자 후손들의 인적자본이 증가하게 되며, 이때 민족 간의 사회적 이동의 격차는 사라질 것으로 보았다. 쟁과 지이(Zeng & Xie, 2004)의 연구는 백인 대비 아시아계 미국인들의 수입격차는 단지 외국에서 교육받은 아시아계 이민자들에게만 나타나며 미국 교육을 받은 아시아계 미국인들에게서는 나타나지 않는다는 결론을 내렸다. 그러므로 백인과 아시아계 이민자들의 소득 격차는 인적자본의 차이에서 오는 문제이지 인종/민족 차별에서 오는 문제가 아니라는 것이다.

이러한 배경에서 1980년대에는 '공간적 동화(Spatial assimilation)'라는 새로운 개념이 대두된다. 매씨와 뮬란(Massey & Mullan, 1984: 837)은 공간적 동화를 "하나의 집단이 주류사회의 구성원들과 근접한 거주지를 획득하는 과정"이라고 정의하고, 이민자들이 주류사회의 거주지에 살수록 일상생활에서 소수민족과 주류사회 간의 접촉을 증가시키게 되며, 친구관계, 편견, 결혼 등에 영향을 미치게 되어 고든이 말하는 "구조적 동화"로 이어진다고 보았다. 공간적 동화 모델에 의하면, 첫째, 격리와 지역적 불평등은 시장경제의 과정에서 발생하는 것이며 이민자들이 초기에 집단거주지를 형성하는 데서 비롯된다. 둘째, 이민자들 중 개인적으로 사회적 상승이동과 문화적 동화를 성취한 사람들은 쾌적한 환경을 찾아 도심의 집단거주지를 떠난다. 환경이 쾌적한 지역은 주로 주류사회 구성원들이 사는 교외 지역들이므로 결국 주류사회 거주 지역으로 들어가게 된다. 즉, 공간적 동화의 추동력은 경제적 상승이동(민경희, 2006: 232)이다.

하지만 이민자들의 공간적 동화과정이 모두 소수민족들에게 동일한 것은 아니다. 예를 들어, 흑인이나 스페인계 이민자보다 아시아계 이민자의 거주지 이동이 공간적 동화모형에 더 잘 맞으며, 아시아계 이민자들은 중심도시의 민족 집단 거주지역에 사는 기간이 비교적 짧거나 그 단계를 건너뛰어 아예 이민 초기부터 직접 교외에서 거주하기 시작한다는 것이다. 그리고 장기적으로 교외로 들어오는 이민자의 수가 증가함에 따라 이들이 백인들과 섞여 사는 것보다 동족 또는 다른 민족과 섞여 사는 경우가 더 많이 발생한다(Logan, Zhang & Alba, 2002). 결국 이민자의 교외화가 진행되면서(경제적 상승이동이 진행되면서) 다시 공간적 분화가 진행된다.

한편 1990년대에 들어서 동화와 세대의 관계 즉, 세대가 지남에 따라 동화가 점진적으로 이루어진다는 직선적 동화(직선이론: Straight Line Theory)도 공격을 받기 시작했다. 1965년 이후 대규모 이민 흐름의 다수를 구성한 비백인 이민자들이 처한 상황은 직선이론에 정면으로 반하는 '2세대 하강'(second generation decline) 현상이 나타났다. 간스(Gans, 1992)는 직선이론가들이 경제적 요인을 포함하지 않고 있음과 동화과정이 항상 '직선'이 아니었음을 인정하면서 '굴곡'(bumpy line)이론을 제안하였다. 간스(Gans, 1992)는 2세대 이민자들이 미국화되었기 때문에 노동조건이 열악한 "이민자 노동"을 거부하며, 부모세대가 가졌던 장기적 목표가 없으며, 미국으로부터 강제추방당하지 않는다는 사실을 알며, 모국의 친척들에게 송금할 의무가 없기 때문에, 경제적 하강 현상이 나타난다는 것이다.

이러한 맥락에서 포르테스와 주(Portes & Zhou, 1993)는 2세대 이민자들의 동화결과는 특정 이민자집단이 미국사회의 어떤 부문으로 동화하는가에 따라 다르다는 '분절 동화론'(Segmented Assimilation Theory)을 제시한다. 이들 이민자의 적응 유형은 3가지 형태 첫째, 점증하는 문화적 동화(acculturation)와 병행하는 백인 중산층으로의 통합, 둘째, 지속적 빈곤에 시달리는 도시 최하층으로의 동화, 셋째, 이민자 공동체의 가치관과 굳건한 결속력을 의도적으로 유지하면서 급격한 경제적 상승을 이루는 아시아계 이민자들의 경험으로 나누어지는데, 이상의 세 가지 경로 중 이민자의 자녀들이 어느 경로를 취하게 되는가에 따라 그리고 그들이 동원할 수 있는 민족공동체의 연결망들을 통해서 얻을 수 있는 사회적·인적 자본에 따라 동화과정이 다르다는 것이다.

알바와 니(Alba & Nee, 2003)는 신동화론(New Theory of Assimilation)에서 시민권운동 이후 이민자와 그 자녀의 사회적 상승이동의 유형은 미국 태생 백인의 상승이동 유형과 다를 바가 없다고 주장한다. 다만 이민자들이 가지고 있는 자본의 형태에 따라 개인이 처한 사회적 맥락에 병합하는 양식이 다르게 된다. 이민자는 가용한 자본의 형태에 따라 두 가지 통로를 통해 사회적 상승이동을 추구하는데, 하나는 민족경제이고 다른 하나는 주류 노동시장이다. 따라서 이민자와 그 자녀의 빈곤문제는 이 두 가지 시장에서 경쟁할 수 있는 능력과 관련된다(민경희, 2006: 235).

또한 주(Zhou, 1997; 984)는 구조적 동화와 문화적 동화가 시기적으로 분리되어 진행되기 때문에 경제적으로 완벽하게 편입된 이민자가 문화적으로는 고유한 정체성을 유지하고 출신국 문화를 계속 향유하는 이행기가 있을 수 있다고 하였다. 이러한 상태는 "절충적 동화"에 해당하며 이민자가 경제적으로 통합되었지만 문화적으로는 독립되어 있는 경우를 말한다. 따라서 동화에는 두 가지 종류의 유형이 있을 수 있다. 즉, 문화적 동화가 이루어진 이상적 유형과 구조적 동화 상태인 보다 현실적인 유형이다.

(3) 동화주의 모델(Assimilation Model)

동화에 대한 이 같은 입장은 소수민족을 통제하는 국가들에 의해서 동화주의 모델로 구체화된다. 동화는 이민자들이 그들의 언어, 문화, 정체성 등을 포기하고 주류사회와 차이가 나지 않도록 태도와 의식 등을 개인적인 차원에서 내면화하기도 하지만 국가가 이러한 가치를 적극 전파함으로써 강화되기도 한다. 결국 동화주의는 이민국의 원형질의 보존이나 유지를 통하여 강력한 통일 국가 건설로 나아가려는 야심찬 기획의 기저에 깔려 있는 이데올로기인 것이다(김호연, 2011: 253).

이민자 통합 모델로 동화주의 모델을 취하는 대표적인 국가는 프랑스이다. 프랑스는 공화주의적 전통에 의해 문화적·민족적·종교적 다양성의 문제를 배제하는 경향이 있다. 모든 개인은 민족적·인종적 차이에 관계없이, 신앙이나 문화적 관습에 관계없이 모두가 동일한 권리와 의무를 갖는 것으로 간주한다. 공적인 관계에서 이민자는 국민으로서 국가에 속한다는 사실만이 전적으로 인정될 뿐 개별적 특수성은 사적 영역에서만 인정된다(Martiniello, 윤진 역, 2002).

동화주의 모델을 취하고 있는 국가들은 이민자에게 비교적 쉽게 시민권을 부여한다. 대부분 자기 영토 내에서 태어난 사람들에게는 자동적으로 국적

표 15-1 동화주의와 다문화주의 모델 비교

구분	동화주의 모델	다문화주의 모델
문화적 지향	▸ 문화적 동질화 추구 ▸ 추상적인 타문화 이해와 수용	▸ 문화적 이질성 존중 ▸ 구체적 타문화 인정과 보호
정책목표	▸ 소수집단의 주류사회로의 동화	▸ 소수집단의 고유성 인정을 통한 사회통합
갈등해소방안	▸ 완전한 동화를 통한 사회갈등해소	▸ 완전한 참여를 통한 사회갈등해소
정책수단	▸ 소수집단 차별방지의 법제화 (소극적 수단)	▸ 소수집단 문화와 권리 보호의 법제화 (적극적 수단)
다양성 개념	▸ 사적영역의 문화적 다양성 보호	▸ 사적, 공적 영역의 문화적 다양성 보호
평등 개념	▸ 기회의 평등	▸ 결과의 평등
이민자에 대한 관점	▸ 노동력, 이방인 ▸ 통합의 대상	▸ 사회구성원 ▸ 사회 다양성의 원천
비판	▸ 이민자 동화의 현실적 어려움 ▸ 이민자에 대한 현실적인 사회적 배제	▸ 민족정체성 약화 및 사회적 분열 초래

을 부여하는 속지주의 정책을 시행하고 귀화절차도 비교적 간단하다. 새로 온 사람들을 가능한 한 빨리 국민공동체 속으로 융합시키고자 한다. 이 모델을 취하고 있는 국가는 프랑스 이외에도, 네덜란드, 이탈리아, 영국, 아일랜드 등이 있으며, 이들 국가들에서는 문화적 단일성을 중시한다(고숙희, 2008: 32).

(4) 동화주의 모델 비판

동화주의 모델은 소수민족이나 이민자들이 시간이 갈수록 이주 전 모국의 전통과 가치는 상실하고 이민국 주류사회의 언어, 문화, 가치관, 행동양식으로 서서히 동화되어 통합에 이르게 된다는 것이다. 하지만 이러한 동화주의 모델은 너무 낙관적이라는 비판을 받는다. 첫째, 주류 집단이 자신들의 하위문화가 다른 문화보다 우수하다고 여기는 자민족 중심주의적 경향을 보일 때 이민자들은 행태적 동화에 대한 상당한 압력을 받게 된다. 즉, 얼마나 쉽게 변화할 수 있는가는 고유 하위문화에 대한 자세와 이민자 집단과 이민국 사이의 유사한 정도에 달려 있다. 자신의 고유문화를 자부하는 이민자 집단은 행태적 동화를 거부하기 쉽다. 둘째, 이민국의 선주민과 매우 차이가 많은 이민자 집단은 행태적 동화가 구조적 동화로 연결되지 못할 가능성이 크다. 예를 들어 중류층의 흑인인 미국인은 영어에 서툰 러시아의 피난민보다 구조적 동화가 훨씬 어렵다(이성우 외, 2002: 78). 셋째, 동화주의의 주장과는 다르게 구조적 동화를 이룬 집단도 민족성이 유지되고 있다는 것이 발견되고, 또한 흑인, 히스패닉(Hispanic) 등과 같은 유색인종들은 아무리 시간이 지나도 정치적, 경제적 예속 상태에서 벗어나지 못하는 것이 발견되었다(윤인진, 2004: 30). 넷째, 정체성, 애착, 인간다움을 고려하지 않는 강제적 정책은 소수 이민자 집단에게 강한 반발을 불러일으켰다.

2. 다문화주의 모델

(1) 다문화주의의 정의

최근 국내에서 대중매체를 포함해 "다문화", "다문화주의"라는 용어를 일상생활에서 쉽게 사용하고 있다. 다문화, 다문화주의라는 용어가 논의되는 맥락에 따라 다양하게 사용되며, 실제 현실에서 다양한 다문화주의의 유형이 존재하기 때문에(원숙연, 2008), 이를 정의내리기가 쉽지 않다.

잉글리스(Inglis, 1996: 16-17)는 공적인 논의에서 나타나는 다문화주의를 크게 '인구-기술적', '이념-규범적', '프로그램-정책적' 관점으로 구분하였다.

첫째, 인구-기술적(demographic-descriptive) 관점에서 다문화주의는 인종, 민족, 문화적으로 다원화된 인구학적 현상을 말한다. 한국사회에서는 국민이 아닌 외국 국적을 가진 이민자들이 많아지면서 이러한 현상을 지칭하는 것으로 "다문화"라는 개념을 사용하는 경우가 많다. 하지만 엄밀히 말해서 다문화 개념에는 다양한 인종, 문화, 이념, 종교, 민족, 젠더 등과 같은 문화적 단위들을 포함하며, 또한 다문화로 지칭할 경우 "문화"만을 강조하는 경향으로 치우쳐 "생존"의 문제를 간과할 가능성이 크기 때문이며, 이민자 현상을 지칭할 때는 다인종, 다민족이라는 개념이 더 적합하다.

둘째, 이념-규범적(ideological-normative) 관점에서 다문화주의는 사회문화적 다양성을 긍정적으로 인식하고 가치 있게 여기고 존중하려는 사회적 이념을 말한다. 즉, 문화다원적 현상 혹은 다문화사회를 견인해 가는 이념 혹은 윤리를 말한다. 철학적 논의에서 다문화주의는 '차이의 철학'에 근간을 두며(김혜숙, 2004: 207), 정치적으로 소수의 집단적 권리의 인정을 지향하지만, 시장에서 경제적 이익 추구를 위한 수단으로 이용되기도 한다(Martiniello, 윤진 역, 2002: 87-110).

셋째, 프로그램-정책적(programme-political) 관점에서 다문화주의는 사회문화적 다양성을 보호하고 인종, 민족, 국적에 따른 차별과 배제 없이 모든 개인이 공평한 기회를 접할 수 있도록 보장하는 정부의 정책과 프로그램, 즉, 다문화주의정책을 의미한다.

이상과 같이 다문화주의는 다양한 문화가 사회적인 문제로 대두되면서 나타나는 현상을 학문적으로 기술하고 이해하기 위한 노력들, 또는 이를 관통할 수 있는 원리, 정책, 실천들을 지칭하는 개념이다.

❖ 다문화주의, 상호문화주의, 초문화주의

대략적으로나마 세 개념들을 이해하기 위해 다음과 같은 경우를 생각해보자. 미국의 백인들이 주로 살고 있는 한 마을에 한국 이민자 부부가 살게 되었다. 이 부부는 이웃들과 큰 문제없이 잘 지냈으며 두 아이들도 그 마을 학교에 잘 적응해서 다니게 되었다. 이웃들도 이들 가족이 때로 이해하기 어려운 행동을 하고 자기들에게는 생소한 냄새가 나는 음식을 먹지만 좋은 이웃으로 받아들였다. 친구가 된 아이들로 인해 한국 이민자 부부는 마을 사람들과 더 가까워질 수 있었다. 이 부부의 아이들이 성장을 해서 각각 인도인, 미국인과 결혼을 하게 되었고 이들 사이에서 아이들이 태어나게 되었다. 이 경우 한국인 부부가 이 마을에 살면서 처음 맞이했던 상황이 다문화주의 상황이라면, 아이들이 결혼하면서 맞이하게 된 상황은 상호문화주의 상황이라고 할 수 있다. 상호문화주의는 상호적 관계 안에서 상호 변화의 가능성을 함축한다. 내 가족 안에 외국인이 들어오게 되면 일상의 태도와 가치관, 구체적 생활에서 서로 양해하고 타협하는 일이 발생할 것이며, 이로써 서로 조금씩 변화하는 일을 피할 수 없게 된다. 그런데 이들 다문화가정에서 태어난 아이들은 자신들의 삶의 판을 전혀 새롭게 짤 것이다. 이들에게는 부모로부터 전수받은 문화, 태어난 곳에서 다른 아이들과 어울리고 교육받으면서 갖게 되는 문화, 그리고 복합적인 문화융합 안에서 이전과는 전혀 다르게 새로 형성된 문화가 있게 될 것이다. 이를 초문화주의 상황이라고 이해할 수 있을 것이다.

- 김혜숙. 2012. 비판적 다문화주의를 위한 시론. p. 12

> ❖ 문화다원주의, 다문화주의
>
> 문화다원주의는 개개 문화의 고유성이 유지된다는 전제 아래 복수의 문화들이 상호 고유성을 인정하는 선에서 조화롭게 공존하면서 교류하는 현상을 인식하는 개념이다(김의수, 1999). 즉, 문화다원적 현상들이 존재한다는 인식과 그럼에도 불구하고 '개별 문화의 고유성 유지'가 가능하고 또 마땅히 그래야 한다는 사실적 판단만을 전제로 하는 개념이다.
>
> 반면 기본적으로 다문화주의는 다양한 유형의 문화들이 나름대로의 고유한 가치와 의미를 토대로 공존하고 있다는 사실을 수용하며 또한 평등과 상호존중의 원리를 따라 그 각각의 고유한 가치와 삶의 유형을 규범적으로 인정해야 한다는 입장을 지향한다. 그러나 이 인정은 개개의 문화 유형의 정체에 대한 '사실적' 인정이지, 그 개개의 문화 유형에 모두 동일한 가치-곧 보편적 가치-를 부여해야 한다는 의미의 인정과는 다르다.
>
> — 송재룡. 2009. 다문화주의와 인정의 정치학, 그리고 그 너머. p. 82

(2) 다문화주의의 등장 배경

다문화주의 혹은 문화적 다양성은 대부분 근대의 시작과 연관된다. 19세기 중반 이후 서구를 중심으로 활발하게 이루어진 원거리 항해, 그리고 그것을 통한 타 문화권과의 접촉은 타문화에 대한 지식과 정보의 축적을 가져왔을 뿐만 아니라, 서구 중심적 근대주의 역사관 – 인종, 종교 및 문화를 보는 시각의 한계에 대해 인식하는 계기가 되었다. 이 인식 전환은 서서히 민족국가 이데올로기에 기초하여 인종, 문화, 언어 집단을 통합하려는 단일민족국가 형성에 대한 비전의 폐기로 이어졌다. 20세기 중반에 들어 교통통신 및 운송 수단의 획기적 발달과 이후 급속하게 전개된 세계화와 국제노동력의 이동은 이와 같은 사실적 전환을 더욱 급속하게 심화시켰다. 또 다른 배경은 계몽주의 이후 서구적 근대화의 기획을 따라 보편화되어 온 자유, 평등, 권리 등과 같은 근대 민주주의 원칙들의 보편화와 이들의 제도화이다(Kymlicka, 2005; 김비환, 2007; 송재룡, 2009: 83–84).

이러한 인식론적 논의의 경계를 넘어 다문화주의가 '사회적 사실'의 문제로 부각된 것은 1970년대 이후부터이다. 유럽, 북미, 호주 등에서 동화주의를 대신하여 다문화주의가 등장했다. 캐나다에서 영국 문화 중심의 동화주의정책은 소수민족들의 반발을 일으켰고, 특히 퀘백의 프랑스계 이민자들은 정치적 분리주의를 주장하게 된다. 이에 따라 캐나다 연방정부는 퀘백의 정치적 이탈을 막기 위해 동화주의정책을 포기하고 프랑스어와 영어를 함께 사용하는 공용어법을 제정하는 등 민족적이고 인종적 유산들을 인정하고 장려하는 정책을 실행하게 된다(Thomas, 2001). 이것은 캐나다에서 차별화된 집단 시민권(Group-differentiated Citizenship)의 세 가지 형태 즉, 자치권(Self-government rights), 다인종 권리(Polyethnic rights), 특별대표권(Special representation rights) 등으로 나타난다. 자치권은 퀘백인이나 인디언들이 연방에 참여하면서도 다른 주들에서는 인정되지 않는 권리들을 자신들의 주정부가 가질 수 있도록 요구하는 것이다. 다인종권리는 소수민족들의 문화적 관습을 유지하는 데 공적인 지원정책을 마련해 줄 것과 그들의 관습을 유지하는 데 방해가 되는 법률의 면제를 요구하는 것이다. 특별대표권은 소수집단들의 대표권을 보장받기 위해 상원의석의 특정비율이 소수집단에게 할당되어야 한다는 것이다(Kymlicka, 1996).

1990년대 이후 다문화주의는 미국, 호주, 유럽의 여러 국가들로 확산되었다. 1980년대 후반에 미국에서 다문화주의가 도입된 것은 1960년대에 나타난 국가적 규모의 민권운동(Civil Rights Movement)(Kymlica, 1995), 소수인종(인디언, 히스패닉 등)들의 권리 주장과 유럽계 미국인들의 '민족부흥' 주장[1] 등이 있었기 때문이다. 흑인과 온건 공화파 백인을 주축으로 한 민권운동의 결과 그동안 배제(exclusion)의 대상이었던 흑인과 인디언, 그리고 흑인의 민권운동에 고무되어 자신들의 민족적 특수성을 인정받고자 하는 소수민족들에게 고용정책, 주택정책 등에 있어서 특혜를 제공하는 정책들이 생겨나게 되었다.

백인으로 구성된 호주에서도 1960년대 이후 다문화주의정책이 도입되었다. 저출산으로 인한 인구 문제가 발생하였고, 또한 아시아 국가와의 협력이 중요해지면서 '백호주의'를 버리고 호주정부는 유색인에게도 이민을 허용하는 개방정책을 펼치게 된다. 이에 따라 호주 사회에서는 다양한 인종적·민족적 배경의 이민자들을 통합하기 위해 다문화주의를 이민자 통합정책의 원리로 두게 되었다. 즉, 호주에서 다문화주의는 국가통합 또는 국민통합 이론으로

---

1) 이러한 '민족부흥'은 유럽에서 옮겨온 이민자들의 후손에게도 영향을 미쳐 자신들의 뿌리를 되찾고 잃어버린 문화적 요소를 재건하려는 움직임을 유발시켰다(김희용, 2007: 84).

기능하고 있다(구견서, 2004).

　　서유럽 국가들이 다문화주의 정책을 채택하게 된 것은 이들 국가들에서 비서구인들의 규모가 크게 증가하면서, 민족 간, 인종 간 갈등이 크게 증가했기 때문이다. 대부분의 서유럽 국가들에서 비서구 출신의 이민자들은 제1,2차 세계대전 이후에 크게 증가하였는데, 전쟁을 거치면서 전후 복구를 위해 많은 노동력이 필요했고, 이들의 대부분은 과거 식민지 출신 국민들이 대부분이었다. 하지만 대규모의 비서구 출신 이민자들이 이들 국가에 정착하여 사는 경우가 많아지면서 차츰 서구사회의 인구학적 변화를 야기했을 뿐만 아니라 경제, 정치, 사회, 문화, 심지어 국가정체성에까지 지대한 영향을 미치게 되었다. 이에 따라 서유럽 국가들은 한편으로 비서유럽 출신 이민자를 제한하는 정책을 전개함과 동시에 다른 한편으로 신규 이민자들의 기존 사회구조에 통합시키려는 노력을 강화하게 되었다. 이민자의 통합 방향은 국가의 특성, 시기에 따라 다소 차이가 있지만, 점차 이민자의 정체성을 인정하는 방향으로 전개되어 왔다.

　　이상과 같이 서구 국가들에서 다문화주의는 비서구 출신 신규이민자들이 증가하면서, 이들로 인한 사회의 인구학적 변화에 대응하고, 또한 이들에 대한 다수집단의 인종편견과 차별로 인한 소수인종집단의 사회부적응, 다수－소수 인종집단 간의 사회갈등과 분열의 문제에 대응하기 위해 등장하였다.

　　한편 한국의 경우 다문화주의 담론이 등장하게 된 것은 2000년대 들어서면서부터이다. 처음에는 외국인 노동자와 여성결혼이민자의 증가에 따라 이들의 처지를 향상시킬 수 있는 정책적 대응을 모색하는 과정에서 검토되기 시작되었다(설동훈, 2004; 오경석, 2006). 2006년 중앙정부는 한국의 인구문제와 인력문제에 대처하기 위해 종전의 출입국 및 외국인력활용정책에서 벗어나 이민정책이라는 새로운 관점에서 접근하고(김남일, 2007), 이에 따라 결혼이민자, 특히 여성결혼이민자와 다문화가족을 중심으로 다문화정책이라는 이름으로 사회통합을 전개하면서 크게 확산되었다. 언론이 앞다투어 여성결혼이민자의 문제를 사회적 이슈로 만드는 데 결정적 역할을 하였고, 시민단체들도 외국인 노동자, 여성결혼이민자과 다문화가족을 위한 프로그램을 주요 사업으로 전환하거나, 기존활동에 새로운 '다문화'사업을 추가하였다(이선옥, 2007:

100). 여러 학문 분야에서도 짧은 시간에 여성결혼이민자 및 다문화가족 문제를 적극적으로 다루면서 확산시켰다.

(3) 다문화주의 모델 비판

1) 개인의 자율성 침해

공동체주의적 다문화주의자인, 찰스 테일러(Charles Taylor)는 근대 "보편적 존엄성의 정치"가 사람들을 평등하게 대한다는 절차주의적 이념에 충실한 나머지 사람들의 차이를 무시하는 경향이 있다고 비판하였다. 개인이나 집단의 정체성은 '자기 삶의 주인이 되려는 진정한 욕구(authenticity)'에 근거를 두고 있기 때문에 마땅히 존중받아야 한다(염운옥, 2012)는 것이다. 따라서 테일러는 보편적 존엄성의 정치를 넘어서 개인과 집단의 차이에 대한 인정을 요구하는데, 이를 '차이의 정치(politics of difference)', '인정의 정치(politics of recognition)'라고 했다.

"차이의 정치"는 일정한 권리들을 옹호하되, 절차주의적 방식에 따르기보다는 좋은 삶을 만드는 데 기여할 문화적 통합들에 근거한 판단들을 더 많이 고려한다. 그는 이 차이의 정치가 점점 다문화적으로 변해가고 절차주의적 자유주의의 엄밀한 적용이 힘들어지는 사회에서 다문화주의를 실현하는 데 기여할 수 있을 것이라고(Taylor, 1994: 60~61; 진은영, 2008 재인용) 보았다. 여기서 테일러의 차이의 정치, 인정의 정치가 전제로 삼고 있는 것은 '현실적으로 존재하는 모든 문화들을 동등하게 존중하고 동등하게 가치평가해야 한다'는 점이다. 이는 어떤 문화가 위대한 문화로의 발전 가능성을 가지고 있기 때문에 존중받아야 하는 의미가 아니라, 지금 존재하는 모든 문화들이 그 자체로 동등한 가치를 가지고 있기 때문에 존중받아야 한다는 것을 의미한다.

하지만 테일러식 다문화주의는 한 문화 집단 내에 귀속된 개인의 권리들이 그 문화에 의해 침해당할 수 있다는 것을 간과하고 있다. 킴리카는 테일러식 다문화주의적 전제가 갖는 난점을 피해가기 위해 자신이 생각하는 자유주의의 기본 원리들로부터 출발하여 다문화주의를 정당화했다. 자유주의의 기본 원리들은 모든 인간의 본질적 관심은 '좋은 삶(good life)'을 사는 데 있다는 가정으로부터 나오는데 그 내용은 다음과 같다. 첫째, 사람들은 삶에 가치를 부여하는 것이 무엇인지에 대한 각자의 신념에 따라 자신의 삶을 영위해야 한다. 둘째, 그러한 신념들은 잘못된 것일 수 있고, 사람들은 그것을 깨달을 수가 있기 때문에 그 신념들을 문제시하고 수정하는 데 자유로워야 한다. 킴리카는 이 원리들에 입각하여, 한 문화가 그 문화에 속한 개인들이 좋은 삶을 사는 데 도움을 줄 수 있다면, 그 문화가 아무리 소수적일지라도 그것을 존중하고 보존해 주어야 한다. 그렇지만 개인들이 원하는 좋은 삶은, 사회에 의해 부과되는 것이 아니라, 그들의 내면으로부터, 즉 삶의 가치에 대한 그들의 신념으로부터 결정되는 것이기 때문에, 어떤 문화공동체든 간에 우선적으로 개인들의 선택과 결정을 보장하는 자유주의적 원리들을 준수해야만 한다(Kymlicka, 1995).

앤 필립스(Phillips) 역시 "집단"에 근거한 문화적 권리를 비판하며 이 중 집단으로 소수집단을 묶는 것 자체가 인종주의적이라고 비판한다. 소수집단의 목소리를 반영하기 위해 대표를 선정한다면 소수집단의 구분이 자의적이며 과소대표라는 현실적 어려움이 있다. 더욱이 점점 더 많은 소수집단(예를 들면 민족적, 인종적, 종교적 소수집단 이외에도 여성, 동성애자 등과 같은 소수집단) 역시 문화적 권리를 요구할 수도 있다. 소수문화집단을 대표하는 적절한 제도적 합의가 쉽지 않다(Phillips, 부산대학교 사회과학연구원 역, 2011: 229-230). 또한 한 집단이 내부적으로 동질적이고, 서로 배타적이며 분명한 경계를 갖고 있기란 사실상 불가능하다. 권리를 부여하기 위해서는 집단 내부의 하나의 단일한 문화를 가정해야 하는데 이러한 가정은 공동체 사회 내부에 있는 이질성 정도를 과소평가한다. 집단 내부에는 다양한 목소리들이 있으며 문화에 충성하는 정도 역시 다양하다(Sen, 이상환, 김지현 역, 2010: 188).

마지막으로 소수문화집단에게 문화적 권리를 부여할 경우 집단의 권리 행사 과정에서 집단 내 소수의 구성원들이 부당한 대우와 억압을 받는 경우 집단 내 소수자 문제가 발생한다. 오킨(Okin, 1998: 10)은 "다문화주의는 페미니즘에 해로운가(Is Multiculturalism Bad for Women)?"를 통해 주로 소수의 문화적 실제(cultural practices)로 옹호되는 이와 같은 법 체제들이 결국 남성들보다는 여성들에게 악영향을 미친다고 하였다. 첫째, 대부분의 소수 문화는 남성

들의 여성에 대한 통제를 기본적인 목적으로 하며, 전통이라는 이름으로 행해
지는 음순절제, 일부다처제 및 강간결혼 등은 여성에 대한 억압을 대표적으로
보여주는 사례이다. 둘째, 소수집단이 갖는 권리를 보장하기 위해 여성의 권
리를 포기하거나 유보되는 사례가 공공연하게 나타나고 있다. 인권으로서의
여성의 권리는 해당 국가의 문화 및 종교의 관행과 양립할 수 없다는 이유로
거부되거나 등한시된다. 즉, 집단의 권리는 지킬 수 있되, 여성의 권익은 지킬
수 없다(황영주, 2013). 결국 오킨은 서구의 다수 문화보다 더 가부장적인 소수
집단의 문화적 권리 인정이 매우 사적이고 문화적으로 강화된 종류의 성차별
과 불평등을 묵인하고 있다. 따라서 오킨은 집단의 권리보다 개개인의 자유로
운 선택을 중시할 것을 요청한다(태혜숙, 2008: 210).

　하지만 오킨의 주장에 대해 다문화주의자인 쿠카타스(Kukathas)는 비록
소수자의 문화가 가부장제적 속성을 갖는다 하더라도, 소수자의 문화는 원칙
적으로 국가와 정부로부터 간섭을 받아서는 안 되기 때문에, 국가가 중립을
지켜야 한다고 한다. 레이트(Reitman, 2005: 223)의 해석에 따르면, "국가는 원
칙적으로 사회적 선(the good)의 경쟁적 개념들에 있어 중립을 추구해야 한다.
이러한 중립 추구는 젠더의 권리까지 포함하는 원칙이며, 문화적 다양성과 상
이성을 존중하는 관용의 입장에서 적용되어야만 한다. 특히 쿠카타스의 입장
에서 보면 다문화주의가 다른 어떤 요소들보다도 우선 고려 대상이 된다
(Kukathas, 2001: 83). 즉, 소수자의 문화가 자유주의적 가치를 실현하지 못하더
라도 절대적 가치를 가지게 된다. 그의 관점에서 여성은 이미 보호를 받고 있
는 대상이다. 왜냐하면 반드시 소수자의 생활방식을 수용할 필요가 없으며,
여성은 이미 일종의 선택권을 가지고 있기 때문이다. 즉, 소수자의 문화가 적
용되는 바깥의 세계는 일반적인 법적용이 되는 곳이며, 따라서 여성들은 소수
집단을 떠나 일반적인 법적용이 가능한 곳으로 탈출할 수 있는 권리를 이미
부여받고 있기 때문이다(Reitman, 2005: 223). 즉, 다문화주의에서 소수자의 생
활방식은 여성의 권리를 위해서 유보될 수 없으며, 여성에 대한 보호는 소수
자의 생활방식을 인정하는 원칙 내에서 구현되어야 한다.

2) 재분배 정치의 회피

다문화주의는 문화가 정체성 형성과 좋은 삶에 미치는 중요성을 주장하며 소수집단 문화의 가치에 대한 존중을 요구한다. 내가 어떤 사람이 되느냐는 나의 선택도 중요하지만 환경에서 나를 어떻게 인식하느냐가 나의 정체성형성에 영향을 미칠 수 있기 때문이다. 이는 소수집단의 문화에 대한 인정에초점을 맞추는 인정의 정치로서, 소수집단의 문제를 문화로 환원하거나 귀속하는 경향을 보인다. 즉, 인정의 정치는 소수 집단의 "차별"의 문제를 간과한다. 특정 사회가 소수문화집단의 권리보호를 위한 '인정의 정치'에 과도하게몰입하는 경우 사회 전반적 정의와 자유와 평등 등의 이슈에 대한 사회적 관심과 노력은 제약될 수 있다(Giltin, 1995; Hobsbawn, 1996; 장의관, 2010; 손경원, 2013: 211).

베리(Barry, 2001: 317−328; 손경원, 2013: 211)에 따르면, 소수집단의 소외되고 주변화된 현상의 원천은 빈곤이나 교육, 직업기회의 차별에 있는 것이지문화적 지배에 있는 것이 아니다. 모든 차별을 문화로 환원하는 것은 과도한문화적 해석일 수 있다. 다문화주의가 비판하는 불평등은 일정 부분 경제적불평등에서 파생되는 이차적 문제일 수 있다. 즉, 다문화주의의 주장은 사회내 핵심적 계급 문제, 인종 문제 등 차별의 문제를 해결하지 못하는 현대사회에 대한 우회적 문제제기라는 것이다. 특히 특정 사회가 사회 내 집단들을 포용할 역량이 제한적일 경우 촉발되는 시대의 논쟁이 다문화주의라는 것이다.

하지만 이러한 경제적 환원에 대한 다문화주의의 논박은 두 가지 방향에서 가능하다. 첫째, 경제적 차원 이외에도 문화적 차원은 중요하다(Kymlicka, 장동진 역, 2008). 예를 들어 가난한 흑인은 가난해서 불리할 뿐만 아니라 흑인이라는 소수자이기 때문에 차별받고 손가락질 당한다. 가난한 흑인이 경제적으로 성공한다 해도 흑인이라는 차별은 여전히 남는다. 둘째, 인정의 정치가분배의 정치의 약화를 초래하고 복지국가의 퇴조를 낳는다는 비판은 경험적으로 근거가 없다(Kymlicka & Banting, 2006). 즉 인정의 정치가 분배의 정치를방해하지 않는다(손경원, 2013: 211).

최근에는 분배의 정치만큼이나 인정의 정치가 중요하며, 다문화주의를 전개하면서도 분배의 정치를 동시에 전개해야 한다고 주장한다(Fraser, 김원식 역, 2011). 하지만 인정의 정치가 분배의 정치에 부정적으로 영향을 미친다면, 결국 인정의 정치는 기회 및 자원의 균등한 배분을 위한 보편주의적 원칙의 토대를 약화시켜 결국 보편주의적 분배 원칙을 실현해 나가는 범사회적 추동력을 저해할 수도 있다(장의관, 2010: 145 – 148).

3) 사회적 연대의 위협

다문화주의는 건강한 민주주의를 지탱하는 시민적 덕성, 정체성 관행들을 침식할 위험이 있다. 다문화주의는 인종의 정치화(Politicization of ethnicity)를 수반하기 때문에 공적 삶에서 민족적 특성을 고양하는 정책만을 지지하는 경향이 있다. 다문화주의자들은 한 국가 내에는 자신이 소속된 집단의 문화적 특성에 따라 상이한 모습을 가지는 개인들이 존재하고 있음을 강조한다. 문화의 다양성을 강조할수록 경제적 불평등에 대한 싸움을 위해 함께 협력할 가능성은 줄어들게 된다(Kymlicka, 장동진 역, 2008: 505)는 것이다.

다문화주의가 집단을 분석의 중심에 두기 때문에, 집단과 개인의 적절한 융화, 그리고 집단과 사회의 적절한 융화는 중요한 논제가 된다. 문화적 다양성은 결국 동질적 국민정체성을 저해하게 된다. 하지만 동질적 국민정체성은 구성원들 간의 상호 신뢰의 원천으로서 공공문제에 대처하는 집단행위의 성패의 주요 결정변수이자 아울러 사회적 연대감의 유용한 자원이다(Miller, 1995: 820). 다문화주의는 집단 간 경계를 고착하고 흐릿했던 경계마저 자극하여 집단의 재분열을 초래할 수도 있다.

하지만 킴리카는 시민적 연대의 결속을 부식키는 것은 오히려 다문화주의의 부재라고 주장하였다. 소수자들은 차이를 고려하지 않는 주류 사회의 제도들로부터 배제되었다고 느끼고, 이러한 정치소외는 정치에 대한 불신을 야기한다. 소수민족의 자치정부협정이 정치적 안정성을 위협하기보다는 도움을 주고 있다는 증거들도 있다. 자치의 요구는 하나의 국가 체제의 유지를 의미하기 때문이다(Kymlicka, 장동진 역, 2008). 그러나 소수민족들의 자치요구의 사안은 복잡하다. 그렇기 때문에 사회적 연대를 이루는 노력을 게을리 해서는 안 된다.

4) 후기 자본주의의 이데올로기

좌파 이론가들은 문화적 다양성을 존중하는 것이 첫째, 종종 다국적 기업의 경영이나 마케팅을 위한 전략에 불과한 것일 수 있음을 지적한다. 예를 들어 대규모 공장에 이슬람 노동자들을 위해 기도 장소를 설치하는 것은 그것이 노동자들의 생산성을 향상시켜 줄 것으로 예상되기 때문이다. 또한 1980~1990년대 민속음악이나 월드뮤직을 이용한 음반수익의 창출, 이국적 복장이나 장신구들을 이용한 새로운 패션의 창조 등은 다양한 민족문화적 특징들이 새로운 상품 개발에 적극적으로 활용하거나 이윤확대를 위한 중요한 요소로서 고려되고 있다(진은영, 2008).

둘째, 다문화주의는 효율적인 노동통제 전략으로 사용될 수 있다. 예를 들어 20세기 초 미국의 뉴잉글랜드의 공장들과 아팔라치 탄광 산업에서는 다양한 유럽 국가들에서 이주해 온 노동자들의 노동력에 의해 유지되었는데, 각 기업가들은 노동자들의 전투적 응집력을 분산시키고, 그들의 집단행동을 불가능하게 하기 위해서 작업장마다 각국 노동자의 비율을 철저히 조정했다. 또한 노동자들에게 각자의 인종적, 언어적, 문화적 차이를 고수하는 것을 장려했다. 다양한 인종과 그에 따른 상이한 문화적 정체성은 노동자들 사이의 적대와 분할을 유지시키면서 노동자 조직 건설을 방해하고 통제를 용이하게 하는 효과가 있기 때문이다(진은영, 2008).

같은 맥락에서 지젝(Slavoj Zizek)은 다문화주의를 전지구적 자본주의 시대의 이데올로기이며, 변형된 인종주의라고 하였다. 자본주의의 제국주의적 단계에서는 다른 지역을 직접 식민화했고, 그에 상응하는 이데올로기가 동화주의라면, 현재의 전지구적 자본주의 시대에는 제국주의의 중심 국가와 식민화된 국가들이라는 대립이 더 이상 유효하지 않다. 왜냐하면 세계화된 자본이 좌우하는 다국적 회사는 선진국들 역시 식민화할 영토로 취급하기 때문인데, 지젝은 이를 "자기 식민화"라고 부른다. 그리고 이러한 자기 식민화하는 세계화된 자본주의의 이데올로기가 바로 다문화주의라는 것이다(고현범, 2012: 355).

이러한 자본주의적 이데올로기로서의 다문화주의는 다양성에 대한 엔젤리즘(angelism)을 표방하는데, 그것은 다양성을 무조건 좋은 것, 온건한 것으

로 보는 태도이다. 여기서는 다양성에 평화의 이미지만을 투사함으로써 다양
성이 갈등을 낳는 것이 아니라, 다양성을 존중하지 않는 태도가 갈등을 가져
오는 것으로 간주한다. 하지만 다양성 개념은 이미 갈등을 내포하고 있다. 문
화 다양성의 운동에 내재하는 '갈등 가능성'을 인정하는 것, 즉 갈등이 반드시
적대적인 형태로 표현되지 않을지라도 갈등을 통해서만 발전할 수 있다는 사
실을 인정하는 것을 두려워할 때 다문화주의가 표방하는 다양성은 이질적 문
화 체험의 풍요로움을 언급하면서 패키지 관광 상품을 권유하는 광고의 슬로
건 차원으로 쉽게 전락하고 만다(심보선, 2006; 진은영, 2008).

SUMMARY

■ ■ ■ 이민사회를 둘러싼 여러 문제 중 가장 중요한 하나는 인종적으로 문화적으로 다른 이민자들을 어떻게 통합시킬 것인가이다. 여기서 핵심적인 논제는 이민자 집단을 자신의 문화적 정체성을 버리게 하고 주류 문화에 동화시킬 것인가, 아니면 그들의 다양한 문화를 인정하고 존중하면서 통합시켜 나갈 것인가이다.

■ ■ ■ 이민자 사회통합 모델은 크게 동화주의와 다문화주의로 구분된다. 동화주의는 인종관계에서 소수집단이 다수집단의 행동양식이나 문화적 가치를 채택하여 궁극적으로 다수집단에 흡수되어 가는 것을 말한다. 이민자들이 이민사회로의 동화는 문화적 동화, 구조적 동화, 혼인적 동화, 정체적 동화, 태도 수용적 동화, 행동 수용적 동화, 시민적 동화로 이어지는 것으로 여겨져 왔다. 1990년대에 들어서 직선적 동화가 공격을 받기 시작하였고, 2세대 이민자들의 동화과정은 특정 이민자 집단이 미국사회의 어떤 부문으로 동화하는가에 따라 다르다는 '분절 동화론'과 또한 이민자들의 자본의 형태에 따라 동화의 결과가 다르다는 '신동화론'이 대두되고 있다. 동화주의 모델의 대표적 사례는 프랑스 이민자 통합 모델인데, 공화주의적 전통에 의해 문화적, 민족적, 종교적 다양성의 문제를 배제하는 경향이 있다.

■ ■ ■ 동화주의 모델은 너무 낙관적이라는 비판을 받는데, 첫째, 이민자 집단이 얼마나 쉽게 동화되느냐는 이주사회 문화와 이민자 문화의 유사성 정도에 따라 다르며, 자신의 고유문화를 자부하는 이민자 집단은 행태적 동화를 거부하기 쉽다. 둘째, 이민사회의 선주민과 문화적 차이가 많은 이민자 집단은 행태적 동화가 구조적 동화로 연결되지 못할 가능성이 크다. 셋째, 구조적 동화를 이룬 집단도 민족성이 유지되고 있다는 것이 발견되고, 아무리 시간이 지나도 정치적, 경제적 예속 상태에서 벗어나지 못하는 것이 발견되었다. 넷째, 정체성, 애착, 인간다움을 고려하지 않는 강제적 정책은 이민자 집단에게 강한 반발을 가져왔다는 점이다.

■ ■ ■ 사회통합 차원에서 다문화주의는 사회문화적 다양성을 보호하고 인종, 민족, 국적에 따른 차별과 배제 없이 모든 개인이 공평한 기회를 접할 수 있도록 보장하는 것을 말한다. 다문화주의가 사회적으로 부각된 것은 1970년대 이후부터이다. 유럽, 북미, 호주 등에서 동화주의를 대신하여 다문화주의가 등장했다. 캐나다 다문화주의는 퀘백의 프랑스계 이민자 집단들의 분리운동에 대응하여 정치적 분리를 막기

위해 다문화주의 정책을 시행하게 되었고, 미국에서는 1960년대에 나타난 국가적 규모의 민권운동, 소수인종(인디언, 히스패닉 등)들의 권리 주장과 유럽계 미국인들의 '민족부흥' 주장 등이 있었기 때문이다. 호주에서는 저출산, 고령화 등 인구위기에 직면하면서 유색인종에게 이민을 개방하게 됨에 따라 이들의 사회통합을 위해 다문화주의 정책을 전개하게 되었다. 서유럽 국가에서 다문화주의 정책은 세계대전 이후 전후 복구를 위해 들여온 비서구인들의 유입이 증가함에 따라 선주민과 이민자의 인종갈등, 그리고 이민자의 차별 문제에 대두됨에 따라 신규 이민자들을 기존의 사회구조에 통합시키고자 하는 노력의 일환이었다.

■ ■ ▫ 다문화주의 모델은 첫째, 한 문화 집단 내에 귀속된 개인의 권리들이 그 문화에 의해 침해당할 수 있으며, 둘째, 특정 사회가 소수문화집단의 권리보호를 위한 '인정의 정치'에 과도하게 몰입하는 경우 사회 전반적 정의와 자유와 평등 등의 이슈에 대한 사회적 관심과 노력은 제약될 수 있다. 셋째, 문화의 다양성을 강조할수록 경제적 불평등에 대한 싸움을 위해 함께 협력할 가능성이 줄어들게 된다. 넷째, 좌파 이론가들은 문화적 다양성을 존중하는 것이 자본의 전략일 수 있음을 지적한다.

■ ■ ▫ 다문화주의 현실과 관련하여 이상에서 제기한 문제들이 사실상 나타나고 있다고 할 수 있다. 그럼에도 불구하고 다문화주의 문제들은 다문화주의를 제대로 시행하지 못했기 때문에 발생한 문제일 수 있다. 즉, 다문화주의가 문화적 다양성 인정에 그치지 않도록 재분배의 문제에 적극적으로 관심을 가져야 한다. 또한 다문화주의가 사회적으로 실현되기 위해선 국가, 시민사회 어느 한쪽이 아닌 모든 사회구성원이 노력해야 한다.

Key Terms: 동화주의, 다문화주의

해외 국가들의
이민 정책

1. 미국

　미국이 이민으로 형성된 국가이기는 하지만, 미국은 국가 탄생 초기부터 이민을 제한하는 정책을 전개해 왔다. 1875년 「연방이민법」에 의해 매춘여성의 미국 입국이 금지되었고, 1882년에는 최초로 국적에 기반을 둔 「중국인입국금지법」(Chinese Exclusion Act)이 통과되었다. 이후 1891년 주정부 차원에서 「이민법」을 제정하고 더불어 이민국(The Immigration Service)을 설립하여 보다 체계적으로 이민정책을 전개해 나갔다. 1907년에는 신사협정(Gentleman's Agreement)을 통해 일본을 이민 배제 대상국으로 지정하였으며, 1921년에 이민쿼터시스템(quota system)을 도입하여, 매년 이민자 수를 해당 국가 출신 총 이민자 수의 3% 이내의 새로운 이민자들만 허용하는 것으로 제한해 나갔다. 1924년 「국적기원법」(National Origins Act)인 이른바 존슨-리드(Johnson-Reed)법에 따라 출신국별 이민자 수를 2%로 하향조정하였다. 이 법은 첫째, 정치적·경제적으로 더 이상의 이민이 필요하지 않았으며(Morawska, 1990), 둘째, 새로운 쿼터시스템을 통해 이른바 가난한 동유럽 및 남유럽의 신규 이민자들(new immigrants)과 남미 출신의 이민자들의 유입을 사실상 금지하기 위해서이다 (Zolberg, 1992). 이후 미국은 약 30여 년 간 엄격한 쿼터시스템을 유지해 오다가, 제2차 세계대전 이후 선호되는 인종, 민족 국가의 범주를 폐지하기 시작했다. 1952년 「월터-매캐런법」(Walter-McCarran Act)을 통해 "인종"을 미국 귀화신청 자격으로 삼는 것을 폐지함으로써, 아시아인에 대한 이민금지도 폐지되었다.

1965년 「이민국적법」(Immigration and Nationality Act of 1965) 개정으로, 미국은 '신이민시대'에 돌입하게 된다. 동법으로 이민에 대한 인종과 민족 그리고 국적에 따른 선호 및 제한이 공식적으로 폐지되었고, 연 이민자 수의 상한선도 320,000명으로 대폭 증가시켰다. 또한 출신국과 상관없이 이민신청자 개인들의 정보를 바탕으로 무작위로 선발하였으며, 국내에 직계친척이 있는 사람들에게 우선권을 주었다. 이 법으로 인해 미국의 이민 흐름이 크게 바뀌게 되었는데, 1960년대까지 전체 이민자들의 85%를 차지하던 유럽인과 캐나다인들의 비율이 17%로 떨어진 반면, 아시아와 남미 출신의 이민자들은 81%로 급증하였다(Greenblatt, 1995). 이러한 이민정책의 변화에는 1960년대가 전후 자본주의의 황금기였다는 사실과 인권에 대해 국내적, 국제적 규범의 압력이 있었기 때문이다(최성수·한주희, 2006). 덧붙여 이러한 국제적 차원의 인권규범이 관철될 수 있었던 것은 미국의 지배적 이데올로기라 할 수 있는 자유주의(liberalism)의 가치와 이민자들의 국가라는 국가정체성이 차별적 이민정책과 어긋난다(Joppke, 1998)는 여론이 형성되었기 때문이다.

1965년까지의 미국의 이민정책이 주로 합법적 지위를 보장하는 합법이민(legal immigration)을 어떻게 조절, 통제할 것인가에 초점을 맞춰왔다면, 1980년대 이후의 이민정책은 불법체류자의 통제와 불법 이민방지에 초점을 맞추고 있다. 신자유주의적 세계화로 인해 미국 내에서는 다양한 차원에서 값싼 노동력이 많이 생겨났지만, 합법적 이민이 제한되었기 때문에 불법 이민자의 수가 크게 증가하였다. 특히 북미자유무역협정(NAFTA)은 의도하지 않게 멕시코 출신 불법이민자의 수를 크게 증가시켰다. 1980년대 레이건 정부부터 현재까지 가장 중요한 이민법 개정으로는 1986년, 1990년, 1996년에 통과된 이민법들이다. 레이건 대통령은 1986년 「이민개혁법」(Immigration Reform and Control Act of 1986: IRCA)을 통해 한편으로 노동자 신분이 불법임을 알고 고용한 고용주에 대해 벌금을 부과하였고, 다른 한편으로 오래전에 미국으로 입국하여 현재까지 실질적으로 노동하고 있는 불법 체류자를 사면(amnesty) 및 합법화하였다. 이러한 조치는 불법 체류자 단속보다는 이들로 하여금 미국에서 일자리를 얻기 어렵게 만듦으로써 추가적인 이민 확대를 방지하기 위해서였다. 한편 조지 부시 대통령은 1990년 「이민법」(Immigration Act of 1990)을 통해 연간 이민 쿼터를 기존 27만 명에서 70만 명으로 확대했다. 이와 동시에 노동기술소지 자에게 호의적인 정책을 펴고, 투자이민 등을 가능하게 함으로써 자본의 유입 을 확대했다. 이후 집권한 클린턴 대통령은 1996년 「불법 이민 개선 및 이민 자 책임법」(The Illegal Immigration Reform and Immigrant Responsibility Act of 1996)을 통해서 불법이민자들에 대한 통제를 강화하였다. 이 법은 불법 체류 이민자들이 미국사회에서 살아가기 위해 져야 하는 책임 강화에 중점을 두고 있다. 우선 추방이나 구금, 구속에 필요한 법적 기준을 낮춤으로써 예전에 비 해 상대적으로 사소한 범죄를 저지르는 경우에도 법적 처벌이 이뤄지도록 강 화했다. 특히 마약, 밀수, 이민 관련 문서 위조, 이민사기(Fraud) 등 이민과 관 련한 범죄들에 대한 가중 처벌(aggravated felony)을 포함하고 있다. 또한 불법 이민자에 대한 공적 부조를 제한했다.

점차적으로 이민의 문호를 개방하고 출입국 절차의 간소화를 추구해 오 던 미국은 9.11테러를 계기로 반이민 여론이 고조되면서, 이민자의 입국 및 체류를 더욱 엄격하게 관리하게 된다. 10월 「반테러법」(The Patriot Act)을 통 해, 미국 정부는 사법당국과 해외정보기관에게 테러와 관련 있는 사람을 적 발, 처단할 수 있는 강력한 권한을 부여하였다. 또한 「국경보안 강화 및 비자 입국개혁법」(Enhance Border Security and Visa Entry Reform of 2002)을 통해, 외 국인의 입국을 결정하는 연방공무원들에게 필요한 모든 수단을 제공할 수 있 도록 하였다. 이외에도 부시 정부는 행정명령, 규칙, 정책 등으로 많은 조치 를 취하는 가운데 40억 달러의 긴급 대응기금으로 국경에 위치한 각종 연방 기관들이 정보를 공유할 수 있도록 하는 새로운 방법을 개발하였다. 미국 하 원은 2002년 4월 기존의 이민국 체제를 폐지하고 이를 법무부 소속 이민서 비스국과 이민단속국으로 분리하는 법안을 통과시켰다. 그리고 부시 정부는 2008년 11월 28일 '이민개혁을 통한 국가안보' 정책을 발표하고, 이에 따라 국경통제 강화, 불법 체류자에 대한 단속확대, 초청노동자(guest worker) 프로 그램을 도입하였다.

(1) 이민정책의 기본 방향

미국의 이민정책은 「이민국적법」에 의거하여 다음 네 가지 원칙을 바탕으로 실행되고 있다. 첫째, 미국 시민권자와 영주권자의 가족에 대한 이민 허용을 통해 가족결합을 도모하고, 둘째, 특정 기술을 가지고 있거나 인력수요가 있는 분야의 근로자를 도입하고, 셋째, 미국으로의 이민 비율이 낮은 국가의 이민자 도입을 통해 이민자 출신국의 다양성을 확대하고, 넷째, 본국에서 인종적, 종교적, 정치적 박해의 위험에 처한 사람에 대한 보호를 도모한다. (이민정책연구원, 2013).

(2) 이민정책의 대상

이민정책의 대상은 미국으로 들어오는 모든 외국인으로, 이들은 체류 목적에 따라, 영주를 목적으로 한 이민자와 방문, 취업, 학업 등 영주 이외의 목적으로 하는 비이민자로 구분된다. 영주권 취득을 목적으로 한 사람들은 영주(이민)비자를 받아야 하며, 미국 내 영주목적이 아닌 단기 방문, 취업, 학업 등을 목적으로 입국하는 사람들은 단기(비이민)비자를 발급받아야 한다. 이민비자에는 가족초청이민, 취업이민, 난민/망명, 다양성 이민비자 등으로 구분된다. 이 중 가족보증이민과 취업이민이 중심이며, 미국 이민비자를 신청할 때 시민권자 가족 혹은 고용자의 보증이 있어야 하며, 현재 가족보증이민이 전 이민에서 대략 75%를 차지하고 있다(이민정책연구원, 2013).

(3) 이민정책 추진체계

미국의 이민정책은 5가지 부서(국토안보부, 법무부, 국무부, 노동부, 보건복지부)에서 담당하는데, 이 중 국토안보부가 주도적인 역할을 하고 있다. 국토안보부(Department of Homeland Security)에서는 시민권 및 이민 서비스(US Citizenship and Immigration Services), 관세 및 국경보호(Customs and Border Protection), 이민통관집행(Immigration and Customs Enforcement)을 담당하고, 국무부(Department of State)에서는 국외의 대사관이나 영사관에서 비자신청을 판결하는 역할을 담당한다. 법무부(Department of Justice)에서는 이민심사(Executive Office of Immigration Review), 이민과 관련된 고용차별 조사 및 기소를 담당한다. 노동부(Department of Labor)에서는 고용훈련, 근로조건 등을 담당하며, 보건복지부(Department of Health and Human Services)에서는 질병관리 등을 담당한다(이민정책연구원, 2013).

(4) 주요 이민자 통합 정책

미국에서 이민자들을 사회에 효과적으로 통합시키기 위한 공식적 정책은 없다. 그렇기 때문에 입국 당시에 일정 수준 이상의 영어능력이 요구되지 않으며, 입국 이후 통합을 위한 노력은 순전히 이민자 개인의 몫이다. 다만 미국은 사회통합에 있어서 거주 지역 정착을 전제로, 중앙정부와 관련 섹터의 역할 분담과 협업이 유지되고 있다. 미국의 사회통합의 기본 개념은 아직까지 이민자들을 미국사회의 규범에 동화시키는 것(Anglo-conformity model of immigration)을 원칙으로 하는데, 이 원칙하에서 연방정부가 정책 기획과 추진에서 리더십을 분명히 가지되, 지역사회에서 포괄적 통합이 가능하도록 지방자치단체, 민간, 기업 등과 적극 협력하는 기본 방향이 유지되고 있다. 즉, 미국은 이민의 자격부여를 통해 통합 가능성을 높이는 노력과 다른 한편으로 이미 이주한 사람들을 지역에 통합시키고자 하는 노력을 병행하고 있다(이기범, 2009). 미국의 이민자 통합을 위한 주요 정책을 살펴보면 다음과 같다.

1) 이민자 교육

이민자 교육 사업은 이민 가정 자녀의 교육적 수요를 충족시켜주기 위한 것이다. 이 사업에는 교육과 사회복지 및 보건과 같은 지원 서비스가 모두 포함된다. 서비스는 학교, 학군, 공공 또는 민간 지역 조직에서 제공한다.

2) 이민자 헤드 스타트(Head Start)

이민자 헤드 스타트는 전국 규모로 시행되는 일반 헤드 스타트 사업의 특별사업이다. 그러나 이민자들의 상대적으로 높은 빈곤율과 이민자 자녀들의 언어를 비롯한 학교 적응능력의 배양이라는 측면에서 볼 때 헤드 스타트, 이븐(even) 스타트 정책은 미국의 빈곤계층은 물론 이민자들이 정착과정에서 부딪히는 가족문제에 도움을 주는 정책이라 할 수 있다. 헤드 스타트의 가장 큰 수혜자는 빈곤 이민자 가족과 그들의 자녀들이다.

3) 긴급 이민자 교육 프로그램
(Emergency Immigrant Education Program: EIEP)

EIEP는 예상하지 못한 이민자 학생 수의 급증을 겪고 있는 교육기관을 지원하는 것을 목적으로 한다. 첫째, 이민자 아동과 청소년들에게 고급의 교육을 제공한다. 둘째, 이들의 미국 사회로의 진입을 돕는다. EIEP는 이민 학생을 위해 훈련된 인력과 아동교육에 부모의 참여를 높이기 위한 활동에 대한 지원뿐만이 아니라 이민자 학생들을 위한 기본교육 강좌, 교습, 멘토링, 카운셀링 등도 지원한다(Fix, 곽재준 역, 2009: 160).

4) 이중언어교육법(Bilingual Education Act)

1968년에 미국은 미국에 사는 영어 미숙달 학생(Limited English Proficiency: LEP)의 요구를 반영하여 「이중언어교육법」을 제정하였다. 이 법은 영어를 모르거나 영어 능력이 부족한 이민 학생들이 언어장벽 없이 학교교육에 평등하게 참여할 수 있도록 몇몇 교과과정을 '일정기간' 동안 영어가 아닌 이민자의 모국어로 교육하도록 연방정부가 일선학교에 재정적 지원을 하는 것이다. 이때의 '일정기간'이란 이민 학생들이 영어를 습득할 때까지 '일시적으로' 시행됨을 의미한다(오영인, 2012) 그동안 「이중언어교육법」은 다섯 번의 재개정을 거쳤는데, 주로 정책 대상 집단, 프로그램의 정의와 유형, 목적과 목표에 대한 관점 등의 측면에서 변화해 왔다. 전반적으로는 언어 다양성에 대해 통일성(unity)을 강조하는 입장으로 변화했다. 이는 「NCLB 법」에서 이중 언어 교육이라는 용어가 삭제되고 영어 교육을 강조하는 것으로 나타난다.

5) 낙오아동방지법(No Child Left Behind Act: NCLB)

「낙오아동방지법」은 일반교육과정에서 낙오하는 학생이 없도록 하기 위한 법으로, 2001년 「이중언어교육법」의 대안으로 제정되었다. 이 법의 시행으로 이중언어교육과 긴급이민자교육을 위한 자금이 통합되어 영어 습득 능력 및 언어능력 향상을 위해 주(State)에 지급하는 지원금이 단일화되었다. 이 지원금은 영어 미숙달 학생 인구와 그 주(State)의 최근 이민자 학생의 숫자에 근거하여 집행된다. 모든 주는 영어 미숙달 학생이 반드시 영어에 능숙해지고, 높은 수준의 학업성취도를 보이며, 다른 모든 어린이들에게 설정된 것과 동일한 기준을 충족시키도록 만들기 위해 최소한 50만 달러를 지원받게 된다. 이 기금은 영어 교육, 강습 및 기타 영어 미숙달 학생 및 이민자 학생, 가족의 문자 습득과 부모교육, 멘토링, 카운슬링, 교사와 스태프의 전문성 개발에 사용된다(Fix, 곽재준 역, 2009: 162−163).

6) 성인 ESL(English as Second Language)

성인 ESL 교육을 위해 연방정부는 읽고 쓰기(성인기본교육), GED(성인 중등교육), 영어 교육에 대한 자금을 지원한다. 일반적으로, 주정부는 지급받은 연방 보조금을 이 세 가지 사업 간에 적절하다고 생각되는 대로 배분할 수 있다. 1998년에 의회는 「성인교육 및 가족 문해력 법」(Adult Education and Family Literacy Act, AEFLS)을 재시행하는 법안을 통과시켰는데, 이 법에 따라 2000년부터 직업/성인교육청(Office of Vocational and Adult Education: OVAE)은 각 주의 이민자 및 여타 영어에 익숙하지 못한 인구집단을 위해 영어문해력(English Literacy)과 시민교육을 위한 보조금을 지급한다. 이 시민교육 사업은 시민의 권리와 책임, 그리고 시민 참여에 대한 교육을 제공한다. 2000년부터 매년 세출 법령에 따라 총 성인 교육기금의 일정 비율을 영어 문해력 시민교육에 배정해 왔다. 2000년에는 이 세출 규모가 전체 성인교육 기금의 대략 5.7%였으며, 이후 연간 12% 정도로 유지되어 왔다. 이 기금이 각 주에 배당되는 비율은 해당 주의 미국 시민권 및 이민서비스 데이터의 영주권 허가 비율과 이민자 인구성장률에 근거한다. 모든 주는 적어도 6만 달러는 받게 되어 있다. 이

기금은 기본적으로 잉여분이 생기면 각 지역의 필요에 따라 분배할 재량권이 주정부에 주어진다(Fix, 곽재준 역, 2009: 164-166).

2. 캐나다

　　유럽인이 캐나다에 들어오기 전에 이 지역에 거주하던 민족은 이누이트 (Inuit)족을 비롯한 인디언들이었다. 16세기 유럽인들이 캐나다 뉴펀들랜드 (Newfoundland) 연안에 조업을 위해 드나들기 시작했으며, 이때 영국인과 프랑스인뿐만 아니라 스페인인과 포르투갈인도 이 사업에 참여하고 있었다. 그러나 1543년 자크 카르티에(Jacques Cartier)가 세인트 로렌스(Saint Lawrence) 만에 도착하면서 프랑스는 캐나다에 대한 영유권을 주장하고, 이곳을 '신 프랑스(La Nouvelle France)'라 명명하였다. 1605년 노바 스코샤(Nova Scotia)에 몇몇 프랑스인이 정착하기 시작하였지만 본격적으로 캐나다를 식민화하기 시작한 것은 1600년대 중반 뉴프랑스사를 설립하면서부터이다. 이후 영국은 프랑스에 대응하고자 허드슨베이사(Hudson's Bay Company)를 세우면서 캐나다에 대한 영유권을 주장하게 된다. 영국은 허드슨 만 주변의 모든 지역에서 모피교역을 장악하기 시작하였고, 이에 영국과 프랑스는 모피교역을 둘러싸고 전쟁을 벌이게 된다. 거의 1세기에 걸친 전쟁의 결과 1759년 9월 18일 에이브라함 평원 전쟁에서 프랑스는 영국에 대패하였고, 1763년 2월 10일 파리조약에 따라 신 프랑스는 영국에 할양된다. 이로서 캐나다는 1930년 독립할 때까지 영국의 식민지가 된다.

　　영국의 식민지로 있던 당시 캐나다는 황무지를 개척할 농민을 받아들이기 위해 1896년 최초로 이민정책을 수립하게 된다. 이로서 1896년에서 1914년 사이 300만 명 이상의 이민자들이 캐나다 대평원 지역으로 유입되었다. 그러나 이때까지만 하더라도 캐나다 정부는 백인 우호적 이민정책을 실시했으며 이민선호국에 대해서도 서열을 매겼다. 이민선호국은 서유럽계, 남/동유럽계, 아시아계 순이었으며, 유색인종에 대해서는 차별하였다. 캐나다에서 최초의 아시아 이민자인 중국인들에 대해서는 미국에서처럼 투표권을 부여하지 않았다.

　제1, 2차 세계대전을 겪는 동안에 캐나다는 영국으로부터 독립하고, 또한 연합군의 병참기지 역할을 하면서 폭발적 성장을 하게 된다. 군수산업은 전후 캐나다 경제의 중추적 역할을 하면서 많은 노동력을 필요로 하였다. 제1차 세계대전 이후 약 250만 명의 이민자들이 캐나다에 들어왔는데 그 중 대부분은 영국계였다. 나머지 50만 명 정도는 독일, 스칸디나비아, 네덜란드, 폴란드, 우크라이나, 이탈리아, 유태인 등 유럽 전역에서 온 사람들이었다. 당시만 하더라도 남동유럽 출신 이민자에 대해 반이민정서가 있었지만, 이들이 캐나다로 들어오는 것 자체가 거부되거나, 시민권을 얻을 수 없게 한 것은 아니었다. 캐나다 사회에 이들이 살게 됨에 따라 적대감이나 편견과 차별이 점차 사라지게 되었고 영국계와 프랑스계 선주민들 사이에서 이들을 새로운 정주 집단으로 자리 잡아 나갔다. 그럼에도 불구하고 제2차 세계대전 전까지만 해도 캐나다인들은 이민자들이 자신들의 일자리를 빼앗고 또한 짐이 될 뿐이라는 사고가 지배적이었고, 특히 1930년대 대공황은 이러한 사정을 더욱 악화시켜 캐나다는 폐쇄적 이민정책을 실시하였다.

　그러나 제2차 세계대전 이후에도 캐나다 경제는 급성장하였으나, 이를 뒷받침할 노동력은 여전히 부족했다. 1947년 캐나다 정부는 인구성장을 촉진시키는 방안으로 이민장려정책을 발표하였고, 1949년 이민국을 이민귀화부(Department of Citizenship and Immigration)로 개편하였다. 또한 1950년 새로운 이민법규를 발표하여 아시아인을 제외한 다음 해당자들 즉, 캐나다 거주민이 보증하는 모든 등급의 친인척, 농업·기업가·전문직·가정부·간호원, 캐나다 고용주 추천을 받은 직공, 이민국이나 노동부의 승인을 받은 사람들의 입국을 가능하게 하였다.

　제2차 세계대전 이후 약 20년간 캐나다는 많은 수의 이민자들을 흡수하였으며, 빠르게 성장해 가는 경제를 충족시킬 노동력의 반 이상을 이민자로 충당하였다. 1965년 캐나다 정부는 이민귀화부를 다시 이민인력부(The Department of Manpower and Immigration)로 개편하고, 1966년에는 이민백서를 발표하였다. 캐나다의 이민정책은 인종, 피부색, 종교 등에 의해 차별되어서는 안 되며, 국가경제정책과 부합하고 미래지향적이어야 함을 명시하였다. 그리고

1967년에 캐나다는 인력의 필요성에 따라 다시 이민법규를 개정하였다. 개정된 이민법규에는 첫째, 모든 이민자들을 위해 인종 차별을 제거하며, 둘째, 친인척 초청 이민은 가까운 친척과 먼 친척을 구분하여, 가까운 친척은 연령의 제한 없이 형제와 3촌, 조카들까지 포함시켰다. 셋째, 보증인 없이 독립적으로 이민을 원하는 신청자들에 대한 기준을 처음으로 발표하였다. 신청자 기준은 교육, 경력, 언어, 능력, 나이, 고용 여부 등을 고려한 점수제도(The Canadian Points System)로, 이민관은 출신배경과 상관없이 캐나다에 입국을 희망하는 사람들에게 같은 기준을 적용하도록 하였다. 이로 인해 캐나다에는 대규모 이민 행렬이 이어졌고, 본격적인 다민족, 다인종 사회로 진입하게 되었다.

　　1972년 캐나다 정부는 이민자의 고용문제, 인력양성, 점수제도 등을 효율적으로 운영하기 위한 기구를 확대하고, 1976년에는 이민에 관한 여러 가지 선택의 자유를 요약한 이민정책녹서(Green paper on Immigration Paper)를 발간하고, 1977년 「새이민법」을 제정하였다. 「새이민법」은 이민제도운영의 방향을 담고 있는데, 주요 내용은 다음과 같다. 첫째, 혁신적이고 민주적이며 효율적인 이민법, 둘째, 이중언어의 특성을 고려한 이민법, 셋째, 가족의 재결합을 장려하는 이민법, 넷째, 연방과 지방자치가 협력하고 무역, 상업, 관광 및 과학 활동의 육성, 다섯째, 국제적 이해와 인종, 국가의 무차별 대우, 난민에 대한 배려, 여섯째, 캐나다 전역에 걸친 경제 번영, 캐나다 사회의 건강, 안정, 질서 담보, 일곱째, 가족이민(직계가족의 범위 확대), 난민이민, 독립이민 등이다.

　　2001년 캐나다는 「이민과 난민보호법」(Immigration and Refugee Protection Act & Regulations)을 제정하고, 첫째, 객관적이고 통합적이며 세계화에 발맞추는 적극적인 이민법, 둘째, 전문인력의 범위를 확대하고 해외인력에 대한 포용성을 높인 이민법, 셋째, 최초 전문인력이민(구 독립이민)의 점수를 75점으로 산정, 넷째, 2003년 9월 18일 67점으로 하향조정하여 적극적으로 이민자 수용, 다섯째, 주정부와의 계약을 통한 주정부 이민의 활성화, 여섯째, 영주권카드의 전산시스템화를 통한 규범화된 영주권자 관리, 일곱째, 영주권자의 의무 거주기간을 5년 중 730일로 조정, 여덟째, 직업에 대한 차등 점수 및 국가별 차등 점수 전면 폐지 등이 주된 내용들이다.

(1) 이민정책의 기본방향

캐나다 이민정책의 기본방향은 정치적으로 이민을 통하여 캐나다의 사회적, 문화적, 경제적 이익을 도모하고, 국민 건강과 안전 보호 및 사회 안보를 유지하며, 국제정의(international justice) 및 안보를 증진하고, 이민자격 등의 일관된 기준과 신속한 이민신청 처리제도를 확립하며, 경제적으로 캐나다 경제발전 도모와 이민을 통한 이익을 캐나다 전체가 누리도록 하며, 단기비자소지자의 입국을 용이하게 한다. 그리고 사회적으로 캐나다 사회의 사회적, 문화적 다양성을 강화하며, 캐나다 공용어 중 하나인 불어 사용 커뮤니티 발전을 지원하며, 이민자의 가족재결합을 촉진하며, 영주권취득자의 사회통합을 지원하는 것을 목표로 하고 있다(이민정책연구원, 2013).

(2) 이민정책의 대상

캐나다는 과거 영연방국가(common wealth countries)의 국민에게 출입국 또는 이민에 대한 혜택을 부여하는 제도를 시행하였으나 지금은 이런 제도가 존재하지 않으며, 이민에 대하여 유럽국가와는 달리 유럽연합 시민 또는 북미 시민 등에 대한 특혜도 없다. 따라서 이민정책대상은 비국민인 단기비자소지자와 영주권자로 대별된다. 캐나다에서 외국인의 체류관리는 단기비자소지자와 영주비자(영주권)소지자로 분리하여 관리되며, 단기비자에는 취업비자, 유학비자, 방문비자 등이 있고, 영주비자에는 크게 가족초청이민비자, 경제이민비자, 난민이민비자 등이 있다.

1) 가족초청이민

가족초청이민은 캐나다 시민권자나 영주권자의 가족재결합이 목적이다. 즉, 배우자, 사실혼자, 22세 이하의 미혼자녀, 부모·조부모, 18세 이하의 입양아 등 가족재결합이 목적이므로 캐나다에 거주하는 18세 이상의 시민권자 또는 영주권자는 가족초청이 가능하다. 가족초청이민은 점수제에 의한 심사를 받지 않으나 건강 및 성품이 양호해야 한다는 기본심사 기준은 충족해야 한다. 또한 초청인은 피초청된 가족과 친척을 3~10년간 숙식제공 등으로 부양한다는 서약서에 서명해야 한다.

2) 경제이민

경제이민에는 숙련기술이민, 기업이민, 투자이민, 자영업이민, 주정부 지명이민 등이 있다. 이 가운데 기업이민, 투자이민 및 자영업이민을 통틀어 사업이민(Business immigration)이라고 부른다. 숙련기술 및 전문인력 이민(Skilled Workers and Professionals Immigration)은 전문 직종에 종사하고 있는 모든 기술자가 해당된다. 이들은 캐나다에서 정한 소정의 점수(학력, 경력, 기술숙련도, 직업, 영어 또는 프랑스어 구사 정도 등)를 충족시켜야 한다. 캐나다에서 고용계약이 체결된 자에게는 높은 점수를 부여하고, 자산증명 및 기타 조건이 없으며, 영어회화가 가능해야 하며, 최소한 전문대 이상의 학력이 요구된다. 주정부 지명이민(Provincial Nominee Program)은 캐나다 연방정부와 주정부 사이에 체결한 협약에 따라 주정부 차원에서 선발한 이민으로, 최초 이민 신청시 주정부에 신청하여야 하며, 주정부 차원에서 선발된 경우에도 연방정부의 신체검사, 신원조회 등을 거쳐야 최종적으로 확정된다.

3) 난민

캐나다는 「난민의 지위에 관한 협정」(Convention Relating to the Status of Refugees) 협약국으로 인도주의적 견지에서 난민 이민을 수용하고 있다. 캐나다는 매년 전체 이민자 중 난민이 차지하는 비율이 약 10~20%였으나, 2008년 개정된 「이민법」이 캐나다 노동시장에 필요한 인력을 우선적으로 선발하도록 함에 따라 2008년부터 난민 비율을 8%로 감소하였다.

(3) 이민정책 추진체계

캐나다 이민정책에 대한 정책결정은 시민권이민부가 주관하고 있다. 단, 의회 하원(house of commons) 시민권과 이민 상임위원회(standing committee on citizenship and immigration)는 시민권 이민부, 이민난민위원회, 연방다문화정책을 모니터링한다. 주요 정책 기관으로, 시민권, 이민과 다문화주의 부(Department of Citizenship, Immigration and Multiculturalism), 캐나다 국경서비스청(Canada Border Services Agency), 이민난민위원회(Immigration and Refugee Board), 인적자원기술개발부(Human Resources and Skills Development Canada) 등이 있다.

(4) 주요 이민자 통합 정책

캐나다에서 이민자 정착 지원은 연방정부가 주관하고 있다. 연방정부는 이민자 정착 지원 정책에 관한 확고한 방향을 가지고 있으며, 그에 따른 실제 서비스 제공은 대부분 지역사회를 기반으로 한 이민자 정착지원 서비스 기관들을 통하여 이루어진다. 이들 기관들은 이민자 서비스 분야에서 다년간 경험을 쌓아온 지역사회 비영리 민간기관(NPO)이다.

1) 정착지원 오리엔테이션

캐나다는 초기 이민자들에게 1:1 상담과 정착에 관련된 문제(주거, 복지, 교육 등)를 해결하기 위해 정착 지원 오리엔테이션 프로그램을 개발하고 이를 출신국 언어로 제공한다. 정착지원 영역에 각국 이민자 출신 종사자들을 우선적으로 채용하여, 신규 이민자들의 정착 지원을 돕도록 하고, 또한 이들 역시 캐나다 사회에 대한 이해가 부족하기 때문에 캐나다 사회 이해를 위한 교육을 지속적으로 받도록 한다.

2) 학교정착지원사제도(Settlement Workers in Schools: SWIS)

이 제도는 이민자의 언어를 구사할 수 있는 종사자들이 이민자들의 자녀가 다니는 학교에 상주하거나 관내의 여러 학교를 그룹으로 묶어 담당하고 순회하여 이민자 자녀의 학교 적응을 돕는 제도이다. 도움이 필요한 경우 학교 내외의 전문적인 도움을 연결해주는 역할을 한다. 이 서비스는 이민자의 언어를 구사할 수 있는 종사자들이 같은 인종 및 언어권의 학생들을 담당하는 형태로 이루어진다. 초등학교 학생의 경우 지원 대상을 학부모로 하고, 중등학교 학생의 경우 학생과 부모를 지원 대상으로 한다. 이민자 종사자의 양성은 정부가 아닌 캐나다의 전문대학들이 이민자 정착지원 영역에 필요한 역량을 추출하여 특화된 상담 및 사회서비스 종사자 양성과정을 제공하고 있다.

3) 이민자 정착 및 적응 프로그램
(Immigrant Settlement Adaptation Program: ISAP)

이민청(CIC)에서 공식적으로 이루어지는 이민자 정착지원 서비스인 '이민자 정착 및 적응 프로그램(Immigrant Settlement Adaptation Program: ISAP)을 위해서 캐나다의 대학에서는 이 프로그램을 수행할 전문인력 양성과정이 개설되어 있다. 예를 들면 토론토의 조지 브라운 대학(George Brown College)의 경우 '국제적으로 교육받은 전문가들을 위한 경력 및 취업상담가(Career and Work Counsellor for Internationally Educated Professionals)' 과정이 개설되어 있으며, 토론토의 세네카 칼리지(Seneca College)의 경우 '이민자와 난민을 위한 사회적 일자리(Social Worker - Immigrants and Refugees)'과정이 개설되어 있다(김이선 외, 2006).

4) 신규 이민자를 위한 언어교육
(Language Instruction for Newcomers: LINC)

17세 이상의 성인 이민자를 위해 캐나다에서는 공식 언어인 영어를 가르쳐주는 프로그램이 개설되어 있다. 신규 이민자를 위한 언어교육은 캐나다 이민청의 이민자 정착 및 적응 프로그램 중 하나로, 신규 이민자의 성공적인 캐나다 사회로의 통합(Integration)과 캐나다 시민권의 신장을 목적으로 한다. 호스트(Host) 프로그램은 자원봉사자에 의해 운영되는데, 서비스 제공자는 신규 이민자들에게 영어와 불어연습, 직장에서의 인간관계, 지역공동체의 참여와 같은 서비스를 제공할 자원봉사 가족과 연결시켜준다. 2004~2005년 회기 동안 38개 호스트 프로그램 협약이 있었고, 이를 위한 기금은 약 3백만 달러였다.

5) 이민자 서비스 협의회
(Ontario Counsel of Agencies Serving Immigrants: OCASI)

캐나다로 유입된 이민자들은 온타리오, 브리티시 콜럼비아, 퀘벡, 알베르타 주에 주로 밀집되어 있는데, 이들의 정착을 돕는 기관들도 이들 지역에 밀집되어 있다. 예를 들면 온타리오 주의 이민자 서비스 협의회(Ontario Counsel of Agencies Serving Immigrants)는 1978년 이민자 정착 지원 서비스 기관들의 결속을 도모하고 온타리오 주 정부 및 캐나다 연방정부에 정치적인 영향력을 행사하고자 결성한 조직으로, 온타리오 주내의 200여 이민자 서비스 기관들이 소속되어 있는 대표적 이민자 서비스 기관 협의체이다. OCASI의 설립의 중요 목표 중 하나는 정착지원 종사자들의 전문성을 함양하는 전문 교육훈련이다. OCASI가 기획, 제공하는 전문 교육 훈련의 영역은 크게 보아 이민자 정착 상담(settlement counselling), 인종차별 예방(anti-racism), 여성 대상 폭력 예방(prevention of violence against women), 청소년 프로그램 개발(youth programming) 등이다.

3. 독일

독일에서 외국인 노동자가 유입되기 시작한 것은 19세기 말부터이다. 독일은 다른 유럽 국가들보다 산업화가 늦게 이루어졌고, 노동력 부족 현상은 주로 농업부문에서 발생하였다. 농업부문에서의 노동력은 당시 러시아, 오스트리아, 폴란드에서 들여왔으나, 주로 폴란드인이 많았다. 농업부문에서 일하는 폴란드인이 많아지자, 독일은 농업부문에서의 폴란드화를 방지하기 위해 외국인 노동자 사용에 제한을 가하기 시작하였고, 1908년 러시아계 독일인들을 독일로 이주시키는 정책을 실시하였다. 1918~1933년 기간 동안 독일은 높은 실업률로 인해 외국인 노동력을 제한하는 정책을 실시하게 된다. 하지만 여전히 농업부문에서 노동력 부족 현상이 계속되었고, 이에 따라 1920년 매우 제한된 「고용허가제도」를 실시하게 된다. 1922년에 발표된 「노동교환법」(the Labor Exchange Act)은 외국인 노동자들이 농업에서 공업영역으로 이동하는 것을 어렵게 하였고, 1929년에는 폴란드 노동자에게만 적용되었던 12개월의 노동과 거주제한을 전 노동자에게 확대하였다. 제1차 세계대전 말기에 독일 정부는 산업을 전쟁 전 상태로 되돌리고자 했고, 가능한 한 외국인 노동력도 고향으로 돌려보내고자 하였다. 제2차 세계대전 이후 서독 정부는 유럽 공산국가에 머물고 있는 독일 동포의 이주를 촉진하는 정책을 전개하여, 정치적, 인종적, 종교적 이유로 국적을 박탈당한 구독일 국민과 그 자손에게 국적을 회복할 수 있도록 하였다. 1953년 「망명과 추방에 관한 연방법」은 독일계 이민자들을 동방이주자(Aussiedler)로 공식 명명하고, 이들에게 전쟁 후의 추방자들과 동일한 법적 지위와 혜택을 부여했다.

1965년 「외국인법」은 외국인 노동력을 더 탄력적으로 이용할 수 있도록 하였는데, 차후 규제정책의 기초가 되었다. 동법은 외국인 노동자가 독일에 3개월 이상 거주할 경우 거주허가를 받도록 하였으며, 영구체류를 얻기 위해서는 5년간의 거주기간을 충족하도록 하였다. 1969년 「노동촉진법」(Arbeitsföderungsgesetz)에서는 외국인이 독일에서 일하기 위해서는 이들이 고용되기 전에 우선 체류허가를 받도록 하였다. 이 법은 1969년 「노동촉진법」의 근거가 되었다. 1971년 「노동허가법」에서는 5년 이상 고용된 외국인이 추가 5년의 노동을 위해 특별노동허가를 받는 것을 허용했다(Rudolph, 1994; 정재각, 2010: 330).[1]

하지만 1973년 경제위기로 독일의 이민정책은 새로운 전기를 맞게 된다. 1973년 유럽경제공동체(EEC) 소속 국가 이외의 국가에서의 외국인 노동자 모집 금지와 자발적 귀국 촉진, 1974년 기간규정, 아동보조금제, 1975년 전입금지 등은 외국인 고용주들이 원하는 방향으로 외국인 노동자의 수를 감소시켰다. 하지만 이러한 일련의 정책들은 의도하지 않은 새로운 양상을 가져왔는데, 외국인 노동자와 그 가족들의 정주화 경향이다(H Korte, 1983: 21). 이때부터 독일에서도 '통합'이라는 개념이 등장하기 시작했고, 1975년 정부는 처음으로 사회적 목표

---

1) 1969년 「노동촉진법」과 1971년 「노동허가법」은 현재 독일 노동허가제의 근간이 된다. 독일의 노동허가제는 일반 노동허가와 특별 노동허가로 나누어지는데, 일반노동허가는 이민자 본인이 신청하면 해당지역의 직업안정소가 노동시장 상황을 고려하여 허가를 한다. 특별 노동허가는 이미 독일에 고용되어 있는 이민자들에게 노동시장 상황과 상관없이 본인의 신청에 의해 허가하는 것이다. 이후 독일은 1997년 「노동촉진법」을 개정하여 과거의 일반노동허가제와 특별노동허가제를 '노동허가'와 '취업권'으로 대체했다(강수돌, 2005)

를 가진 통합정책을 발표하게 된다. 외국인의 사회적인 문제와 통합문제를 다루기 위해서 독일 정부는 1978년 외국인청(the Office of the Commissioner for Foreigner)을 설립하였다. 그리고 외국인 노동자 제2세대를 위한 통합가이드라인이 노동부와 사회복지부에서 마련되었고, 이는 1980년대 내각 정책결정의 기본노선으로 작용했다. 1981년 12월 가족재결합정책은 다시 제한되었는데, 양부모가 독일에 살고 있는 16세 이하의 자녀들의 이주만이 허용되었다. 1982년 슈미트 정부는 외국인정책에 대해 3가지 목표, ① 외국인 이민의 제한, ② 귀향 촉진, ③ 경제적, 사회적 통합 촉진 및 장기거주자에 대한 거주권리를 발표하였다.

　　1979년 이후 독일은 증가하는 망명자에 따른 문제, 불법이민, 동유럽국에서 국내로 들어오는 후기 동방이민자, 외국인 노동자 문제 등 여러 유형의 이민문제에 직면하게 된다. 1989년 베를린장벽의 붕괴로 독일 정부는 새로운 차원의 통합문제를 맞이하게 된다. 급속히 증가하는 망명신청은 독일 내에서 망명을 규정하는 기본법의 개정으로 이어져 망명자 수를 제한하게 되었고, 공공여론에서도 독일 정부에서의 사회적 불안과 혼란, 심지어 외국인에 대한 적대감을 부추겼다. 이민정책의 전환은 사민당(SPD)과 자민당(FDP)정부하에서 시작되었는데, 이 시기에 발표된 정책은 이민을 감소시키고, 자발적인 귀향을 지원하며, 정주 이민자에 대해서는 독일 사회에 통합시키는 것을 목표로 하였다. 하지만 1990년대 초기 이후 불법 이민자에 대한 대책이 필요함과 동시에 특별한 산업부문(건설부문과 고급기술산업)에서의 인력부족이 나타나면서 독일 정부는 다시 이민정책의 변화를 모색하게 된다.

　　2000년 2월 정보통신미디어연방협회(BITKOM)는 EU 외부에서 3만 명의 외국전문기술자들을 고용하여 부족한 인력을 보충할 것을 요구했다. 슈뢰더 수상은 2000년 3월 그린카드 제도 도입을 선언했다. 독일 그린카드제도는 미국의 H1－B제도(고급기술인력비자)와 유사한 이민의도와 취업을 인정한 비자이기 때문에, 독일 내에서 큰 파장을 가져왔다. 그린카드는 5년간 유효하며 연장도 가능했으며, 이후 가족동반, 가족의 취업도 가능하게 하였다. 그리고 2004년 「새이민법」이 도입된다. 주요 내용은 입국하는 외국인의 수를 제한하면서도 고등전문인력의 입국은 용이하게 하는 것이다. 「체류법」에서 제3국

국민의 체류허가 규정을 간소화하여 기존 5개의 허가종류를 한시적 체류 허가와 무제한 정착 허가 2개로 축소하였고, 통합을 위해 언어 강좌와 독일 사회의 이해를 위한 시민 강좌 수강을 요건으로 하였다. 외국인 노동자의 고용과 관련하여, 「체류법」에 고등전문인력 및 자영업자에 관한 조항을 명시하였다(① 「체류법」 제18조의 고용에 관한 규정에 의하면, 자격이 있는 제3국 국민은 한시적 체류 허가를 획득할 수 있다. ② 고등전문인력의 경우, 체류법 제19조에서 이들의 고용과 체류가 독일에 경제적, 사회적 이익이 되는 경우에 한하여 입국 즉시 무제한 정착 허가를 부여할 수 있도록 규정하였다. ③ 자영업자의 경우에도 그 사업이 높은 경제적 이윤이 있고, 독일 해당 지역에서 필요한 경우 한시적 체류 허가를 부여하도록 하였다).

(1) 이민정책의 기본방향

독일의 이민정책의 기본방향은 정치적으로 국가안보를 강화하고, 제3국 출신에 비해 유럽연합 회원국 국민의 법적 지위를 강화하고, 난민과 망명에 대해 인도주의적 접근을 강화해 나가는 것이다. 경제적으로 국민경제의 관점에서 외국인 노동자의 유입을 보충적으로 허용하는 것이다. 사회적으로 장기적인 사회적 통합에 주목하여, 이민자 통합의 출발인 언어교육, 장기체류자를 위한 문화·공민교육을 통한 적응에 중점을 두고, 통합의 의지와 성과를 입국 및 체류 영주허가와 연계하여 이민자들의 자발적 참여를 유도하고 책임의식을 부여하는 것이다(이민정책연구원, 2013).

(2) 이민정책의 정책대상

독일에서 이민정책의 대상은 크게 재외동포와 유럽시민, 망명 및 난민을 포함한 제3국 출신으로 나눌 수 있다. 재외동포의 경우 원칙적으로 국적을 인정하지만 초기의 귀국장려 정책에서 거주국 소수민족 지원으로 전환하였다. 유럽연합회원국 국민의 경우 유럽연합지침에 따라 거주이전과 영리활동의 자유를 넓게 인정하고 있다. 제3국의 국민의 경우 독일 이민은 체류자격에 따라 취업이민, 자영업자, 가족이민, 유학생 등이 있으며, 전문인력과 단순노동자의 이민을 차별하고, 정주자에 대한 사회통합정책을 강화하고 있다.

(3) 이민정책의 추진체계

독일의 이민정책은 구조적으로 연방정부에서 입법과 정책방향의 결정하고, 주정부 차원에서 행정적 집행이 이루어지도록 하고 있다. 연방 산하의 이민난민통합을 위한 연방자문관이 외국인통합정책의 기획 및 평가를 담당하고 연방이민난민청이 이민통합업무의 연계 조정과 통합프로그램개발을 담당한다. 지역사회에의 통합정책은 주정부의 행정프로그램과 지방자치단체의 집행으로 진행된다.

(4) 주요 이민자 프로그램

1) 사회통합코스 참가 의무화

장기체류 외국인은 독일의 언어, 역사, 문화 강좌를 통해 독일사회에의 적응을 돕는 사회통합코스에 의무적으로 참가해야 한다. 통합교육과정은 참가자들에게 충분한 독일어 능력을 배양하기 위하여 600시간의 독일어 과정 및 민주주의 체제 및 관용, 평등, 종교적 자유, 법치주의를 교육하기 위한 30시간의 오리엔테이션 과정으로 구성되어 있다.

2) 노동시장 통합 프로그램 운영

언어교육과 더불어 젊은이들과 여성들이 노동시장으로 통합될 수 있도록 연방노동사회성은 직업교육, 실습제도 및 훈련과정, 그리고 통합 기회 개선을 위한 다양한 프로그램들을 운영한다.

3) 상담서비스

「이민법」을 통해 단일체계로 재정비된 상담서비스들은 연방이민난민청이 전국적으로 설립한 상담소 네트워크를 통해 개개인의 이민자 사정에 따라 전문상담을 제공하는 방식으로 통합을 지원하여 자신들의 삶을 책임질 수 있는 능력을 배양하도록 하는 것이 목표이다.

4) 여성 특별 통합교육과정

이민자 가정의 통합에 있어서 여성들이 주요한 역할을 감당하기 때문에 여성들이 자신들의 가정과 사회 간의 중요한 연결고리임을 이해하고 배양할 수 있도록 여성 특별 통합교육과정을 운영하고 있다.

5) 공동체 간 네트워크 구축 프로그램 운영

젊은 이민자 및 이민자 자녀들이 학교를 탈락하는 것을 예방하고 고용기회 증대 및 전체 사회에 통합될 수 있도록 학교들은 다양한 지역사회 집단들과 네트워크를 형성하고, 거의 모든 지방자치단체는 외국인 문화축제를 개최하며, 종교단체들도 정기적인 워크샵(workshop)을 통해 독일사회에서 기독교와 무슬림의 종교적 갈등해소 및 상호이해를 증진하고 있다.

6) 자국민 대상 통합 교육 실시

독일인들이 이민자를 받아들이고 통합을 위해 함께 노력할 수 있도록 자국민을 대상으로 하는 교육 및 정책들을 실시하고 있다.

4. 프랑스

19세기 초까지만 하더라도 프랑스는 유럽에서 가장 인구밀도가 높았던 국가지만(유럽 대륙 전체의 1/6), 18세기 후반 프랑스 시민혁명을 필두로 20세기 제1,2차 세계대전까지 거듭된 전쟁을 치르면서 인구가 급속하게 감소하였다.

프랑스에 국제 이민자가 들어오기 시작한 시기는 19세기 중반부터인데, 농업 부문과 산업 부문에서 대규모의 노동력을 필요로 했기 때문이다. 1850~1914년에 약 430만 명의 외국인이 프랑스에 들어 왔다. 이 시기에 만들어진 이민관련법은 1893년 「프랑스의 외국인 체류와 국내 노동보호에 관한 법」, 1899년 국가의 이름으로 승인된 「사업장의 노동조건에 관한 법」(공공시설과 같은 공적 영역의 사업장에서 내국인을 우선적으로 고용해야함을 명시함) 등이 있고, 또한 1889년 「국적법」은 외국인을 이전보다 상대적으로 더 쉽게 프랑스인이 될 수 있게 하였고, 이민자 통합에서 중요한 역할을 했다(박단, 2009: 353-354).

제1차 세계대전으로 인한 인구감소로 프랑스 정부의 이민정책은 본격화된다. 프랑스 정부는 노동력 송출 국가와의 협약을 맺고, 이민총협회(Société générale d'immigration)를 설립하여 이민자를 모집하였다. 그러나 세계 대공황의 여파로 외국인 노동자들은 실업의 주범으로 내몰리게 되었고, 1932년 농업 부문을 제외한 거의 모든 분야에서 외국인 노동자 유입을 제한하는 법이 상정되어, 노동허가증이 없는 외국인 노동자들은 추방 대상이 되었다. 1936년 이후 외국인이 프랑스에서 일하기 위해서는 노동허가증을 필수적으로 갖추어야 했다.

제2차 세계대전 이후에도 노동력 부족 문제가 계속되자, 프랑스 정부는 전후 복구의 어려움을 해결하기 위해 1945년 11월 2일 「외국인의 프랑스 입국 및 체재에 관한 대통령령」을 제정하여, 「외국인의 프랑스 입국, 체제 및 노동에 관한 요건」을 완화하였다. 또한 외국인 노동자의 모집, 통합을 체계적으로 관리하기 위해 국립이민국을 창설하였다. 이때 과거 프랑스 식민지 국가들, 즉 북아프리카 마그리브 지역 출신의 아랍계 이민자가 대거 유입된다. 아랍계 이민자들은 1946년 이민자의 23%에서 1975년 35%로 폭발적으로 성장하였다.

1974년 7월 프랑스는 석유위기로 인한 경제위기와 실업난에 대응하기 위해 EU 출신자 및 계절노동자를 제외한 신규 외국인 노동자의 유입을 원칙적으로 금지하였다. 또한 외국인 노동자가 직업을 잃은 후 일정기간 내에 취직을 하지 못하면 프랑스를 떠나도록 했다. 하지만 이미 장기 거주하여 귀국이 사실상 불가능한 사람들에 대해서는 보다 안정된 지위를 부여하여 프랑스 사회에 대한 통합을 지원하였다. 즉, 공식적 대규모 경제이민은 차단하였지만, 정치난민, 결혼이민, 가족재결합에 따른 입국은 허용하였다. 특히 가족재결합정책(Le regroupement familial)에 따라 이민자의 가족은 합법적으로 프랑스에 입국할 수 있게 되었는데, 마그리브 출신 이민자들 중 특히 여성과 아동의 이주가 증가했으며 그들 중 알제리인이 가장 많았다.

1980년대 이후에도 프랑스 정부의 이민자 제한 정책은 계속되었다. 1984년 파비우스 정부는 7월 7일 법령으로 외국인이 프랑스인과 결혼한 후 프랑스 국적을 취득하기 위해선 6개월의 유예기한을 두도록 하였고, 「뒤푸아법」으로 3년 이상 거주한 외국인에게 10년의 자동 체류권이 자동적으로 주어지지 않도록 하였다. 1986년 「파스쿠아법」으로 프랑스에 정착하려는 모든 외국인들에게 생계수단을 증명하도록 하였고, 도지사의 결정만으로 불법체류자를 추방할 수 있게 하였고, 공공질서를 위협한다고 간주될 경우 즉각적인 추방이 가능하도록 하였다. 또한 프랑스인과 결혼한 외국인의 국적취득 유예기간을 1년으로 연장하였다. 이 법은 1989년 사회당 재집권으로 폐지되었다가 1993년 다시 부활되었다. 1993년에 부활된 「파스쿠아법」은 프랑스 시민권 취득 조건을 더욱 강화하였는데, 즉 프랑스에서 태어난 외국인의 국적 취득권을 없애고, 프랑스인과 결혼한 외국인의 국적취득 유예기간을 2년으로 연장하였다. 신분증 검색을 강화하고, 가족재결합, 망명신청, 결혼 등으로 프랑스에 입국할 때 이들의 입국심사를 강화하였다. 1995년 우파의 재집권으로 프랑스의 이민정책은 더욱 강화된다. 1997년 「드브레법」이 통과되었는데, 프랑스 입국을 원하는 외국인은 비자를 얻기 위해 숙소 증명서를 제출하고, 숙소 주인은 그 외국인이 떠났다는 것을 신고하도록 한 것 등을 내용으로 하고 있다. 이법은 외국인의 불법체류를 막기 위해 마련된 것이다.

이후 좌파의 집권으로 이민정책은 다소 완화되는 계기를 맞이하게 된다. 「슈벤망법」은 이민자의 입국보다는 불법체류자의 처우 문제에 관심을 가졌고, 불법체류자에게 합법적인 지위를 부여하였다. 그리고 이민자 차별에 반대하는 것을 내용으로 하는 통합정책을 재정비하였다. 그러나 2001년 9/11 테러로 인해 2002년 프랑스 선거에서는 "치안"이 가장 중요한 정치적 쟁점으로 부상하면서, 좌파 정권 역시 이민문제에 유화적인 태도를 보일 수 없었다. 프랑스 공산당 역시 이민자를 프랑스 노동계급을 위협하는 존재로 부각시켰고, 극우파 국민전선은 이민자를 실업, 법질서 실추 및 복지비용 문제와 연관지으면서 국가 정체성을 위협하는 사회의 독소적인 존재로 정치 쟁점화하였다.

2002년 집권한 사르코지 대통령은 매춘문제를 이민자 문제와 결부시킬

❖ 시민통합계약(Contrats d'Accueil et d'Integration: CAI)

(a) CAI의 원형은 네덜란드에서 비롯, 네덜란드는 1998년부터 새로운 이민자의 통합법에 의해 비유럽연합회원국 이민자들의 통합을 돕기 위한 방편으로 12개월 동안의 교육코스를 이수하도록 함; 600시간의 네덜란드어 교육, 시민교육 그리고 노동시장에 대비할 수 있는 교육을 포함하는 것으로 처음에는 이 교육과정이 강제라기보다는 국가가 이민자들에게 제공하는 서비스의 의미가 강했음 즉, 이민자와 이민국이 양방향에서 통합에 대한 노력을 기울려야 한다는 점에서 긍정적으로 볼 수 있었다 ; 네덜란드의 통합법은 2002년 이후 반전되어 2003년 강제 이수 규정을 두고 주관 부처도 내무부가 아니라 법무부로 이전되어 그 강제성이 더 강화됨

(b) CAI는 2003년도 법에 의해서는 몇 개의 도에 의해서 시범적으로 시도되어 공화주의 원칙을 비롯한 프랑스 정신을 교육하고, 필요시에 언어교육을 하며 노동시장에 대비할 수 있는 교육 실행

(c) but, 통합정도를 점수화하자는 논쟁이 보여주듯이 통합을 강요하며 이민자를 배제시킬 수 있는 방편으로써의 동화주의 원칙을 성문화했다는 비난을 받고 있음

뿐만 아니라 치안문제와도 결부시켰다. 그리고 2002년 12월 14일에는 프랑스 상가트 지역 적십자 수용소를 폐쇄하고 도버해협에 대한 엄중한 통제도 지시하였다. 2003년 11월 26일 이민통제를 목적으로 한 「프랑스에서의 외국인 체류와 국적취득 관련 2003년 11월 26일－1119법」이 통과되었다. 이 법은 불법체류자의 근절 및 합법체류자의 정착 지원을 목적으로 하고 있지만, 궁극적으로 이민자의 수를 통제하고자 한 것이다. 주요 내용으로 ① 입국증명서 발급조건 개혁, 단기체류비자 신청인들은 여행자 보험, 의료상의 이유로 인한 본국 송환, 그리고 응급 치료 및 입원비용을 커버할 수 있는 보험 가입 증명서 요구, ② 지문전산화(유럽연합의 셍겐비자정보보다 앞서 시행한 것), ③ 시민통합계약(CAI)(합법적으로 체류하는 이민자의 통합을 돕는 방법) 등이다.

2006년 사르코지 대통령은 「새이민법」을 단행하였다. 이 법의 주요내용으로, ① 가족재결합의 경우, 프랑스에 거주하는 외국인이 자신의 가족을 데려오기 위해서는 18개월 이상 체류하면서, 사회보조금을 제외하고 프랑스 최저임금에 해당되는 임금을 받아야 한다. 체류증을 목적으로 한 위장결혼을 막기 위해 프랑스인과 결혼한 배우자는 적어도 3년 이상 프랑스에 체류 후에 거주민증을 발급받도록 하였다. 이미 발급되었을지라도 새로운 법안에 의하면 4년 안에 부부가 이혼할 경우에는 거주민증을 폐기할 수 있도록 하였다.

② 장기체류자의 경우, 시민통합계약에 서명하는 것을 선택에서 필수로 변경하였다(2007년부터 발효). ③ 능력과 재능증이라는 새로운 유형의 체류증(외국인으로서 자신의 능력과 재능에 의해, 의미 있고 지속적인 방식으로 프랑스의 경제적 발전에 참여할 수 있는 혹은 프랑스의 스포츠, 문화 그리고 특히 지적인 발전에 참여할 수 있는 사람들에게 발부)을 발급하여, 3년 동안의 체류자격 인정, 거주민증을 신청할 수 있는 권한을 주었지만, 발급받을 수 있는 국가는 제한하였다. 또한 이민·통합·국가정체성 및 개발연대 부처를 설립하여 이민자의 수를 조절, 감독하도록 하였다.

　　2007년 「오르트페 이민법」(2007년 11월 20일 채택된 이민 통제와 통합과 망명에 관한 법)은 2003년 사르코지 재임 시절의 이민 관련법을 집대성하고, 2006년 이민법보다 이민규정을 더 강화한 것으로, ① 가족재결합을 신청할 수 있는 요건을 최저임금의 120%로 하고, ② 인종 및 종교에 따른 통계조사를 허용하고, 이민자 유전자 검사를 허용하였다. 또한 망명요청을 심사하는 기관(난민무국적보호사무소)의 소속을 외무부에서 이민부로 옮겨 망명자의 수를 제한하도록 하였다.

(1) 이민정책의 기본방향

　　프랑스는 1974년 이래로 이민자 유입에 대한 엄격한 통제가 있었고, 2003년부터 "선택적 이민"(immigration choisie)이라는 용어를 이민정책의 핵심으로 내세우며 비숙련 노동자보다는 고급인력을 받아들이는 선택적 이민 정책을 추진하고 있다. 정규 노동이민의 경우 시장의 요구를 우선시하여 기업체가 필요로 하는 인력 위주로 이민을 허용하고 있다. 프랑스의 이민정책은 집권 정당의 이념적 성향에 따라 다소 다른데, 우파정부가 이민자에 대한 강경한 통제정책을 추구하는 데 반해 좌파정부는 상대적으로 이민자 인권에 더 많은 관심을 가졌다. 과거 프랑스정부는 시간이 흐름에 따라 이민자들이 자연스럽게 프랑스 사회에 통합될 것으로 보고 정부차원에서의 이민자 통합정책에 미온적이었으나 2005년 프랑스 주류사회에 통합되지 못한 무슬림 이민자들의 파리외곽 소요사태를 겪으면서 적극적인 통합 정책을 마련하기 시작하였다. 2011년 개정 이민법은 귀화를 원하는 외국인에게 공화국 시민의 권리와 헌장에 서명을 의무화하여 사회통합을 강조하고, 2011년 8월 클로드 게앙 장관은 불법체류 외국인에 대한 강력한 국외추방 계획을 발표하여 불법체류에 대한 강경한 태도를 보이고 있다.

(2) 이민정책의 대상

프랑스의 이민정책 대상은 원칙적으로 프랑스 국민이 아닌 모든 외국인을 대상으로 한다. 외국인 가운데 셍겐지역[2] 국민, 프랑스와 무비자 협정을 체결한 국가 국민, 기타 지역 출신 외국인에게 각기 다른 비자제도를 적용하고 있다. 외국인의 체류관리는 90일 미만 체류자에게는 단기비자, 90일 이상 체류자에게는 장기비자를 발급하고, 셍겐지역 국민, 프랑스의 해외영토 국민은 비자 면제 대상이고, 일부 무비자 협정국가 국민에게는 90일 미만 체류시 무비자 입국을 허용하고 있다. 장기비자 소지자는 프랑스 입국 후 거주지의 경시청(préfecture)에서 다시 체류증(carte de séjour)을 발급받아야 장기 거주가 가능하다. 체류증에는 일정기간 체류를 허용하는 일시체류증(Carte de séjour temporaire)과 사실상 영주가 가능한 거주증(Carte de résident)이 있다. 장기비자에는 학생비자, 학생－인턴십 비자, 관광취업비자, 과학자비자, 프랑스 국적자의 배우자 비자, 노동비자 등이 있다.

(3) 이민정책 추진체계

프랑스에서 이민정책은 내무부(Ministère de l'Intérieur)의 이민업무 총괄팀에서 총괄적인 관리를 담당하며, 전국에 설치된 이민통합사무소(Office Français

---

2) 셍겐지역은 셍겐협약에 가입한 지역을 의미하며, 셍겐협약은 유럽지역 26개 국가들이 여행과 통행의 편의를 위해 체결한 협약으로서, 셍겐협약 가입국을 여행할 때는 마치 국경이 없는 한 국가를 여행하는 것처럼 자유로이 이동할 수 있다. 셍겐협약 가입국(총 26개국): 그리스, 네덜란드, 노르웨이, 덴마크, 독일, 라트비아, 룩셈부르크, 리투아니아, 리히텐슈타인, 몰타, 벨기에, 스위스, 스웨덴, 스페인, 슬로바키아, 슬로베니아, 아이슬란드, 에스토니아, 오스트리아, 이탈리아, 체코, 포르투갈, 폴란드, 프랑스, 핀란드, 헝가리 등이다.

de l'Immigration et de l'Intégration: OFII)에서 실무를 담당한다. 이민통합사무소는 2009년에 설립되어, 기존 취업이민 업무를 담당하던 국립 외국인 및 이민자 안내기구 업무까지 흡수하여 프랑스 국내의 모든 합법이민자와 관련된 업무를 담당하고 있다. 주요 업무로 고용주와 취업이민자를 연결하는 안내서비스, 가족재결합 요청에 대해 관할 시청이 업무를 담당하지 못하는 경우, 신청자의 수입과 주거상태를 감독하고 가족재결합으로 프랑스에 입국한 가족의 초기 정착을 지원하는 업무 등이다. 이외 난민 및 무국적자 보호사무소(Office Français de Protection des Réfugiés et Apatrides: OFPRA)가 있는데, 국제협약 및 기타 국제협정, 유엔난민기구 등이 인정하는 난민과 망명자 그리고 보조적 지원 등의 국제 보호 업무를 수행하고 있다. 또한 고등통합위원회(Haut Conseil a l'Integration: HCI)는 총리실 소속으로, 주요 임무는 사회통합에 대한 비전과 중요한 제안을 제공하며, 이민자와 이민자 자녀들과 관련된 사회통합에 관련된 질문들에 대한 총리실의 요구에 대응하는 것이다. 그리고 부처 간 사회통합 연석회의를 준비하고, 공적 토론을 활성화하는 역할을 한다. 또한 사회통합에 관련된 공적 교류, 통합에 관한 유럽차원과 국제적 차원의 계획을 조직하고 있다.

(4) 주요 사회통합 프로그램

1) 이민자 통합 의무 강화

프랑스에 새롭게 유입되는 신규 이민자들은 '시민통합계약'을 체결하여 ① 프랑스 국가 정체성과 프랑스에서의 생활에 대해 교육하고, ② 이민자의 사회적 역량(직업능력이나 사회경제적 수준)을 평가하며, ③ 가족결합에 따른 이민 인지를 구별하고, ④ 건강검진을 실시하며, ⑤ 언어교육을 실시하고(총 교육시간은 400시간), ⑥ 민법교육을 받는다.

2) 이민자 자녀 교육

이민자 자녀 교육을 위해 프랑스에서는 이미 1975년에 이민자 자녀의 취학을 위한 교육과 정보 센터(Centres de Formation et d'Information pour la

Scolarisation des Enfants de Migrants:CEFISEM)를 설립하였는데, 2002년에는 이 기관의 명칭을 새로운 이민자와 그 자녀들의 취학을 위한 학술 센터(Centre Académique pour la Scolarisation des Nouveaux Arrivants et des enfants du Voyage: CASNAV)로 바꾸고 그 역할을 더욱 전문화시켰다. 초등학교부터 중등학교까지 이민자 자녀들의 취학을 돕고 최대한 빠른 시일 내에 이들이 프랑스 사회에 적응할 수 있도록 하고 있다.

3) 차별방지 고등위원회 및 인권옹호관 설치

이민자들이 승진상의 불이익, 주택입주시 거부 등의 차별을 방지하기 위해 <차별방지 고등위원회> 및 <인권옹호관>(defenseur des droits)을 설치하였다.

4) 교육, 주택, 직업교육

경제사회적 기준에 미달하는 지역에 대한 지원을 실시하며, 특히 미국식 게토화 방지를 위해 교육, 주택, 직업교육 등을 실시하고 있다. 프랑스인이 없는 학교에 대해 프랑스식 모델을 적용하여 통합교육을 실시하며, 이민자 자녀에 대해 읽기, 쓰기 훈련을 강화한다.

5) 프랑스 국민 대상 차별방지정책

프랑스 사회 전반을 대상으로 문화적 다양성과 프랑스 공화국 가치(남녀평등과 세속주의)를 중심으로 대중에게 알리는 작업을 하고 있다. 예를 들어 이민사 박물관을 설립하고, 2006년부터는 방송심의위를 통해 미디어별로 다양성을 존중하는 방식으로 정책을 실시하고 있다. 또한 차별철폐와 평등을 위한 투쟁의 고위국을 설치하여 출신에 의한 차별을 방지하기 위해 노력하고 있다.

5. 영국

근대 시기부터 수많은 외국인들이 종교와 정치적 박해를 피해 영국으로 들어갔으며, 영국은 이들에 대해 비교적 자유적 입장을 견지했다. 하지만 18세기 말에 이르러 영국은 「외국인법」(Aliens Act, 1972년)을 제정하여 프랑스혁명의 과격 공산주의자들이 영국으로 들어오는 것을 제한하였다. 이 「외국인법」은 1802년과 1814년 사이에 다소 완화되었지만, 1926년까지 지속되었다.

1880년과 1914년 사이에 러시아 및 러시아령 폴란드에 거주하던 상당수의 유대인이 영국으로 들어왔다. 1880년 이후 러시아 정부는 유대인을 의도적으로 추방하려는 정책을 폈는데, 여기에 이민 사업을 통해 부를 축적하려는 러시아 및 폴란드 해운업자들의 이해가 맞물렸기 때문이다. 러시아에 온 동유럽 유대인들은 런던의 동부지역(East End)에서 집단적으로 거주하기 시작했는데, 대부분 기성복 분야의 작업장에 고용되어 일하거나 또는 그 자신이 작업장을 경영하기도 했다. 이 새로운 이민자들은 이전에 영국에 정착한 유대인들3)과는 문화도 달랐고 또 경제적으로도 뒤떨어져 있었다. 영국에 정착하는 유대인의 수가 증가하자, 1890년 이후 영국 노동조합회의(the Trade Union Congress)는 유대인의 이민통제를 요구하게 되었고, 이에 따라 1905년 영국의회는 「외국인 이민법(The Aliens Immigration Act)」을 통과시킨다. 이 법은 범죄자의 입국을 금지했고, 자신과 자신의 가족구성원을 부양할 수 없는 외국인 입국을 금지시켰다. 또한 이주관리관의 허과 없이 '이민자 배'(Immigrant Ship)를 타고 영국에 입국하는 것을 금지하였다(이영석, 2004; 정희라, 2009; 온대원, 2010).

1914년 제1차 세계대전으로 인해 영국은 다시 이민을 규제하는 「외국인규제법」(the Aliens Restriction Act)을 통과시킨다. 이 법은 내무장관에게 이민자

---

3) 영국사회에 언제부터 유대인이 들어오기 시작했는지는 정확하게 할 수 없으나, 중세에도 런던 등지에 유대인들이 거주했지만, 13세기 말에 모두 해외로 쫓겨났다. 유대인이 다시 영국으로 들어오기 시작한 것은 17세기 중엽이지만 18세기까지만 하더라도 유대인의 대규모 이민은 없었으며, 그들만의 집단거주지(ghetto)를 형성하지도 않았다. 17세기 이후 영국에 다시 진출한 유대인들은 대부분 에스파냐나 포르투갈에 기원을 둔 에베리아 계통의 유대인들이었다(이영석, 2004).

의 입국과 강제송환의 권한을 부여하였다. 1914년 법이 국가안보를 위해 도입되었지만, 전쟁 후에도 계속해서 적용되었고, 1919년에는 「외국인 규제법」(the Aliens Restriction Act)으로 개정되었다. 「외국인 규제법」의 주요 특징을 살펴보면, ① 이민관리관은 외국인의 입국을 거부할 수 있으며, ② 입국자는 뚜렷한 생계수단이 없거나 노동부에서 발급하는 노동허가를 얻지 못하면 짧은 기간에만 영국에 머물 수 있다는 것이다.

1920년대와 1930년대 동안의 경제공항과 경기침체로 대부분의 국가들이 이민을 억제하는 정책을 전개하였지만, 영국은 영국과 식민지 간의 관계 강화를 목적으로 이민제한정책을 실시하지 않았다. 오히려 1922년과 1937년 「제국 정착법」(the Empire Settlement Act)을 제정하여, 영연방에 정착하고자 하는 이민자에게 영국 정부의 지원을 받도록 하였다. 이 법에 따라 40만 명 이상이 6백만 파운드의 국가보조금을 받아 다양한 영국령 식민지로 이주하였다.

제2차 세계대전 중 국내 노동력 부족 문제가 발생하자 영국정부는 과거 식민지 국가들로부터 대규모로 노동력을 받아들였다. 이들은 군수공장, 농업, 서비스 업종에 대거 고용되었다. 또한 1947년 5월에는 유럽에서 추방된 노동자들을 고용할 것을 발표하였다. 2년의 기간 동안 9만 명의 유럽 출신 노동자들이 영국으로 들어왔으며, 이들은 처음에는 우크라이나인, 폴란드인, 라트비아인, 리투아니아인, 유고슬라비아인들이었으나, 이후 독일, 이탈리아, 오스트리아, 스페인 출신 노동자들도 대거 영국으로 들어왔다. 그러나 이들에게 가족재결합권을 보장하지 않아 많은 이민자들은 다시 영국을 떠나야 했다.

이후 영국은 신영연방체제(New Common Wealth)를 구축하여 기존 식민지국가들과의 관계를 새롭게 확립하였다. 신영연방체제의 수립은 과거 식민지국가 국민들의 영국 이민을 자유롭게 보장하는 기제로 작동했다. 이에 따라 인도, 파키스탄, 방글라데시 출신 이민자들이 영국으로 대거 들어왔으며, 이에 따라 영국사회는 다민족, 다인종사회로 변화되었다. 하지만 영국이 다민족, 다인종사회로 변모해 감에 따라 영국사회 내에서는 인종갈등 문제가 지속적으로 일어났으며, 이에 따라 유색인 이민에 대한 제한 요구도 잇달아 일어났다. 이는 1962년 「영연방이주법」(Commonwealth Immigrants Act), 1968년 「연방이주법」의 제정으로 이어졌는데, 이 두 법에서 출생, 혈통, 입양, 결

혼 등으로 영국과 실제적 관계가 없는 대영제국의 모든 시민과 식민지 시민
은 영국에 도착하기 전에 입국 승인을 받도록 하였다. 즉, 이 법들은 유색인
종의 이민을 통제하기 위한 수단으로 백인종 후손은 어떤 제한 없이 입국이
가능했다.

영국의 이민정책은 1971년 「이민법」(Immigration Act)으로 한층 더 제한적
이며 인종차별적인 경향을 표방하게 된다. 본국인(patrials) 개념을 공식적으로
정의하였으며, 기존의 영국인(British)과 외국인(alien)의 범주를 본질적으로 인
종적 구별에 기초한 범주인 본국인(patrials)과 비본국인(non-parials)으로 대체
했다. '본국인'은 영국과 영연방 시민 중 본인 또는 부모나 조부모가 영국 내에
서 출생, 입양, 귀화 또는 등록한 자이며, 영국과 영연방 시민 중 영국 내에서
5년 이상 거주한 자로 규정되었다. 비본국인은 영국에 들어오기 위해 "노동허
가"가 있어야 하며, 영구거주나 가족을 데려올 권리가 없으며, 노동허가는 자
동적으로 갱신되지 않는다. 자발적 귀환이 장려되었으며, 불법이민을 예방하
려는 정부의 권한이 강화되었다. 한편 이민통제가 강화됨에 따라 "반차별적인
법"의 범위도 확대되었다. 1965년 「인종관계법」(the Race Relations Act)은 공공
시설에 대한 평등성을 확보하고자 하였는데, 인종차별에 대해 형사처벌이 아
닌 민사적 차별만을 다루었다. 3년 뒤에 다시 개정된 1968년 「인종관계법」은
피부색, 인종 또는 출신국적에 의해 고용, 주거, 공공 서비스의 제공에서 차별
하는 것을 위법으로 정하였다.

1974년 새노동당 정부는 진보적인 이민정책을 전개해 나갔다. 1971년
「이주법」에 영향을 받고 있는 불법이민자들을 사면했으며, 영국에 정착한 여
성들의 남편의 입국을 제한하는 1969년의 조치도 폐지하였다. 또한 영국 여
권 보유자의 쿼터를 3,600명에서 5,000명으로 증가시켰다. 1976년에는 개정
된 「인종관계법」을 통과시켰다.

그러나 1976년에 들어서면서 이민정책은 다시 경색 국면에 들어갔다.
1976년 3월 내부장관인 로이 젠키스(Roy Jenkins)는 점증하는 이민자수를 우
려하면서 엄격한 이민정책을 시행할 것을 선언했다. 1977년 3월 노동당 정부
는 「새이민규칙」(Immigration Rule)을 적용하여, 영국에 이미 정주하고 있는 여
성과 결혼한 남성에게 즉각적으로 영구정주의 권리가 주어지지 않도록 하였

다. 1979년 대처 수상이 이끄는 보수당 정부는 더욱 강격한 이민정책을 펼칠 것을 선언했다. 첫째, 1979년과 1980년 사이에 보수당 정부는 가족재결합을 전반적으로 어렵게 하였는데, 특히 결혼을 통해 영국에 비자를 신청하는 것을 막고자 하였다. 둘째, 1981년과 1983년 사이에 「영국국적법」(The British Nationality Act)을 통해 영국 시민권을 영국시민권, 영국 속령 시민권, 영국 해외 시민권으로 나누고, 영국시민권자만이 영국에서의 자유로운 정주권과 입국권을 갖도록 하였다.

1980년대에 들어서면서 영국에는 새로운 이민자들이 출현하기 시작했다. 이들은 제3세계에서 들어온 이민자들로 이들의 대다수는 불법 이민자들이었다. 또한 1989년부터 망명자들의 유입도 크게 증가하는데, 이후 영국의 이민 정책은 망명신청자와 불법 이민을 막는 데 집중되었다. 1987년 3월에 통과한 「이민법」(Carrier's Liability)은 합법적 서류 없이 영국으로 사람을 수송하는 여객선을 압수수색할 수 있도록 하였으며, 1987년 11월 정부는 1987년 1월 이전에 영국에 정주한 이민자들의 절대적인 권리를 폐지하는 법안을 상정하였다. 또한 1993년에는 「망명과 이민 이의법」(The Asylum and Immigration Appeals Act)을 제정하여 망명자의 권한을 제한하였다. 1996년 「망명 및 이민법」(The Asylum and Immigration Act)은 영국에 도착하여 망명을 신청하지 않는 망명신청자에 대한 복지혜택을 제한하였다. 또한 정부는 불법이민자와 망명신청자의 규모를 줄이기 위해 ① 아프리카와 남아시아에서 오는 어린이에 대한 DNA테스트, ② 결혼조항 강화, ③ 망명신청자에 대한 송환 촉진, ④ 파키스탄 정부와 파키스탄인 망명자 수의 제한 협의 등의 조치들도 마련하였다.

1997년 노동당 정부가 다시 집권하자 보수당에서 시행되었던 일부 이민 제한정책들은 폐지되었다. 첫째, '주목적 규칙'을 폐지하였는데, 결혼 이민을 통제하기 위한 규칙이 자의적이고 비효율적이며, 가족을 분리시킬 수 있기 때문이었다. 둘째, '백색리스트'를 폐지하였는데, 이 리스트에 속한 국가의 시민들은 모국에서 더 이상 심각한 억압을 당하지 않을 것이기 때문에, 망명신청이 심사되기 전에 자신의 국가로 송환될 수 있도록 하였다. 셋째, 1997년 고용주 제제법안을 폐지하였다. 넷째, 생활수단이 없는 망명신청자에 대한 주택 및 음식 지원을 강화하였다. 마지막으로 1999년 해외에 있는 14개의 영국 의

존주(British Dependent Territories)의 거주자들에게 영국시민권을 보장하였다.

그러나 다른 한편으로 1997년 영국 내무부는 불법이민을 막는 조치들을 발표하였다. 1998년 내무부는 「운송책임법」(Carriers Liability Act)을 기차에까지 확대 적용하여 합법적 서류 없이 영국에 도착하는 승객에 대해 벌금을 물릴 수 있게 하였다. 1999년 「이민 및 망명법」(Immigration and Asylum Act 1999)을 통해 망명을 체계화하였으며, 2000년 8월부터 망명신청자에 대한 지문채취를 시작하였다. 그리고 2001년 「반테러, 범죄 및 보안법」(Anti-Terrorism, Crime and Security Act)과 2005년 「테러방지법」(Prevention of Terrorism Act)을 통해 이민자의 입국을 더욱 까다롭게 하였다.

한편 2001년 영국정부는 외국인 농업노동력의 허가 규모를 1만 명에서 1만 5천여 명으로 증가시켰다. 이보다 앞서 2000년 5월에 영국 정부는 외국인 전문노동력의 허가과정을 단순화하여 IT와 건강의료 분야의 인력부족 문제에 대처하겠다고 발표하고, 곧이어 2000년 9월에는 외국인 숙련노동자에 대한 새로운 규칙을 발표하였다. 전문외국인 노동자는 '고급이민자프로그램'에 따라 1년간 영국 입국을 허용하였다. 이 제도는 2006년 다시 개정되었는데, 대학졸업, 취업에 따른 소득경험, 나이, 국내 경험 등을 점수화하였다.

(1) 이민정책의 기본 방향

영국은 2000년대 초반부터 자국의 경제발전과 경쟁력 제고를 위해 고숙련 노동자의 이민을 적극 권장하며 자국 및 지역사회에 긍정적 영향을 미치는 사람들만 영국에 거주할 수 있게 하는 방향으로 정책을 추진해 오고 있다. 또한 영국은 대영제국 시대부터 발전해 온 식민지 국가와의 관계로 인해 시민권 및 거주권의 인정범위가 비교적 넓었으나, 최근 이 범위를 계속 좁혀나가고 있다. 이민자의 사회통합은 합리적 차별의 근거가 없는 이상 외국인과 국민을 동일하게 대우하며, 출입국 및 사회적응 정책을 통하여 국가의 지속성장 및 사회통합을 촉진하고자 하며, 2007년부터 지역사회에 이바지하는 사람들에게는 빠르게 시민권을 취득할 수 있도록 공헌형 시민권(earned citizenship) 제도를 도입하였다.

(2) 이민정책의 대상

영국의 이민정책 대상은 영국의 시민권(citizenship), 거주권(right of abode)이 주어지는 몇몇의 영연방국 시민(Commonwealth Citizens)과 유럽연합시민 그리고 위 사항을 제외한 제3국 출신 이민자이다.

1) 영연방4) 시민

1960년대 전까지만 하더라도 모든 영연방 시민권자들은 출입국 권리가 있었으나, 1971년 「이민법」 개정 이후로는 제한적으로 주어졌다. 영연방 시민권자들 중 출입국 권리가 주어진 사람들은 아무런 제약 없이 영국에서 거주, 취업할 수 있다. 영연방 시민권을 가지고 있을 경우 귀화가 아닌 등록의 방법만으로도 영국 시민권을 취득할 수 있다.

2) 유럽연합시민

유럽연합 시민권자들이 영국에서 일하고 있거나, 본인과 가족이 영국의 공공부담없이 자족적으로 살 수 있는 경우에 영국정부는 이들에게 거주권 (right of residence)을 부여한다.

3) 제3국 국민

모든 제3국 국민은 「이민 및 난민법」(Immigration and Asylum Act 1999)의 영향을 받는데, 이들은 영국 입국시 비자를 받아야 한다. 제3국 국민이 영국에 체류하기 위해선 생체인식거주증(Biometric Residence Permit: BRP)을 받아야 하는데, 이것은 영주자격 신청자들뿐 아니라 난민이나 인도적 지위 신청자들에게도 해당된다. 제3국 국민이 영국에 체류할 수 있는 비자는 단기비자, 가족비자, 난민비자 등이 있다. 단기비자는 점수제(Points Based System)로 운영

---

4) 영연방(British Common Wealth)이란 영국을 포함한 영국의 구 식민지와 영국의 여왕을 같은 군주로 인정하는 호주, 캐나다, 뉴질랜드와 같은 국가들로 총 53개국이다. 구성국은 영국과 대등한 지위의 주권 국가이며, 이 중 17개국만 엘리자베스 2세 영국여왕을 국가원수로 인정하고 있다. 31개국은 공화국, 5개국은 독자적인 국왕이 있다.

되며, 기본 점수를 획득해야 체류허가를 받을 수 있다. 가족비자는 영국 시민 권자, 영국 영주권자, 배우자 비자 등이 있는데, 배우자 비자의 경우 유럽연합 회원국 시민과 결혼을 할 경우 신청할 수 있으나, 최근 배우자 비자 자격 조건이 까다로워지고 있다. 난민 및 망명자는 영국에 직접 난민신청을 하는데, 영국에 거주하다가 난민신청을 하여 난민이나 인도적 지위를 부여받을 경우에 최소 5년 동안 거주할 자격이 주어진다.

(3) 이민정책의 추진체계

영국의 이민정책은 내무부 산하 독립청인 영국국경청(United Kingdom Border Agency: UKBA)이 중심이 되어 다른 기관과의 조율 및 협조를 통해 추진되고 있다. 영국국경청은 이민과 관련된 정책(출입국, 체류, 이민 등)을 입안한다. 영국국경청의 정책 방향은 7인의 비상임 이사들(영국 외무성의 상급관료, HMRC, 주요 운영파트너인 고위경찰관들 포함)로 구성되는 영국국경청 위원회가 결정한다. 1971년 「이민법」 규정에 근거, 영국의 외국인력 정책은 영국국경청이 속해 있는 내무부 장관이 규칙을 제·개정하여 의회에 제출 및 승인을 받는다. 주요 집행기관으로 국경관리청(UK Border Agency), 국경수비대(The Border Force), 이민자문위원회(Migration Advisory Committee), 이민영향포럼 (Migration Impacts Forum) 등이 있다.

(4) 주요 사회통합 프로그램

1) 난민에 대한 적극적 통합 프로그램

난민신청을 하여 인정된 난민에 대한 정착서비스로, 2000년에 도입되고 2005년에 강화된 난민통합전략은 난민들에게 정착을 위한 적응 프로그램과 통합을 위한 얼마간의 재정지원에 주안점을 두고 있다.

2) 공동체 결속 정책

지방자치단체 수준에서 상호 유리된 소수 외국인 공동체들을 결합시키기 위한 프로그램으로, 학교와 다양한 인종의 학생을 연계시켜 주는 교내 짝지어 주기 프로젝트, 인종 간 혼합 주거정책 등을 포함하고 있다.

3) 시민권 증진 프로그램

신규 이민자들에게 시민권 테스트, 언어 테스트, 시민의례 등을 통해 귀화를 강제하고 있으며, 2009년 7월 22일 발효된 「국경, 시민권 및 이민법」에서는 이민자가 영어능력 등 통합 기준에 충족되지 못할 시 1년 간 견습 시민으로 남도록 규정했다.

4) 반차별법의 강화

1998년 「인권법」을 제정함으로써 유럽인권헌장을 영국법에 접목시켰고, 2000년 개정된 「인종관계법」은 경찰과 이민관 등 공적 기관들의 제도화된 차별철폐를 목적으로, 이들 기관의 직원모집, 채용, 직무수행 등에서의 인종차별적 요소들을 수정하도록 하였다.

SUMMARY

■ ■ ■ 미국과 캐나다는 이민으로 형성된 국가이지만, 국가 형성 초기에는 백인 중심의 국가를 건설하기 위해 이민을 제한하는 정책을 전개해 왔다. 두 국가 모두 경제적 필요에 의해 이민을 허용하기 시작하였다. 미국의 이민정책의 기본방향은 가족재결합 허용, 기술이민 환경, 이민자 출신국의 다양성, 이민자 보호 등이다. 이민정책의 대상은 미국으로 들어오는 모든 외국인이며, 이민자들은 체류 목적에 맞게 이민비자를 발급받아야 한다. 미국의 이민정책은 5가지 부서(국토안보부, 법무부, 국무부, 노동부, 보건복지부)에서 담당하는데, 이 중 국토안보부가 주도적인 역할을 하고 있다. 미국에는 이민자들을 사회에 효과적으로 통합시키기 위한 공식적 정책이 없다. 그렇기 때문에 입국 당시에 일정 수준 이상의 영어능력이 요구되지 않으며, 입국 이후 통합을 위한 노력은 순전히 이민자 개인의 몫이다. 다만 미국은 사회통합에 있어서 거주 지역 정착을 전제로, 중앙정부와 관련 섹터의 역할 분담과 협업이 유지되고 있다.

■ ■ ■ 캐나다 이민정책은 정치적, 경제적, 사회적으로 국가의 이익을 도모하는 것을 목적으로, 문화적 다양성을 촉진한다. 이민정책의 대상은 취업, 유학, 방문 목적으로 들어온 단기비자 소지자와, 가족초청, 경제이민, 난민 등의 영주비자 소지자들이다. 캐나다 이민정책에 대한 정책결정은 시민권이민부가 주관하고 있다. 캐나다에서 이민자 정착 지원은 연방정부가 이민자 정착 지원 정책에 관한 확고한 방향을 가지고 있으며, 그에 따른 실제 서비스 제공은 대부분 지역사회를 기반으로 한 이민자 정착지원 서비스 기관들을 통하여 이루어진다. 이들 기관들은 이민자 서비스 분야에서 다년간 경험을 쌓아온 지역사회 비영리 민간기관(NPO)이다.

■ ■ ■ 영국, 프랑스, 독일은 경제적 필요에 의해 이민을 받아들인 국가이지만, 각 국가의 국민국가 형성과정이 다르고, 이민을 받아들인 시기가 다르기 때문에, 이민정책에서도 차이가 있다. 독일의 경우 경제적 필요에 의해 외국인 노동력을 활용하였으나, 현재 유럽연합에서 외국인 인구 비중이 가장 높은 국가이다. 독일의 이민정책은 정치적, 경제적, 사회적 이익을 도모하기 위해 제한적으로 이민을 허용한다. 독일에서 이민정책의 대상은 재외동포와 유럽시민, 망명 및 난민을 포함한 제3국 출신 등이며, 체류자격에 따라 지원정책이 다르다. 독일의 이민정책은 구조적으로

연방정부에 입법과 정책방향의 결정권한이 집중되어 있고, 주정부 차원에서 행정적 집행이 이루어진다.

■ ■ ■ 프랑스는 19세기 초 유럽에서 가장 인구밀도가 높았던 국가지만, 19세기 중반 무렵에 이르러 그 규모가 급감하면서 이웃나라들로부터 이민자들이 들어오기 시작했다. 프랑스는 1974년 이래로 이민자 유입에 대한 엄격한 통제가 있었고, 2003년부터 선택적 이민(immigration choisie)이라는 용어를 이민정책의 핵심으로 내세우며 비숙련 노동자보다는 고급인력을 받아들이는 선택적 이민 정책을 추진하고 있다. 프랑스에서 이민정책의 대상은 원칙적으로 프랑스 국적이 아닌 모든 외국인이 정책대상에 포함되지만, 유럽연합 출신 여부에 따라 거주, 취업의 기회가 제한된다. 프랑스에서 이민정책은 내무부의 이민업무 총괄팀에서 총괄적인 관리를 담당하며, 전국에 설치된 이민통합사무소에서 실무를 담당한다. 주요 사회통합 프로그램에는 이민자통합교육, 이민자 자녀교육, 교육/주택/직업 교육 등이 있으며, 이민자 차별 방지를 위해 차별방지 고등위원회 및 인권옹호관 설치하고, 프랑스 국민을 대상으로 차별방지정책을 시행하고 있다.

■ ■ ■ 영국은 유럽의 다른 국가들에 비해 이민자에 대해 비교적 자유적 입장을 견지했으나, 2000년대 초반부터 영국은 자국의 경제발전과 경쟁력 제고를 위해 고숙련 노동자의 이민을 적극 권장하며 자국 및 지역사회에 긍정적 영향을 미치는 사람들만 영국에 거주할 수 있는 방향으로 정책을 추진해 왔다. 영국의 이민정책 대상은 영국의 시민권, 거주권이 주어지는 몇몇의 영연방국 시민과 유럽연합시민 그리고 위 사항을 제외한 제3국 출신 외국인이다. 제3국 국민은 이민 및 난민법의 영향을 받는데, 제3국 국민은 영국 입국시 비자가 필요하다. 영국의 이민정책은 내무부 산하 독립청인 영국국경청이 중심이 되어 다른 기관과의 조율 및 협조를 통해 이민정책을 추진해 나가고 있다. 주요 사회통합 프로그램으로, 난민에 대한 적극적 통합 프로그램, 공동체 결속 프로그램, 시민권 증진 프로그램 등이 있으며, 이민자 차별 문제에 대응하기 위해 반차별법을 두고 있다.

Key Terms: 이민정책의 대상, 이민정책의 추진체계, 이민자 통합정책

한국의 이민 정책

1. 이민정책의 개관

우리나라는 건국 이래로 외국인을 받아들이기보다는 국민을 내보내는 정책을 추진해 왔다. 박정희 정부는 실업자감소·인구증가억제·외화획득·교역증진을 도모한다는 취지로 '세계 속에 한국을 심자'는 기치를 내걸고 1965년 10월 6일 한국해외개발공사를 창립하여 우리나라의 노동력을 해외 진출시켰다. 그러다가 노태우 정부에 들어서면서 차츰 우리나라에도 외국인 노동력이 들어오기 시작하였다. 서울올림픽대회 이후 외국의 단순기능인력이 국내에 입국하여 장기적으로 체류하면서 기술연수를 받으려는 사례가 빈번히 발생하였고 정부에서는 산업계의 인력공급확대의 요구에 따라 해외인력활용방안에 대해 검토하기 시작하였다. 이에 따라 1991년 10월 26일 법무부훈령 제255호로 「외국인산업기술연수사증 발급 등에 관한 업무처리지침」 및 「외국인산업기술연수사증 발급 등에 관한 업무처리지침 시행세칙」을 각각 제정하여 같은 해 11월 1일부터 시행하였다(김원숙, 2010).

김영삼 정부에 들어서면서부터는 국민의 3D업종 기피현상에 따른 국내 제조업체의 인력난을 덜기 위해 1993년 4월 23일 상공부장관이 인정하는 3D 업종, 즉 염색, 도금, 열처리, 주·단조업체와 기계류 제조 또는 수출업체를 연수업체로 지정하여, 연간 1만 명에 이르는 업종별 연수인원을 배정하였다. 이후 이러한 업종은 신발, 유리, 피혁, 전기·전자 분야까지 확대되었으며, 연수허용인원은 이미 결정한 1만 명의 범위 내에서 추천 업종별로 조정하였다(김원숙, 2010).

또한 1993년 11월 24일 법무부차관이 주재하는 「외국인산업기술연수조정협의회」에서 저개발국 노동자들의 기술·기능향상에 기여하고 국내 중소제조업체의 인력난을 완화하기 위하여 정부차원의 「산업기술연수제도」를 재차 확대 운영하기로 합의하였다. 그 주요내용으로 연수생 2만 명을 추가로 도입하며 상공자원부장관의 추천에 의한 공공단체를 1994년 1월 1일부터 「중소기업협동중앙회」로 지정하여 연수생 초청 등의 업무를 취급할 수 있도록 하였다. 또한 1992년 12월 3일 우리나라가 국제연합사무총장에게 기탁한 「난민의 지위에관한의정서」의 효력이 발생함에 따라 1993년 12월 10일 「출입국관리법」을 개정하여 「난민인정제도」를 도입하였다(김원숙, 2010).

김대중 정부에 들어서면서 우리나라는 IMF체제를 맞이하게 되었고, 이에 따라 외국인인력정책의 변화도 불가피하였다. 김대중 정부는 국내 노동시장 조건을 우선적으로 고려하는 외국인력정책을 수립하여, 국민의 실업대책의 일환으로 불법취업외국인을 내국인으로 대체하는 것을 기본방침으로 정하였으며, 신규 산업연수생의 도입은 최소화하되 그 방법은 「연수취업제도(1998. 3)」를 채택하는 것으로 정하였다. 이에 따라 정부는 불법체류외국인의 자진출국을 유도하는 한편, 불법체류자 단속을 강화하였다. 이와 함께 정부는 중소기업이 불법취업외국인 대신 내국인을 대체 고용하도록 각종 유인체계를 도입하였다. 또한 정부는 재외동포에 대한 국내 출입국 및 체류상의 편의를 도모하기 위하여 1999년도에 「재외동포의 출입국과 법적지위에 관한 법률(이하 재외동포법)」을 제정하였다. 그러나 당시 중국동포와 구소련동포는 그 대상에서 제외하였다.(김원숙, 2010)

2003년 2월 25일 출범한 참여정부는 국내의 외국인정책을 획기적으로 변화시켰다. 실질적으로 산업연수생의 지위에 머물러 있던 외국인 노동자에게 근로자로서 권리를 부여하는 「외국인근로자의고용등에관한법률」을 제정(2003.8.16)하여 1년간 준비기간을 거쳐 2004년 8월 17일부터 「산업기술연수생제」와 병행하여 「외국인고용허가제」를 시행하였다. 2007년 1월 1일부터는 「산업기술연수제」를 「고용허가제」로 통합하여 추가적인 산업연수생의 도입을 중단하고 저숙련 외국인력의 고용은 「고용허가제」로 일원화하고, 「해외투자기업연수생제」는 순수한 외국인연수제도로만 운용하도록 하였다. 2004년 2월 9일

「재외동포법」을 개정하여 1999년 당시 「재외동포법」에서 제외되었던 200만 중국동포, 50만 구소련동포들도 「재외동포법」의 대상에 포함시켰다. 또한 2007년 「재외동포법」 혜택에서 사실상 배제되어 있는 중국 및 구소련지역 동포에 대하여 5년간 유효하고 최장 1회 3년 체류 가능한 방문취업(H-2) 복수사증을 발급함으로써 자유로운 고국방문과 취업을 허용하는 「방문취업제」를 시행하여 그동안 중국동포 등에 대해 취업을 허용하여 왔던 「특례고용허가제」의 허용업종 제한, 복잡한 취업절차 및 사용자 고용절차 등을 크게 개선하였다(김원숙, 2010).

참여정부는 그동안의 통제와 관리로 일관해 왔던 외국인정책을 외국인의 처우 개선 및 인권 옹호에 중점을 둔 사회통합정책으로 전환하였고, 외국인정책이 보다 종합적이고 체계적으로 이루어질 수 있도록 외국인정책의 추진체계도 마련하였다. 이 과정에서 2004년 말 '여성결혼이민자 가정'에 대한 실태조사가 실시되었고 2005년 5월 22일에는 '외국인 이주여성 자녀의 인권실태 및 차별개선'이 대통령 지시과제로 지정되었다. 빈부격차 차별시정위원회에서는 2005년 12월부터 관계부처가 협의하여 전문가 간담회와 베트남·필리핀 현지실태 조사를 거쳐, 결혼과정상 문제점, 추진체계, 정책관계자 교육방안 등 3차 종합지원 대책을 마련한 후, 2006년 3월 19일 빈부격차 차별시정위원회 중요정책과제 보고회의를 개최하였다. 이러한 과정을 통해 2006년 4월 26일 제74회 국정과제회의에서는 여성결혼이민자 및 혼혈인·이민자 사회통합지원 대책을 확정하였으며, 2008년에는 「다문화가족지원법」이 제정되었다. 또한 정책 총괄추진의 기틀을 마련하기 위하여 국무총리를 위원장으로 각 부처장관이 위원으로 참석하여 부처별로 외국인정책을 심의, 조정하는 외국인정책위원회를 마련하였다. 2006년 5월 26일 대통령이 주재한 제1차 외국인정책회의에서는 외국인정책기본법 제정 및 외국인정책 총괄기구 설치추진을 결정하고, 이에 따라 2007년 「재한외국인처우기본법」이 제정되고 출입국외국인정책본부가 발족되었다. 그리고 동 회의에서 외국인정책의 비전으로서 "외국인과 더불어 사는 열린사회"[1]를 구현하기 위해 ① 개방적 이민허용을 통한

---

1) 이에 앞서 천정배 법무부장관은 2006. 2. 21. 법무부 각 실국의 비전과 추진계획이 수록된 「희망을 여는 약속 법무부 변화전략계획」을 발표하였는데, 그 가운데 출입국관리국의 정책비전인 "외국인과 더불어 사는 열린사회 구현"은 법무부 자문위원들의 심도 있는 토론을 거쳐 확정하였다.

국가경쟁력 강화, ② 질 높은 사회통합, ③ 질서 있는 국경관리, ④ 외국인 인권옹호가 정책 목표로서 제시되었다. 2007년 7월 18일 시행된 「재한외국인처우기본법」은 외국인정책에 관한 기본법으로서, 외국인정책 수립 및 추진체계, 재한외국인 등의 처우, 국민과 재한외국인이 더불어 살아가는 환경 조성 등에 관한 내용을 규정하고 있다(김원숙, 2010).

이명박 정부는 2008년 12월 17일 외국인정책위원회를 개최하여 '개방을 통한 국가경쟁력 강화', '인권이 존중되는 성숙한 다문화사회로의 발전', '법과 원칙에 따른 체류질서 확립'을 외국인정책의 기본방향으로 하는 '제1차 외국인정책 기본계획'을 확정하였다. 또한 '외국인과 함께 하는 세계 일류국가'를 외국인정책의 비전으로 설정하고, 이를 달성하기 위한 4대 목표와 13대 중점과제를 확정하였다. 이명박 정부는 「재한외국인처우기본법」에 따라 국민과 재한외국인이 서로의 문화와 전통을 존중하면서 더불어 살아갈 수 있는 사회환경을 조성하기 위해 2008년부터 매년 5월 20일을 세계인의 날(Together Day)로 지정하여 기념행사를 개최하도록 하였다. 한편 2009년 출범한 사회통합위원회는 10가지 프로젝트의 하나로서 외국인·결혼이민자 동행프로젝트를 선정하여 법무부를 비롯하여 여성부 등 관계부처와 협조하여 다문화사회 통합프로그램을 추진중에 있으며, 또한 같은 해에 출범한 국가브랜드위원회도 5대 역점사업 분야의 하나로 다문화의 포용과 외국인에 대한 배려를 설정하고 우선 추진 10대 과제의 하나로 "따뜻한 다문화사회 만들기"를 선정하여 사업을 추진하였다(김원숙, 2010).

(1) 이민정책의 기본방향

우리나라 이민정책의 기본방향을 살펴보면, 첫째는 개방을 통해 국가경쟁력을 강화하는 것을 목표로, 전문인력 등 우수인재는 적극적으로 유치하고, 단순기능인력은 필요에 맞추어 도입하되 원칙상 일정기간 이상의 정주를 지양하며, 동포는 사회통합의 용이성 및 한민족 역량강화 차원에서 입국 및 취업에서 우대하고 있다. 둘째는 우리 사회를 인권이 존중되는 성숙한 다문화사회로 발전시키는 것으로 목표로, 국내 정착 이민자의 증가에 따른 다문화사회의 도래에 대비하고, 개방된 사회의 보편적 가치로서 외국인의 인권을 보장하고자 한다. 셋째는 법과 원칙에 따른 체류질서를 확립하는 것을 목표로, 불법 체류자에 대해서는 일관되고 엄정하게 법을 집행하고, 체계적으로 국경을 관리하여 외국인 범죄에 효과적으로 대처하고자 한다(이민정책연구원, 2013).

(2) 이민정책의 대상

우리나라에서 이민정책의 대상은 취업, 결혼, 유학 등으로 국내로 들어오는 외국인으로, 구체적으로 재외동포, 취업이민자, 결혼이민자, 유학생, 난민 등이다. 재외동포에 대해서는 내국인에 준하는 재외동포정책을 따로 마련하여 지원하고 있으며, 재외동포를 제외한 재한 외국인은 전문인력과 비전문인력으로 나누어 별도 관리하고, 노동이민과 결혼이민도 구분하여 관리되고 있다. 현재 우리나라에서 사회통합의 대상은 결혼이민자에 한정되어 있다.

1) 재외동포

재외동포는 재외 국민과 외국 국적 동포로, 재외 국민은 "대한민국의 국민으로서 외국의 영주권을 취득한 자 또는 영주할 목적으로 외국에 거주하고 있는 자"를 의미하며, 외국 국적 동포는 "대한민국의 국적을 보유하였던 자 또는 그 직계 비속으로서 외국 국적을 취득한 자 중 대통령령이 정하는 자"를 의미한다.

2) 재외동포 외 외국인

❶ 취업이민

우리나라에서 취업을 목적으로 들어오는 외국 인력은 전문인력과 비전문인력으로 구분된다. 전문인력은 기업활동 관련 전문직(주재, 기업투자, 무역경영, 특정활동), 연구·기술 관련 전문직(교수, 연구, 기술지도, 전문직업), 외국어 강사(회화지도), 연예·스포츠 관련 전문직(예술흥행) 등으로 나누어진다. 비전문인력은 외국인근로자의 고용 등에 관한 법률에 의해 국내 취업요건을 갖춘자로,

이들은 제조업, 건설업, 농업, 어업, 서비스업, 축산업 등에서 일한다.

❷ 결혼이민

양 당사국에 혼인이 유효하게 성립되어 있고, 우리 국민과 결혼생활을 지속하기 위해 국내 체류를 하고 있는 외국인이다.

❸ 유학이민

전문대학 이상의 교육, 학술연구 기관에서의 유학 또는 연구 활동을 하려는 외국인이다.

(3) 이민정책의 추진체계

우리나라 이민정책은 법무부장관이 관계 중앙행정기관의 장과 협의하여 5년마다 외국인정책에 관한 기본계획을 수립하고, 수립된 기본계획은 국무총리 산하 외국인정책위원회(간사: 출입국외국인정책본부장)의 심의를 거쳐 확정된다. 관계 중앙행정기관의 장은 기본계획에 따라 소관별로 연도별 시행계획을 수립, 시행해야 하며, 지방자치단체의 장은 중앙행정기관의 장이 법령에 따라 위임한 사무에 관하여, 당해 중앙행정기관의 장이 수립한 시행계획에 따라 당해 지방자치단체의 연도별 시행계획을 수립, 수행하도록 되어 있다.

그러나 구체적으로 들어가면 우리나라의 이민정책은 외국인력정책과 사회통합정책으로 분리되어 추진되고 있다. 외국인력정책은 법무부에서 외국인력의 출입국 관리 및 체류, 귀화와 관련된 총체적인 법체계를 정립하고, 외국인정책위원회는 외국인 정책에 관한 기본방향과 추진체계 수립, 재한 외국인의 권익 증진 및 사회통합을 위한 정책과 외국인 정책에 관한 부처 간 협의와 조정을 수행한다. 고용노동부는 단순기능인력에 대한 고용관리를 지식경제부와 중소기업청에서는 전문인력에 대한 고용관리에 관한 정책을 수립한다. 외국인의 사회통합과 관련하여 우리나라에서는 결혼이민자를 대상으로 사회통합정책에 중점을 두고 있으며, 다문화가족정책위원회가 다문화가족의 사회통합을 위한 정책의 방향을 수립하고 있다.

표 17-1 총괄

외국인정책위원회	▸「재한외국인처우기본법」에 의거하여 외국인 관련 정책 심의 및 조정 ▸「재외외국인처우기본법」에 의한 외국인정책위원회의 정책대상은 국적을 취득하지 않는 체류 외국인과 국적 취득 후 3년이 경과하지 않는 자까지 포괄

표 17-2 외국인력정책 추진체계

법무부	외국 인력의 출입국 관리 및 체류, 귀화와 관련된 총체적인 법체계 정립 ▸출입국 관리를 위한 비자 제도 수립 ▸외국인 출입국시 국내 보안과 국경관리를 위해 전자정보시스템 구축, ▸외국인 등록증 발급, 지문 및 사진 등 생체정보를 수집·활용 ▸외국 인력에 대한 체류 및 귀화 요건·절차 제정과 심사 ▸불법체류자 감축을 위한 대책 마련 ▸출입국사범, 우범 외국인에 대한 다각도 조사를 통한 체류 질서 확립 ▸그 밖에 외국인에 대한 법률지원서비스 및 민원서비스
고용노동부	외국인력정책위원회에 상정되는 안건 등을 사전에 심의하는 외국인력고용위원회 설치 ▸국가 간 양해 각성(MOU) 체결 ▸사업주에게 고용허가서 발급, 외국인 근로자 고용 허용, 고용관리 전산망을 통해 외국인 근로자 고용 관리 ▸외국인 근로자의 노동관계법과 노동 3권 등의 기본적인 인권 보장, ▸불법고용 및 불법체류 근절하고자 노력 ▸외국인력 유치 전에는 기업수요에 적합한 수준의 외국인력을 도입하고자 외국인력의 기능테스트 수행 ▸외국인력 유치 후에는 외국인 근로자의 기본권 보장을 위해 안전 대책 마련 및 고충상담서비스를 제공, 지원 ▸사업장의 외국인력 관한 현황 조사 및 지도점검을 통해 외국인 근로자의 고용질서 유지
지식경제부	▸글로벌전문인력센터 운영, 기업의 인재 발굴을 위한 서비스 제공
중소기업청	▸중소기업 정책 수립, 벤처기업 육성 및 창업 활성화, 자금 및 인력지원, 기술혁신과 지방주소기업육성에 관한 업무 담당하는 곳으로, 중소기업의 해외 우수 인재 유치에 있어 정보 제공 및 맞춤형 지원서비스 제공
교육부	▸정부초청 외국인 장학생 규모 및 지원 결정, 대학의 유학생 관리 체계 평가 ▸외국교육기관 간 협력 네트워크 구축 및 지원 수행

표 17-3 사회통합정책 추진체계

다문화가족정책위원회	▸ 「다문화가족지원법」에 의거하여 다문화가족의 삶의 질 향상과 사회통합에 관한 정책 심의 및 조정을 목적으로 설치 ▸ 「다문화가족지원법」에 의한 다문화정책위원의 정책 대상은 결혼이민자와 출생내국인의 결합, 결혼이민자와 귀화의 결합, 귀화자와 출생내국인의 결과, 귀화자와 귀화자의 결합으로 이루어진 가족

그림 17-1   다문화가족정책추진체계도

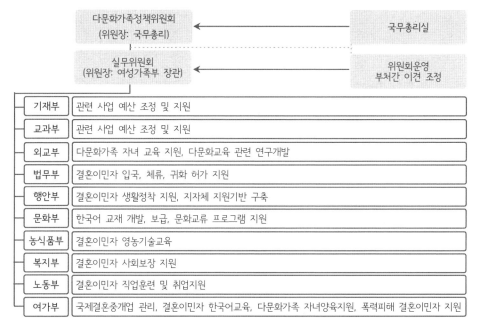

(4) 주요 정책 수단

1) 출입국관리법

우리나라 「출입국관리법」의 시초는 1907년 1월에 제정된 「한국인여권규칙」이다. 이는 한국의 출국관리를 위한 것으로, 오늘날 내외국인의 출입국 규정과는 다르다. 이후 1918년 「외국인도래에 관한 건」을 시작으로, 1939년에는 「외국인의 입국·체류 및 퇴거에 관한 건」을 마련하여 외국인의 입국관리를 제도화하였고, 1946년 2월에는 군정법령 제49호 「조선에 출국 또는 입국자 이동의 관리 및 기록에 관한 건」, 정부수립 후인 1949년 11월에는 법률 제65호로 「외국인의 입국·출국과 등록에 관한 법률」을 마련하여 내국인 및 외국인의 출입국을 관리하였다. 그 뒤 1963년 3월에 현재의 「출입국관리법」이 제정되었고, 1977년 12월과 1983년 12월에 전문 11장 106조 및 부칙으로 제정되었다. 1992년 이후 지속적으로 개정되어 현재에 이르고 있다.

현재 「출입국관리법」은 대한민국에 입·출국하는 모든 국민 및 외국인의 출입국관리를 통한 안전한 국경관리와 대한민국에 체류하는 외국인의 체류관리 및 난민(難民)의 인정절차 등에 관한 사항을 규정하고 있다. 동 법에는 우리나라 국민의 출입국(제3조에서 제6조), 외국인의 입국과 상륙(제7조에서 제17조), 외국인의 체류와 출국(제17조에서 31조), 외국인의 등록(제31조에서 제37조), 사회통합(제38조에서 45조), 강제퇴거(제46조), 선박 및 승무원(제47조에서 76조), 보칙, 벌칙, 고발과 통고처분에 관하여 규정하고 있다.

2) 외국인근로자의고용등에관한법

1993년 도입한 「산업기술연수생제도」가 여러 가지 문제를 초래함에 따라, 즉 제도 목적인 연수와 달리 노동을 시키고, 송출비리 빈발, 적격자 선발 곤란, 미등록 외국인 노동자 양산, 이들에 대한 인권침해 등의 문제점을 해결하고 외국인 노동자의 체계적 인력수급과 관리, 안정적인 고용을 통해 균형 있는 경제발전을 도모하기 위해 2003년 「외국인근로자고용등에관한법률」이 제정되었다. 동법은 2004년에 시행되었으나, 과거 「산업연수생제도」와 병행 실시되다가 2007년부터 「고용허가제도」로 일원화되었다.

주요내용을 살펴보면, 동법은 6장 32조로 구성되어 있으며, 제1조 목적, 제2조 정의, 제4조 외국인력정책위원회의 구성과 기능, 제6조 내국인우선고용원칙, 제7조 외국인 구직자 명부작성, 제8조 「고용허가제」, 제9조 근로계약, 제11조 외국인 취업교육, 제12조 외국인 노동자 고용특례, 제13조−제21조 외국인근로자의 고용관리 규정, 제22조−제25조 외국인근로자의 보호규정, 제29조−제33조 처벌규정 등을 규정하고 있다.

3) 재외동포의출입국과법적지위에관한법

현행 「헌법」 제2조에는 "국가는 법률이 정하는 바에 의하여 재외국민을 보호할 의무를 진다"라고 규정하고 있다. 이러한 헌법정신의 구체화 요청에 따라, 한편으로 「외국 거주 재외국민의 보호 등을 위한 재외국민등록법」과 「재외국민의 교육지원 등에 관한 법」 등이 제정되었으며, 다른 한편으로는 대한민국 국민과 혈연적 연관성을 가진 사람들(즉, 외국적동포)의 출입국과 법적 지위 등을 규율하기 위한 「재외동포의출입국과법적지위에관한법」이 제정, 시행되었다.

1999년에 만들어진 「재외동포의출입국과법적지위에관한법」은 대한민국 국적을 가졌던 사람들만 포함함으로써 1948년 대한민국 정부 수립 이전에 해외에 나가 외국 국적을 취득한 사람들은 법적으로 재외동포로 인정되지 않는다. 이에 대해 각종 시민단체들이 항의를 하고 법적 문제를 제기하면서 지난 2001년 헌법재판소는 "정부 수립일인 1948년 8월 15일을 기준으로 해외동포를 차별하는 것은 부당하다"며 기존 재외동포법에 대해 헌법 불일치 판결을 내리고 대한민국 정부 수립 이전에 국외로 이주한 동포들까지 해외동포로 확대하는 개정안이 통과되었다.

동 법은 제1조 목적, 제2조 정의, 제3조 적용 범위, 제4조 정부의 책무, 제5조 재외동포체류자격의 부여, 제6조－제9조 국내거소신고 관련 사항, 제10조 출입국과 체류, 제11조 부동산거래 등, 제12조 금융거래, 제13조 외국환거래, 제14조 건강보험, 제16조 국가유공자·독립유공자와 그 유족의 보훈급여금, 제17조 과태료 등을 규정하고 있다.

4) 국적법

「국적법」은 대한민국의 국민이 되는 요건을 정한 법으로, 제1조 목적, 제2조에서 제9조까지 국적 취득의 요건, 제10조 국적취득자의 외국 국적 포기 의무, 제11조 국적의 재취득, 제12조 복수국적자의 국적선택의무, 제13조 대한민국의 국적의 선택 절차, 제15조 외국 국적 취득에 따른 국적 상실, 제16조 국적상실자의 처리, 제17조 관보 고시, 제18조 국적상실자의 권리 변동,

제19조 법정대리인이 하는 신고 등, 제20조 국적 판정, 제21조 허가 등의 취소, 제22조 권한의 위임 등으로 규정되어 있다.

5) 재한외국인처우기본법

체류 외국인의 증가로 외국인의 체류 유형이 결혼이민자, 외국인 노동자, 재외동포, 난민 등으로 다양해짐에 따라 이들에 대한 사회정착 지원이 시급한 문제로 대두되었다. 따라서 그동안 각 정부부처들이 단편적으로 추진해오던 정책들을 범정부차원에서 종합적이고 체계적인 정책추진의 법적 기반을 마련할 필요성에 따라 2007년 5월에 23조로 구성된 「재한외국인처우기본법」을 마련하였다.

동법 제2조에서는 ① 재한외국인의 범위를 대한민국의 국적을 가지지 아니한 자로서 대한민국에 거주할 목적을 가지고 합법적으로 체류하고 있는 자로 한정하고, ② 처우를 국가 및 지방자치단체의 재한외국인에 대한 법적 지위에 따른 적정한 대우로 하였다. 또한 제5조에서 제9조까지는 ③ 외국인정책기본계획, 외국인정책위원회 등에 대한 규정을, 제10조에서 제17조까지는 인권옹호, 사회적응, 결혼이민자 및 그 자녀, 영주권자, 난민, 전문외국인력 등에 대한 처우규정을, 제18조에서 제19조에서는 다문화에 대한 이해증진, 세계인의 날 등을 규정하고 있다.

6) 다문화가족지원법

결혼이민자 및 그 자녀 등으로 구성되는 다문화가족이 증가하고 있으나 이들은 언어 문제 및 문화적 차이로 인한 사회적 부적응과 가족구성원 간 갈등 및 자녀교육의 어려움을 겪고 있다. 따라서 이들이 우리 사회의 구성원으로서 순조롭게 통합하고 안정적인 가족생활을 영위할 수 있도록 다문화가족에 대한 지원정책의 제도적인 틀을 마련하는 것이 필요했다. 이에 2008년 3월 「다문화가족지원법」이 제정되었다.

동법의 주요내용을 살펴보면, 제1조 목적, 제2조 다문화가족에 대한 정의, 제3조 국가와 지방자치단체의 책무, 다문화가족 지원을 위한 기본계획의 수립, 연도별 시행계획의 수립과 시행, 다문화가족정책위원회의 설치, 제4조

실태조사, 제5조 다문화가족에 대한 이해증진, 제6조 생활정보 제공 및 교육 지원, 제7조 평등한 가족관계의 유지를 위한 조치, 제8조 가정폭력 피해자에 대한 보호 및 지원, 제9조 의료 및 건강관리를 위한 지원, 제10조 아동 보육 및 교육, 제11조 다국어에 의한 서비스 제공, 제12조 다문화가족지원센터의 설치 및 운영, 제13조 다문화가족 지원업무 관련 공무원의 교육, 제14조 사실혼 배우자 및 자녀의 처우 등을 규정하고 있다.

2. 이민정책의 과제

(1) 법적 개선

1) 출입국 관련 법

❶ 출입국관리법

ⅰ. 강제퇴거 조치 관련 개선

현재 「출입국관리법」에서는 강제퇴거의 대상이 되는 사유[2]가 발생하면, 즉시 송환할 수 없는 불가피한 사정이나 특별히 체류를 허가할 필요가 있는 경우, 난민인정 신청 또는 관련 이의신청을 하여 그 결정이 아직 종료되지 않은 경우 등을 제외하고는 강제퇴거를 집행하도록 되어 있다. 이 때문에 국내에서 계속적인 거주가 불가피한 경우가 있는 외국인이라 할지라도 일단 법규 위반 행위가 있어 강제퇴거 결정이 된 이상 퇴거를 당할 수밖에 없다.

그러나 최소한의 가제퇴거 대상 외국인이라 하더라도 권리보호를 위해 특히, 국가기관에서 절차를 진행하고 있는 경우라던가 국내에 가족이 거주하고 있는 등의 사정이 있는 경우에는 일정기간 동안 강제퇴거의 결정이나 처분을 유예하거나 강제퇴거에 대한 집행 자체를 일시 정지할 수 있는 법적 근

---

2) 국가가 어떤 범주의 외국인을 강제퇴거할 수 있는가를 정한 국제법규는 존재하지 않는다. 그러나 외국의 입법례에서는 주로 불법입국자 등 출입국관리질서 위반자와 범죄자 등 반사회성이 강한 자, 감염병 환자 또는 마약류 중독자, 공공의 부담이 되는 자, 국가의 안전, 이익 또는 질서를 해하는 자 등은 대다수의 국가에서 강제퇴거의 대상으로 규정하고 있다.

거를 마련하는 것이 필요하다.

둘째, 「출입국관리법」 제56조 제9항에 따르면 사무소장, 출장소장 또는 외국인보호소장은 보호에 대한 이의신청, 면회 및 청원에 관한 절차를 보호시설 안의 잘 보이는 곳에 게시하여야 한다고 규정하고 있다. 그러나 보호나 강제퇴거 대상자는 단순노동에 종사하는 불법체류 외국인 노동자가 많으며, 이들은 언어상의 문제나 법지식의 부족 등으로 사실상 이의신청을 하기 어려운 경우가 많다. 따라서 이러한 점을 보완하기 위한 제도가 마련되어야 한다.

셋째, 「출입국관리법」 제46조 제1항에서는 강제퇴거 대상에 대해 규정하고 있는데 그 중에서는 대한민국의 이익이나 공공의 안전을 해치는 행동을 할 염려가 있다고 인정할 만한 상당한 이유가 있는 사람, 경제질서 또는 사회질서를 해치거나 선량한 풍속을 해치는 행동을 할 염려가 있다고 인정할 만한 상당한 이유가 있는 사람으로 규정하고 있다. 그러나 위의 규정은 그 모호성으로 인하여 자칫 출입국관리공무원의 자의적인 법집행을 초래할 가능성이 있어서 보다 명확하고 상세한 규정으로 마련하는 것이 필요하다.

ii. 가족결합권 규정의 신설

외국인 추방 내지 강제퇴거 문제가 국가 주권에 속하는 문제이기는 하지만 불가피하게 외국인을 추방하는 경우에도 외국인의 가족결합권은 보호되어야 한다. 우리나라의 경우 가족결합권의 보호에 대한 국제법적인 근거를 「A조약」 제10조 제1항, 「B 규약」 제17조 및 제23조, 「아동권리협약」 제9조 제1항에서 찾을 수 있다. 또한 우리나라 「헌법」 제36조 제1항은 "혼인과 가족생활은 개인의 존엄과 양성평등을 기초로 성립되고 유지되어야 하며, 국가는 이를 보장한다"고 규정하고 있다. 따라서 우리나라도 다른 국가와 마찬가지로 「출입국관리법」에 가족결합권에 관한 조항을 명시할 필요가 있다.

iii. 외국인 노동자의 숙련도에 따른 체류체계의 정비

외국인 노동자의 숙련수준을 고려하여 다양한 체류기간의 신설, 체류연장 등 체류체계를 개선할 필요가 있고, 이를 위해서는 「외국인 근로자의 고용 등에 관한 법률」 및 「출입국관리법」이 개정되어야 한다. 또한 고급전문인력, 숙련기능인력 등 외국인 노동자의 능력, 국적을 대상으로 취업활동, 체류 및 관리체계를 재정비하여 외국인 노동력의 자국시장에서의 보완성을 유지하면서도 장래 발생할 노동력 부족문제에 대응해야 한다. 그리고 외국인 노동자의 사업장 변경과 관련하여 외국인 노동자의 귀책사유가 없는 경우 동일 업종 등에서는 제한적으로 사업장 이동의 자유와 신고제를 도입하는 방안을 검토해 보아야 한다.

❷ 외국인근로자의고용등에관한법

ⅰ. 사업장 변경 및 횟수제한 문제

동법에 의하면 외국인 노동자는 제25조 규정 내용 외에는 계약기간 중에 사업장 변경을 할 수 없도록 되어 있다. 하지만 이는 우리 「헌법」이 보장하고 있는 "직업선택의 자유"를 침해하며, 「이주노동자 권리협약」에서 "고용국에서 보수활동을 자유롭게 선택할 수 있는 것이 기본이나 일정 기간, 즉 2년간은 제한할 수 있다"는 조항에도 위배된다. 따라서 사업장 변경 횟수의 제한을 두지 않거나, 변경 제한을 두더라도 2년 정도로 제한하여 사용자가 근로계약 해지와 계약갱신 거절을 남용 혹은 자의적으로 사용할 수 없도록 제한규정을 보다 구체화해야 한다.

ⅱ. 외국인 노동자의 범위 문제

동법에서 외국인 노동자는 사업장에서 임금을 목적으로 근로를 제공하거 있거나 제공하고자 하는 사람으로 정의되어 있다. 따라서 동법은 현실적으로 관광 목적으로 왔다가 국내에 단기체류하면서 근로를 제공하는 경우를 포괄하지 못할 뿐만 아니라 전문취업, 연수취업, 장기체류자들도 포괄하지 못한다. 따라서 동법이 비전문외국인력의 근로조건을 보호하기 위해 마련된 법률이라고 한다면, 실제 우리나라에서 다양한 형태로 체류하며 노동하는 다양한 외국인 노동자가 동법의 적용대상이 되도록 법 적용대상을 확대할 필요가 있다.

ⅲ. 내국인 우선원칙과 차별금지원칙의 충돌

동법 제6조에서 내국인 우선고용원칙을 규정하고 있으며, 제22조에서는 차별금지원칙을 규정하고 있다. 제22조에서 국적이라는 용어는 없으나 '외국인 근로자라는 이유로' 차별해서는 안 된다는 내용은 국적에 근거한 차별금지를 의미한 것으로 해석된다. 따라서 전자는 국적차별을 허용하는 것이고, 후자는 국적차별을 금지하는 것으로 이 두 조항은 충돌된다.

iv. 미등록 외국인 노동자의 문제

미등록 외국인 노동자는 노동법상 근로자의 지위는 보장되나 「출입국관리법」상 불법체류자 신분이므로 여러 가지 인권침해를 당하고 있는 현실이다. 우선 미등록 외국인 노동자의 양산을 방지하는 것이 필요한데, 동법 제25조 사업장변경 관련 조항에서 외국인 노동자 책임이 아닌 사유를 사업장변경 횟수에서 제외하고, 사업장변경 구직기간을 2개월에서 3개월로 연장하며, 업무상 재해, 질병, 임신·출산 등을 사업장 변경 신청 및 재취업 허용기간 연장 사유로 규정했다. 하지만 현실적으로 행정상 업무미비로 인한 처리 지연, 일선 행정기간의 준비 부족 등으로 인해 근로자가 피해를 입는 사례가 발생하므로 현실을 감안한 법 개정이 이루어져야 한다.

❸ 재외동포의출입국과법적지위에관한법

ⅰ. 재외동포체류자격 부여의 문제

현재 우리나라의 재외동포와 관련된 법에서 「재외동포법」은 재외동포의 직계비속 2대 제한, 단순노무행위 금지, 불법체류 다발국가 동포의 출입국 봉쇄를 위해 재중동포를 법 적용에서 배제하고 있는 가운데, 「외국인근로자의 고용등에관한법률」은 「고용허가특례제도」를 통하여 일부 재중동포들에게 국내 취업상의 이익을 부여하였다. 이러한 정책은 「고용허가특례제도」상 취업관리사증(F-1-4)의 발급대상자가 실질적으로 재외동포체류자격(F-4)대상자임에도 불구하고 이를 이원화한 결과이다. 즉 「재외동포법」에서는 "단순노무행위"를 금지하면서 다시 「고용허가제」를 통하여 사실상 재외동포에게 단순노무행위를 허용하였다.

이에 2007년 「방문취업제」를 신설하여 「고용허가특례제도」의 문제점을 개선하고, 재중동포의 출입국과 취업에서의 불편을 최소화하였다. 하지만 「방문취업제」는 「고용허가특례제도」와 마찬가지로 재외동포법상의 재외동포체류자격은 부여할 수 없다는 기본적인 전제 위에 서 있다. 즉, 「방문취업제」와 「재외동포비자」가 단순노무행위를 제외하고 실질적으로 동일한 내용임에도 불구하고 체류자격을 구분하고 있다. 취업과 출입국상의 실질적인 혜택을 부여하는 것도 중요하지만, 문제의 본질은 「방문취업제」로 들어오는 재외동포에게도 역사와 인권, 법 적용의 관점에서 정당하게 재외동포로 인정하여 체류자격을 부여하고 법과 정책의 보편성, 형평성을 확립해야 한다. 구체적으로 단순노무행위 취업 가능 여부를 기준으로 재외동포체류자격을 두 개의 비자(F-4-1 비자, F-4-2 비자)로 이분하고, 단순노무행위 취업 가능 재외동포체류자격의 경우에는 국내 노동시장 보호를 위해 비자발급 쿼터를 제한하는 방식도 검토해 볼 수 있다.

ⅱ. 조선국적 재일동포의 문제

현행 「재외동포법」은 일본의 10만여 명에 달하는 조선국적 재일동포가 배제되어 있다. 「재외동포법」의 제2조 제2호 '외국 국적 동포' 규정에서 "대한민국의 국적을 보유하였던 자 또는 그 직계비속으로서 외국국적을 취득한 자 중 대통령령이 정하는 자"로 규정함으로써 현재 일본에서 난민 혹은 무국적자의 지위로 살아가는 조선국적 재일동포가 결과적으로 배제되고 있다. 따라서 이 규정을 "국적을 불문하고 한민족의 혈통을 가진 자"로 개정하여 현재의 「재외동포법」에서 배제된 조선국적 재일동포 10만여 명도 혜택 대상에 포함시켜야 하며, 그 대상과 범위에 대해서는 타국의 사례를 참조하여 하위법령 등으로 정의할 수 있도록 해야 한다.

2) 사회통합 관련 법

❶ 국적법

ⅰ. 미성년 자녀에 대한 면접교섭권만 보유한 결혼이민자에 대한 체류자격 부여

2004년 개정 「국적법」에서는 대한민국 국민과 결혼한 외국인이 「국적법」에 의한 간이귀화요건을 충족시키지 못한 경우라 하더라도, 대한민국 국민인 배우자와 혼인한 상태로 대한민국에 주소를 두고 있던 중 그 배우자가 사망, 실종되거나 자신의 귀책사유 없이 혼인생활을 계속할 수 없었던 경우 혼인에 의하여 외국인 배우자의 인권보장과 아동보호 차원에서 국적취득을 허용하도록 하는 규정을 신설하였다. 하지만 결혼이민자가 양육권을 갖지 못한 채 면접교섭권만 갖게 되는 경우에 간이귀화신청이 가능한지 여부에 대해서는 명시적인 규정을 두고 있지 않다. 그러나 결혼이민자가 미성년자에 대한 면접교섭권을 실질적으로 갖기 위해서는 대한민국에 계속 체류해야 할 필요성이 있다(김재련, 2009). 따라서 미성년자녀에 대한 면접교섭권을 부여받은 결혼이민자에 대해서도 자녀양육권을 보유한 여성과 마찬가지로 간이귀화 신청이 가능하도록 해야 한다.

ⅱ. 혼인관계를 유지하고 있지 않은 결혼이민자에 대한 이중국적 허용

「국적법」 제10조 제2항에서는 결혼이민자 중 혼인상태가 유지되고 있는 경우 이중국적을 허용하는 근거조항을 두고 있지만, 혼인상태가 해소된 경우 이중국적을 허용하는 근거조항을 두고 있지 않고 있다. 따라서 결혼이민자의 귀책사유가 없는 혼인관계 해소나 배우자 사망 등의 경우에 당해 결혼이민자가 대한민국 국적을 취득하기 위해선 출신국 국적을 포기할 수밖에 없는 상황이다. 이는 "혼인관계에 따른 차별"로 혼인관계를 유지하지 않은 결혼이민자에 대해서도 이중국적이 허용되도록 해야 할 것이다.

❷ 재한외국인처우기본법

ⅰ. 미등록 외국인 노동자의 보호 규정 마련

「재한외국인처우기본법」의 지원대상이 합법적으로 체류하고 있는 자로만 한정하여 외국인 노동자 가운데 미등록 외국인 노동자를 지원 대상에서 배제하고 있다. 현재 미등록 외국인 노동자들은 우리 경제의 한 부분을 차지하고 있으므로 이들이 사회의 구성원으로 보호를 받을 수 있도록 법 개정이 이루어져야 한다.

ⅱ. 국가 및 지방자치단체 의무 규정 강제화

「재한외국인처우기본법」 규정의 대부분이 추상적인 '노력 의무' 외에는 '지원할 수 있다'고 임의규정으로 되어 있어, 구체적인 의무가 규정되지 않은 현재의 법만으로 재한외국인들의 처우가 개선되기 어렵다. 따라서 국가 및 지방자치단체의 의무에 대해 규정하고 있는 조항들이 실효성을 담보할 수 있도록 강화되어야 한다.

ⅲ. 상호주의 완화

「재한외국인처우기본법」은 외국인정책기본계획 수립시 "상호주의 원칙"을 고려하도록 규정하고 있는데, 이는 양국의 제도가 일정 정도 동일한 수준일 때에만 가능하다. 외국인 노동자나 결혼이민자의 출신국들이 우리나라보다 경제적으로 어려운 국가들인 것을 감안할 때, 상호주의를 엄격하게 시행할 경우 이들의 대부분이 보호대상에서 제외된다. 따라서 이들의 인권보호 및 경제적인 부분의 보호를 위해서 상호주의를 완화해서 적용해야 한다.

❸ 다문화가족지원법

ⅰ. 다문화가족 지원서비스 강제규정화

「다문화가족지원법」의 규정 중 국가 및 지방자치단체의 다문화가족지원 서비스에 대한 규정 내용이 거의 선언적, 권고적 규정이어서 실효성을 담보하기 어렵다. 따라서 동법의 다문화가족의 사회정착에 실질적인 효과를 내기 위해선 서비스내용을 강제규정화해서 실효성을 담보해야 한다.

ⅱ. 다문화가족 지원 대상 확대

「다문화가족지원법」의 지원대상이 대한민국 국민이 혼인, 혈연, 입양 등으로 결합해서 이루어진 가족 및 귀화자라고 규정함으로써 모두 일방 배우자가 대한민국 국민임을 규정하고 있다. 그러나 이는 한국인과 가정을 구성한 이들에게만 정착 서비스를 지원하는 것으로 국적과 혈통에 기반한 차별로 해석될 소지가 있다. 다문화사회로 나아가기 위해서는 결혼이민자, 외국인 노동자, 유학생 등 한국사회를 생활터전으로 삼는 모든 사람들을 포괄해야 한다.

(2) 지원 체계의 재정비 및 재구축

우리나라 외국인정책은 다양한 부처에서 업무를 분담하여 지방자치단체가 이를 수행하는 구조로 되어 있다. 다양한 부처가 참여함으로 인해 외국인정책에 대한 관심을 높이기는 하나 업무의 중복 문제 역시 발생하고 있다. 이상적으로 외국인정책을 담당할 상위부처를 두는 것이 업무의 효율성 제고를 위해 필요하지만, 현실적으로 현재 부처들 간 업무를 조정하는 것이 이루어져야 할 것이다. 다부처사업에서 주무부처의 역할은 관련 사업추진 실태 및 기초자료를 충실히 축적하여 해당 정책의 원활한 집행을 지원하는 것이어야 한다.

　　이를 위해 관련 부처, 지방자치단체 등에서 재한 외국인 관련 기초 자료의 제출을 의무화하는 등의 강력한 수단이 필요하다. 그리고 관련 부처들은 정책 추진의 효율성과 성과제고를 위해 고유 업무에 부합하는 핵심 사업에 집중해야 한다. 또한 예산 및 인력 등 자원을 충분히 확보할 수 있도록 재한 외국인지원정책의 재원은 일반회계로 전화하는 것을 적극적으로 검토될 필요가 있다. 특히 지방자치단체의 다문화 관련 인력이 충분하지 않고 조직 또한 정비되지 않은 것이 문제가 되므로 지방자치단체는 다문화 관련 최소한의 인원과 조직을 확보하는 데 노력을 기울여야 할 것이다. 마지막으로 재한 외국인에게 다양한 서비스를 제공하기 위한 서비스 전달체계의 효율화가 시급하다. 이를 위해 중앙부처와 지방자치단체의 역할분담이 필요한데, 중앙부처는 이민자의 정책수요 분석과 자원배분, 서비스 개발 및 수준 향상을 위한 추진 체계 마련에 역량을 집중하고, 지방자치단체는 지역의 특수한 서비스 수요를 발굴하여 적극적으로 사업을 추진하고, 지역 내 서비스 기간 간의 협력적인 네트워크를 형성할 수 있도록 여러 측면에서 지원하여야 한다.

SUMMARY

■ ■ ■ 우리나라는 건국 이래로 외국인을 받아들이기보다는 국민을 내보내는 정책을 추진해 왔다. 하지만 1990년 전후로 3D업종에서 노동력 부족 문제가 발생하면서 외국인 노동자들이 국내로 들어오기 시작하였고, 또한 비슷한 시기에 국내 결혼시장의 수급 불균형 문제가 발생하면서, 외국인 여성이 한국인 남성과 결혼하기 위해 국내로 들어 왔다. 2000년 중반에 접어들면서 학위를 목적으로 국내로 들어오는 유학생도 증가하였다.

■ ■ ■ 우리나라 이민정책의 기본방향은 정치적, 경제적, 사회적으로 국가 이익을 도모하기 위해 외국인을 받아들이지만, 전문인력 등 우수인재는 적극적으로 유치하고, 단순기능인력은 필요에 맞추어 도입하되 원칙상 일정기간 이상의 정주를 지양하며, 동포는 사회통합의 용이성 및 한민족 역량강화 차원에서 입국 및 취업에서 우대하고 있다. 우리나라에서 이민정책의 대상은 취업, 결혼, 유학 등으로 국내로 들어오는 재한 외국인으로, 재한 외국인은 재외동포, 취업이민자, 결혼이민자, 유학생, 난민 등이다. 재외동포에 대해 내국인에 준하는 재외동포정책을 따로 마련하여 지원하고 있다. 재외동포 외 재한 외국인은 전문인력과 비전문인력의 이민을 차별하고, 노동이민과 결혼이민을 차별하고 있다. 우리나라에서 사회통합의 대상은 결혼이민자에 한정되어 있다.

■ ■ ■ 우리나라 이민정책은 법무부장관이 관계 중앙행정기관의 장과 협의하여 5년마다 외국인정책에 관한 기본계획을 수립하고, 수립된 기본계획을 국무총리 산하 외국인정책위원회(간사: 출입국외국인정책본부장)의 심의를 거쳐 확정하도록 되어 있다. 이민정책을 위한 주요 정책 수단은 「출입국관리법」, 「외국인근로자의고용등에관한법」, 「재외동포의출입국과법적지위에관한법」, 「재한외국인처우기본법」, 「다문화가족지원법」 등이 있다.

■ ■ ■ 향후 이민정책의 과제는 출입국 및 체류와 관련하여 「출입국관리법」은 강제퇴거 조치 조항, 가족결합권 규정의 신설이 필요하며, 외국인 노동자의 숙련도에 따른 체류체계의 정비가 필요하다. 「외국인근로자의고용등에관한법」은 외국인 노동자의 사업장 변경 및 횟수를 제한하는 문제의 개선이 필요하며, 동법의 적용을 받을

수 있도록 외국인 노동자의 범위를 미등록 외국인 노동자가 포함될 수 있도록 하는 것이 필요하며, 내국인 우선원칙과 차별금지원칙의 충돌하고 있기 때문에 이에 대한 법 개정이 필요하다. 「재외동포의출입국과법적지위에관한법」은 현재 방문취업비자와 재외동포비자가 단순노무행위를 제외하고 실질적으로 동일한 내용임에도 불구하고 체류자격을 구분하는 조항을 현실성 있게 개정하는 것이 필요하다. 또한 현행 재외동포법은 일본의 10만여 명에 달하는 조선국적 재일동포가 배제되어 있는 문제를 개선해야 한다. 사회통합과 관련하여, 「국적법」은 미성년 자녀에 대한 면접교섭권만 보유한 결혼이민자에 대한 체류자격을 부여하는 것이 필요하며, 혼인관계를 유지하고 있지 않은 결혼이민자에 대한 복수국적을 허용할 필요가 있다. 「재한외국인처우기본법」은 재한외국인의 사회통합을 위한 기본법이므로, 이들에 대한 처우의 기본방향이 올바르게 설정될 필요가 있으며, 미등록 외국인 노동자의 보호 규정도 마련해야 한다. 국가 및 지방자치단체가 재한 외국인 처우 개선을 위해 노력하도록 의무 규정 강제화해야 하며, 재한 외국인 처우 개선을 위해 상호주의를 완화할 필요가 있다. 「다문화가족지원법」은 성평등한 가족관계를 위해 성인지적 다문화주의가 전제되어야 하며, 동법의 다문화가족의 사회정착에 실질적인 효과를 내기 위해선 서비스내용을 강제규정화해서 실효성을 담보해야 한다. 다문화가족 지원서비스 대상을 결혼이민자뿐만 아니라 외국인 노동자, 유학생 등으로 확대해야 하며, 효율적인 서비스 전달을 위해 서비스 전달체계를 정비하는 것이 필요하다.

Key Terms: 출입국정책, 사회통합정책

참고문헌

본 QR코드를 스캔하시면 '이민의 사회학'의 참고문헌을
확인하실 수 있습니다.

공저자 약력

김현숙

동아대학교 동아시아연구원 학술연구교수

동아대학교 사학과를 졸업하고, 동아대학교에서 사회학 석사학위, 부산대학교에서 사회학 박사학위를 취득하였다. 전공분야는 여성노동, 국제이주, 다문화정책 등이다. 2005년부터 국제이주에 관심을 갖기 시작하여,『민족과 인종관계의 이해』(역서),『문화없는 다문화주의』(역서),『외국이주민의 사회적 욕구와 적응』(공저),『다문화와 정보』(공저),『다문화와 정책』(공저) 등의 저술을 통해 다문화사회에 대한 이해를 넓히는 작업을 수행하고 있다.

김희재

부산대학교 사회과학대학 사회학과 교수

부산대학교 사회학과를 졸업하고 동 대학 대학원에서 문학박사를 취득하였다. 전공분야는 한국사회사, 일상생활의 사회학, 문화사회학 등이다. 1992년부터 일상생활사회학에 관심을 갖기 시작하여,『일상생활의 사회학』,『술의 사회학』,『일상생활의 사회학적 이해』,『일상과 음식』 등의 저술에 참여하였으며,『부산인의 신생활풍속』,『부산, 후쿠오카, 상하이 생활시간 비교』,『부산의 산동네』 등의 공동저술을 통해 지역사회에 대한 이해를 넓히고 있다.

부산대학교 사회과학연구원 연구 총서4

이민의 사회학

초판인쇄	2014년 8월 25일
초판발행	2014년 8월 30일
지은이	김현숙 · 김희재
펴낸이	안종만
편 집	김선민 · 전채린
기획/마케팅	최준규
표지디자인	최은정
제 작	우인도 · 고철민
펴낸곳	(주) 박영사
	서울특별시 종로구 새문안로3길 36, 1601
	등록 1959. 3. 11. 제300-1959-1호(倫)
전 화	02)733-6771
f a x	02)736-4818
e-mail	pys@pybook.co.kr
homepage	www.pybook.co.kr
ISBN	979-11-303-0133-4 93330

* 잘못된 책은 바꿔드립니다. 본서의 무단복제행위를 금합니다.
* 저자와 협의하여 인지첩부를 생략합니다.

정 가   18,000원